Ausgleich und Abfindung der Minderheitsaktionäre der beherrschten Aktiengesellschaft bei Verschmelzung und Spaltung

Europäische Hochschulschriften

Publications Universitaires Européennes
European University Studies

Reihe II
Rechtswissenschaft

Série II Series II
Droit
Law

Bd./Vol. 3608

PETER LANG
Frankfurt am Main · Berlin · Bern · Bruxelles · New York · Oxford · Wien

Norbert Geng

Ausgleich und Abfindung der Minderheitsaktionäre der beherrschten Aktiengesellschaft bei Verschmelzung und Spaltung

PETER LANG
Europäischer Verlag der Wissenschaften

Bibliografische Information Der Deutschen Bibliothek
Die Deutsche Bibliothek verzeichnet diese Publikation in der Deutschen Nationalbibliografie; detaillierte bibliografische Daten sind im Internet über <http://dnb.ddb.de> abrufbar.

Zugl.: Jena, Univ., Diss., 2000

27
ISSN 0531-7312
ISBN 3-631-50655-4

www.peterlang.de

Meinen Eltern in Dankbarkeit gewidmet

Was ich besitze, seh′ ich wie im Weiten
und was verschwand, wird mir zu Wirklichkeiten

Goethe, Faust I

Vorwort

Diese Arbeit entstand als Dissertation an der Rechtswissenschaftlichen Fakultät der Friedrich-Schiller-Universität Jena.

An erster Stelle möchte ich ganz herzlich meinem Doktorvater, Herrn Prof. Dr. Walter Bayer, für seine Betreuung und Unterstützung bei der Entstehung meiner Dissertation danken. Durch seine Anregungen und Hinweise und durch seine wohlwollende Hilfestellung gerade in den entscheidenden Phasen der Arbeit hat er wesentlich zu deren Ergebnis beigetragen.

Mein Dank gilt auch Herrn Prof. Dr. Heribert Hirte, der das Zweitgutachten übernommen und auch nach seinem Wechsel an die Universität Hamburg als Zweitprüfer in der mündlichen Prüfung zur Verfügung gestanden hat.

Mein Dank gilt nicht zuletzt meinen Eltern, denen ich diese Veröffentlichung gewidmet habe. Sie haben mich zu dieser Arbeit ermutigt und in ihrem Fortgang bestärkt. Ohne ihre Unterstützung – auch in materieller Hinsicht – hätte ich dieses Projekt nicht in Angriff nehmen und zu einem erfolgreichen Ende bringen können.

Abschließend möchte ich auch Herrn Dr. Detlev Blocher danken, der mir von Anfang an mit Rat und Tat zur Seite gestanden hat.

Würzburg, im Oktober 2002

Norbert Geng

Einleitung

Mit der grundlegenden Reform des Umwandlungsrechts, flankiert durch die Novellierung des Umwandlungssteuerrechts, haben Unternehmen im Vergleich zum früheren Rechtszustand vielfältigere Möglichkeiten erhalten,[1] sich den gewandelten Anforderungen an ihre Organisationsform anzupassen.[2] Die Gründe für die Änderung der Organisationsform, d.h. dem Wechsel des „Rechtskleides“[3] reichen von der Anpassung an geänderte Eignerverhältnisse über die Begrenzung der Haftung bis hin zur Notwendigkeit, einen gestiegenen Kapitalbedarf durch die Öffnung gegenüber neuen Anteilseignern zu befriedigen. Aber auch das Bestreben, durch die Bündelung von Ressourcen eine höhere Marktbedeutung zu erlangen oder der Wunsch, ein zu groß gewordenes Unternehmen in kleinere, schlagkräftige Einheiten zu zerlegen, kann Beweggrund für eine Umorganisation sein.[4] Neben der Änderung der Organisationsform hat das neue Umwandlungsrecht auch eine materielle Dimension. So stellt die Verschmelzung von Rechtsträgern eine technisch verhältnismäßig einfache Form der Vereinigung zweier oder mehrerer Unternehmen dar.[5]

Besonders häufig sind an einer Umstrukturierung verbundene Unternehmen beteiligt.[6] Der Gesetzgeber trägt diesem Umstand an einigen wenigen Stellen dadurch Rechnung, dass er Umwandlungsvorgänge zwischen verbundenen Unternehmen teilweise erleich-

---

[1] Die Novellierung des Umwandlungsrechts fasste zum einen die über bis dahin fünf verschiedenen Gesetze (Umwandlungsgesetz 1969, Aktiengesetz, Kapitalerhöhungsgesetz, Genossenschaftsgesetz, Versicherungsaufsichtsgesetz) verstreuten Vorschriften zur Umwandlung eines Unternehmens zusammen. Zudem wurden Lücken des damaligen Rechts durch die Schaffung zahlreicher neuer Möglichkeiten der Umwandlung geschlossen. Siehe dazu die Begründung zum Gesetzentwurf der Bundesregierung, BR-Drucksache 75/94 vom 04.02.1994, abgedruckt in **Widmann/Mayer**, UmwG, Band 1, Gesetzesbegründungen (28. Erg.-Lfg./Mai 95).

[2] **Lutter** in Lutter, UmwG, Einleitung Rn 1.

[3] So: **Lutter** in Lutter, UmwG Einleitung Rn 1.

[4] **Lutter** in Lutter, UmwG, Einleitung Rn 2.

[5] **Lutter** in Lutter, UmwG, Einleitung Rn 3. Das Unternehmen ist in diesem Zusammenhang als die Zusammenfassung von Sachen, Personen, Kapital menschlicher Arbeitskraft und Know-how zu verstehen. Neu geschaffen wurde das Rechtsinstitut der Spaltung, deren wirtschaftliches Ergebnis früher nur auf Umwegen und unter erheblichem Kosten- und Zeitaufwand möglich war, etwa im Wege der Realteilung; siehe hierzu die Ausführungen von **Neye** in Neye/Limmer/Frenz/Harnacke, Rn 5 und **Wochinger**, DB 1992, 163, der die fehlenden gesetzlichen Bestimmungen zur Spaltung im alten Recht als dessen entscheidende Schwäche bezeichnet. Instruktiv auch die Ausführungen in der **Begründung des Gesetzentwurfs zum UmwG**, Bundesratsdrucksache 75/94 vom 04.02.1994, abgedruckt in **Widmann/Mayer**, Band 1 unter "Begründung zum UmwG 1995", Ziffer III 2b am Ende (28. Erg.-Lfg./Mai 95).

[6] Der Gesetzgeber ging bei Schaffung des UmwG 1995 davon aus, dass ein hoher Prozentsatz der Umwandlungen innerhalb von Unternehmensverbindungen stattfindet, so der ausdrückliche Hinweis in der **Begründung des Gesetzentwurfs zum UmwG**, Bundesratsdrucksache 75/94 vom 04.02.1994, abgedruckt in **Widmann/Mayer**, Band 1 unter "Begründung zum UmwG 1995", Ziffer IV (28. Erg.-Lfg./Mai 95). Siehe auch: **Mestmäcker**, FS Kronstein, 129, 132, demzufolge sich Fusionen oder Vermögensveräußerungen ganz überwiegend zwischen Gesellschaften stattfinden, die bereits beteiligungsmäßig verbunden sind.

tert oder indem er zusätzliche Berichtspflichten statuiert.[7] Im übrigen wird nicht danach unterschieden, ob zwischen den an der Umwandlung beteiligten Rechtsträgern Unternehmensverbindungen nach §§ 15ff AktG bestehen oder diese voneinander unabhängig sind.

Der Gesetzgeber war sich bei der Novellierung des Umwandlungsrechts durchaus der Probleme bewusst, die sich bei der Umwandlung innerhalb eines Konzerns insbesondere für den Minderheitenschutz ergeben, sah jedoch ausdrücklich davon ab, diese einer lückenlosen Regelung zuzuführen. Er wollte der Entwicklung in Rechtsprechung und Schrifttum nicht vorgreifen, sondern die Ergebnisse der dort geführten Diskussion abwarten.[8] Dieser Aufforderung der Legislative gilt es sich zu stellen und an der Nahtstelle zwischen Konzern- und Umwandlungsrecht Lösungen zu entwickeln, die der Bedeutung des Minderheitenschutzes im Konzern Rechnung tragen.

Bislang fehlt es an einer systematischen Untersuchung, die sich mit den Auswirkungen einer Verschmelzung bzw. Spaltung auf die Rechte der Minderheitsaktionäre in der beherrschten Untergesellschaft auseinandersetzt. Die vorliegende Arbeit soll dazu beitragen, diese Lücke zu schließen. Sie befasst sich mit Verschmelzung und Spaltung von Aktiengesellschaften, die miteinander durch einen Beherrschungs- und Gewinnabführungsvertrag verbunden sind, also einen Vertragskonzern bilden. Darüber hinaus werden Fragen im Zusammenhang mit der Beteiligung dritter Unternehmen, die nicht zum Konzernkreis der Beteiligten gehören und die Fallgestaltungen erörtert, in denen eine Umwandlung unter Beteiligung konzernverschiedener Unternehmen vollzogen wird. Der Schwerpunkt der Erörterung liegt bei den Auswirkungen der Umwandlung auf den Unternehmensvertrag und auf die Ansprüche der Minderheitsaktionäre der Untergesellschaft nach den §§ 304, 305 AktG.
Ausgeklammert bleibt die Untersuchung von Fallgestaltungen, in denen Unternehmen anderer Rechtsform als die der Aktiengesellschaft an der Verschmelzung bzw. Spaltung beteiligt sind.

---

[7] So werden in den §§ 5 II, 8 III, 9 III UmwG die Anforderungen an die Angaben im Verschmelzungsvertrag bzw. bestimmte Berichtspflichten reduziert, wenn sich sämtliche Anteile am übertragenden Rechtsträger in der Hand der übernehmenden Gesellschaft befinden. In § 8 I 3 u. 4 UmwG ist vorgesehen, dass bei Beteiligung eines verbundenen Unternehmens im Sinne des § 15 AktG an der Verschmelzung im Verschmelzungsbericht Angaben auch über die für die Verschmelzung wesentlichen Angelegenheiten der verbundenen Unternehmen zu machen sind.

[8] So der ausdrückliche Hinweis in der **Begründung des Gesetzentwurfs zum UmwG**, Bundesratsdrucksache 75/94 vom 04.02.1994, abgedruckt in **Widmann/Mayer**, Band 1 unter "Begründung zum UmwG 1995", Ziffer IV (28. Erg.-Lfg./Mai 95).

Teil 1: Verschmelzung

I. Verschmelzung zwischen Ober- und Untergesellschaft

1. Auswirkungen der Verschmelzung auf den Organvertrag[9]

Wird die Untergesellschaft im Wege der Aufnahme mit dem herrschenden Unternehmen verschmolzen (§ 2 Nr. 1 UmwG), endet nach unbestrittener Auffassung der Beherrschungs-/Gewinnabführungsvertrag[10]. Das gleiche gilt im Fall der Verschmelzung von Ober- und Untergesellschaft im Wege der Neugründung durch Übertragung des Vermögens beider Unternehmen auf einen neuen Rechtsträger (§ 2 Nr. 2 UmwG).

Gemäß § 20 I Nr. 2 UmwG erlischt der übertragende Rechtsträger mit der Eintragung der Verschmelzung in das Register des übernehmenden Rechtsträgers. Damit endet seine Existenz als Rechtspersönlichkeit. Die weitere Rechtsfolge der Registereintragung ergibt sich aus §§ 2, 20 I Nr. 1 UmwG: Das Vermögen des übertragenden Rechtsträger geht einschließlich der Verbindlichkeiten als ganzes auf den übernehmenden Rechtsträger über. Der aufnehmende Rechtsträger tritt im Wege der Gesamtrechtsnachfolge in sämtliche Rechtspositionen des übertragenden Rechtsträgers ein.

Da mit der Verschmelzung die der Leitungsmacht der Obergesellschaft unterworfene Untergesellschaft untergeht und das herrschende Unternehmen im Wege der Gesamtrechtsnachfolge in die Rechtsstellung des beherrschten Unternehmens eintritt, erlöschen die zwischen Ober- und Untergesellschaft bestehenden Rechte und Pflichten durch Konfusion. Es ist daher zutreffend, den Organvertrag mit der Verschmelzung erlöschen zu lassen.

2. Auswirkungen der Verschmelzung auf den Abfindungsanspruch

Mit diesem Ergebnis ist aber noch nichts darüber gesagt, was mit den Ansprüchen der Minderheitseigner auf Ausgleich und Abfindung nach der Verschmelzung geschieht.[11]

Gegen ein Fortbestehen dieser Ansprüche spricht dabei weder das Erlöschen der Untergesellschaft noch die infolge der Gesamtrechtsnachfolge eintretende Konfusion. Bei

---

[9] Im folgenden soll davon ausgegangen werden, dass ein kombinierter Beherrschungs- und Gewinnabführungsvertrag besteht, der abkürzend als Organvertrag bezeichnet wird. Dieser Begriff wurde von **Hengeler**, FS Möhring, 197, geprägt, um die Kombination von Beherrschungs- und Gewinnabführungsvertrag zu beschreiben.

[10] **Krieger**, ZGR 1990, 517, 533; **Exner**, Beherrschungsvertrag, 135f; **Kley**, Rechtsstellung, 135f; **Dehmer**, UmwG, § 20 Rn 45; **Grunewald** in Lutter, UmwG, § 20 Rn 37; **Vossius**, in: Widmann/Mayer, § 20 Rn 288 (35. Erg.-Lfg/Januar 97); **Emmerich/Sonnenschein**, Konzernrecht § 15 IV 6c; **Koppensteiner** Köln.Komm., § 305 Rn 20; **H. Westermann**, FS Schilling, 271, 279f; **Emmerich/Habersack**, Aktienkonzernrecht, § 297 Rn 37; **H. Westermann**, FS Schilling, 271, 280; **Martens**, AG 1986, 57, 60; **Gerth**, BB 1978, 1497, 1499; **Hengeler**, FS Möhring, 197, 198; **Hohner**, DB 1973, 1487; **Heckschen**, MittRhNotK 1989, 101, 107; **OLG Hamm**, WM 1988, 1164, 1169; **OLG Karlsruhe**, NJW-RR 1995, 354f; **LG Mannheim**, ZIP 1994, 1024f;

[11] So zutreffend: **Hengeler**, FS Möhring, 197, 198.

dem Abfindungsanspruch handelt es sich um eine Forderung des Minderheitsgesellschafters gegen das herrschende Unternehmen als Kompensation für dessen Interessenvorrang gegenüber den Interessen des beherrschten Unternehmens und nicht um Verpflichtungen zwischen herrschendem und beherrschtem Unternehmen. Da das verschmolzene Unternehmen als Rechtsnachfolger in sämtliche Rechte und Pflichten der an der Verschmelzung beteiligten Rechtsträger eintritt, können die Minderheitsaktionäre auch nach der Verschmelzung ihre Abfindungsansprüche gegen das fusionierte Unternehmen geltend machen. Der Untergang dieser Ansprüche durch Vereinigung von Gläubiger- und Schuldnerstellung scheidet daher aus.

Nachfolgend sollen die Auswirkungen der Verschmelzung auf die Abfindungsansprüche genauer untersucht werden.

A. Verschmelzung während eines laufenden Spruchstellenverfahrens

Die hier zu untersuchende Fallgestaltung zeichnet sich dadurch aus, dass ein Organvertrag geschlossen und das darin enthaltene Abfindungsangebot in einem Spruchstellenverfahren nach § 306 AktG einer gerichtlichen Überprüfung unterzogen. Vor Abschluss des Verfahrens werden die Ober- und Untergesellschaft miteinander verschmolzen.

(1) Erlöschen des Abfindungsanspruchs wegen des Wegfalls des Organvertrags

(a) Meinungsstand und Stellungnahme

Bis zur Entscheidung des *BGH*,[12] die auf einen Vorlagebeschluss des *OLG Düsseldorf*[13] erging, war in der Rechtsprechung und Literatur umstritten, ob der Abfindungsanspruch erlischt und ein Spruchstellenverfahren für erledigt zu erklären ist, wenn der Organvertrag durch Kündigung, Aufhebungsvertrag, Konkurs, Eingliederung oder Verschmelzung endet.[14]

In dem vom *BGH* entschiedenen Fall wurde im Jahre 1986 ein Organvertrag geschlossen. Die Minderheitsaktionäre leiteten ein Spruchstellenverfahren ein mit dem Ziel, die Im Organvertrag festgesetzte Abfindung überprüfen zu lassen. Bevor eine gerichtliche Entscheidung erging, kündigte die Obergesellschaft den Organvertrag und beantragte, das Spruchstellenverfahren hinsichtlich der Festsetzung der Abfindung für erledigt zu erklären.[15] Der *BGH* wies den Antrag der Obergesellschaft mit der Begründung zurück, durch den Organvertrag sei in die nach Art. 14 I GG geschützten Rechte der Minderheitsaktionäre der Untergesellschaft eingegriffen worden und dieser Eingriff

---

[12] **BGH**, WiB 1997, 1143, = NJW 1997, 2242.

[13] AG 1996, 475.

[14] Dagegen: **Koppensteiner**, Köln.Komm., § 305 Rn 52; **Krieger**, Münchener Hdb d. GesR, Bd. IV, § 70 Rn 138; **Hengeler**, FS Möhring, 1975, 197, 207ff. dafür: **OLG Celle** DB 1973, 1118; **BayObLG**, AG 1980, 76, 77; **Geßler**, Geßler/Hefermehl/Eckardt/Kropff, § 297 Rn 48; **Hohner**, DB 1972, 1487, 1491f; **Wilhelm**, Beendigung, 45f.

[15] Sachverhalt ist wiedergegeben in WiB 1997, 1143 = NJW 1997, 2242.

verlange eine vollständige Entschädigung.[16] Es genüge verfassungsrechtlichen Anforderungen nicht, den Entschädigungsanspruch erlöschen zu lassen, wenn der Organvertrag während eines noch laufenden Spruchstellenverfahrens ende.[17]

Das *OLG Zweibrücken*[18] und das *OLG Karlsruhe*[19] vertraten dagegen die Auffassung, mit Beendigung des Organvertrags entfielen auch die Abfindungsansprüche der Minderheitsaktionäre. In dem der Entscheidung des *OLG Zweibrücken* zu Grunde liegenden Sachverhalt wurde der Unternehmensvertrag einvernehmlich aufgehoben. Grundlage für den Anspruch sei - so das *OLG Zweibrücken* - der Unternehmensvertrag. Entfalle dieser, könnten die außenstehenden Aktionäre auch nicht mehr die aus ihm fließenden Ansprüche geltend machen. Die Fortsetzung eines Spruchstellenverfahrens scheide daher aus.[20] Als Begründung verweist das *OLG Zweibrücken* unter anderem auf das außerordentliche Kündigungsrecht des herrschenden Unternehmens nach §§ 304 V, 305 V 4 AktG.[21] Wenn sich das herrschende Unternehmen einer gerichtlich festgesetzten Abfindung durch fristlose Kündigung entziehen könne, sei es nicht bedenklich, die Abfindungsansprüche mit der Beendigung des Vertrags entfallen zu lassen. Die Aktionäre stünden damit nicht schlechter als im Fall einer außerordentlichen Kündigung. Mit dem Wegfall der Ansprüche sei dann kein Raum mehr für die Weiterführung des Spruchstellenverfahrens.[22]

In der Literatur befürworten *Koppensteiner*[23]und *Krieger*[24] ein Erlöschen des Abfindungsanspruchs. *Hüffer*[25], *Luttermann*[26], *Grunewald*[27], *Meilicke*[28]und *Naraschewski*[29] plädieren hingegen für dessen Fortbestand.

Nach Ansicht des *OLG Zweibrücken* ist zwischen der Beendigung eines Unternehmensvertrags durch Zeitablauf bzw. durch eine einvernehmliche Aufhebung einerseits und einer Beendigung durch Maßnahmen des herrschenden Unternehmens andererseits (Eingliederung, Verschmelzung) zu unterscheiden.[30] Dies wird jedoch nicht näher begründet. Es ist insbesondere nicht klar, ob bei einer Beendigung etwa durch Eingliede-

---

[16] **BGH**, NJW 1997, 2242, 2243; Zur Garantie einer wirtschaftlich vollen Entschädigung gehört auch die Garantie einer gerichtlichen Kontrolle der Abfindungshöhe. Siehe dazu und zur Reichweite des Minderheitenschutzes **Wiedemann**, ZGR 1999, 857, 867.
[17] **BGH**, NJW 1997, 2242, 2243.
[18] **OLG Zweibrücken**, AG 1994, 563f.
[19] **OLG Karlsruhe**, AG 1995, 139, 140.
[20] So auch: **Naraschewski**, DB 1997, 1653.
[21] **OLG Zweibrücken**, AG 1994, 563, 564.
[22] **OLG Zweibrücken**, AG 1994, 563, 564.
[23] Köln.Komm., § 305 Rn 12.
[24] Münchener Hdb d. GesR, Bd. IV, § 70 Rn 139.
[25] AktG, § 305 Rn 4a.
[26] JZ 1997, 1183.
[27] **Grunewald** in Lutter, UmwG, § 20 Rn 34
[28] AG 1995, 181, 183ff.
[29] DB 1997, 1653, 1655.
[30] **OLG Zweibrücken**, AG 1994, 563, 564; hiergegen: **Hecker/Wenger**, ZBB 1995, 321, 333, die diese Differenzierung nach dem Beendigungsgrund für verfehlt halten.

rung oder Verschmelzung die Abfindungsansprüche fortbestehen sollen. Mit der vom *OLG Zweibrücken* vertretenen Auffassung, mit dem Wegfall des Unternehmensvertrags entfalle auch die Grundlage für den Abfindungsanspruch, dürfte jedoch schwerlich zu begründen sein, warum ein anderer Beendigungsgrund - Verschmelzung statt einvernehmlicher Vertragsaufhebung - Auswirkungen auf das Fortbestehen des Abfindungsanspruches haben sollte. Das *OLG Zweibrücken* hat diese Aussage im Zusammenhang mit der Frage getroffen, ob angesichts abweichender Rechtsprechung eine Vorlage an den BGH gem. §§ 306 II, 99 III 6 AktG iVm 28 II FGG geboten sei und dies mit der Begründung verneint, die Entscheidungen anderer Gerichte beträfen ausnahmslos nicht vergleichbare Sachverhalte.[31] Mit dieser Feststellung gibt es aber zu erkennen, dass es seiner Ansicht nach für die Frage des Weiterbestehens der Abfindungsansprüche gerade auf den Grund der Vertragsbeendigung ankommt. Der Beendigungsgrund ist jedoch unerheblich für die Entscheidung der Frage, ob durch den Wegfall des Unternehmensvertrags auch die Abfindungsansprüche erlöschen.[32] Das Gericht betont in seiner Entscheidung ausdrücklich den vertraglichen Charakter des Abfindungsanspruchs und sieht diesen anders als der BGH als in der uneingeschränkten Disposition der Vertragsparteien des Unternehmensvertrags stehend an.

Die Rechtsnatur des Abfindungsanspruchs ist auch nach der jüngsten Entscheidung des *BGH* noch nicht abschließend geklärt. Die hM in Literatur und Rechtsprechung sieht den Organvertrag hinsichtlich des Abfindungsanspruchs als einen echten Vertrag zugunsten Dritter an.[33] Die freien Anteilseigner erhalten dadurch das Recht, dem herrschenden Unternehmen ihre Anteile gegen Gewährung der Abfindung anzubieten. Dieses Recht wird daher auch als Option bezeichnet.[34] Der Anspruch auf Zahlung des Abfindungsbetrags bzw. auf Gewährung der Aktien der Obergesellschaft entsteht erst mit Ausübung der Option, d.h. mit der Andienung der Anteile an das herrschende Unternehmen.[35]

Folge dieser Einordnung ist die vom Schuldrecht geprägte Verknüpfung des Abfindungsanspruchs mit dem Organvertrag als dessen Grundlage. Der Anspruch teilt das Schicksal des Vertrags und erlischt mit diesem. Eine abweichende Auffassung vertritt lediglich *Luttermann*. Grundlage des Abfindungsanspruchs ist nach seiner Auffassung nicht der Unternehmensvertrag sondern das zwischen den Gesellschaftern des beherrschten Unternehmens bestehende Gesellschaftsverhältnis. Diese werde durch den Unternehmensvertrag beeinträchtigt. Zur Wiederherstellung des Gleichgewichts zwi-

---

[31] **OLG Zweibrücken**, AG 1994, 563, 564.

[32] So zutreffend: **Meilicke**, AG 1995, 181, 182.

[33] **W. Bayer**, ZGR 1993, 599, 602; **Hüffer**, AktG, § 305 Rn 3; **Geßler** in Geßler/Hefermehl/-Eckardt/Kropff, § 305 Rn 8; **Koppensteiner**, Köln.Komm., § 305 Rn 4; **Emmerich/Sonnenschein**, Konzernrecht, § 17 III 1a; **Emmerich/Habersack**, Aktienkonzernrecht, § 305 Rn 22; **Würdinger**, AG 1972, 13, 14; **BGH**, AG 1997, 515; **BayObLG**, AG 1980, 76, 77; **OLG Celle**, AG 1974, 405; **LG Stuttgart**, AG 1998, 103.

[34] **Hüffer**, AktG, § 305 Rn 3; **Koppensteiner**, Köln.Komm., § 305 Rn 4; **Emmerich/Sonnenschein**, Konzernrecht § 17 III 5a.

[35] **Hüffer**, AktG, § 305 Rn 3; **Emmerich/Sonnenschein**, Konzernrecht § 17 III 5a; **Koppensteiner**, Kölner Komm. z. AktG, § 305 Rn 4; **BayObLG**, AG 1980, 76, 77.

schen dem herrschenden Unternehmens als Mehrheitsaktionär sehe das Gesetz Abfindungs- und Ausgleichsansprüche der Minderheitsaktionäre vor. Beim Abfindungsanspruch handele es sich daher nicht um einen vertraglichen sondern um einen gesetzlichen Anspruch[36]

Nach Auffassung des *BGH* kann der Abfindungsanspruch zumindest solange als auf vertraglicher Grundlage basierend aufgefasst werden, als noch kein Spruchstellenverfahren rechtshängig ist. Mit Einleitung eines Verfahrens sei der Anspruch als letztendlich auf dem Gesetz beruhend anzusehen.[37]

Eine in die gleiche Richtung gehende Auffassung vertritt nunmehr auch *Hüffer*. Seiner Ansicht nach hat der Abfindungsanspruch seine Grundlage in dem zwischen dem herrschenden Unternehmen und dem Minderheitseigner bestehenden nachvertraglichen gesetzlichen Schuldverhältnis, wenn der Unternehmensvertrag tatsächlich durchgeführt wird und dann endet.[38] Die von ihm früher vertretene Ansicht, Grundlage des Abfindungsanspruchs sei allein der Vertrag,[39] wird ausdrücklich aufgegeben.

Die Ansicht des *BGH* ist im Ergebnis zutreffend. Nicht nachvollziehbar ist jedoch, warum die Einleitung eines Spruchstellenverfahrens den vertraglichen Anspruch in einen gesetzlichen verwandeln soll. Die Auffassung des *BGH* ist in diesem Punkt nicht ganz eindeutig, wenn er ausführt, der Anspruch werde dem Grunde nach kraft Gesetzes gewährt.[40] Nach dem Wortlaut des § 305 I AktG muss ein Beherrschungs- oder ein Gewinnabführungsvertrag die Verpflichtung des anderen Vertragsteils enthalten, auf Verlangen eines außenstehenden Aktionärs dessen Aktien gegen eine im Vertrag bestimmte angemessene Abfindung zu erwerben. Aus dem Wortlaut kann jedoch nicht ohne weiteres abgeleitet werden, dass der Abfindungsanspruch erst durch den Organvertrag konstitutiv begründet wird. Dies zeigt schon § 305 V 1 iVm 2 AktG.[41] Sieht der Vertrag überhaupt keine Abfindung vor, kann ein Spruchstellenverfahren mit dem Ziel eingeleitet werden, eine gerichtliche Bestimmung der Abfindung durchzusetzen. Beim Spruchstellenverfahren geht es also nicht (nur) um die Abänderung bzw. Anpassung eines im Vertrag enthaltenen Abfindungsangebots sondern in erster Linie um die Durchsetzung der den außenstehenden Aktionären zustehenden Kompensation für die Nachteile, die sie als Folge eines Beherrschungs- bzw. Gewinnabführungsvertrages hinzunehmen haben. Die Verpflichtung des herrschenden Unternehmens, eine Abfindung zu leisten, entsteht mit Abschluss des Vertrags und unabhängig davon, ob die Vertragsparteien ein Abfindungsangebot in den Unternehmensvertrag aufnehmen. Sie unterliegt insoweit auch nicht der Disposition der Vertragsparteien. Dies ist ein wesentlicher Unterschied zu einem schuldrechtlichen Anspruch. Ohne einen Vertrag gibt

---

[36] **Luttermann**, JZ 1997, 1183, 1184.
[37] So jetzt: **BGH**, WiB 1997, 1143, 1144 = NJW 1997, 2242, 2243.
[38] **Hüffer**, EWiR § 305 AktG 3/97, 769, 770; **ders.** AktG, § 305 Rn 4a.
[39] **Hüffer**, AktG, 2. Aufl. 1995, § 305 Rn 3.
[40] WiB 1997, 1143, 1144.
[41] Nach **Luttermann**, JZ 1997, 1183, 1184 besteht die typische Gefahr des Unternehmensvertrags generell und nicht erst ab Rechtshängigkeit des Spruchstellenverfahrens. Dem ist zuzustimmen.

es keinen Anspruch vor allem nicht dahingehend, dass potentielle Vertragsparteien verpflichtet wären, einen solchen durch Vertrag zu begründen.

Als Folge der auf den vertraglichen Charakter abstellenden Auffassung wird der gerichtlichen Bestimmung der angemessenen Abfindung vertragsgestaltende Wirkung beigemessen. Der Spruchstellenentscheid ändere insoweit den Vertrag mit rückwirkender Kraft und modifiziere diesen.[42] Die gerichtliche Entscheidung trete an die Stelle einer fehlenden oder unzureichenden Vereinbarung der Abfindung durch die Parteien des Organvertrags.[43] Diese Auffassung, die aus der Bezeichnung "Gewinn-/Beherrschungsvertrag" die Schlussfolgerung ableitet, die Ansprüche der Minderheit hätten schuldrechtlichen Charakter, übersieht die dahinter stehende gesetzliche Entschädigungspflicht des herrschenden Unternehmens.[44] Diese gesetzlich und verfassungsrechtlich gebotene Entschädigungspflicht war für den Gesetzgeber bei der Schaffung des § 305 I AktG anscheinend derart selbstverständlich, dass er bei der Formulierung des § 305 AktG darauf verzichtete, dies ausdrücklich festzuhalten. Stattdessen hat er nur die Durchführung der Entschädigung näher geregelt und in Übereinstimmung mit dem gängigen Begriff des Beherrschungs-/Gewinnabführungsvertrags den Entschädigungsanspruch als in den Vertrag aufzunehmende Verpflichtung des herrschenden Unternehmens bezeichnet.

Für die hier vertretene Auffassung spricht vor allem der Wortlaut des § 305 V 2 AktG. Danach hat das in § 306 bestimmte Gericht auf Antrag die vertraglich zu gewährende Abfindung zu bestimmen. Diese Formulierung macht nur dann Sinn, wenn man davon ausgeht, dass das herrschende Unternehmen kraft Gesetzes verpflichtet ist, eine Abfindung zu gewähren. Dieser gesetzlichen Verpflichtung kommen die Parteien des Unternehmensvertrags dadurch nach, dass sie eine Abfindungsregelung in den Vertrag aufnehmen.

Lehnt man den von der hM vertretenen schuldrechtlichen Ansatz ab, bedeutet dies, dass das Gesetz in Abweichung des im Vertragsrecht geltenden Grundsatzes der Pri-

---

[42] **Geßler** in Geßler/Hefermehl/Eckardt/Kropff, § 305 Rn 74; **Hüffer**, AktG, § 305 Rn 31 u. § 304 Rn 22; **Emmerich/Habersack**, Aktienkonzernrecht, § 305 Rn 66 u. § 304 Rn 89; **Bodewig**, BB 1978, 1694; **Emmerich/Sonnenschein**, Konzernrecht, § 17 a VI; **Flume**, DB 1969, 1047; **Haase**, AG 1995, 7, 18ff; **Hoffmann-Becking**, ZGR 1990, 482, 499f; **J. Schmidt**, Außenstehende Aktionäre, 95f; **H.P. Westermann**, AG 1976, 309; **Hüchting**, Abfindung, 86ff; **Koppensteiner**, BB 1978, 769; **ders.**, Köln.Komm., § 305 Rn 56; **Krieger**, Münchener Hdb d. GesR, Bd. IV, § 70, Rn 94; **Schindler**, Austrittsrecht, 157. **BayObLG**, AG 1996, 127, 130; **ders.**, AG 1996, 176, 180; **OLG Düsseldorf**, AG 1990, 397, 401f; **OLG Celle**, AG 1979, 230, 233; **LG Berlin**, AG 1979, 207; **LG Dortmund**, AG 1996, 278, 281.

[43] **Hüffer**, AktG, § 304 Rn 22; **Emmerich/Habersack**, Aktienkonzernrecht, § 305 Rn 66; **Hüchting**, Abfindung, 85f, der die Entscheidung des Gerichts im Spruchstellenverfahren mit Gestaltungsurteilen vergleicht, durch die z.B. eine Vertragsstrafe nach § 343 BGB herabgesetzt oder die Leistungsbestimmung eines Dritten nach § 315 III BGB ersetzt wird.

[44] So zutreffend: **Luttermann**, JZ 1997, 1183, 1184. Nach seiner Auffassung ist Grundlage des Abfindungsanspruchs das Gesetz. Des dauernden Rückgriffs auf Art. 14 GG bedarf es seiner Auffassung nach nicht, um den Schutz der Minderheit zu begründen.

vatautonomie eine Verpflichtung zum Abschluss eines Vertrags normiert.[45] Dies macht vor allem deswegen Sinn, da der im Zivilrecht geltende Grundsatz der Privatautonomie normalerweise die Gewähr dafür bietet, dass die vertragsschließenden Parteien ihre jeweiligen Interessen wahren können und dass nur solche Verträge geschlossen werden, die die Belange beider Seiten angemessen berücksichtigen. Von einem Verhandeln gleichberechtigter Partner kann jedoch bei Abschluss eines Unternehmensvertrags nicht die Rede sein. Zum einen sind die Minderheitsaktionäre überhaupt nicht Vertragspartner. Sie haben auch sonst keine Möglichkeit, auf die Abfindungshöhe Einfluss zu nehmen.[46] Der Gesetzgeber hat sie vielmehr von jeder Mitwirkung ausgeschlossen. Anders als bei der Änderung der Abfindungshöhe (§ 295 II 1 AktG) oder der Aufhebung des Unternehmensvertrages (§§ 296 II 2, 295 II 1 AktG) bedarf es keines Sonderbeschlusses der außenstehenden Aktionäre, wenn die Hauptversammlung des beherrschten Unternehmens über den Abschluss eines Unternehmensvertrags abstimmt. Sie können weder die Zustimmung der Hauptversammlung zum Abschluss des Unternehmensvertrag mit der Begründung anfechten, die Abfindung sei unangemessen (§ 305 V 1 AktG), noch können sie eine nachfolgende Verschmelzung verhindern. Als Begründung hierfür dient das Argument, eine Minderheit solle grundlegende Entscheidungen wie den Abschluss eines Unternehmensvertrags oder eine Verschmelzung nicht durch Erhebung einer Anfechtungsklage blockieren können.[47]

Aufgrund des Übergewichts des herrschenden Unternehmens, das in den meisten Fällen bereits vor Abschluss des Unternehmensvertrags über die Stimmenmehrheit in der Hauptversammlung des beherrschten Unternehmens verfügen dürfte, kann auch nicht davon ausgegangen werden, dass die Untergesellschaft auf eine angemessene Abfindung ihrer Minderheitsaktionäre im Vertrag achtet und dadurch die Interessen der Minderheit hinreichend gewahrt werden. Dies zeigt, dass die Einordnung des Abfindungsanspruchs in schuldrechtliche Kategorien von Voraussetzungen ausgeht, die bei Abschluss eines Organvertrags in den allermeisten Fällen nicht vorliegen. Kommen die Vertragsparteien ihrer gesetzlichen Verpflichtung nicht oder nur unvollständig nach, kann das Gericht den Organvertrag in diesem Punkt modifizieren. Der Gesetzgeber hat mit dem Spruchstellenverfahren eine Kontroll- und Korrekturmöglichkeit geschaffen, um einem Missbrauch der Übermacht der Obergesellschaft begegnen zu können.

---

[45] Auch **Geßler**, Geßler/Hefermehl/Eckardt/Kropff § 305 Rn 8, sieht eine gesetzliche Pflicht des herrschenden Unternehmens, im Vertrag eine angemessene Abfindung vorzusehen. Er zieht daraus jedoch nicht die Schlussfolgerung, dass es sich bei dem Abfindungsanspruch um einen gesetzlichen Anspruch handelt, sondern vertritt die Auffassung, zur Entstehung des Anspruchs bedürfe es einer Regelung der Abfindung im Vertrag. Keinesfalls hätten die außenstehenden Aktionäre mit Wirksamwerden des Vertrages kraft Gesetzes einen Anspruch auf eine angemessene Abfindung.

[46] **Luttermann**, JZ 1997, 1183, 1184, sieht in dem Unternehmensvertrag einen Vertrag zu Lasten Dritter, der grundsätzlich verboten ist, und hält dem BGH einen Mangel an zivilrechtlicher Argumentation entgegen. Durch den gesetzlich gesicherten Abfindungsanspruch werde das notwendige Gegengewicht geschaffen und eine ausgewogene Machtstruktur im Verhältnis der Minderheit zur Obergesellschaft gewahrt.

[47] BegrRegE zu § 305 in: **Kropff**, Textausgabe des Aktiengesetzes vom 6.9.1965, 397; **Bodewig**, BB 1978, 1694, 1696; **ders.**, Sicherung der Minderheitsrechte, 5ff; **Krieger**, ZGR 1990, 517, 535; **Naraschewski**, DB 1997, 1653;

Der von der hM vertretenen Auffassung, die gerichtliche Entscheidung trete an die Stelle einer unzureichenden Abfindung bzw. setze diese - im Fall des Fehlens im Vertrag - erstmalig fest und ihr komme daher vertragsgestaltende Wirkung zu,[48] kann nicht gefolgt werden. Im Spruchstellenverfahren geht es nicht darum, eine zwischen den Vertragsparteien vereinbarte Verpflichtung gerichtlich zu überprüfen, sondern darum, den vom Organvertrag betroffenen und am Vertragsschluss weder direkt noch indirekt beteiligten Minderheitsaktionären und damit außenstehenden Dritten eine Entschädigung für ihre Rechtsbeeinträchtigung zu verschaffen. Dieser besonderen Konstellation wurde auch durch die Schaffung des gemeinsamen Vertreters Rechnung getragen, der die Interessen der Minderheitsaktionäre zu vertreten hat, die nicht am Verfahren als Antragsteller beteiligt und damit auch nicht Partei des Spruchstellenverfahrens sind. Die Ausgestaltung des Spruchstellenverfahrens unterscheidet sich damit wesentlich von anderen Möglichkeiten gerichtlicher Streitschlichtung zwischen Privatrechtssubjekten.

Auch das in § 306 IV 1 AktG normierte Anhörungsrecht der Vertragsteile des Unternehmensvertrags zeigt, dass es sich bei dem Spruchstellenverfahren nicht um eine Streitigkeit zwischen den Parteien eines Vertrags im herkömmlichen Sinne handelt. Es ist schon zweifelhaft, ob das herrschende und das beherrschte Unternehmen überhaupt im verfahrensrechtlichen Sinne beteiligt sind, da ihnen kein eigenes Antragsrecht zusteht.[49] Jedenfalls unterscheidet sich die verfahrensrechtliche Situation in den vorgenannten Punkten erheblich von den sonstigen Streitverfahren des Zivilprozesses und der freiwilligen Gerichtsbarkeit. Diese verfahrensrechtlichen Besonderheiten lassen sich nur mit der dem Verfahren zu Grunde liegenden materiellrechtlichen Ausgangslage erklären, nämlich der Notwendigkeit, einen einseitigen Eingriff des wirtschaftlich Stärkeren in die verfassungsrechtlich geschützte Rechtsposition des Schwächeren gerichtlich zu überprüfen.[50] Ginge man davon aus, dass der Abfindungsanspruch allein auf dem Unternehmensvertrag beruht, d.h. erst durch eine entsprechende Vereinbarung im Vertrag begründet wird, würde man die dem Vertragsschluss vorgelagerte und verfassungsrechtlich gebotene Verpflichtung zur Entschädigung der Minderheitsaktionäre in ihrer Bedeutung verkennen.

Wie *Prael* zu Recht anführt, ist zwischen dem Recht abgefunden zu werden und der durch Ausübung dieses Rechts entstehenden Rechtsbeziehung zu unterscheiden.[51] Der Abfindungsanspruch hat seine Grundlage zunächst in der durch den Organvertrag geänderten Verfassung der Untergesellschaft und ist damit körperschaftlicher und nicht

[48] **OLG Düsseldorf**, AG 1990, 397, 401; **Hüffer**, AktG, § 305 Rn 31; **Haase**, AG 1995, 7, 9.
[49] **Hüffer**, AktG, § 306 Rn 12; a.A **Emmerich/Habersack**, Aktienkonzernrecht, § 306 Rn 14, die davon ausgehen, das herrschende Unternehmen erhalte durch das Anhörungsrecht die Stellung eines Antragsgegners.
[50] Aus diesem Grund sind auch Bestrebungen abzulehnen, einen Antrag im Spruchstellenverfahren von der Erreichung eines bestimmten Quorums der Minderheitsaktionäre abhängig zu machen, siehe dazu: **Sonnenschein**, ZGR 1981, 429, 443.
[51] Eingliederung und Beherrschungsvertrag, 76.

schuldrechtlicher Natur.[52] Durch den Organvertrag wird der Willensbildungsprozess in der beherrschten Gesellschaft umgestaltet und zwar hin zu einer externen Fremdbestimmung.[53] Teilweise wird dieser Vorgang auch als Geschäftsführung nach Fremdwillen bezeichnet, deren Umsetzung durch das herrschende Unternehmen durch gerichtlich durchsetzbare Erfüllungs- und Schadenersatzansprüche sanktioniert werde.[54]

Die vom *BGH* und von *Hüffer* gewählte "Zweiteilung" der Rechtsnatur des Abfindungsanspruchs ist daher überflüssig. Mit Abschluss des Organvertrags entsteht er als Folge des Eingriffs in die Verfassung des beherrschten Unternehmens[55] und damit in die Mitgliedschaft des einzelnen Aktionärs. Er ist daher in erster Linie ein aus der Mitgliedschaft fließender Anspruch.[56] Auf gesetzlicher Grundlage beruht er zumindest mittelbar, da die Regelungen des Aktiengesetzes über die Mitgliedschaft und die Rechtsbeziehungen des Aktionärs zu seiner Gesellschaft gesetzlicher Natur sind. Die Abfindungsregelung ist von den Parteien des Vertrags zwar in diesen aufzunehmen. Der Vereinbarung kommt letztendlich aber nur deklaratorischer Charakter zu.[57] Die außenstehenden Aktionäre haben jedoch Anspruch auf eine angemessene Abfindung unabhängig davon, ob und in welcher Höhe eine Abfindung im Unternehmensvertrag festgesetzt wird.

Aus diesem Grund kann der Abfindungsanspruch auch nicht mit Beendigung des Unternehmensvertrags entfallen. Der Wegfall des Vertrags beseitigt zwar mit Wirkung für die Zukunft (ex nunc) das Beherrschungsverhältnis. Bis zum Beendigungszeitpunkt stand das beherrschte Unternehmen jedoch unter der Leitungsbefugnis der Obergesellschaft. Für die damit einhergegangene Einbuße an ihren Mitverwaltungs- und Vermögensrechten erhalten die außenstehenden Aktionäre die Abfindung als Kompensation.

Das in der Entscheidung des *OLG Zweibrücken* angeführte Argument, der Wegfall der Abfindungsansprüche verstoße nicht gegen das Rückwirkungsverbot,[58] ist daher unzutreffend. Lässt man wie das *OLG Zweibrücken* mit dem Ende des Vertrags die Ansprü-

---

[52] **Prael**, Eingliederung und Beherrschungsvertrag, 74f.

[53] **Prael**, Eingliederung und Beherrschungsvertrag, 72 unter Hinweis auf **Ballerstedt**, DB 1956, 813, 815; **W. Bayer**, ZGR 1993, 599, 602; **ders.** Beherrschungsvertrag, 13ff, der in der Obergesellschaft ein weiteres und oberstes Organ sieht.

[54] **Prael**, Eingliederung und Beherrschungsvertrag, 72; **Sapper**, Rechtssystematische Stellung, 82; **Emmerich/Sonnenschein**, Konzernrecht, § 8 II 4 u. 18 VI 3; **Geßler** in Geßler/Hefermehl/Eckardt/Kropff, § 308 Rn 24; **Kantzas**, Weisungsrecht, 45ff; **Koppensteiner**, Köln.Komm., § 308 Rn 43; **Emmerich/Habersack**, Aktienkonzernrecht, § 308 Rn 54ff;.

[55] **Prael**, Eingliederung und Beherrschungsvertrag, 73. und **Luttermann**, JZ 1997, 1183, 1184.

[56] **Prael**, Eingliederung und Beherrschungsvertrag, 74f.

[57] So auch: **Mestmäcker**, Verwaltung, 325, der die Unternehmensverträge als deklaratorische und nicht konstitutive Verträge bezeichnet. Die Aussage Säckers bezieht sich auf die vor der Geltung des AktG 1965 gesetzlich noch nicht anerkannten Unternehmensverträge. Durch das AktG 1965 wurde die in der Praxis bereits weit verbreitete und im Steuerrecht anerkannte Organschaft erstmals gesetzlich geregelt. Inhaltlich unterscheiden sich die Organschaft nach „altem" Recht und der Beherrschungs- und Gewinnabführungsvertrag nach § 291 I AktG nicht. Siehe dazu: **Mestmäcker**, FS Kronstein, 129, 134 und **Emmerich/Sonnenschein**, Konzernrecht, § 1 II 3.

[58] **OLG Zweibrücken**, AG 1994, 563, 564

che der Minderheit entfallen, verweigert man ihnen damit auch die verfassungsrechtlich gebotene Entschädigung für die von ihnen während der Laufzeit des Vertrages erlittenen Einbußen. Folgte man der Auffassung des *OLG Zweibrücken*, hieße dies, das herrschende Unternehmen aufzufordern, vor jeder Verschmelzung einen Unternehmensvertrag abzuschließen, der entweder gar kein oder ein völlig unzureichendes Abfindungsangebot enthält.[59] Während der Dauer eines hierdurch provozierten Spruchstellenverfahrens, das sich über mehrere Jahre hinzieht, kann das herrschende Unternehmen die abhängige Gesellschaft vollständig nach seinen Vorstellungen umgestalten. Selbst eine Ausplünderung des Unternehmens dürfte im Interesse des Konzerns erfolgen.[60] Vor einer rechtskräftigen Entscheidung über die Abfindungsansprüche könnte die Konzernspitze dann rechtzeitig eine Verschmelzung durchführen und sich dadurch der Abfindungsansprüche entledigen.[61] Vor nachteiligen Maßnahmen oder gar einer Ausplünderung würde das herrschende Unternehmen auch nicht etwa dadurch abgehalten, dass es Mittel für den Erwerb einer Mehrheitsbeteiligung am beherrschten Unternehmen aufgewandt hat und der Wert seiner Beteiligung durch die Ausplünderung sinkt. Das herrschende Unternehmen wird vielmehr abwägen, ob die Vorteile des Ausplünderns größer sind als die damit einhergehende Minderung oder Vernichtung des Beteiligungswerts. In vielen Fällen wird es sogar so sein, dass das herrschende Unternehmen wesentlich weniger als die in § 293 I 1 AktG vorgesehene Dreiviertelmehrheit des zur Beschlussfassung notwendigen Grundkapitals erwerben muss, um sich in der Hauptversammlung die Zustimmung zum Unternehmensvertrag zu sichern. Insbesondere wenn sich das herrschende Unternehmen des Wohlwollens von "Stimmführern" in der Hauptversammlung, etwa von Banken oder "befreundeten" Unternehmen sicher sein kann, wären die Anforderungen an den Einsatz eigener Mittel nicht allzu hoch.[62]

Gegen das Erlöschen der Abfindungsansprüche spricht vor allem aber folgendes: Hat sich die Ertragslage der abhängigen Gesellschaft seit Abschluss des Vertrags infolge von Maßnahmen der Obergesellschaft und damit auch der Anteilswert am beherrschten Unternehmen verringert, verschöbe sich auch die Verschmelzungswertrelation zugunsten des herrschenden Unternehmens. Dies hätte zur Konsequenz, dass die freien Anteilseigner, die infolge der Verschmelzung entweder Anteile am herrschenden Unternehmen oder eine Barabfindung erhalten, für ihre Beteiligung eine geringere Entschädigung bekämen als die, die dem wahren Wert ihrer Anteile am beherrschten Unter-

---

[59] **Emmerich**, JuS 1997, 1045, 1046.

[60] **BVerfG**, ZIP 1999, 532, 533.

[61] **Meilicke**, AG 1995, 181, 182;

[62] Siehe hierzu: **Beyerle**, AG 1980, 317, 321f u. 323 unter Hinweis auf den Fall Deutsche Erdöl AG (DEA) - Deutsche Texaco Ltd. und die hierzu ergangene Entscheidung des **Hans OLG Hamburg**, DB 1975, 2269. In diesem Fall hatte der damalige Vorstandssprecher der Deutschen Bank die Kleinaktionäre mit dem Argument unter Druck zu setzen versucht, bei der beherrschten "Magermilch-DEA" sei angesichts der angebotenen Abfindung und des Ausgleichs nichts mehr abzusahnen. Die Minderheitsaktionäre erreichten in dem Spruchstellenverfahren eine erhebliche Verbesserung des Abfindungsangebots und zwar von 180 % auf 222 %.

nehmen im Zeitpunk. des Vertragsschlusses[63] entspräche. Lässt man mit der Verschmelzung das Abfindungsangebot aus dem Unternehmensvertrag erlöschen, würde das herrschende Unternehmen doppelt profitieren: Einerseits von der "Versklavung" der Untergesellschaft und andererseits von der Verschiebung der Wertrelationen bei der Verschmelzung. Ohne den vorangegangenen Vertrag müsste dagegen der ungeschmälerte Ertragswert der Ermittlung der Verschmelzungswertrelationen zu Grunde gelegt werden.

Als Beispiel für strategische Verhaltensweisen der Obergesellschaft, die eine Minderung des Unternehmenswerts der Untergesellschaft nach Abschluss eines Organvertrags zur Folge haben, kann der vom *BGH* entschiedene Fall Langenbrahm AG/Rüger-Gruppe angeführt werden.[64]

Hier hatte die Rüger-Gruppe den außenstehenden Aktionären eine Abfindung von 500,- DM angeboten. Die Minderheitsaktionäre hielten eine Abfindung i.H.v. 1.500,- DM für angemessen und leiteten ein Spruchstellenverfahren ein. Danach wurde die Langenbrahm AG auf das herrschende Unternehmen verschmolzen. Die Rüger-Gruppe hatte nach Abschluss des Unternehmensvertrags der Untergesellschaft Vermögen in einem Umfang entzogen, dass die bei der nachfolgenden Umwandlung ermittelte Wert einer Aktie nur noch 62,50 DM betrug. Die Minderheitsaktionäre und das herrschende Unternehmen einigten sich angesichts der zweifelhaften Zahlungsfähigkeit des herrschenden Unternehmens im Spruchstellenverfahren auf eine Abfindung i.H.v. 833,50 DM. Statt eines Abfindungsbetrags von 833,50 DM aus dem Beherrschungsvertrag hätten die außenstehenden Aktionäre also lediglich 62,50 DM, also etwa 1/12 des im Vergleichswege gezahlten Betrags. Der Fall macht auch deutlich, dass letztendlich die beherrschte Gesellschaft die Abfindung der außenstehenden Aktionäre gezahlt hat. Die Rüger-Gruppe konnte sich die notwendigen Mittel zur Abfindung der Minderheitsaktionäre durch die Ausplünderung der Langenbrahm AG verschaffen.

Die praktische Relevanz zeigt sich auch anhand einer von der Kautelarpraxis vorgeschlagenen Variante des „Spin off-Modells".[65] Nach diesem Modell erwirbt die Obergesellschaft zunächst sämtliche Aktiva und Passiva der Untergesellschaft mit Ausnah-

---

[63] Genauer: "...im Zeitpunkt der Beschlussfassung der Hauptversammlung des beherrschten Unternehmens über den Vertrag..."; s. § 305 III 1 und 2 AktG der auch für den Fall der Abfindung in Aktien des herrschenden Unternehmens bzw. der Konzernspitze gilt, obwohl der Wortlaut des § 305 III 1 AktG einen bestimmten Stichtag nicht ausdrücklich nennt; vgl. hierzu: **Hüffer**, AktG, § 305 Rn 23; **Geßler** in Geßler/Hefermehl/Eckardt/Kropff, § 305 Rn 49; **Koppensteiner**, Köln.Komm., § 305 Rn 28; **Emmerich/Sonnenschein**, Konzernrecht, § 17 III 7c.

[64] **BGH**, NJW 1991, 566, 567.

[65] Hierzu näher: **Otto**, AG 1999, 173, 175. Unter Spin off ist der Verkauf von nicht mehr zum Kerngeschäft gehörenden Unternehmensbereichen zu verstehen. Das von **Otto** vorgeschlagene „umgekehrte Kombinationsmodell" besteht in einer Verknüpfung von Verschmelzung und vorangegangem Erwerb wesentlicher Vermögensteile der Zielgesellschaft. Das vorgeschlagene Modell ist in erster Linie für die Fälle konzipiert, in denen bestimmte Konzerntöchter von einem dritten Unternehmen erworben werden sollen. Tritt statt eines konzernfremden Unternehmens die Obergesellschaft selbst als Erwerber auf, wird deutlich, dass der Wert der Untergesellschaft zwischen dem Abschluss des Organvertrags und der Durchführung der Verschmelzung drastisch sinken kann.

me des Teilbetrags der Aktiva, der zur Deckung des Grundkapitals der Untergesellschaft erforderlich ist. Die Untergesellschaft führt den erzielten Veräußerungsgewinn aufgrund des Organvertrags an das herrschende Unternehmen ab. Anschließend wird die Verschmelzung der leergekauften Untergesellschaft mit dem herrschenden Unternehmen durchgeführt.

Das von *Otto* vorgeschlagene Modell ist in erster Linie für die Fälle konzipiert, in denen eine Konzerntochter von einem dritten Unternehmen erworben werden soll. Tritt jedoch statt eines konzernfremden Unternehmens die Obergesellschaft selbst als Erwerber auf, wird deutlich, dass der Wert der Untergesellschaft zwischen dem Abschluss des Organvertrags und der Verschmelzung sinken kann mit der Folge einer Verschlechterung des Umtauschverhältnisses zu Lasten der Minderheit.

(b) Ergebnis

Der Abfindungsanspruch des Minderheitsaktionärs ist kein auf dem Organvertrag beruhender Anspruch. Er entsteht vielmehr mit Abschluss des Organvertrags als Folge des Eingriffs in die Binnenstruktur der Untergesellschaft. Die Aktionäre, die von dem Organvertrag nicht profitieren, müssen für den Verlust ihrer Herrschafts- und Mitverwaltungsrechte vollumfänglich entschädigt werden. Das Erlöschen des Vertrags kann daher keine Auswirkungen auf den Fortbestand der Abfindungsverpflichtung haben. Die Minderheitsaktionäre können daher auch nach der Verschmelzung von Ober- und Untergesellschaft ein Spruchstellenverfahren weiter betreiben mit dem Ziel, eine angemessene Abfindung durchzusetzen.

(2) Erlöschen des Abfindungsanspruchs aufgrund der notwendigen Gleichbehandlung von Verschmelzung und anderweitiger Beendigung

(a) Die Auffassung von Kley

Ein weiteres Argument gegen ein Überdauern des Abfindungsanspruchs wird von Kley darin gesehen, dass die außenstehenden Aktionäre im Fall einer Verschmelzung durch die Erhaltung des Abfindungsanspruchs besser gestellt seien als im Fall der wirtschaftlichen Entlassung[66] Unter dem Begriff der wirtschaftlichen Entlassung versteht *Kley* die vorzeitige Beendigung eines Unternehmensvertrags zusammen, die nicht durch konzernrechtliche Vorgänge veranlasst werde und nach deren Eintritt sich die gesellschaftsrechtliche Beziehung zwischen den beiden Vertragspartnern nicht verdichtet habe.[67] Darunter sind nach seiner Systematisierung die (ordentliche und außerordentliche) Kündigung, die Vertragsaufhebung, der Rücktritt, und die Anfechtung zu verstehen.[68] Seiner Ansicht nach entfällt der Abfindungsanspruch in den Fällen, in denen ein Minderheitsaktionär von seinem Abfindungsrecht noch keinen Gebrauch gemacht hat.

---

[66] Rechtsstellung, 162.
[67] Rechtsstellung, 53.
[68] Rechtsstellung, 54ff.

Dies sei dann der Fall, wenn der Abfindungsvertrag noch nicht abgeschlossen worden sei.[69]

(b) Stellungnahme

Der von *Kley* vorgebrachten Begründung, die Minderheit werde durch den Erhalt des Abfindungsanspruchs bei der Verschmelzung besser gestellt als im Fall einer wirtschaftlichen Entlassung der Untergesellschaft, liegt die Prämisse zu Grunde, dass im Fall einer Kündigung oder Vertragsaufhebung in jedem Fall die Abfindungsansprüche erlöschen.

Wie *Kley* ausführt, sind im Aktiengesetz keine Regelungen dazu enthalten, wie Ausgleichs- und Abfindungsansprüche bei vorzeitiger Beendigung des Beherrschungsvertrags abzuwickeln sind.[70] Insbesondere sei gesetzlich nicht geregelt, ob der einzelne Minderheitsaktionär zum Beispiel nach einer Kündigung oder einer Anfechtung des Organvertrags seinen Abfindungsanspruch noch geltend machen kann. Bei der Beantwortung der Frage nach dem Schicksal des Abfindungsanspruchs ist nach *Kley* danach zu unterscheiden, ob die Minderheitsaktionäre ein Mitspracherecht oder ein Initiativrecht haben, wenn es um die Vertragsbeendigung geht.[71] Eine Mitwirkung der außenstehenden Aktionäre bei der Beendigung des Unternehmensvertrags ist für den Fall der Vertragsaufhebung (§ 296 II 1 AktG) und der ordentlichen Kündigung durch das beherrschte Unternehmen (§ 297 II 1 AktG) dadurch vorgesehen, dass sie einer Kündigung bzw. Vertragsaufhebung per Sonderbeschluss zustimmen müssen.

Für den Rücktritt - soweit man diesen überhaupt für zulässig hält[72]- und die Anfechtung[73]ist ebenfalls ein Sonderbeschluss der außenstehenden Aktionäre erforderlich, wenn die beherrschte Gesellschaft die Anfechtung oder den Rücktritt erklären will. Hielte man im Fall der Anfechtung bzw. des Rücktritts einen Sonderbeschluss der außenstehenden Aktionäre nicht für erforderlich,[74] bliebe dies unter der Voraussetzung, dass eine Anfechtung bzw. Rücktritt nur vor Vollzug des Vertrages möglich sind, ohne Folgen für die Minderheit. Da das herrschende Unternehmen vor einem Vollzug des Vertrages noch keinen beherrschenden Einfluss ausüben bzw. nachteilige Weisungen erteilen kann, beeinträchtigt der bloße Abschluss des Vertrages die außenstehenden Aktionäre noch nicht in ihren Mitgliedschafts- und Vermögensrechten. Um jedoch jegliche Möglichkeit nachteiliger Wirkungen eines noch nicht in Vollzug gesetzten Ver-

---

[69] Rechtsstellung, 106.

[70] Rechtsstellung, 98.

[71] Rechtsstellung, 98.

[72] Nach der hM kommt ein gesetzliches bzw. vertragliches Rücktrittsrecht nur bis zum Zeitpunkt des Vollzugs bzw. bis zur Eintragung des Unternehmensvertrags in das Handelsregister in Betracht, s. hierzu: **Hüffer**, AktG, § 297 Rn 23; **BGH**, NJW 1993, 1976; **LG Ingolstadt**, AG 1991, 24, 26.

[73] Diese wird für zulässig gehalten, wenn Anfechtungsgründe im Sinne der §§ 119, 123 BGB vorliegen und der Vertrag noch nicht in Vollzug gesetzt wurde. Siehe hierzu: **Geßler** in Geßler/Hefermehl/Eckardt/Kropff, § 297 Rn 45; **Emmerich/Sonnenschein**, Konzernrecht, § 15 IV 4; **Wilhelm**, Beendigung, 24ff; **Emmerich/Habersack**, Konzernrecht, § 297 Rn 30; **Gerth**, BB 1978, 1497, 1498.

[74] So: **Kley**, Rechtstellung, 82.

trages auf die Rechtsstellung der Minderheit auszuschließen, der sich etwa aufgrund "vorauseilenden Gehorsams" des Vorstands des beherrschten Unternehmens ergeben könnte, auszuschließen, ist auch bei der Anfechtung und dem Rücktritt ein Sonderbeschluss der Minderheit zu fordern.

Die außenstehenden Aktionäre haben in den Fällen kein Mitspracherecht, in denen die Vertragsbeendigung vom herrschenden Unternehmen ausgeht. Das gleiche gilt auch für den Fall einer außerordentlichen fristlosen Kündigung durch das beherrschte Unternehmen. Für die Beurteilung der Frage, was mit dem Abfindungsanspruch des außenstehenden Aktionärs geschieht, wenn der Unternehmensvertrag insbesondere durch den in der Praxis am häufigsten Fall der Kündigung durch das herrschende Unternehmen endet, ist zu unterscheiden: Die außenstehenden Aktionäre wären vor einem eventuellen Verlust ihrer Abfindungsansprüche durch die Beendigung des Organvertrags schon dadurch geschützt, dass sie im Zeitraum zwischen dem Ausspruch der Kündigung und der Beendigung des Organvertrags dem herrschenden Unternehmen noch ihre Aktien gegen Gewährung der Abfindung anbieten können. Voraussetzung hierfür wäre, dass eine eventuelle Frist zur Ausübung der Abfindung noch nicht abgelaufen ist. Sollte diese Frist bei Ausspruch der Kündigung bereits abgelaufen sein, wären diese Aktionäre von der Vertragsbeendigung gar nicht mehr nachteilig betroffen, da die Abfindungsansprüche ja bereits vor Beendigung des Vertrags untergegangen sind.

Damit bleiben nur noch die Fälle der außerordentlichen fristlosen Kündigung durch die Untergesellschaft bzw. das herrschende Unternehmen. Im Gegensatz zur ordentlichen Kündigung haben die Minderheitsaktionäre hier nicht die Möglichkeit, zwischen dem Ausspruch der Kündigung und der Beendigung des Vertrags von ihrem Abfindungsrecht Gebrauch zu machen. Hier könnten die Minderheitsaktionäre von einer Vertragsbeendigung tatsächlich überrascht werden. Ließe man ein Erlöschen zu, wären die außenstehenden Aktionäre jedoch anderweitig zu schützen. Im Hinblick auf die vom Bundesverfassungsgericht vorgegebene Auslegung der §§ 304ff AktG wäre es unzulässig, den Minderheitsaktionären die Abfindung zu entziehen, die ihnen als Kompensation für die mit dem Beherrschungsvertrag eingetretene Beeinträchtigung ihre Mitgliedschafts- und Vermögensrechte zusteht. Wie das *BVerfG* zu Recht anführt, geht für die Minderheitsaktionäre mit dem Abschluss eines Beherrschungs- und Gewinnabführungsvertrags die Gefahr der Auszehrung ihrer Mitgliedschaftsrechte und insbesondere ihrer Vermögensbeteiligung einher.[75] In der Urteilsbegründung verweist das Gericht an anderer Stelle ebenfalls auf die Gefahr der Verringerung des Werts der Gesellschaftsbeteiligung durch den Organvertrag[76] und leitet daraus das Gebot der vollen wirtschaftlichen Entschädigung des Minderheitsaktionärs ab.[77] Entscheidend aus der Sicht des Bundesverfassungsgerichts sind damit in erster Linie die Gefahren, die sich aus der vertraglichen Konzernierung der Untergesellschaft für deren Minderheitsgesellschafter ergeben. Das Gericht verwirft ausdrücklich die Erwägungen der Instanzgerichte, die den Abfindungsanspruch u.a. mit der Begründung erlöschen lassen wollten,

---

[75] **BVerfG**, ZIP 1999, 532, 533.
[76] **BVerfG**, ZIP 1999, 532, 534.
[77] **BVerfG**, ZIP 1999, 532, 535.

durch die Verschmelzung würden der Vertrag und damit auch der Abfindungsanspruch hinfällig.[78]

(c) Ergebnis

Das von *Kley* angeführte Argument, die außenstehenden Aktionäre könnten bei einer Verschmelzung nicht besser stehen als im Fall einer vorzeitigen Beendigung des Unternehmensvertrags,[79] trifft nicht zu. Auch im Fall einer vorzeitigen Beendigung des Unternehmensvertrags, sei es durch Kündigung sei es infolge einer Verschmelzung, muss der Minderheit die Abfindung erhalten bleiben. Die von *Kley* getroffene Differenzierung danach, ob den Minderheitsaktionären bei der Beendigung des Organvertrags ein Mitspracherecht zusteht, ist kein taugliches Argument, um das Fortbestehen des Abfindungsanspruchs zu verneinen.

(3) Schutz der Minderheit durch die Verlustausgleichspflicht

In der Literatur wird auch die Verlustausgleichspflicht nach § 302 AktG als ein Grund gegen die Notwendigkeit des Fortdauerns des Abfindungsanspruchs angeführt. Nach dieser Auffassung soll den Aktionären der Untergesellschaft bei der Verschmelzung nur ein Umtauschverhältnis in der Höhe einzuräumen sein, das sich aus der Höhe des ihnen nach §§ 300 - 302 AktG gewährleisteten Unternehmensvermögens ergebe.[80]

Diese Ansicht ist abzulehnen.[81] Der Zweck der Verlustausgleichspflicht liegt darin, die durch § 291 III AktG sanktionierte Lockerung der Vermögensbindung beim beherrschten Unternehmen einzuschränken und in deren bzw. im Interesse der Gläubiger der Untergesellschaft das bilanzielle Eigenkapital in dem bei Vertragsschluss vorhandenen Umfang zu erhalten.[82] Die Verpflichtung des herrschenden Unternehmens, einen etwaigen Verlust bei der Untergesellschaft auszugleichen, schützt jedoch nur das Eigenkapital in dem Umfang, wie es bei Abschluss des Vertrags bestanden hatte. Normzweck ist es dagegen nicht, die Ertragskraft der beherrschten Gesellschaft ungeschmälert zu erhalten. Das herrschende Unternehmen kann durch das Aufdecken stiller Reserven beim abhängigen Unternehmen dafür sorgen, dass gar kein Verlust entsteht, etwa indem es die beherrschte Gesellschaft anweist, Grundstücke oder Wertpapiere zu verkaufen. In Höhe der Differenz zwischen dem Verkaufserlös und den Anschaffungskosten, mit denen die Vermögensgegenstände in der Bilanz angesetzt sind, ergäben sich außerordentliche Erträge, die die Entstehung eines Verlustes bei der beherrschten Gesellschaft verhindern würden. Durch das "Versilbern" von Vermögenswerten würde

---

[78] **BVerfG**, ZIP 1999, 532, 534.

[79] Die Rechtstellung der außenstehenden Aktionäre, 162.

[80] **Hengeler**, FS Möhring, 197, 212ff; **Kley**, Rechtstellung, 162.

[81] So zutreffend: **Meilicke**, AG 1995, 181, 184, der den Verlustausgleich nach § 302 AktG als nicht geeignet für eine Wahrung der Vermögensinteressen der Minderheit ansieht.

[82] **Hüffer**, AktG, § 302 Rn 3; **BGH**, BGHZ 107, 7, 18; **ders.**, BGHZ 103, 1, 10; **Emmerich/Sonnenschein**, Konzernrecht § 16 V 3; **Stimpel**, FS für Goerdeler, 601, 614; **ders.**, ZGR 1991, 144, 151ff; **Ulmer**, AG 1986, 123, 126; **ders.**, NJW 1986, 1579, 1584; **Pentz**, Die Rechtsstellung der Enkel-AG, 1994, 41ff; **Brandes**, FS für Kellermann, 1991, 25, 26f.

die abhängige Gesellschaft wirtschaftlich gesehen einen durch die Konzernierung verursachten Verlust selbst ausgleichen. Diese Probleme sind hinreichend bekannt im Zusammenhang mit der Überlebensfähigkeit einer abhängigen Gesellschaft nach der Beendigung eines Beherrschungsvertrags.

Die Verlustausgleichspflicht kann daher in diesem Zusammenhang nicht von Bedeutung sein. Allein entscheidend ist vielmehr, dass der Minderheit eine Abfindung nach dem Wert ihres Unternehmens im Zeitpunkt des Vertragsschlusses zusteht und zwar unabhängig davon, wie sich der Ertragwert ihrer Gesellschaft zwischen dem Vertragsschluss und der Verschmelzung entwickelt. Selbst wenn die Untergesellschaft nicht ausgeplündert wird, kann allein schon die Einbindung in einen Konzern irreversible Folgen haben. Werden zum Beispiel Forschung, Marketing und Vertrieb vom abhängigen Unternehmen zur Mutter oder anderen Konzernmitgliedern verlagert und reduziert sich seine Rolle im wesentlichen auf die Herstellung der von anderen Konzernmitgliedern entwickelten und vertriebenen Produkte, steht und fällt sein Ertragswert mit den Preisen, die es anderen Konzernmitgliedern für deren Leistungen zu zahlen hat bzw. den Erlösen, die es für die von ihm gelieferten Produkte vom Konzern erhält.

Selbst wenn Preise, Erlöse und Vertragsbedingungen den zwischen fremden Dritten üblichen entsprechen, wird der Wert des beherrschten Unternehmens allein dadurch beeinflusst, dass es im Grunde nur die Funktion einer Werkbank hat und außerhalb des Konzerns allein nicht überlebensfähig wäre oder erhebliche Ertragseinbußen hinnehmen müsste. Im Fall einer Verschmelzung nach vorangegangener Beherrschung kann also schon allein die Beherrschung, die nicht in eine Ausplünderung entartet, ertragswertmindernde Konsequenzen haben. Auch wenn die Erträge des beherrschten Unternehmens während der Dauer des Vertrags steigen, kann daraus nicht geschlossen werden, dass die Minderheit des Schutzes des § 305 AktG nicht mehr bedarf.

Die Verbesserung der Erträge kann nur im Zusammenhang mit der Konzernierung des Unternehmens gesehen werden. Bei einer Beendigung des Vertrags könnten die Erträge sich durchaus wieder verschlechtern, da die Untergesellschaft dann nicht mehr die ihr aus dem Konzernverbund erwachsenen Vorteile genießen würde. Das herrschende Unternehmen kann zudem der Untergesellschaft die aus der Konzernierung erwachsenen Vorteile jederzeit wieder wegnehmen und anderen Konzernmitgliedern oder sich selbst zuweisen. Hierin liegt ein gravierender Unterschied zu einem unabhängigen Unternehmen. Ein anderes Unternehmen kann ihm Erträge nicht "über Nacht" wieder entziehen, wie es das herrschende Unternehmen kraft seiner Weisungsgewalt möglich ist.

Dieser Überlegung steht auch nicht entgegen, dass auch ein unabhängiges Unternehmen seine Marktstellung immer wieder gegen Konkurrenten verteidigen muss und aufgrund von Fehlentscheidungen hinter seine Wettbewerber zurückfallen kann. Keiner der Konkurrenten kann aber auf den Mitbewerber in der Weise Einfluss nehmen wie die Obergesellschaft sondern muss im Wettbewerb versuchen, sich gegen den Konkurrenten durchzusetzen.

Gegen die hier vertretene Auffassung spricht auch nicht, dass bei einer Steigerung des Ertragswerts des beherrschten Unternehmens zwischen Abschluss des Beherrschungsvertrags und der Verschmelzung, die Minderheitsaktionäre den daraus für ihre Anteile resultierenden Wertzuwachs in Form eines verbesserten Umtauschverhältnisses bei der Verschmelzung erhalten. Um festzustellen, ob eine Steigerung des Ertragswerts eingetreten ist, müsste der Unternehmenswert bei Abschluss des Vertrags ermittelt und dem Wert gegenübergestellt werden, der anlässlich der Verschmelzung ermittelt wird. Folgt man der Ansicht, der Abfindungsanspruch erlösche mit der Verschmelzung und das Spruchstellenverfahren nach § 306 AktG sei zu beenden, ist es gar nicht möglich, den Unternehmenswert im Zeitpunkt der Verschmelzung zu ermitteln bzw. den vom herrschenden Unternehmen dem Abfindungsangebot zu Grunde gelegten Ertragswert gerichtlich zu überprüfen. Der vom herrschenden Unternehmen ermittelte Unternehmenswert kann jedoch bei einem Vergleich der Ertragswerte schwerlich ungeprüft übernommen werden, da die Praxis zeigt, dass in vielen Fällen der Unternehmenswert des beherrschten Unternehmens zu niedrig angesetzt wird. Ein derartiges Vorgehen würde die Obergesellschaft nachgerade dazu einladen, im Vertrag einen möglichst niedrigen Ertragswert anzusetzen, um sich die Möglichkeit zu eröffnen, während der Dauer des Vertrags eine Wertsteigerung bei der Untergesellschaft "darzustellen". Selbst wenn eine objektive und unparteiische Wertermittlung für den Zeitpunkt des Vertragsschlusses vorläge und sich der Ertragswert bis zur Verschmelzung gesteigert hätte, wäre es falsch, aus diesem Grund den Abfindungsanspruch erlöschen zu lassen, da der Wertzuwachs den in der Untergesellschaft verbliebenen Minderheitsaktionären ohnehin zustünde. Wenn die Abfindung anlässlich des Abschlusses des Beherrschungsvertrags korrekt ermittelt worden wäre und ein Minderheitsaktionär sich für den Ausgleich statt die Abfindung entschieden hätte, wäre er das Risiko eingegangen, das ihm aus dem Verbleib in der konzernierten Untergesellschaft für den Wert seiner Beteiligung erwuchs. Diesem Risiko stand andererseits die Chance einer Wertsteigerung gegenüber. Bei der Verschmelzung schlägt sich diese Steigerung des Anteilswerts in einem verbesserten Umtauschverhältnis nieder - verglichen mit dem Anteilswert bei Abschluss des Vertrags. Damit hat sich für den Minderheitsaktionär die Chance auf Teilhabe an der Wertsteigerung realisiert.

(4) Erlöschen des Abfindungsanspruchs infolge fehlender Ausübung der Leitungsmacht

(a) Meinungsstand und Stellungnahme

Teilweise wird in der Literatur die Ansicht vertreten, der Abfindungsanspruch könne nur dann über die Verschmelzung hinaus fortbestehen, wenn das herrschende Unternehmen von seiner Leitungsmacht tatsächlich Gebrauch gemacht habe.[83]

Diese Ansicht ist abzulehnen. Auf die Durchführung des Vertrags d.h. die Ausübung beherrschenden Einflusses kommt es nicht an. Die Pflicht zur Abfindung besteht unabhängig davon, ob die Obergesellschaft im Einzelfall von der ihr durch den Beherr-

[83] s. hierzu: **Steinmeyer**, WiB 1997, 1140, 1141, der dies für den Fall der Kündigung eines Beherrschungsvertrags fordert; **Mellicke**, AG 1995, 181, 183, der ebenfalls Durchführung des Vertrags für notwendig hält.

schungsvertrag eingeräumten Leitungsmacht Gebrauch macht. Zu Recht wird darauf hingewiesen, dass bereits der Abschluss eines Unternehmensvertrags eine Teilenteignung der Minderheitsaktionäre darstellt, da hierdurch in die verfassungsrechtlich geschützten Rechte auf Mitverwaltung und Beteiligung an den Erträgen eingegriffen wird.[84] Der Unternehmensvertrag als Organisationsakt überlagert den Gesellschaftszweck i.S. von § 705 BGB. Diese Überlagerung bedarf auch keiner weiteren "Ausführungsakte" der Obergesellschaft, etwa durch Ausüben des Weisungsrechts nach § 308 AktG, sondern entsteht mit Abschluss des Vertrags. Für den isolierten Gewinnabführungsvertrag folgt dies schon daraus, dass mit dessen Wirksamwerden bei der Untergesellschaft kein verteilungsfähiger Gewinn mehr entstehen kann und der Hauptversammlung die Kompetenz zur Entscheidung über die Gewinnverwendung genommen ist.[85] Ist ein Beherrschungsvertrag gegeben, folgt die Beeinträchtigung der Mitverwaltungs- und Vermögensrechte schon aus dem Umstand, dass die Untergesellschaft dem jederzeitigen Zugriff durch das herrschende Unternehmen unterliegt, ohne dass konkrete Maßnahmen seitens der Obergesellschaft hinzukommen müssten, um diese Beeinträchtigung zu realisieren. Für diesen schwerwiegenden Eingriff erhalten die außenstehenden Aktionäre eine Kompensation.

Würde man dagegen bei Vorliegen eines Organvertrags darauf abstellen, ob dieser durchgeführt wird, hieße dies, entgegen der klaren Gesetzeskonzeption den Schutz der Minderheitsaktionäre zu durchlöchern.[86] Dem kann auch nicht entgegengehalten werden, dass ohne Durchführung des Beherrschungsvertrags die Obergesellschaft eine Kompensation zu leisten hat, für die sie keine Gegenleistung erhält. Die Gegenleistung besteht in der Möglichkeit der Ausübung beherrschenden Einflusses und nicht darin, dass dieser tatsächlich ausgeübt wird geschweige denn dass das herrschende Unternehmen konkrete Vorteile aus dem Vertrag ziehen kann.

Dieses Ergebnis entspricht der Schutzkonzeption des Konzernrechts, wie es in § 18 I 2 AktG zum Ausdruck kommt. Bei Bestehen eines Beherrschungsvertrags wird unwiderleglich vermutet, dass Leitungsmacht ausgeübt wird. Die Obergesellschaft kann diese Vermutung nicht durch den Nachweis der Nichtausübung von Leitungsmacht widerlegen.[87] Im Gegensatz zu § 18 I 3 AktG, der eine Widerlegung der Konzernvermutung zulässt, ist der Gesetzgeber bei Vorliegen eines Organvertrags davon ausgegangen, dass Minderheit und Gläubiger der Untergesellschaft vor den Gefahren zu schützen sind, die mit der naheliegenden Ausübung einheitlicher Leitung verbunden sind. Dem Gesetzgeber ging es also um Schutz vor den Gefahren einer Konzernierung, unabhängig davon, ob sich diese Gefahren auch verwirklichen. Machte man den Abfindungs-

---

[84] **Meilicke**, AG 1995, 181, 183f.

[85] **Hüffer**, AktG, § 291 Rn 26; **Emmerich/Sonnenschein**, Konzernrecht, § 9 V 1; **Koppensteiner**, Köln.Komm., § 291 Rn 60; **Geßler**, Geßler/Hefermehl/Eckardt/Kropff, § 291 Rn 75f; **Sonnenschein**, Organschaft, 322ff; **BGH**, NJW 1997, 2242, 2243 = WM 1997, 1288 = ZIP 1997, 1193 = DB 1997, 1397;

[86] **BayObLG**, AG 1980, 76, 77; **Wilhelm**, Beendigung, 45f; **Hohner**, DB 1972, 1487, 1491f.

[87] Ganz hM, s. hierzu: **Hüffer**, AktG, § 18 Rn 17; **Geßler**, Geßler/Hefermehl/Eckardt/Kropff, § 18 Rn 59; **Koppensteiner**, Köln.Komm., § 18 Rn 30; **Henn**, Hdb des Aktienrechts, Rn 345.

anspruch abhängig von der Frage, ob die Obergesellschaft die ihr durch den Beherrschungsvertrag eingeräumte Leitungsmacht tatsächlich ausübt, würde dies auf eine Widerlegung der eigentlich nicht widerlegbaren Konzernvermutung hinauslaufen. Die Vorschrift des § 18 I 2 AktG wäre damit zumindest teilweise gegenstandslos.

Auch eine weitere Überlegung spricht für dieses Ergebnis: Für die Kompensation der außenstehenden Aktionäre kann es nur auf den Zeitpunkt des Abschlusses des Unternehmensvertrags und auf eine in die Zukunft gerichtete Betrachtungsweise ankommen. Sobald der Beherrschungsvertrag abgeschlossen ist, müssen die Minderheitsaktionäre mit der Ausübung der vertraglich eingeräumten Leitungsmacht durch das herrschende Unternehmen rechnen. Ihre Mitverwaltungs- und Herrschaftsrechte stehen damit für die Zukunft unter dem Vorbehalt des Eingriffs durch die Obergesellschaft, bzw. werden durch diese überlagert. Diese Möglichkeit der Ausübung beherrschenden Einflusses ist ein Faktor, der sich auf die Bewertung der Anteile des Minderheitsgesellschafters auswirkt. So kann sich infolge des Beherrschungsvertrags der Aktienkurs negativ entwickeln. Bei nicht börsennotierten Aktien wird auch ein Erwerber den Beherrschungsvertrag und die hierdurch ermöglichten nachteiligen Weisungen in sein Preiskalkül mit einbeziehen und den Anteil unter Umständen zu einem geringeren Preis erwerben, als dies der Fall wäre, wenn kein Vertrag geschlossen worden wäre oder gar ganz von einem Erwerb absehen.

Will der Minderheitsaktionär sein Engagement in dem beherrschten Unternehmen liquidieren, ohne dass er das Abfindungsangebot annimmt, kann er dies entweder über den Kapitalmarkt bewerkstelligen oder durch Abgabe seiner Anteile an das herrschende Unternehmen. Der Preis, den er am Kapitalmarkt erzielt, z.B. der Börsenkurs seiner Aktie, wird nur in den seltensten Fällen mit dem "wahren" Wert seines Anteils übereinstimmen[88] und kann zudem - wie bereits ausgeführt - durch die Tatsache des Bestehens eines Beherrschungsvertrags nachteilig beeinflusst werden. Entscheidend für die Bewertung der Anteile während der Dauer des Vertrags ist in erster Linie, das Kalkül der Marktteilnehmer, dass das herrschende Unternehmer jederzeit von seiner Leitungsmacht Gebrauch machen kann. Der Verkauf seiner Anteile über die Börse oder freihändig an Dritte, stellt für den Minderheitsaktionär keine Alternative zur Abgabe seiner Anteile an das herrschende Unternehmen dar, wenn er einen Preis erzielen will, der einer angemessenen Abfindung i.S.d. § 305 III AktG entspricht. Die andere Möglichkeit - Annahme der vom herrschenden Unternehmen gebotenen Abfindung -

[88] Die ganz hM hält den Kurswert einer Aktie nicht für eine zulässige Bewertungsmethode zur Ermittlung der angemessenen Abfindung, s. hierzu: **Koppensteiner**, Köln.Komm., § 305 Rn 37; **Geßler**, Geßler/Hefermehl/Eckardt/Kropff, § 305 Rn 34; **Godin/Wilhelmi**, § 305 Anm. 3; **J. H. Geßler**, Komm. z. AktG, § 305 Rn 11; **Henn**, Hdb des Aktienrechts, Rn 360; **Hüffer**, AktG, § 305 Rn 20; **Kropff**, Textausgabe des Aktiengesetzes vom 6.9.1965, 399; **Sieben**, AG 1966, 6, 8, der abweichend von der Praxis der Oberlandesgerichte ein eigenes Bewertungsmodell entwickelt; **Albach**, AG 1966, 180, 183; **LG Frankfurt/Main**, AG 1987, 315, 316; **ders.** AG 1985, 310, 311; **BayObLG**, AG 1995, 509, 510; **OLG Düsseldorf**, AG 1995, 85, 86; **LG Dortmund**, AG 1982, 257, 258; a.A: **Götz**, DB 1996, 259, 264, unter Hinweis darauf, dass die Preisbildung auf einem funktionierenden Kapitalmarkt - wie etwa der Börse - den anderen Methoden der Anteilsbewertung überlegen ist; **Aha**, AG 1997, 26, 28; **Luttermann**, ZIP 1999, 45, 48f.

zwingt ihn andererseits , die gebotene Abfindung anzunehmen, sei sie auch unangemessen.

Bei beiden Varianten wird der Minderheitseigner also für die Hingabe seiner Anteile wirtschaftlich nicht in dem Maße entschädigt wird, wie es eigentlich in § 305 III AktG vorgesehen ist. Forderte man die Durchführung des Unternehmensvertrags als Voraussetzung der Abfindungsverpflichtung, ließe sich erst im Zeitpunkt der Verschmelzung, d.h. rückblickend feststellen, ob die Obergesellschaft von ihren Herrschaftsrechten Gebrauch gemacht hat. Bis zur Verschmelzung müssen die freien Anteilseigner dagegen mit der jederzeit möglichen Ausübung beherrschenden Einflusses und den Folgen für die Bewertung ihrer Anteile leben.

Ließe man mit der Verschmelzung die Abfindungsverpflichtung erlöschen und verneinte man die Berechtigung zur Fortführung eines Spruchstellenverfahrens mit der Begründung, das herrschende Unternehmen habe von seinem Weisungsrecht nach § 308 AktG ja gar keinen Gebrauch gemacht, bliebe unberücksichtigt, dass dies im Zeitraum zwischen dem Abschluss des Vertrages und der Verschmelzung gar nicht zuverlässig vorhergesehen werden konnte. Damit wäre die Abfindung davon abhängig, ob sich die aus dem Beherrschungsvertrag ergebenden Gefahren (= negative Auswirkungen auf die Untergesellschaft, mit denen der Minderheitsaktionär rechnen musste) im Rückblick tatsächlich auch verwirklicht haben. Der Minderheitsaktionär, dessen Anteile während der Dauer des Vertrags von dem Bestehen eben dieses Vertrages wertmäßig beeinflusst wurden und der weder am Markt noch über ein Spruchstellenverfahren die angemessene Abfindung erzielen konnte, müsste sich entgegenhalten lassen, die Durchsetzung einer angemessenen Abfindung sei wegen der Beendigung des Vertrages nicht mehr notwendig, obwohl er eine Beeinträchtigung zumindest des Wertes seiner Anteile für die Dauer des Vertrages hinnehmen musste.

Auch der *BGH*[89] stellt die Überlegung in den Vordergrund, dass mit dem Abschluss eines Beherrschungsvertrags weitreichende Eingriffsrechte zugunsten der Obergesellschaft verbunden sind, ohne jedoch ausdrücklich zur Frage Stellung zu nehmen, ob das Fortbestehen des Abfindungsanspruchs von der Durchführung des Beherrschungsvertrags abhängt. Das OLG Düsseldorf[90]sieht anscheinend ebenfalls allein in der Vereinbarung des Beherrschungsrechts als solchem eine Beeinträchtigung der Rechtspositionen der Minderheit, ohne dass es auf die Ausübung des Weisungsrechts gemäß § 308 AktG durch die Obergesellschaft oder andere Maßnahmen ankommt. Diese Auffassung wird jedoch ebenfalls nicht näher begründet. Das *BVerfG* geht in seiner jüngsten Entscheidung von der Prämisse aus, dass bereits die mit dem Abschluss eines Beherrschungsvertrags verbundenen Gefahren für die Mitgliedschafts- und Vermögensrechte der außenstehenden Aktionäre eine Kompensation verlangen und dass es nicht darauf ankommt, ob die Obergesellschaft von ihren Weisungsbefugnissen Gebrauch macht.[91] Das Gericht hält die vom Gesetzgeber zum Schutz der Interessen der außenstehenden

---

[89] **BGH**, NJW 1997, 2242, 2243.

[90] **OLG Düsseldorf**, AG 1996, 475.

[91] ZIP 1999, 532, 533 unter Hinweis auf die Entscheidung des **BGH**, ZIP 1997, 1193.

Aktionäre vorgesehenen Schutzmechanismen für ausreichend und verfassungsrechtlich zulässig. Es betont aber ausdrücklich, dass die Anwendung dieser Regelungen unter Berücksichtigung des Eigentumsschutzes des Art. 14 I 1 GG zu erfolgen habe.[92]

(b) Ergebnis

Eine Fortdauer des Abfindungsanspruchs über die Verschmelzung hinaus kann nicht davon abhängig sein, ob das herrschende Unternehmen von seiner Leitungsmacht Gebrauch gemacht hat. Auslöser des Abfindungsanspruchs ist der Abschluss des Organvertrags, der die davor unabhängige Gesellschaft zu einem fremdbestimmten Unternehmen macht und so in die Mitverwaltungs- und Vermögensrechte der außenstehenden Aktionäre eingreift. Der spätere Wegfall des Vertrags beseitigt diesen Eingriff nicht, sodass eine Kompensation der Minderheitsaktionäre notwendig bleibt.

(5) Erlöschen des Abfindungsanspruch aufgrund der in §§ 305 V 4, 304 V AktG enthaltenen Wertungen

Das *OLG Zweibrücken* begründet das Erlöschen des Abfindungsanspruchs mit dem Hinweis, die Minderheitsaktionäre stünden dadurch nicht schlechter als im Fall der Kündigung des Organvertrags nach einer gerichtlichen Bestimmung der Abfindung.[93] Nachfolgend soll diese Aussage dahingehend untersucht werden, inwieweit aus dem Kündigungsrecht des herrschenden Unternehmens nach den §§ 305 V 4, 304 V AktG Rückschlüsse auf den Wegfall des Abfindungsanspruchs aufgrund der Verschmelzung gezogen werden können.

(a) Annahme der Abfindung und Einleitung eines Spruchstellenverfahrens

Hat der außenstehende Aktionär seine Aktien dem herrschenden Unternehmen gegen die im Organvertrag festgesetzte Abfindung überlassen und ein Spruchstellenverfahren eingeleitet, ist er an der Verschmelzung nicht beteiligt. Ihm geht es lediglich darum, für seine Aktien die angemessene Abfindung zu erhalten.[94] Setzt das Gericht eine Abfindung fest, die über der im Organvertrag vorgesehenen liegt, hat er einen Anspruch gegen das herrschende Unternehmen entweder auf Zahlung der Differenz in Geld (wenn eine Barabfindung vorgesehen war, § 305 II Nr. 2 oder 3 AktG) oder auf Nachgewährung von Aktien des herrschenden Unternehmens (bei einer Abfindung in Akti-

---

[92] ZIP 1999, 532, 533f.

[93] **OLG Zweibrücken**, AG 1994, 563, 564.

[94] Bei der Antragsberechtigung des außenstehenden Aktionärs ist umstritten, in welchem Zeitpunkt der Antragsteller im Spruchstellenverfahren Aktionär gewesen sein muss. Nach richtiger Auffassung ist auf den Zeitpunkt der Bekanntmachung des Vertrags abzustellen und nicht etwa auf die Beschlussfassung oder gar den Zeitpunkt der Antragstellung. Für die hier vertretene Auffassung: **Hüffer**, AktG, § 305 Rn 24; **Geßler** in Geßler/Hefermehl/Eckardt/
Kropff, § 305 Rn 133; **OLG Frankfurt/Main**, NJW 1972, 641, 643; **LG Köln**, AG 1998, 538 (Zeitpunkt der Beschlussfassung); a.A: **LG Darmstadt**, AG 1971, 57f; **Würdinger** in Großkomm., § 305 Rn 31; Emmerich/Habersack, Aktienkonzernrecht, § 305 Rn 82; **Koppensteiner**, Köln.Komm., § 305 Rn 63; **Hüchting**, Abfindung, 73; **U.H. Schneider**, NJW 1971, 1109, 1110ff (Zeitpunkt der Antragstellung).

en, § 305 II Nr. 1 AktG). Der hierauf gerichtete Anspruch wird als Abfindungsergänzungsanspruch bezeichnet.[95]

Die Ansicht, das Erlöschen des Unternehmensvertrags lasse auch die Abfindungsansprüche entfallen, würde zu Ungereimtheiten im Vergleich zur Behandlung der Abfindungsergänzungsansprüche führen. Bejaht man einen Abfindungsergänzungsanspruch, wäre schwerlich zu begründen, warum im Falle einer Verschmelzung Abfindungsansprüche erledigt sein sollen. Nach der mittlerweile hM kann zumindest der Minderheitseigner, der die angebotene Abfindung angenommen und ein Spruchstellenverfahren eingeleitet hat, nach der gerichtlichen Bestimmung einer höheren Abfindung eine Ergänzung der bereits erhaltenen Abfindung beanspruchen.[96] Bereits *Geßler* hat darauf hingewiesen, dass eine Kündigung des herrschenden Unternehmens nach § 305 V 4 AktG keine Auswirkungen auf den Anspruch eines bereits abgefundenen Aktionärs haben könne. Die Kündigung habe allenfalls Auswirkungen auf noch nicht abgefundene Aktionäre, da sie ex nunc wirke.[97]

Der Ansicht *Geßlers* ist im Ergebnis zuzustimmen. Die von ihm gemachte Differenzierung nach bereits abgefundenen Aktionären und solchen, die noch keine Abfindung erhalten haben, hätte jedoch zur Folge, dass der Abfindungsergänzungsanspruch davon abhinge, ob der einzelne Minderheitsaktionär seine Anteile der Obergesellschaft überlassen hat, bevor diese kündigt. Folgte man dieser Auffassung, hieße das auf ein Zufallskriterium abzustellen. Wie das *BVerfG* zu Recht betont, stellt die Abfindung eine Entschädigung der Minderheitsaktionäre für die weitgehenden Eingriffsmöglichkeiten des herrschenden Unternehmens dar.[98] Die hierdurch eintretende Gefährdung der Vermögens- und Mitgliedschaftsrechte des einzelnen Aktionärs ist nur zulässig, weil er dafür eine volle wirtschaftliche Kompensation erhält. Diese Gefährdung tritt mit Abschluss des Beherrschungsvertrags ein. Endet der Beherrschungsvertrag durch die fristlose Kündigung des herrschenden Unternehmens, entfällt zwar für die Zukunft die Gefahr, dass die Mitgliedschaftsrechte und die Vermögensbeteiligung[99] des Minderheitsaktionärs beeinträchtigt werden. Bereits eingetretene Beeinträchtigungen werden durch die Beendigung jedoch nicht rückgängig gemacht.

Entgegen der Ansicht *Geßlers* [100]und der Auffassung weiterer Stimmen in der Literatur[101] kann daher nicht danach differenziert werden, ob die Abfindung vor der Kündi-

[95] **Hüffer**, AktG, § 305 Rn 32; **Koppensteiner**, Köln.Komm., § 305 Rn 56; **Geßler** in Geßler/Hefermehl/Eckardt/Kropff, § 305 Rn 74; **Würdinger**, Großkomm., § 305 Anm. 21.

[96] **OLG Celle**, AG 1979, 230, 233; **LG Berlin**, AG 1979, 207; **OLG Düsseldorf**, AG 1990, 397, 401f; **BayObLG**, AG 1996, 176, 180; **ders.**, AG 1996, 127, 130; **Geßler** in Geßler/Hefermehl/Eckardt/Kropff, § 305 Rn 74; **Würdinger** in: Großkomm., § 305, 21; **Emmerich/Sonnenschein**, Konzernrecht, § 17 III 9; **Exner**, Beherrschungsvertrag u. Vertragsfreiheit, 249ff; **Hüffer**, AktG, § 305 Rn 32; **Beyerle**, AG 1980, 317, 323; **Bodewig**, BB 1978, 1694, 1695ff; **Haase**, AG 1995, 7, 12ff; **Tiling/Prasse**, AG 1969, 63, 64.

[97] **Geßler** in Geßler/Hefermehl/Eckardt/Kropff, § 305 Rn 74

[98] ZIP 1999, 532, 534.

[99] So das **BVerfG**, ZIP 1999, 532, 533.

[100] Geßler/Hefermehl/Eckardt/Kropff, § 305 Rn 7.

[101] **Würdinger**, Großkommentar, § 305 Rn 22; **Hüffer**, AktG, § 305 Rn 33.

gung bereits durchgeführt worden ist, d.h. ob der Minderheitsaktionär seine Anteile bereits dem herrschenden Unternehmen angedient hat. Es wäre ein Verstoß gegen Art. 14 I 1 GG, all den Aktionären eine Entschädigung zu versagen, die vor dem Zugang der Kündigung ihre Aktien noch nicht dem herrschenden Unternehmen überlassen haben. *Emmerich/Sonnenschein* weisen zu Recht darauf hin, dass ein Erlöschen der Abfindungsansprüche nicht in Frage komme, da das herrschende Unternehmen bis zum Wirksamwerden der Kündigung nach Abschluss des Spruchstellenverfahrens möglicherweise viele Jahre die Vorteile des Organvertrags in Anspruch genommen hat, sodass es nur billig sei, allen Minderheitsaktionären die angemessene Abfindung zu gewähren.[102]

(b) Einleitung eines Spruchstellenverfahren ohne Annahme der Abfindung

Durch die vorgenannten Überlegungen ist die Lösung für diese Variante bereits vorgezeichnet. Es kann nicht darauf ankommen, ob der Minderheitsaktionär dem herrschenden Unternehmen seine Aktien an der Untergesellschaft bereits angeboten hat. Eine Kündigung der Obergesellschaft kann den Abfindungsanspruch des außenstehenden Aktionärs nicht mehr vernichten. Würde man darauf abstellen, ob die Abfindung vollzogen wurde, bedeutete das, den Anspruch gegen das herrschende Unternehmen als Gegenleistung für die Hingabe der Aktien zu begreifen. Die Abfindung wäre dann nichts anderes als eine vom herrschenden Unternehmen erbringende Gegenleistung für die Hingabe der Anteile am beherrschten Unternehmen. Diese auf den §§ 320ff AktG beruhenden Überlegungen gehen jedoch von einem verfehlten Ansatz aus. Die Abfindung ist eben gerade nicht der Preis, den das herrschende Unternehmen für die Erlangung beherrschenden Einflusses auf die Untergesellschaft zu zahlen hat[103], sondern die sich aus dem Gesetz ergebende Kompensation für die mit dem Organvertrag einhergehende Beschneidung der Rechte der Minderheit. Gewährt man der Minderheit einen Entschädigungsanspruch unter dem Gesichtspunkt der Beeinträchtigung ihrer Aktionärsrechte, kann es nicht darauf ankommen, in welchem Stadium der Abwicklung sich die Kompensation im Zeitpunkt der Beendigung des Vertrages befindet.

(c) Annahme der Abfindung ohne Einleitung eines Spruchstellenverfahrens

Die Aktionäre, die ihre Anteile dem herrschenden Unternehmen überlassen und die Abfindung erhalten haben, ohne selbst ein Spruchstellenverfahren durchzuführen stehen nicht anders als die Minderheitseigner, die sich gegen die im Vertrag festgesetzte Abfindung zur Wehr setzen. Auch hier ist nicht erheblich, dass sich ihre Anteile bereits

---

[102] Konzernrecht, § 17a VII 4; so auch: **Hecker/Wenger**, ZBB 1995, 321, 331f; **W. Meilicke**, AG 1995, 181, 185f.

[103] So auch der **BGH**, NZG 1998, 379f, der den „kaufrechtlichen" Ansatz des **OLG Karlsruhe**, AG 1997, 270, 271 ausdrücklich verworfen hat. Das OLG Karlsruhe vertrat in der vorgenannten Entscheidung die Ansicht, das herrschende Unternehmen müsse den Abschluss des Beherrschungsvertrags auf jeden Fall bezahlen. Dem kann insoweit zugestimmt werden, als die Obergesellschaft die Minderheitsaktionäre nicht entschädigungslos enteignen kann. Nicht zutreffend wäre es jedoch, in der Abfindung eine Gegenleistung für die ausgeübte Leitungsmacht zu sehen. Siehe hierzu auch die Anmerkung von **Pentz**, NZG 1998, 380, 381.

in der Hand der Obergesellschaft befinden. Allein entscheidend ist, dass die Abfindung eine Kompensation für die mit dem Beherrschungsvertrag einhergehenden Nachteile für ihre Stellung als Mitgesellschafter des beherrschten Unternehmens darstellt. Auch der Umstand, dass sie selbst kein Spruchstellenverfahren eingeleitet haben, ist unerheblich. Gemäß §§ 306 II, 99 V AktG wirkt die Entscheidung des Gerichts im Spruchstellenverfahren für und gegen alle außenstehenden Aktionäre.

(d) Keine Annahme der Abfindung und keine Einleitung eines Spruchstellenverfahrens

Hat der außenstehende Aktionär dem herrschenden Unternehmen weder seine Aktien angeboten noch selbst ein Verfahren nach § 306 AktG eingeleitet, kann er auch nach der Verschmelzung den Abfindungsanspruch geltend machen. Da die Spruchstellenentscheidung nach §§ 306 II, 99 V AktG inter omnes und damit auch zugunsten der Aktionäre wirkt, die selbst kein Spruchstellenverfahren angestrengt haben, wäre es verfehlt, diese Aktionärsgruppe nach der Verschmelzung von der Abfindung auszuschließen.

(e) Ergebnis

Die soeben untersuchten Varianten machen deutlich, dass das Kündigungsrecht nach § 304 V AktG nicht unbesehen auf die Abfindung übertragbar ist. Eine Kündigung nach § 304 V AktG lässt die Ansprüche der Minderheit auf Zahlung von Ausgleichsleistungen für die Zukunft entfallen. Hierdurch soll das herrschende Unternehmen, das sich hinsichtlich der Ausgleichsleistungen "verkalkuliert" hat, vor unter Umständen jahre- oder jahrzehntelangen Zahlungsverpflichtungen geschützt werden.[104] Das herrschende Unternehmen kann sich jedoch durch die Kündigung nicht den (erhöhten) Ausgleichszahlungen entziehen, die auf Zeiträume bis zum Zugang der Kündigung entfallen.[105]

Die Vorschrift des § 305 V 4 AktG dahingehend zu interpretieren, dass durch die fristlose Kündigung seitens des herrschenden Unternehmens die außenstehenden Aktionäre sowohl ihre Ansprüche auf Nachbesserung der Abfindung als auch die Möglichkeit verlieren, einmal entstandene Abfindungsansprüche durchzusetzen, wäre verfassungswidrig.[106] Die dem herrschenden Unternehmen eingeräumte Möglichkeit der fristlosen Kündigung bei Festsetzung einer höheren Abfindung im Spruchstellenverfahren ist im Hinblick auf die Entscheidungen des *BVerfG*[107] einschränkend auszulegen. Mit dem Zeitpunkt der Wirksamkeit der Kündigung entfallen zwar die mit dem Vertrag verbundenen Einwirkungsmöglichkeiten der Obergesellschaft und die Minderheitsaktionäre

---

[104] **Kropff**, Textausgabe, 396.

[105] AllgM: **Hüffer**, AktG, § 304 Rn 27; **Geßler** in Geßler/Hefermehl/Eckardt/Kropff, § 304 Rn 142; **Koppensteiner**, Köln.Komm., § 304 Rn 67.

[106] Schindler, Austrittsrecht, 158f vertritt die Ansicht, die Kündigung wirke sich nur auf die Abfindungsansprüche der Minderheitsaktionäre aus, die vor der Kündigung noch nicht ausgeschieden waren. Die Aktionäre, die die Abfindung bereits erhalten haben, könnten auch nach der Kündigung den Abfindungsergänzungsanspruch geltend machen.

[107] **BVerfGE** 14, 263, 276ff; ZIP 1999, 532.

werden Anteilseigner einer unabhängigen Gesellschaft. Daraus kann aber nicht geschlossen werden, dass die Minderheitsgesellschafter keines Schutzes mehr bedürfen. Der mit Vertragsschluss entstandene Abfindungsanspruch kann durch die Kündigung nicht rückwirkend entfallen. Dies käme einer entschädigungslosen Enteignung der Minderheit gleich. Eine Kündigung mit der Folge des Erlöschens der Abfindungsansprüche kann nur dann in Betracht kommen, wenn der Organvertrag nachweislich nicht zu einer Beeinträchtigung der Vermögens- und Mitgliedschaftsrechte der Minderheit geführt hat. Hat das herrschende Unternehmen irgendeiner Form den wirtschaftlichen Zuschnitt, die Struktur oder die Vermögenslage der Untergesellschaft verändert, müssen die Minderheitsaktionäre entschädigt werden. Die Beweislast für das Vorliegen der Voraussetzungen unter denen eine Kündigung das Erlöschen der Abfindungsansprüche zur Folge hätte, liegt beim herrschenden Unternehmen. Dies folgt schon daraus, dass die Partei das Vorliegen der Tatsachen zu beweisen hat, aus denen sie die ihr vorteilhaften Rechtsfolgen ableitet.

Auf den Fall der Verschmelzung übertragen bedeutet dies, dass ein Wegfall des Abfindungsanspruchs zulässig wäre, wenn das herrschende Unternehmen den Organvertrag nach § 305 V 4 AktG kündigen könnte, d.h. wenn die Obergesellschaft nachweisbar keinerlei Einfluss auf das beherrschte Unternehmen genommen hat.

Dies ist jedoch abzulehnen. Es ist ein Unterschied, ob das herrschende Unternehmen nach Abschluss des Spruchstellenverfahrens von dem Kündigungsrecht nach § 305 V 4 AktG tatsächlich Gebrauch macht oder ob ein solches Kündigungsrecht zwar bestanden hätte, aber infolge des Erlöschens des Organvertrags mit der Verschmelzung nicht mehr ausgeübt werden kann. Die Möglichkeit zu kündigen kann nicht mit der tatsächlichen Ausübung des Kündigungsrechts gleichgesetzt werden. Will sich die Obergesellschaft die Option, den Organvertrag zu kündigen, erhalten, bleibt es ihr unbenommen, zunächst den Ausgang eines Spruchstellenverfahrens abzuwarten, um dann nach einer Höherfestsetzung der Abfindung nach § 305 V 4 AktG vorzugehen. Hat es von seiner Leitungsmacht keinen Gebrauch gemacht, entfallen die Abfindungsansprüche der Minderheitsaktionäre, die bis zum Zugang der Kündigung das Abfindungsangebot nicht angenommen haben. Wird die Verschmelzung vor Abschluss des Spruchstellenverfahrens durchgeführt, muss die Obergesellschaft den Wegfall des Kündigungsrechts mit der Folge hinnehmen, dass auch die Minderheitsaktionäre eine Abfindung verlangen können, die bis zur Verschmelzung die Abfindungsoption nicht ausgeübt haben.

Aus der Kündigungsmöglichkeit nach § 305 V 4 AktG lassen sich somit keine Rückschlüsse auf den Fortbestand des Abfindungsanspruchs nach der Verschmelzung ziehen. Lässt man eine Kündigung des Organvertrags für den Fall zu, dass die Obergesellschaft von ihrer Leitungsmacht keinen Gebrauch gemacht hat, kann dies nicht bedeuten, dass mit der Verschmelzung automatisch auch die Abfindungsansprüche der Minderheitsaktionäre erlöschen. Der entscheidende Unterschied besteht darin, dass das herrschende Unternehmen von der Kündigungsmöglichkeit tatsächlich Gebrauch gemacht hat, während bei einer Verschmelzung vor Abschluss des Spruchstellenverfahrens der Organvertrag gar nicht mehr gekündigt werden kann, da er bereits erloschen ist.

(6) Berücksichtigung des Abfindungsanspruchs bei der Ermittlung der Verschmelzungswertrelation

Teilweise wird in der Literatur auch vertreten, dem Schutzbedürfnis der Minderheitsaktionäre sei dadurch Rechnung zu tragen, dass statt des Wertes der Untergesellschaft im Zeitpunkt der Verschmelzung ein anderer Unternehmenswert bei der Ermittlung der Verschmelzungswertrelation zu Grunde zu legen ist.[108] Dieser Auffassung liegt die Erkenntnis zugrunde, dass der Unternehmenswert der Untergesellschaft infolge des Organvertrags gesunken sein kann und ein Tausch der Anteile an der Untergesellschaft in Aktien des fusionierten Rechtsträgers keine der Abfindung wertgleiche Gegenleistung darstellt.[109] Diesem Defizit sei dadurch Rechnung zu tragen, dass bei Ermittlung der Verschmelzungswertrelation die (erloschenen) Abfindungsansprüche berücksichtigt werden.[110] Den Minderheitsaktionären soll bei der Verschmelzung ein (Mindest)Umtauschverhältnis in der Höhe einzuräumen sein, das sich aus dem gemäß §§ 300 - 302 AktG gesetzlich gewährleisteten Unternehmensvermögen im Zeitpunkt des Abschlusses des Unternehmensvertrags bemisst.[111]

Diese Ansicht ist jedoch abzulehnen. Die Ermittlung der Verschmelzungswertrelation kann nur einheitlich für alle Aktionäre erfolgen. Die Wertrelation richtet sich nach den Unternehmenswerten der Unter- und der Obergesellschaft im Zeitpunkt der Verschmelzung und kann nicht unterschiedlich ausfallen, je nachdem, ob ein Minderheitsaktionär oder andere Anteilseigner an der Verschmelzung teilnehmen. Auch eine Differenzierung danach, ob ein Minderheitsaktionär vor oder nach Abschluss des Organvertrags Anteile an der Untergesellschaft erworben hat, ist nicht möglich. Die Berücksichtigung der Abfindungsansprüche bei der Berechnung der Verschmelzungswertrelation wäre daher nicht durchführbar.

Gegen die Auffassung *Hengelers* spricht ein weiterer Gesichtspunkt. Die Vorschriften der §§ 300 - 302 AktG schützen die beherrschte Gesellschaft und deren Gläubiger gegen die Aushöhlung des bilanziell darstellbaren Eigenkapitals.[112]Das so geschützte Eigenkapital, das sich aus dem Überschuss der Aktiva über die Passiva ergibt, hat jedoch nichts mit dem Wert der Untergesellschaft im Sinne des § 305 III 1 AktG zu tun, den das herrschende Unternehmen auszugleichen hat. Gemäß § 305 III 1 AktG muss die von der Obergesellschaft angebotene Abfindung angemessen sein. Angemessen ist eine Abfindung dann, wenn die außenstehenden Aktionäre eine Entschädigung erhalten, die dem auf ihre Aktie entfallenden Anteil am Wert der Untergesellschaft entspricht.

---

[108] **Naraschewski**, DB 1997, 1653, 1654f; **Hengeler**, FS Möhring, 197, 212ff; **Kley**, Rechtsstellung, 162.

[109] Dieses Problem wird vom **OLG Karlsruhe**, ZIP 1994, 1529, 1531 gar nicht gesehen. Das Gericht verweist auf die Möglichkeit der Aktionäre des übertragenden Unternehmens nach § 352c AktG a.F. bei einer zu niedrigen Bemessung des Umtauschverhältnisses in der Verschmelzung eine gerichtliche Überprüfung herbeizuführen. Es übersieht dabei, dass in diesem Verfahren nur der Unternehmenswert im Zeitpunkt der Verschmelzung überprüft werden kann, der durch den Organvertrag beeinflusst ist.

[110] **Naraschewski**, DB 1997, 1653, 1654f.

[111] So: **Hengeler**, FS für Möhring, 197, 211; **Koppensteiner**, Köln.Komm., § 305 Rn 12.

[112] **Hüffer**, AktG, § 300 Rn 1, § 301 Rn 1, § 302 Rn 2f.

Gewährt das herrschende Unternehmen als aufnehmender Rechtsträger ein Umtauschverhältnis, bei dessen Ermittlung der Wert des Anteils des Minderheitsaktionärs auf der Basis der §§ 300 - 302 AktG ermittelt wird, erhält die Minderheit keine angemessene Entschädigung. Aus diesem Grund ist nicht nachvollziehbar, warum die Abfindung der Höhe nach durch das vom herrschenden Unternehmen nicht antastbare Eigenkapital begrenzt sein soll. Selbst wenn man - wie *Naraschewski* - das zu Beginn des Unternehmensvertrags vorhandene Vermögen lediglich als Untergrenze sieht und auch darüber liegende Abfindungen zulässt,[113] kann die Begründung hierfür nicht überzeugen. Nach seiner Ansicht sollen die außenstehenden Aktionäre hinreichend geschützt sein, wenn für die Ermittlung der Verschmelzungswertrelation mindestens die im Unternehmensvertrag angebotene Abfindung zu Grunde gelegt wird. Hierdurch finde das Abfindungsangebot seine wirtschaftliche Fortsetzung im Verschmelzungsvertrag.[114]

Diese Begründung ist jedoch unzutreffend. Man könnte ihr nur dann zustimmen, wenn die im Unternehmensvertrag angebotene Abfindung angemessen wäre. Bietet die Obergesellschaft jedoch eine nicht angemessene Abfindung an, kann keine Rede davon sein, dass das Abfindungsangebot seine wirtschaftliche Fortsetzung im Verschmelzungsvertrag findet. So würde auch hier die beherrschende Gesellschaft eingeladen, ein unter den tatsächlichen Wertverhältnissen liegendes Abfindungsangebot zu unterbreiten. Dieser Gefahr soll nach Ansicht *Naraschewskis* dadurch begegnet werden, dass die Aktionäre, die ursprünglich ein Spruchstellenverfahren nach § 306 AktG eingeleitet haben, dieses im Wege der Verbindung mit einem Spruchverfahren nach §§ 15 I, 305 ff AktG fortführen dürfen. In den so verbundenen Verfahren soll dann sowohl die Angemessenheit der im Unternehmensvertrag angebotenen Abfindung als auch das im Verschmelzungsvertrag ermittelte Umtauschverhältnis überprüft werden. Wird dagegen von keinem der an der Verschmelzung beteiligten Minderheitsaktionäre ein Spruchverfahren nach §§ 15 I, 305ff AktG eingeleitet, soll die Fortführung des Verfahrens nach § 306 AktG nicht mehr zulässig sein.[115]

Es ist nicht nachvollziehbar, warum die Einleitung eines Spruchverfahrens nach §§ 15 I, 305ff UmwG Voraussetzung für die Fortführung eines Verfahrens nach § 306 AktG sein soll. In den Verfahren geht es um unterschiedliche Fragestellungen. Im Verfahren nach §§ 15 I, 305ff AktG soll die Richtigkeit des Umtauschverhältnisses geprüft werden. Im Verfahren nach § 306 AktG geht es um die Angemessenheit des Abfindungsangebots. Will man die Minderheitsaktionäre davor schützen, dass das herrschende Unternehmen ein unter den tatsächlichen Wertverhältnissen liegendes Abfindungsangebot macht, das sich im Verschmelzungsvertrag fortsetzt, bedarf es nicht des Umwegs über der Verbindung der Verfahren nach § 306 AktG und nach §§ 15 I, 305 ff UmwG. Konsequent ist dann nur, die Abfindungsansprüche fortdauern zu lassen mit der Möglichkeit der Weiterführung des bereits nach § 306 AktG eingeleiteten Spruchstellenverfahrens.

---

[113] **Naraschewski**, DB 1997, 1653, 1654.
[114] **Naraschewski**, DB 1997, 1653, 1655.
[115] **Naraschewski**, DB 1997, 1653, 1657f.

Des weiteren würde diese Ansicht zu in sich widersprüchlichen Ergebnissen führen. Macht man die Berechtigung zur Durchführung des Spruchstellenverfahrens nach § 306 AktG davon abhängig, ob ein Verfahren nach §§ 15 I, 305 ff UmwG eingeleitet wird, hätte dies zur Folge, dass bei der Geltendmachung lediglich von Abfindungsergänzungsansprüchen mangels Antragsberechtigung der außenstehenden Aktionäre nach §§ 15 I, 305 ff UmwG das Verfahren nach § 306 AktG für erledigt zu erklären wäre.[116] Antragsberechtigt nach §§ 15 I, 305 ff UmwG sind nämlich nur die Aktionäre, die im Zeitpunkt der Verschmelzung Anteilsinhaber des übertragenden, d.h. in diesem Fall des beherrschten Unternehmens sind. Haben sie ihre Anteile jedoch schon vor der Verschmelzung an das herrschende Unternehmen verkauft, sind sie im Zeitpunkt der Verschmelzung nicht mehr Aktionäre des übertragenden Rechtsträgers. Warum diese Aktionärsgruppe im Gegensatz zu den Aktionären, die im Zeitpunkt der Verschmelzung ihre Anteile noch nicht dem herrschenden Unternehmen überlassen und ein Spruchstellenverfahren nach § 306 AktG eingeleitet haben, das Verfahren nach § 306 AktG nicht weiterführen können, ist schlechterdings nicht nachvollziehbar und würde eine ungerechtfertigte Schlechterstellung bedeuten, die nicht mit Art. 3 I GG in Einklang zu bringen wäre.

(7) Erlöschen des Abfindungsanspruchs aufgrund der in §§ 295ff AktG enthaltenen Wertungen

Auch das vom *OLG Karlsruhe* angeführte Argument, die Minderheitsaktionäre könnten das Erlöschen des Abfindungsanspruchs wegen des fehlenden Erfordernisses eines Sonderbeschlusses im Fall der Verschmelzung nicht verhindern, überzeugen nicht.[117] Aus dem Erfordernis eines Sonderbeschlusses der außenstehenden Aktionäre im Fall der Aufhebung des Vertrags (§ 296 II AktG) bzw. im Fall einer Vertragskündigung (§ 297 II AktG) kann nicht geschlossen werden, dass der Gesetzgeber die Minderheit bei einer anderweitigen Vertragsbeendigung schutzlos lassen wollte.[118] Hieraus könnte gerade das Gegenteil gefolgert werden, nämlich dass der Gesetzgeber von einem Fortbestehen der Abfindungsansprüche im Fall einer Verschmelzung ausging und deswegen eine Zustimmung der Minderheit zur Verschmelzung für nicht erforderlich hielt.

Das Zustimmungserfordernis in den §§ 296 II, 297 II AktG betrifft die Fälle, in denen die beherrschte Gesellschaft durch eigenes Handeln die Abfindungsansprüche beseitigen kann, sei es durch Kündigung des Unternehmensvertrags oder durch Zusammenwirken mit dem herrschenden Unternehmen. In diesen Fällen hat die Minderheit ein Mitspracherecht. Dadurch wird verhindert, dass das herrschende Unternehmens - entgegen dem Verbot des § 299 AktG - durch die Einflussnahme auf die Willensbildung der gesetzlichen Vertreter des beherrschten Unternehmens den außenstehenden Aktionären die Ausgleichs- und Abfindungsansprüche entziehen kann.[119]

[116] So jedoch: **Naraschewski**, DB 1997, 1653, 1658.
[117] ZIP 1994, 1529, 1531.
[118] So jedoch: **OLG Karlsruhe**, DB 1994, 1917f.
[119] **Hüffer**, AktG, § 296 Rn 1, § 297 Rn 1.

Geht die Kündigung vom herrschenden Unternehmen aus, haben die außenstehenden Aktionäre des beherrschten Unternehmens kein Mitspracherecht. Dies bedeutet jedoch nicht, dass die Minderheit in den Fällen, in denen die Vertragsbeendigung durch das herrschende Unternehmen herbeigeführt wird, ihre Abfindungsansprüche in jedem Fall verlieren. Wie bereits oben ausgeführt, kann die Obergesellschaft durch eine Kündigung im Anschluss an eine Entscheidung im Spruchstellenverfahren (§§ 305 V 4, 304 V AktG) die Abfindungsansprüche nicht beseitigen, wenn der Organvertrag zu einer Beeinträchtigung der Vermögensinteressen der Minderheit geführt hat.

Ist im Vertrag für das herrschende Unternehmen die ordentliche Kündigung vorgesehen, stellt sich nach der hier vertretenen Auffassung gar nicht das Problem des Verlustes der Abfindungsansprüche der Minderheit. Denn in diesem Fall haben die außenstehenden Aktionäre bis zum Ablauf der Kündigungsfrist noch die Möglichkeit, dem herrschenden Unternehmen ihre Aktien gegen Zahlung des Abfindungsbetrages anzubieten. Sie können also entscheiden, ob sie vor Beendigung des Vertrags ihren Abfindungsanspruch geltend machen wollen. Auch hier sind sie also vor einem Verlust ihrer Ansprüche geschützt.

Damit bleibt nur noch der Fall der fristlosen Kündigung aus wichtigem Grund durch das herrschende oder das beherrschte Unternehmen, § 297 I AktG. Anders als bei einer Kündigung unter Einhaltung einer Frist haben die außenstehenden Aktionäre nicht die Möglichkeit, während des Laufs der Kündigungsfrist ihren Abfindungsanspruch geltend zu machen. Insbesondere ist im Fall einer Kündigung durch das beherrschte Unternehmen auch nicht vorgesehen, dass die Minderheitsaktionäre durch Sonderbeschluss zustimmen müssen. Ist in diesem Fall ein Spruchstellenverfahren eingeleitet und wird während dessen Dauer die Kündigung durch das herrschende Unternehmen ausgesprochen, kann dies nach der hier vertretenen Auffassung die Abfindungsansprüche nicht beseitigen. Ist kein Spruchstellenverfahren rechtshängig, führt die Kündigung dagegen zum Wegfall der Ansprüche. Da die außenstehenden Aktionäre kein Spruchstellenverfahren einleiteten, hielten sie die Abfindung offensichtlich für angemessen und wurden durch unangemessenes Abfindungsangebot nicht gegen ihren Willen in der Gesellschaft festgehalten. Diejenigen, die die Abfindung bis zum Kündigungszeitpunkt nicht angenommen haben, wollten offensichtlich Gesellschafter bleiben und haben sich für den Ausgleich entschieden. Es macht also einen entscheidenden Unterschied, ob die außenstehenden Aktionäre ein Spruchstellenverfahren eingeleitet haben.

(8) Abfindung in Aktien des herrschenden Unternehmens nach der Verschmelzung

Da die Anteile an der Ober- als auch der Untergesellschaft nach der Verschmelzung nicht mehr vorhanden sind, scheidet nach einer Höherfestsetzung der Abfindung im Spruchstellenverfahren eine Nachgewährung von Anteilen am herrschenden Unternehmen aus. Damit stellt sich das Problem, wie der Abfindungsergänzungsanspruch umzusetzen ist.

Teilweise wurde vertreten, ein Verschmelzungsvertrag dürfe während der Laufzeit eines Abfindungsangebots nach § 305 AktG nur dann geschlossen werden, wenn es aufgrund des Abfindungsangebots nicht zu einem Erwerb eigener Aktien der fusionierten Gesellschaft von über 10 % kommen könne und die Fusion notwendig sei, um schweren Schaden von der Gesellschaft abzuwenden.[120]

Diese Ansicht wurde mit Hinweis auf § 71 AktG aF begründet, wonach der Erwerb eigener Aktien nur unter ganz bestimmten Voraussetzungen zulässig war. Durch die Novellierung des § 71 AktG ist nunmehr der Erwerb eigener Aktien wesentlich erleichtert. Nach § 71 I Nr. 5 AktG ist der Erwerb eigener Aktien ohne Beschränkung zulässig, wenn sich dieser im Weg der Gesamtrechtsnachfolge vollzieht. Da es nicht darauf ankommen kann, in welchem Stadium die Obergesellschaft die Aktien der Minderheitsaktionäre erwirbt[121] (vor oder nach der Verschmelzung) ist diese Vorschrift entsprechend auch auf die Fälle anzuwenden, in denen das verschmolzene Unternehmen eigene Aktien übernehmen muss.

Vergegenwärtigt man sich die Lage nach der Verschmelzung, könnte eine Lösung des Problems darin liegen, den abfindungsberechtigten Minderheitsaktionären einen Anspruch auf die Gewährung zusätzlicher Anteile am fusionierten Rechtsträger zuzubilligen, sodass sie nach der Fusion in der Höhe Anteile an dem verschmolzenen Rechtsträger halten, der dem Wert ihrer Aktien an der Untergesellschaft im Zeitpunkt des Abschlusses des Organvertrags entspricht. Die Nachgewährung von Anteilen ist jedoch im UmwG nicht vorgesehen.[122] Nach § 15 I 1 UmwG haben Aktionäre nur einen Anspruch auf eine bare Zuzahlung, wenn das Umtauschverhältnis der Anteile zu niedrig bemessen ist. Ein Fall des § 15 I 1 UmwG liegt hier jedoch nicht vor. Anders als bei § 15 I 1 UmwG geht es hier nicht um eine falsche Bemessung des Umtauschverhältnisses im Verschmelzungsvertrag sondern darum, dass ein Teil der Aktionäre des übertragenden Unternehmens (= der Untergesellschaft) trotz richtiger Bemessung der Verschmelzungswertrelation wegen einer Verschiebung der Wertrelation seit Abschluss des Organvertrags keine angemessene Abfindung erhalten würden.[123] Die Vorschrift des § 15 I 1 UmwG ist hier jedoch entsprechend anzuwenden. Wie bei einer zu niedri-

---

[120] **Hohner**, DB 1973, 1487, 1494.

[121] Übernimmt die Obergesellschaft die Aktien der Minderheit vor der Verschmelzung mit der Untergesellschaft, ist § 71 I Nr. 5 AktG anwendbar. Diese Vorschrift und nicht § 71 I Nr. 3 AktG muss jedoch auch dann eingreifen, wenn der verschmolzene Rechtsträger nach Abschluss eines Spruchstellenverfahrens eigene Anteile übernimmt, um seiner Abfindungsverpflichtung nachzukommen. Es wäre verfehlt, die in § 71 II AktG vorgesehene 10-Prozent-Schwelle nur deswegen greifen zu lassen, weil der verschmolzene Rechtsträger die Anteile streng genommen im Wege der Einzelrechtsnachfolge erwirbt. Entscheidend muss hier aber sein, dass die Gesamtrechtsnachfolge dann gegriffen hätte, wenn das Spruchstellenverfahren vor der Verschmelzung beendet gewesen wäre und die ausscheidungswilligen Aktionäre bereits davor von ihrem Abfindungsrecht Gebrauch gemacht hätten.

[122] **Bork** in Lutter, UmwG, § 15 Rn 5.

[123] Entscheidend muss sein, dass die Minderheitsaktionäre bei richtiger Bemessung der Abfindung im Organvertrag und der Ausübung der Abfindung vor der Verschmelzung von einer Verschlechterung der Wertrelationen nicht betroffen wären. Sie hätten dann die zutreffende Anzahl von Aktien des herrschenden Unternehmens erhalten und mit diesen Anteilen an der Verschmelzung teilgenommen.

gen Bemessung des Umtauschverhältnisses geht es auch im vorliegenden Fall um den Ausgleich nach vollzogener Verschmelzung. Erhalten einzelne Aktionäre keinen ausreichenden Gegenwert in Form von Anteilen am verschmolzenen Rechtsträger, stößt die Nachgewährung von Anteilen oft auf die Schwierigkeit, dass diese Anteile nicht mehr verfügbar sind. Dieses Problem lässt sich nur mit einer baren Zuzahlung nach § 15 I 1 UmwG lösen.

B. Verschmelzung außerhalb eines Spruchstellenverfahrens

(1) Verschmelzung nach Ablauf der Ausübungsfrist

Enthält der Unternehmensvertrag ein befristetes Abfindungsangebot (§ 305 IV 1 AktG) und ist die Frist zur Ausübung der Option abgelaufen, ohne dass einer der außenstehenden Aktionäre ein Spruchstellenverfahren einleitet, hat eine Verschmelzung zwischen Ober- und Untergesellschaft keine Auswirkungen auf den Abfindungsanspruch, da dieser bereits vor der Verschmelzung erloschen war.

Die Minderheitsaktionäre, die von der Abfindung keinen Gebrauch gemacht haben und in der Untergesellschaft verblieben sind, müssen eine infolge des Organvertrags eintretende Minderung des Unternehmenswerts der Untergesellschaft seit Vertragsschluss hinnehmen. Anders als im Fall der Einleitung eines Spruchstellenverfahrens können sie nach der Verschmelzung nicht mehr die Abfindung geltend machen, die sich aus dem Unternehmenswert der Untergesellschaft im Zeitpunkt des Abschlusses des Organvertrags errechnet. Hierfür besteht auch kein Anlass, da die Minderheitsaktionäre, die sich für einen Verbleib in der Untergesellschaft gegen Zahlung eines Ausgleichs entschieden haben, das Risiko einer Verringerung des Unternehmenswerts der Untergesellschaft aufgrund des Organvertrags eingegangen sind.

(2) Unbefristetes Abfindungsangebot

Haben die Parteien des Organvertrags von der in § 305 IV 1 AktG vorgesehenen Möglichkeit der Befristung des Abfindungsangebots keinen Gebrauch gemacht und werden die Ober- und Untergesellschaft verschmolzen, stellt sich die Frage, ob die Minderheitsaktionäre auch nach der Verschmelzung noch ihren Abfindungsanspruch geltend machen können. Da die Obergesellschaft in aller Regel ein Interesse daran hat, möglichst schnell Klarheit darüber zu erhalten, wie viele Minderheitsaktionäre von ihrem Abfindungsrecht Gebrauch machen und welche Verpflichtungen auf sie zukommen, wird es sich nur in Ausnahmefällen auf das Risiko einer sich über Jahre hinziehenden Abfindungspflicht einlassen. Die hier untersuchte Fallgestaltung dürfte daher in der Praxis kaum relevant werden.

Im Gegensatz zur vorgenannten Variante scheidet ein Erlöschen des Abfindungsangebots durch Fristablauf aus. Gegen ein Fortbestehen des Abfindungsanspruchs über die Verschmelzung hinaus spricht, dass der außenstehende Aktionär seine aus der Ausübung des Abfindungsrechts resultierende Verpflichtung zur Übertragung der Anteile am beherrschten Unternehmen nicht mehr erfüllen kann, da die Aktien des beherrschten Unternehmens nach der Verschmelzung in Wegfall geraten sind. Er kann dem aus der Verschmelzung hervorgehenden Rechtsträger nur noch dessen eigene Aktien anbieten. Der Minderheitsaktionär könnte zwar an der Ausübung der Option nach der Verschmelzung dann ein Interesse haben, wenn für ihn die Umtauschrelation aus dem Organvertrag günstiger als die im Verschmelzungsvertrag festgelegte Wertrelation ist, wenn sich also die Wertrelationen zwischen Abschluss des Vertrags und der Verschmelzung zu Lasten des beherrschten Unternehmens verschoben haben. Dieses Interesse ist jedoch nicht schützenswert. Der Minderheitsaktionär, der bis zur Verschmelzung seine Anteile nicht dem herrschenden Unternehmen angeboten und auch kein Spruchstellenverfahren eingeleitet hat, muss das Risiko der Wertminderung seiner Aktien, etwa durch nachteilige Weisungen der Obergesellschaft, bewusst sein.[124] Durch die Verschmelzung wird er zum Tausch seiner Anteile und damit zur Liquidation seiner Anteile zum Wert im Zeitpunkt der Verschmelzung gezwungen. Bei der Verschmelzung realisiert sich letztendlich das von ihm eingegangene Risiko der Wertminderung. Die Minderheitsaktionäre stehen in diesem Fall nicht anders, als wenn der Unternehmensvertrag durch Zeitablauf geendet hätte. In diesem Fall tragen sie ebenfalls das Risiko der Wertminderung bzw. Entwertung ihrer Anteile, wenn während der Dauer des Vertrags das herrschende Unternehmen die abhängige Gesellschaft nachteilig beeinflusst hat.

Zu klären ist noch die Frage nach dem letztmöglichen Zeitpunkt für die Ausübung des Abfindungsrechts. Es ist davon auszugehen, dass die Minderheit ihre Aktien bis zum Tag der Eintragung der Verschmelzung in das Register der Obergesellschaft dieser zum Tausch anbieten bzw. gegen Zahlung der Barabfindung aus der Untergesellschaft ausscheiden können. Die Begründung hierfür ergibt sich aus § 20 I Nr. 3 UmwG. Bis zum Vollzug der Eintragung verfügen sie noch über die Anteile an der Untergesellschaft als „Tauschobjekt“. Danach werden sie Anteilsinhaber des übernehmenden Rechtsträgers[125] und könnten dem verschmolzenen Rechtsträger nur noch dessen eigene Aktien nicht aber - wie im Organvertrag bzw. in § 305 AktG vorgesehen - Anteile der Untergesellschaft anbieten. Lassen sie diesen Zeitpunkt verstreichen, besteht kein

[124] Diese Überlegung rechtfertigt die hier vertretene Auffassung und steht nicht im Widerspruch zu einer Entscheidung des **BGH**, DB 1997, 1397, in der es um Frage des Fortbestehens des Abfindungsanspruchs geht, über den in einem bei Verschmelzung laufenden Spruchstellenverfahren zu entscheiden ist. Entscheidend aus der Sicht des BGH ist die Überlegung, dass die Minderheit für die mit einem Organvertrag einhergehenden Rechtsverluste vollständig zu entschädigen ist und diese Kompensation nicht durch eine Beendigung des Organvertrags zunichte gemacht werden darf (DB 1997, 1397, 1398). Die Gefahr, dass die Obergesellschaft sich einer gerichtlichen Höherfestsetzung der Abfindung dadurch entzieht, dass es mit seiner Hauptversammlungsmehrheit in der Untergesellschaft eine Verschmelzung beschließt, ist hier nicht gegeben. Die Minderheit, die mit der Höhe der Abfindung nicht einverstanden war, hätte ein Spruchstellenverfahren einleiten und so den Untergang des Abfindungsanspruchs verhindern können. Daran hatte sie offenbar deswegen kein Interesse, weil die Abfindung aus ihrer Sicht angemessen war. Zudem kann sie noch bis zur Registereintragung von ihrem Abfindungsrecht Gebrauch machen.

[125] Der Erwerb der Mitgliedschaft am verschmolzenen Rechtsträger vollzieht sich kraft Gesetzes, ohne dass es einer Mitwirkung der Aktionäre bedarf. Siehe hierzu: **Grunewald** in Lutter, UmwG, § 20 Rn 53

Anlass mehr, ihnen die Abfindungsoption aus dem Unternehmensvertrag weiterhin zu erhalten.

3. Auswirkungen der Verschmelzung auf den Ausgleichanspruch

A. Ausgleichsansprüche für den Zeitraum zwischen dem Vertragsschluss und der Verschmelzung

Wurde im Vertrag kein angemessener Ausgleich festgesetzt und wird in einem Spruchstellenverfahren den Minderheitsaktionären ein höherer Ausgleich zugesprochen, bleibt dieser Ausgleichsergänzungsanspruch von der Verschmelzung unberührt. Den Minderheitsaktionären ist für den Zeitraum bis zur Verschmelzung die Differenz zwischen dem vertraglich und dem gerichtlich festgesetzten Ausgleich nachzuzahlen. Dieses Ergebnis ist einhellige Ansicht in der Literatur [126] und wird vor allem damit begründet, dass das durch die gerichtliche Höherfestsetzung ausgelöste Kündigungsrecht des herrschenden Unternehmens nur ex tunc wirken könne. Die Spruchstellenentscheidung wirke auf den Zeitpunkt des Vertragsabschlusses zurück und gestalte diesen insoweit mit Wirkung ex tunc um.[127]

Im Ergebnis ist der hM zuzustimmen. Die Begründung kann jedoch nicht ganz überzeugen. Die hM stellt zu sehr auf den Ausgleich als einen aus dem Vertrag fließenden Anspruch ab und verkennt, dass der Ausgleichs- wie auch der Abfindungsanspruch - letztendlich in der Überlegung wurzelt, dass die Minderheitsaktionäre einen verfassungsrechtlich abgesicherten Anspruch auf Kompensation für den Vorrang des Konzerninteresses haben. Der Anspruch auf Ausgleich wird daher nicht erst durch den Vertrag konstitutiv begründet sondern er entsteht, sobald die abhängige Gesellschaft durch den Vertrag der Leitungsmacht der Obergesellschaft unterworfen wird. Geht man von dieser Überlegung aus, kann die Verknüpfung des Ausgleichsanspruchs mit dem Vertrag dergestalt, dass mit Erlöschen des Vertrags auch die Anspruchsgrundlage für den Ausgleich entfällt, nicht überzeugen.. Der Beherrschungs- bzw. Gewinnabführungsvertrag ist eben kein schuldrechtlicher Vertrag, der die Ausgleichsverpflichtung erst mit einer etwaigen vertraglichen Absprache entstehen lässt, sondern nur der Auslöser für die gesetzlich vorgesehene und verfassungsrechtlich gebotene Entschädigung der Minderheit. Bei einer Höherfestsetzung des Ausgleichs im Spruchstellenverfahren ist den Minderheitsaktionären die Differenz zwischen dem gezahlten und dem ihnen zustehenden Ausgleich zu gewähren. Diese Verpflichtung geht auf das verschmolzene Unternehmen als Rechtsnachfolger der Ober- bzw. Untergesellschaft über.

---

[126] **Koppensteiner**, Köln.Komm., § 304 Rn 64ff; **Geßler** in Geßler/Hefermehl/Eckardt/Kropff, § 297 Rn 49 und § 304 Rn 130; **Wilhelm**, Beendigung, 45f; **Hüffer**, AktG, § 304 Rn 27; **Emmerich/Habersack**, Aktienkonzernrecht, § 304 Rn 89, **Würdinger**, Großkomm., § 304 Anm. 33; **Krieger**, ZGR 1990, 517, 534.

[127] **Würdinger**, Großkomm., § 304 Anm. 33; **Koppensteiner**, Köln.Komm., § 304 Rn 64ff; **Geßler** in Geßler/Hefermehl/Eckardt/Kropff, § 297 Rn 49 und § 304 Rn 130; **Hüffer**, AktG, § 304 Rn 27; **Emmerich/Habersack**, Aktienkonzernrecht, § 304 Rn 89; **Flume**, DB 1969, 1047; zweifelnd: **Meyer-Landrut/Miller**, DB 1969, 1392.

B. Ausgleichsansprüche für den Zeitraum nach der Verschmelzung

Das Fortbestehen der Ausgleichsansprüche über die Verschmelzung hinaus wird von der herrschenden Meinung in der Literatur und Rechtsprechung abgelehnt.[128] Als Begründung für den Wegfall der Ausgleichsansprüche wird auf den Wegfall des Unternehmensvertrags verwiesen, der Grundlage und Voraussetzung für den Ausgleichsanspruch sei.[129]

(1) Erlöschen des Ausgleichsanspruchs

Der hM ist zwar im Ergebnis nicht jedoch hinsichtlich der Begründung zuzustimmen. Der Organvertrag ist nicht die Anspruchsgrundlage des Ausgleichs sondern dessen Auslöser. Er steht den Minderheitsaktionären auf Grund der in § 304 AktG enthaltenen Regelung zu.[130] Anders als bei schuldrechtlichen Ansprüche kann daher der Ausgleich nicht schon deswegen erlöschen, weil seine vertragliche Grundlage in Wegfall geraten ist.

Der Grund für den Untergang des Ausgleichsanspruchs ist mit *Hengeler* in den Vorschriften der §§ 57, 58 und 60 AktG zu sehen. Lasse man, so Hengeler, die Ausgleichsansprüche über die Verschmelzung hinaus fortbestehen, hätten die außenstehenden Aktionäre unter Umständen Ansprüche in einer den Bilanzgewinn übersteigenden Höhe. Die Vorschrift des § 291 III AktG sei in diesem Fall nicht anzuwenden, da von dem Verbot der Einlagenrückgewähr nur Leistungen der Untergesellschaft eines Organvertrags an das herrschende Unternehmen bzw. die außenstehenden Aktionäre ausgenommen seien.[131] Da nach der Verschmelzung die früheren außenstehenden Aktionäre des beherrschten Unternehmens zu Anteilseignern des verschmolzenen Unternehmens geworden seien, stelle die Weiterzahlung des Ausgleichs eine (unzulässige) Garantie einer Gewinnausschüttung dar.[132]

Der von *Hengeler* angeführten Begründung ist zuzustimmen. Die Vorschrift des § 291 III AktG erfasst Leistungen auf Grund eines Beherrschungs- oder Gewinnabführungsvertrages. Da die Minderheitsaktionäre nach der Verschmelzung Anteile am fusionierten Unternehmen halten, stellt die Weiterzahlung des Ausgleichs einen Verstoß gegen das in den §§ 57, 58 und 60 AktG verankerte Verbot der Einlagenrückgewähr dar. Dies gilt zumindest dann, wenn im Organvertrag die Zahlung eines festen Ausgleichs vorgesehen ist. Beim variablen Ausgleich scheidet ein Verstoß gegen die vorgenannten Vorschriften dagegen aus, da die Minderheitsaktionäre nur dann einen Zahlungsan-

[128] **Koppensteiner**, Köln.Komm., § 304 Rn 8; **Kley**, Rechtsstellung, 179ff; **Hengeler**, FS Möhring, 197, 203f; **Emmerich/Habersack**, Aktienkonzernrecht, § 304 Rn 88f; **Krieger**, ZGR 1990, 517, 535.
[129] Siehe die Nachweise zur vorigen Fußnote.
[130] **Luttermann**, JZ 1997, 1181, 1184.
[131] FS Möhring, 197, 205.
[132] **Hengeler**, FS Möhring, 197, 205.

spruch haben, wenn das verschmolzene Unternehmen als Rechtsnachfolger der Obergesellschaft[133] eine Dividende ausschüttet.

(2) Berücksichtigung des Ausgleichs im Rahmen der Ermittlung der Verschmelzungswertrelation

Hengeler verneint zwar das Fortdauern der Ausgleichsansprüche über die Verschmelzung hinaus, verlangt aber andererseits, bei der Verschmelzung den Fortfall der Ausgleichsberechtigung im Rahmen des Umtauschverhältnisses zu berücksichtigen.[134] Er begründet dies mit der Überlegung, das Umtauschverhältnis anlässlich der Verschmelzung sei nur dann angemessen, wenn es dem vollen Wert der erlöschenden Beteiligung der außenstehenden Aktionäre entspreche. Der Minderheitsaktionär müsse für seine Aktie den Gegenwert in Aktien der übernehmenden Obergesellschaft erhalten.[135] Da der Ausgleichsanspruch ein vermögensrechtlicher Annex zum Mitgliedschaftsrecht des Aktionärs sei und dessen Schicksal teile, sei der damit verbundene Vorteil zwar nicht ein solcher der Untergesellschaft und könne damit auch nicht deren Unternehmenswert (mit-)bestimmen,[136] erhöhe aber den Wert der Aktien der Minderheitsaktionäre.[137] Vergleiche man die Situation nach der Verschmelzung und die Lage, die sich ergeben würde, wenn die Ausgleichsansprüche nicht durch die Verschmelzung erloschen wären sondern bis zu ihrem natürlichen Ende weiterbestanden hätten, sei der außenstehende Aktionär hinsichtlich seiner Dividendenerwartung so zu stellen, wie er bei Fortdauer des Unternehmensvertrages gestanden hätte.[138]

Die von *Hengeler* in diesem Zusammenhang angestellten Überlegungen sind vor dem Hintergrund zu sehen, dass nach § 345 II 1 AktG a.F. der Minderheitsaktionär den Zustimmungsbeschluss der Hauptversammlung seiner Gesellschaft mit der Begründung anfechten konnte, das bei der Verschmelzung gewählte Umtauschverhältnis sei nicht angemessen. Durch Erhebung einer Anfechtungsklage konnten außenstehende Aktio-

---

[133] Es soll hier nicht auf die Streitfrage eingegangen werden, ob Schuldner der Ausgleichsleistungen das beherrschte oder das herrschende Unternehmen ist. Da der verschmolzene Rechtsträger als Rechtsnachfolger die Ausgleichsansprüche in jedem Fall zu befriedigen hätte, kommt es hierauf nicht an. Die Ansichten, ob das beherrschte Unternehmen oder die Obergesellschaft den Ausgleich schuldet, sind geteilt. Für ersteres sprechen sich aus: **Krieger**, Münchener Hdb d. GesR, Bd. IV, § 70 Rn 43; **Hengeler**, FS Möhring, 197, 205; Die entgegengesetzte Ansicht (Ausgleichsschuldner ist das herrschende Unternehmen) vertreten: **Emmerich/Habersack**, Aktienkonzernrecht, § 304 Rn 20; **Emmerich/Sonnenschein**, Konzernrecht, § 17 III 3; **Exner**, Beherrschungsvertrag, 173ff; **Koppensteiner**, Köln.Komm., § 304 Rn 15; **Hüffer**, AktG, § 304 Rn 4; **Eschenbruch**, Konzernhaftung, Tz 3118; **Geßler** in Geßler/Hefermehl/Eckardt/Kropff, § 304 Rn 29ff; **Hüchting**, Abfindung, 11ff; **Krieger**, Münchener Hdb d. GesR, Bd. IV, § 70 Rn 43; **U. Schneider**, AG 1976, 19, 21; **Fabian**, Inhalt und Auswirkungen, 217; **LG Mannheim**, AG 1995, 89, 90; **BGH**, NJW 1997, 2242 (für Anspruch aus § 305 AktG); **OLG Düsseldorf**, AG 1990, 490; **ders.**, AG 1992, 200, 201; **ders.**, AG 1998, 39; **LG Mannheim**, AG 1995, 89, 90.

[134] FS Möhring, 197, 218ff.

[135] FS Möhring, 197, 217.

[136] FS Möhring, 197, 215f.

[137] FS Möhring, 197, 217.

[138] FS Möhring, 197, 218.

näre das Wirksamwerden einer Verschmelzung verhindern. Hieraus schlussfolgert *Hengeler*, dass die Minderheitsaktionäre noch ein Spruchstellenverfahren nach § 306 AktG einleiten konnten, in dem über die Angemessenheit der im Organvertrag festgelegten Abfindung zu entscheiden war.[139] Andererseits war nach seiner Auffassung bei Ermittlung des Umtauschverhältnisses anlässlich der Verschmelzung auf die Unternehmenswerte zum Zeitpunkt der Verschmelzung abzustellen und nicht etwa auf die Werte zum Stichtag des Abschlusses des Organvertrags.[140] Nach der von *Hengeler* vertretenen Ansicht konnte die Minderheit daher in jedem Fall eine angemessene Abfindung anlässlich des Organvertrages durchsetzen. Damit war die Gefahr gebannt, dass bei Erlöschen des Abfindungsanspruchs durch die Verschmelzung, die Außenstehenden das Risiko einer Verschlechterung des Umtauschverhältnisses zu tragen hatten, wenn sich der Unternehmenswert der Untergesellschaft seit Abschluss des Organvertrages verschlechtert haben sollte.

Die Überlegungen *Hengelers* sind jedoch zwischenzeitlich durch die Neugestaltung des Umwandlungsrechts überholt. Die außenstehenden Aktionäre haben entgegen § 345 AktG a.F. nicht mehr die Möglichkeit, den Zustimmungsbeschluss der Hauptversammlung ihres Unternehmens mit einer Anfechtungsklage anzugreifen. Halten sie das Umtauschverhältnis für unangemessen, ist hierfür nach §§ 15, 14 II, 305ff UmwG ein Spruchverfahren vorgesehen, in dem über die Angemessenheit des Umtauschverhältnisses zu entscheiden ist.

Der von *Hengeler* vertretene "Ausgleich des Ausgleichs" ist abzulehnen. Gegen seine Auffassung spricht die Überlegung, dass der Minderheitsaktionär bis zur Verschmelzung den Ausgleich beziehen und auch nach der Verschmelzung noch zur Abfindung optieren kann. Durch die Abfindung erhält er den Wert, den seine Anteile im Zeitpunkt des Vertragsschlusses hatten. Dem Schutzbedürfnis wird durch die Erhaltung des Abfindungsanspruchs Rechnung getragen. Entscheidet sich der Minderheitsaktionär gegen die Abfindung, erhält er im Zuge der Verschmelzung Anteile an einem unabhängigen Unternehmen, das im Interesse aller Aktionäre geführt wird und das unbeeinflusst von einem Organschaftsvertrag Gewinne erwirtschaften und an die Anteilseigner ausschütten kann. Die Weiterzahlung des Ausgleichs ist daher nicht angebracht.

Hat ein Minderheitsaktionär bis zur Verschmelzung Ausgleichsleistungen bezogen und entscheidet er sich dann für die Abfindung, bedeutet dies auch keine ungerechtfertigte Besserstellung gegenüber den bereits früher ausgeschiedenen Anteilseignern. Bis zu dem Zeitpunkt, in dem er die Barabfindung erhält und diese reinvestieren kann oder Aktien der Obergesellschaft erhält, ist sein Investment in Aktien der Untergesellschaft gebunden. Hätte er früher darüber verfügen können, hätte er anderweitige Erträge erzielt. Der Ausgleich stellt also nur das an Erträgen dar, was dem Außenstehenden infolge des Verbleibs in der Untergesellschaft an Rendite entgangen ist, die er durch anderweitige Investition oder dadurch hätte erzielen können, dass er gewinnbezugsberechtigter Aktionär der Ober- oder einer Gesellschaft geworden wäre.

---

[139] FS Möhring, 197, 208.
[140] FS Möhring, 197, 210.

(3) Überdauern des Ausgleichsanspruchs

Westermann will die Dividendengarantie nicht erlöschen lassen[141] und begründet seine Auffassung mit der Überlegung, dass die Minderheitsaktionäre, die im Vertrauen auf eine langfristige Dividendengarantie von ihrem Abfindungsrecht keinen Gebrauch gemacht hätten, durch die Verschmelzung ungerechtfertigte Nachteile erleiden könnten.[142] Er sieht in der Dividendengarantie einen Ausgleich für die vom herrschenden Unternehmen durch nachteilige Weisungen zu verantwortende Verschlechterung des Umtauschverhältnisses bei der Verschmelzung.[143] Ein Erlöschen des Ausgleichsanspruchs komme ausnahmsweise nur dann in Betracht, wenn die Obergesellschaft nicht über die Mehrheit der Stimmrechte in der Hauptversammlung der Untergesellschaft verfüge, um die Verschmelzung durchzusetzen.[144] Eine Fortdauer der Ausgleichsansprüche sei aber trotz fehlender Stimmenmehrheit angezeigt, wenn die Obergesellschaft über eine Sperrminorität verfüge, mit dieser aber nicht die Verschmelzung verhindere.[145] Ein Wegfall der Ausgleichsansprüche wäre aus seiner Sicht vor allem deswegen nicht tragbar, da das herrschende Unternehmen sich durch die Verschmelzung einerseits seiner Ausgleichspflichten entledigen andererseits aber durch die Verschmelzung die wirtschaftlichen Möglichkeiten aus dem Beherrschungsvertrag beibehalten könne.[146] Habe das herrschende Unternehmen die Verschmelzung veranlasst und/oder kämen ihm die Früchte derselben zugute, gebiete es die Identität von Macht und Verantwortung, den Minderheitsaktionären auch nach der Verschmelzung den Anspruch auf Ausgleich zu sichern.[147]

Westermann möchte damit der Gefahr begegnen, dass das herrschende Unternehmen sich das Vermögen der Untergesellschaft zunächst durch den Organvertrag und anschließend durch eine Verschmelzung ohne eine fortdauernde Ausgleichspflicht einverleibt. Dem ist entgegenzuhalten, dass Voraussetzung für eine Verschmelzung ein mit ¾-Mehrheit gefasster Beschluss der Hauptversammlung der an der Verschmelzung beteiligten Unternehmen ist. Die Verwaltung der Obergesellschaft darf bei der Abstimmung des beherrschten Unternehmens über die Verschmelzung die Stimmrechte der Untergesellschaft ausüben,[148] hat jedoch aus dem Organvertrag selbst keine Möglichkeit, auf die Entscheidung der Hauptversammlung des beherrschten Unternehmens Einfluss zu nehmen. Verfügt das herrschende Unternehmen über eine ¾- Mehrheit in der Hauptversammlung, kann sie die Verschmelzung durchsetzen. Das Bestehen eines Beherrschungsvertrags ist in dieser Hinsicht dagegen nicht ausschlaggebend für das Zustandekommen des Verschmelzungsbeschlusses.

---

[141] FS Schilling, 271, 285.
[142] FS Schilling, 271, 285.
[143] FS Schilling, 271, 285.
[144] **H. Westermann**, FS Schilling, 271, 285.
[145] **H. Westermann**, FS Schilling, 271, 285.
[146] FS Schilling, 271, 284f.
[147] **H. Westermann**, FS Schilling, 271, 285.
[148] **Hüffer**, AktG, § 308 Rn 12; **Emmerich/Habersack**, Aktienkonzernrecht, § 308 Rn 31.

Für den wohl eher hypothetischen und in der Praxis nicht vorkommenden Fall, dass die Obergesellschaft weder über die Stimmenmehrheit in der Hauptversammlung des beherrschten Unternehmens noch über eine Sperrminorität verfügt und dass entgegen ihrem Willen ein Beschluss gefasst wird, wonach das beherrschte Unternehmen mit dem herrschenden verschmolzen werden soll, ist immer noch ein Hauptversammlungsbeschluss des herrschenden Unternehmens erforderlich. Stimmen dessen Aktionäre einer Verschmelzung zu, hat dieser Vorgang nichts mit dem Beherrschungsvertrag zu tun sondern ist ausschließlich eine Maßnahme auf gesellschaftsrechtlicher Ebene.

Die von *Westermann* hergestellte Verknüpfung zwischen Organvertrag und Kapital- bzw. Stimmrechtsmehrheit ist aus diesem Grund abzulehnen. Die Obergesellschaft hätte mit ihrer Stimmrechtsmehrheit in der Hauptversammlung daher ohne Zwischenschaltung eines Beherrschungsvertrages die Verschmelzung durchsetzen können. Hätte sie diesen Weg gewählt, hätten die außenstehenden Aktionäre zu keinem Zeitpunkt einen Anspruch auf Ausgleich gehabt. Wählt die Obergesellschaft dagegen die Zwischenschaltung eines Beherrschungsvertrags, stehen der Minderheit Ansprüche aus §§ 304ff AktG zu. Aus dem Gesetz ergeben sich keine Anhaltspunkte, wonach das Vertrauen der außenstehenden Aktionäre auf den Fortbestand des Unternehmensvertrags bis zu seinem im Vertrag bestimmten Ende ergäben. Haben sich die Aktionäre bei Abschluss des Vertrages dafür entschieden, nicht aus der Untergesellschaft auszuscheiden, sondern die Ausgleichsleistungen zu beziehen, sind sie das Risiko sowohl der Substanzentwertung ihrer Beteiligung als auch das Risiko des vorzeitigen Wegfalls des Ausgleichs eingegangen.

Auch dem Argument *Westermanns,* das Vertrauen der Minderheitsaktionäre, die das Abfindungsangebot nicht angenommen hätten, auf den Fortbestand des Ausgleichs sei schützenswert, da sie sonst durch die Verschlechterung des Umtauschverhältnisses benachteiligt würden,[149] kann nicht gefolgt werden. Nach der hier vertretenen Ansicht, wird durch die Fortdauer des Abfindungsanspruchs über die Verschmelzung hinaus[150] erreicht, dass eine Verschlechterung des Umtauschverhältnisses seit Abschluss des Organvertrags nicht zu Lasten der Minderheit geht.

Der Ausgleich wäre zudem keine Kompensation für die Minderung des Unternehmenswerts der Untergesellschaft infolge nachteiliger Weisungen der Obergesellschaft. Abfindung und Ausgleich haben unterschiedliche Schutzzwecke. Über die Abfindung nach § 305 AktG erhalten die Anteilseigner den Wert ihrer Beteiligung, sei es in Form einer Barabfindung oder in Form von Aktien des herrschenden Unternehmens bzw. der Konzernspitze.[151] Die Anteile am beherrschten Unternehmens stellen den Vermögens-

---

[149] **H. Westermann**, FS Schilling, 271, 285.

[150] Die Fortdauer des Abfindungsanspruchs hängt - wie oben dargelegt - davon ab, dass das Abfindungsangebot entweder unbefristet bzw. die Frist zur Ausübung des Abfindungsrechts noch nicht abgelaufen war oder dass ein Spruchstellenverfahren über die Angemessenheit der Abfindung eingeleitet wurde.

[151] Kritisch zur Abfindung in Aktien des herrschenden Unternehmens, **Schindler**, Austrittsrecht, 122. Nach seiner Auffassung soll die Barabfindung die geeignetere Form der Kompensation für die Minderheitsaktionäre sein.

stamm[152] oder die Einkunftsquelle dar, aus der Erträge in Form von Dividenden erzielt werden. Infolge des Organvertrags kommt es zu einer Beeinträchtigung dieser Einkunftsquelle in der Weise, dass ihre Fähigkeit, Gewinne und damit Ausschüttungen zu erwirtschaften, erschwert oder gar vereitelt wird. Der Eingriff wird dadurch kompensiert, dass der Anteilseigner eine neue Einkunftsquelle erhält, die wirtschaftlich der am nächsten kommt, die er vor dem Organvertrag innehatte. Die wirtschaftliche Gleichwertigkeit wird neben der Tatsache, dass Aktien durch Aktien ersetzt werden, vor allem dadurch hergestellt, dass die aus den "Tauschaktien" zu erwartenden und damit die vom Anteilseigner erzielbaren Einkünfte denen entsprechen, die er zuvor aus den Anteilen am beherrschten Unternehmen erwarten durfte.[153] Bei der Barabfindung ist die Gleichwertigkeit hinsichtlich des Tauschobjekts gelockert. Statt Aktien erhält der Minderheitseigner eine Kompensation in Geld. Dadurch wird er in die Lage versetzt, eine vergleichbare Einkunftsquelle zu erwerben, nämlich Aktien anderer Unternehmen, um wiederum Mitgesellschafter einer unternehmerisch tätigen Aktiengesellschaft zu werden, um dort Gewinnausschüttungen zu erzielen.[154]

Der Ausgleich dagegen sichert nicht den Wert der Einkunftsquelle als solcher sondern die daraus fließenden Erträge.[155] Durch die Ausgleichszahlungen wird der Minderheitsaktionär so gestellt, wie wenn seine Gesellschaft unabhängig bleiben und im Interesse aller Gesellschafter geführt würde. Von dieser Schutzrichtung des Ausgleichs ist offensichtlich auch der Gesetzgeber bei Schaffung des § 304 AktG ausgegangen.[156]Der Begründung des Regierungsentwurfs zu § 304 AktG ist zu entnehmen, dass der Gesetzgeber den Aktionären in erster Linie einen Ersatz für den Wegfall ihrer Dividenden (bei Abschluss eines Gewinnabführungsvertrags) bzw. die Gefährdung ihrer Dividendenaussichten (bei Bestehen eines isolierten Beherrschungsvertrags) geben wollte.[157]

Grund für die Schaffung des § 305 AktG war die Erkenntnis, dass mit dem Ausgleich nicht alle Nachteile kompensiert werden, die sich aus einem Organvertrag für die Minderheitsaktionäre ergeben können.[158] Namentlich die Gefahr, dass das beherrschte Unternehmen nach Ende des Vertrags nicht mehr allein lebensfähig sein kann oder der Umstand, dass der Minderheitsaktionär statt eines echten Gewinnanteils eine "Rente" bezieht, haben den Gesetzgeber dazu bewogen, dem Anteilseigner ein Ausscheiden aus dem beherrschten Unternehmen zu ermöglichen.[159] Das Neue an der Regelung des § 305 AktG war gerade, dass der Minderheitsaktionär eine angemessene Abfindung beanspruchen konnte, d.h. den Wert, den seine Aktien zum maßgeblichen Stichtag hatten.

---

[152] **Meilicke**, AG 1999, 103, 106; **Lutter/Drygala**, AG 1995, 49, 50; **Busch**, AG 1993, 1, 3, der in der Abfindung den auf den einzelnen Anteil entfallenden Teil des Unternehmenswerts sieht.
[153] **Beuthien**, JuS 1970, 53, 55.
[154] So auch: Ausschussbericht zu § 305 II AktG in: **Kropff**, Textausgabe, § 304, 395.
[155] Siehe hierzu: **Meilicke**, AG 1999, 103, 106, der dies als Fruchtziehung bezeichnet und **ders.**, DB 1974, 417.
[156] Siehe Begründung RegE zu § 304 AktG in: **Kropff**, Textausgabe, § 304, 394.
[157] **Koppensteiner**, Köln.Komm., § 304 Rn 2.
[158] **Koppensteiner**, Köln.Komm., § 305 Rn 2.
[159] Siehe Begründung RegE zu § 304 AktG in: **Kropff**, Textausgabe, § 304 (Seite 394).

Die unterschiedliche Schutzrichtung von Abfindung und Ausgleich wird auch von *Koppensteiner* gesehen, der zutreffend darauf hinweist, dass die Minderheitsaktionäre, die einen an den Erträgen der Obergesellschaft orientierten Ausgleich beziehen, am Vermögenszuwachs unbeteiligt bleiben, der während der Laufzeit des Vertrags beim herrschenden Unternehmen eintritt.[160] Zudem könne das herrschende Unternehmen durch eine entsprechende Bilanzgestaltung - insbesondere die Dotierung von Rücklagen - erreichen, dass die zu verteilenden Gewinnanteile unter dem bleiben, was sich als Ausgleich bei einer nur auf die Ertragskraft der Untergesellschaft abstellenden Betrachtungsweise ergeben würde.[161]

Wenn man mit der hM in Literatur und Rechtsprechung bei der Ermittlung des Gewinnanteils auf die tatsächlich gezahlte Dividende abstellt,[162] kann der für die außenstehenden Aktionäre bestehenden Gefahr des "Aushungerns" durch eine weitgehende Thesaurierung der Gewinne der Obergesellschaft[163] nur dadurch begegnet werden, dass als echte Alternative zum Verbleib im beherrschten Unternehmen ein Ausscheiden zum vollen Beteiligungswert ermöglicht wird. Hinzu kommt, dass der Gesetzgeber bei Einführung des § 304 AktG an die in der Praxis entwickelten Regelungen zu den aus dem Steuerrecht kommenden Organschaftsverträgen anknüpfte und von dort den Gedanken des Ausgleichs übernommen hat.[164] Die Abfindung war dagegen ohne Vorbild. Hätte der Gesetzgeber bei seiner grundlegenden Neuregelung des Konzernrechts den Ausgleich, d.h. den Ersatz für die Entziehung oder die Gefährdung des Dividendenanspruchs, für ausreichend gehalten, hätte es der Abfindung und damit einer Sicherung des Substanzinteresses gar nicht mehr bedurft.

Abfindung und Ausgleich sind auch nicht beliebig austauschbar. *Lutter/Drygala* weisen zu Recht darauf hin, dass die Verwendung der Ertragswertmethode bei der Ermittlung von Ausgleich und Abfindung nicht zu dem Schluss verleiten dürfe, die Ergebnisse seien identisch. Insbesondere könne sich der Ausgleich nicht durch mathematische Ableitung aus der ermittelten Abfindung ermitteln lassen,[165] um die Ausgleichszahlungen quasi als verrenteten Abfindungsanspruch zu behandeln.[166] Ein wichtiger Unterschied zwischen Ausgleich und Abfindung ergebe sich aus dem Vergleich von § 304 II 1 AktG und § 305 III AktG. Nach § 304 II 1 AktG ist der mindestens zu zahlende Ausgleich unter Außerachtlassung der freien Rücklagen zu errechnen. Daraus folgt,

---

[160] **Koppensteiner**, Köln.Komm., § 304 Rn 39.

[161] **Koppensteiner**, Köln.Komm., § 304 Rn 40.

[162] **Hüffer**, AktG, § 304 Rn 15; **Geßler** in Geßler/Hefermehl/Eckardt/Kropff, § 304 Rn 101; **Godin/Wilhelmi**, § 304 Rn 6; **Exner**, Beherrschungsvertrag, 187ff; **Mestmäcker**, FG Kronstein, 129, 137; **Pentz**, Enkel-AG, 67ff; **J. Schmidt**, Außenstehende Aktionäre, 61; **OLG Düsseldorf**, AG 1978, 238; **ders.**, ZIP 1984, 586; **LG Frankfurt/Main**, AG 1987, 315, 317; **LG Dortmund**, AG 1981, 236, 239f; kritisch: **Emmerich/Habersack**, Aktienkonzernrecht, § 304 Rn 46, die auf den Jahresüberschuss des herrschenden Unternehmens abstellen.

[163] **Emmerich/Habersack**, Aktienkonzernrecht, § 304 Rn 46.

[164] Siehe Begründung RegE zu § 304 AktG in: **Kropff**, Textausgabe, § 304, 394.

[165] AG 1995, 49, 50.

[166] **Lutter/Drygala**, AG 1995, 49, 54.

dass die gesetzlichen Rücklagen bei der Berechnung zu berücksichtigen sind.[167] Bei der Berechnung der Abfindung schmälern dagegen die gesetzlichen Rücklagen nicht den Anteilswert und damit die Abfindungsleistung.[168] Bewertungsunterschiede ergeben sich auch bei dauernd ertragslosen Gesellschaften und der Berücksichtigung nicht betriebsnotwendigen Vermögens[169]

Es ist daher nicht zulässig, die bis zur Ausübung des Abfindungsrechts bezogenen Ausgleichsleistungen auf die Abfindung anzurechnen.[170]oder gar davon auszugehen, mit Entgegennahme des Ausgleichs habe sich der Minderheitsaktionär gegen die Abfindung entschieden, für die dann kein Raum mehr sei.[171] Etwas anderes könnte für die Anrechnung der Ausgleichsleistungen auf die nach § 305 III 3 AktG vorgesehene Verzinsung des Abfindungsanspruchs gelten.

Meilicke hat darauf hingewiesen, dass die Ausgleichszahlung wirtschaftlich an die Stelle der Dividenden tritt, die der außenstehende Aktionär ohne Bestehen eines Organvertrags hätte erzielen können. Sie stellen daher eine Verzinsung des vom Aktionär überlassenen Kapitals dar, das bis zu seinem Ausscheiden ausschließlich vom herrschenden Unternehmen genutzt wird.[172] Wenn das herrschende Unternehmen nach Abschluss des Spruchstellenverfahrens den gerichtlich festgesetzten Abfindungsbetrag ab dem Tag zu verzinsen hat, der auf den Tag des Wirksamwerdens des Organvertrags folgt, bedeutet dies nichts anderes, als dass der Minderheitsaktionär, der die angemessene Abfindung unter Umständen erst Jahre nach Inkrafttreten des Organvertrags erhält, so zu stellen ist, wie wenn er über den Abfindungsbetrag bereits bei Wirksamwerden des Organvertrags hätte verfügen können.

Busch verweist in diesem Zusammenhang auf die unterschiedliche Funktion von Abfindung und Zinsanspruch. Während die Abfindung für den Verlust der Gesellschafterstellung entschädige, stelle der Zinsanspruch einen Ausgleich für die Vorenthaltung von Kapital dar.[173] Hätte der Aktionär bereits im Zeitpunkt des Wirksamwerdens des Organvertrags über die Abfindung verfügen und diese anderweitig reinvestieren können, hätte er von da ab Erträge aus dem eingesetzten Kapital erwirtschaften können, sei es in Form von Dividenden oder von Zinsen. Er hätte jedoch nicht gleichzeitig Aktionär sein und Dividenden beziehen und andererseits Zinsen erzielen können. Der Vergleich zwischen der hypothetischen Ausgangslage (sofortige Verfügbarkeit der Abfin-

---

[167] **Lutter/Drygala**, AG 1995, 49, 50; **Geßler** in Geßler/Hefermehl/Eckardt/Kropff, § 304 Rn 90; **Koppensteiner**, Köln.Komm., § 304 Rn 32; **Meilicke**, DB 1974, 417, 419.

[168] **Lutter/Drygala**, AG 1995, 49, 50f.

[169] Siehe hierzu: **W. Bayer**, ZIP 1997, 1613, 1617; **Lutter/Drygala**, AG 1995, 4951f.

[170] So jedoch: **Stimpel**, AG 1998, 259; **Emmerich/Habersack**, Aktienkonzernrecht, § 305 Rn 28; **BayObLG**, AG 1996, 127, 131; AG 1996, 176, 180; **OLG München**, AG 1998, 239; a.A.: **Meilicke**, AG 1999, 103, 106; **Forst**, AG 1994, 321, 324, der darauf hinweist, dass der Einsatz des Ertragswertverfahrens zur Ermittlung von Ausgleich und Abfindung zu unterschiedlichen Ergebnissen führen kann; **OLG Celle**, DB 1998, 2006, 2008.

[171] So jedoch: **Lehmann-Tolkmitt**, WM 1972, 990, 992.

[172] **Meilicke**, AG 1999, 103, 106.

[173] AG 1993, 1, 3.

dung) und der tatsächlichen Situation zeigt, dass der Aktionär neben den Ausgleichsleistungen, die ein Surrogat für seine Dividendenansprüche sind, nicht gleichzeitig Zinsen für die nicht sofortige Verfügbarkeit des Kapitals verlangen kann.

Auch ein weitere Überlegung spricht für die Richtigkeit der Anrechnung des Ausgleichs auf den Zinsanspruch nach § 305 III 3 AktG. Hätte die Abfindung in Aktien des herrschenden Unternehmens bestanden und wäre der Anteilseigner sofort nach Wirksamwerden des Organvertrags Aktionär der Obergesellschaft geworden, hätte er dort Dividenden bezogen. Wechselt er erst nach Abschluss des Spruchstellenverfahrens in das herrschende Unternehmen, kann er für den Zeitraum zwischen dem Wirksamwerden des Organvertrags und dem Wechsel in die Obergesellschaft keine Zinsen verlangen. Da der Gesetzgeber Barabfindung und Abfindung in Aktien als gleichwertig ansieht,[174] wäre es eigenartig, im Falle einer Barabfindung den außenstehenden Aktionär besser zu stellen, als den Aktionär, dem als Abfindung Aktien der Obergesellschaft zu gewähren sind.

Die besseren Argument sprechen daher für eine Anrechnung der Ausgleichszahlungen auf die nach § 305 III 3 AktG geschuldete Verzinsung.[175]

Diese Überlegungen zeigen, dass allein durch die Fortdauer des Abfindungsanspruchs den Minderheitsaktionär vor der Gefahr der Entwertung seiner Anteile schützen kann und es nicht zutreffend ist, über die Berücksichtigung der Ausgleichsansprüche den Aktionär vor dem Risiko der Wertminderung seiner Beteiligung zu bewahren.

(4) Entschädigung der Minderheit für den Verlust des Ausgleichs

Kley und *Naraschewski* verlangen dagegen eine Entschädigung der Minderheitsaktionäre für die gesamten zukünftigen Ausgleichsansprüche, wobei *Naraschewski* den Ausgleichsanspruch als Sonderrecht im Sinne des § 23 UmwG behandeln will mit der Folge, dass der Verschmelzungsvertrag gemäß § 5 I Nr. 7 UmwG Angaben hierüber enthalten müsste. Seiner Ansicht nach hat die Minderheit Anspruch auf die Abgeltung der gesamten zukünftigen Ausgleichsansprüche.[176] *Kley* favorisiert dagegen den Standpunkt, die Entschädigung solle im Wege einer Barabfindung erfolgen, wobei der Barwert der bis zum nächstfälligen Beendigungstermin durch vertragliche Institute fälligen Ausgleichszahlungen zu zahlen sei.[177] Die Ansicht *Naraschewskis* ist aus den vorgenannten Gründen abzulehnen.

Der Auffassung *Kleys* ist zuzugeben, dass die Minderheitsaktionäre zumindest solange von der Zahlung eines Ausgleichs ausgehen dürfen, wie der Organvertrag besteht. Daraus kann jedoch nicht die Schlussfolgerung abgeleitet werden, dass ein Vertrauensschutz in der Weise besteht, dass bei Wegfall des Ausgleichsanspruchs die Aktionäre in vermögensmäßiger Hinsicht so zu stellen sind, wie wenn der Vertrag durch ordentliche Kündigung beendet worden wäre.

---

[174] **Hüffer**, AktG, § 305 Rn 14.
[175] **Hüffer**, AktG, § 305 Rn 26a; **Koppensteiner**, Köln.Komm., § 305 Rn 11.
[176] DB 1997, 1653, 1657.
[177] **Kley**, Rechtsstellung, 181.

Beide Situationen sind nicht miteinander vergleichbar. Der Gesetzgeber hat für eine Kündigung des Organvertrags durch das beherrschte Unternehmen eine Mitwirkungspflicht der Minderheit in § 297 II 1 AktG statuiert. Geht die Kündigung vom herrschenden Unternehmen aus, haben die außenstehenden Aktionäre diese hinzunehmen, ohne dass sie dagegen vorgehen können. Mit Wirksamwerden der Kündigung entfällt die Weisungsgebundenheit der Untergesellschaft. Diese wird in die Unabhängigkeit entlassen. Nur solange die Untergesellschaft nicht im Interesse aller ihrer Aktionäre geführt wird, haben die Minderheitseigner Anspruch auf den in § 304 AktG verankerten Ausgleich.

Nach Beendigung des Vertrages muss die Gesellschaft grundsätzlich mit den Nachwirkungen des Organvertrages leben, die sich in der Unfähigkeit des nunmehr unabhängigen Unternehmens zur Erzielung eines ausschüttbaren Gewinns niederschlagen können. Endet der Organvertrag dagegen nicht durch eine ordentliche Kündigung sondern durch Verschmelzung, kann aus dem andersartigen Beendigungsgrund keine Gleichstellung mit der durch Kündigung herbeigeführten Situation hergeleitet werden. Bei der Verschmelzung zwischen den Parteien eines Beherrschungsvertrags erlöschen die Ausgleichsansprüche der Minderheitsaktionäre damit ersatzlos. Die untergegangenen Ausgleichsansprüche sind auch nicht im Rahmen der Ermittlung der Verschmelzungswertrelation zugunsten der Minderheit zu berücksichtigen.

(5) Ergebnis

Mit der hM ist davon auszugehen, dass der Ausgleichsanspruch der Minderheitsaktionäre mit der Verschmelzung endet. Die Berücksichtigung des Ausgleichs bei der Ermittlung der Verschmelzungswertrelation oder eine irgendwie geartete Entschädigung für den Verlust desselben ist nicht angezeigt. Dies ergibt sich aus der unterschiedlichen Schutzrichtung von Abfindung und Ausgleich.

II. Verschmelzung der Untergesellschaft

1. Aufnahme der Untergesellschaft durch ein organvertraglich nicht gebundenes Unternehmen

Hier sollen die Probleme untersucht werden, die sich ergeben, wenn die Untergesellschaft eines Organvertrags im Wege der Aufnahme mit einem unabhängigen, d.h. organvertraglich nicht gebundenen Unternehmen verschmolzen wird. Praktisch relevant werden kann dies bei der Verschmelzung innerhalb eines Konzerns, wenn nur eines der Unternehmen einen Organvertrag geschlossen hat und der aufnehmende Rechtsträger im Mehrheitsbesitz der Obergesellschaft oder eines anderen Konzernunternehmens steht. Es sind aber auch Konstellationen denkbar, in denen die Untergesellschaft mit einem konzernfremden Unternehmen verschmolzen wird, das organvertraglich nicht mit einem anderen Unternehmen verbunden ist.

A. Auswirkungen der Verschmelzung auf den Organvertrag

Bei der Verschmelzung durch Aufnahme ist umstritten, ob der mit dem übertragenden Rechtsträger bestehende Organvertrag fortbesteht, d.h. im Wege der Gesamtrechtsnachfolge auf den übernehmenden Rechtsträger übergehen kann. Dies wird nahezu einhellig verneint.[178] Insbesondere *Würdinger* vertritt die Auffassung, der Vertrag sei als Organisationsvertrag einer Gesamtrechtsnachfolge nicht zugänglich.[179] Lediglich *Kley* plädiert für ein Fortbestehen des Vertrags.[180] Nachfolgend ist zu untersuchen, ob bei der Aufnahme der Untergesellschaft durch ein unabhängiges Unternehmen die Gesamtrechtsnachfolge des aufnehmenden Rechtsträgers in den Organvertrag zulässig ist.

(1) Rechtszustand vor Inkrafttreten des AktG 1965

Vor dem Inkrafttreten des Aktiengesetzes von 1965 wurden die Weisungs- und die Gewinnabführungsverträge nahezu einhellig als schuldrechtliche Verträge verstanden. Ausgehend von den Untersuchungen *Haussmanns*[181], *Hamburgers*[182] und *Kronsteins*[183] setzte sich die Auffassung durch, diese Verträge hätten die Regelung schuldrechtlicher Beziehungen zwischen dem abhängigen und dem herrschenden Unternehmen zum Gegenstand. Auswirkungen auf die Organisation der am Vertrag beteiligten Unternehmen, konnten diese Verträge nach der damaligen Ansicht daher nicht haben.[184]

Erst durch *Ballerstedt*[185] wurden Zweifel an der Einordnung der unternehmenszusammenfassenden Verträge laut. Ihm folgend gelangte *Flume* zu der Erkenntnis, dass Beherrschungs- und Gewinnabführungsverträge in die Verfassung der Aktiengesellschaft eingreifen und diese ändern können. Als Konsequenz dieser Erkenntnis wurden diese Verträge in ihrer gesellschaftsrechtlichen Bezügen gesehen und man löste sich zunehmend von der rein schuldrechtlichen Betrachtungsweise.[186]

Von *Würdinger* wurde der Begriff des Organisationsvertrags geprägt. Den entscheidenden Unterschied zu schuldrechtlichen Verträgen sah er in dem Umstand, dass durch einen Organisationsvertrag die juristische Person nicht von außen her verpflichtet wird sondern sich deren Organe wie durch die Satzung selbst binden. Der Organisationsvertrag regelt nach seiner Auffassung die organisatorischen Grundlagen der Körperschaft. Der Unternehmensvertrag sei im Grunde nichts anderes als eine Ergänzung oder Modi-

---

[178] **Vossius**, in Widmann/Mayer, § 20 Rn 290 (35. Erg.Lfg./Januar 97); **Eckhardt/Kropff** in: Geßler/Hefermehl/Eckardt/Kropff, § 297 Rn 49; **Grunewald** in: Geßler/Hefermehl/Eckardt/Kropff, § 346 Rn 30; **Koppensteiner** Köln.Komm., § 291 Rn 51; **Krieger**, Münchener Hdb d. GesR, Bd. IV, § 70 Rn 130; ZGR 1990, 517, 538f; **Hüffer**, AktG, § 297 Rn 22 u. § 295 Rn 6; **Hohner**, DB 1973, 1487, 1490; **Emmerich/Habersack**, Aktienkonzernrecht, § 297 Rn 38; **OLG Karlsruhe**, AG 1995, 139f = NJW-RR 1995, 354 = WM 1994, 2023; **LG Mannheim**, AG 1995, 89 = ZIP 1994, 1024.

[179] Großkomm. AktG, § 291 Anm. 11; **ders.**, DB 1958, 1447, 1451f.

[180] Rechtsstellung , 135ff.

[181] **Haussmann**, Grundlegung, 106ff.

[182] **Hamburger**, Schuldenhaftung, 15.

[183] **Kronstein**, Abhängige juristische Person, 46.

[184] **Prael**, Eingliederung und Beherrschungsvertrag, 66.

[185] Kapital, 165.

[186] DB 1956, 455, 456; **Ballerstedt**, DB 1956, 813, 815.

fikation der Satzung, die ihrerseits die Voraussetzungen dafür schaffe, dass die Rechtsordnung diesem Verband die Teilnahme am Rechtsverkehr als rechtsfähige und damit juristische Person gestatte.[187]

Prael bezeichnet die Regelungen, durch die sich ein Personenverband organisiert, als Verfassung dieses Verbandes im materiellen Sinn. Die der juristischen Person fehlende Willens- und Handlungsfähigkeit werde durch Organwalter ersetzt, die die alleinigen internen Adressaten der an die juristische Person gerichteten Pflichten seien.[188]

(2) Rechtszustand nach Inkrafttreten des AktG 1965

Mit der Einführung des Beherrschungs- und des Gewinnabführungsvertrages durch das Aktiengesetz von 1965 hat sich die organisationsrechtliche Einordnung dieser Verträge im Sinne Würdingers endgültig durchgesetzt. Nach der von *Würdinger* vertretenen Auffassung begründet ein Organvertrag kein Schuldverhältnis zwischen dem herrschenden und dem beherrschten Unternehmen, sondern setzt eine körperschaftliche Regelung in Kraft, die während ihrer Dauer den durch das Gesetz und die Satzung definierten Status der beherrschten Gesellschaft überlagert. Dem Vertrag kommt insoweit konstitutive Wirkung zu. Nach Beendigung des Vertrags leben die zeitweise außer Kraft gesetzten Vorschriften ohne weiteres wieder auf.[189] *Würdinger* kritisiert insbesondere die Vorstellung, ein Unternehmen könne sich durch Vertrag verpflichten, das zu tun, was die weisungsberechtigte Obergesellschaft einseitig verlange.[190] Es sei ein Fehler im systematischen Denken, ein Verstoß gegen die Rechtslogik, wenn man davon ausgehe, durch einen Weisungsvertrag,[191] im Sinne eines obligatorischen Verpflichtungsverhältnisses könne die Leitung des Unternehmens auf Stellen außerhalb der Gesellschaft verlagert werden.[192]

Die von *Würdinger* begründete Auffassung von der organisationsrechtlichen Natur des Beherrschungsvertrags ist mittlerweile hM in der Literatur und Rechtsprechung.[193] Der

---

[187] **Prael**, Eingliederung und Beherrschungsvertrag, 16ff.
[188] **Prael**, Eingliederung und Beherrschungsvertrag, 19.
[189] Großkomm. AktG, § 291 Anm. 11.
[190] **Würdinger**, DB 1958, 1447, 1451.
[191] **Würdinger**, DB 1958, 1447, 1452, kritisierte den Entwurf eines Aktiengesetzes, der in § 270 Nr. 5 E den Weisungsvertrag als Möglichkeit der konzernvertraglichen Beherrschung erwähnte. Der Beherrschungsvertrag, wie er letztendlich im AktG 1965 kodifiziert wurde, entspricht dem im Entwurf vorgesehenen Weisungsvertrag.
[192] **Würdinger**, DB 1958, 1447, 1452.
[193] **Flume**, DB 1955, 485; **ders.**, DB 1957, 438, 439; **Bälz**, FS Raiser, 278, 323ff; **ders.**, AG 1992, 277, 286f; **W. Bayer**, Beherrschungsvertrag, 13ff; **Hüffer**, AktG, § 291 Rn 17; **Kropff**, BB 1965, 1281, 1282; **Maser**, Betriebsüberlassungsverhältnisse, 33ff; **Ebenroth**, Vermögenszuwendungen, 371ff; **Exner**, Beherrschungsvertrag, 35, 49ff; **Geßler** in Geßler/Hefermehl/Eckardt/Kropff, § 291 Rn 24, 77; **Mestmäcker**, Verwaltung, 337ff; **K. Schmidt**, Gesellschaftsrecht, § 31 III 1a; **Prael**, Eingliederung, 72ff; **Raiser**, Kapitalgesellschaften, § 54 Rn 6; **Emmerich/Sonnenschein**, Konzernrecht, § 8 II 2.; **Emmerich/Habersack**, Aktienkonzernrecht, § 291 Rn 22ff; **BGH**, BGHZ 103, 1, 4f = NJW 1988, 1326; BGHZ 105, 324, 331 = NJW 1989, 295; BGHZ 116, 37, 43 = NJW 1992, 505; AG 1992, 192, 193f; **BFH**, BFHE 127, 56 = AG 1980, 309; **OLG Hamm**, WM 1988, 1164, 1168f; **BayObLG**,

hM ist zuzustimmen. Die Wirkungen des Organvertrags sind völlig andere als die eines schuldrechtlichen Vertrages.[194] Durch den Vertrag werden somit wichtige gesetzliche Bestimmungen, die das gesellschaftsrechtliche Verhältnis der Organe der AG untereinander bzw. das Verhältnis der Gesellschaft zu ihren Anteilseignern regeln, suspendiert. Dies wird insbesondere anhand der Vorschriften der §§ 291 I, III bzw. des § 308 I AktG deutlich. Durch den Organvertrag wird die Struktur der Untergesellschaft in der Weise verändert, dass das Unternehmen nicht mehr im Interesse aller Anteilseigner sondern im Interesse der Konzernspitze geführt wird.[195] Hinzu kommt, dass die eigenverantwortliche Leitung der Gesellschaft durch deren Vorstand (§ 76 I AktG) einer Führung durch das herrschende Unternehmen im Interesse des Gesamtkonzerns weicht.[196] Des weiteren werden durch den Beherrschungsvertrag die Regelungen der §§ 57, 58 und 60 AktG außer Kraft gesetzt. Dadurch werden Leistungen an Aktionäre, die sonst als Einlagenrückgewähr zu werten wären, ausdrücklich zugelassen, § 291 III AktG.[197] *Kropff* geht daher so gar so weit, den Organvertrag als Satzung der durch ihn zusammengeschlossenen Unternehmensgruppe zu bezeichnen[198] und warnt vor Fehlschlüssen, die aus der Bezeichnung "Vertrag" gezogen werden könnten.[199]

Folgt man der herrschenden Lehre von der organisationsrechtlichen Natur des Organvertrags, kann die Verwendung des Begriffs "Vertrag" durch den Gesetzgeber des AktG 1965 dahingehend verstanden werden, dass er damit nicht den Inhalt der zwischen Ober- und Untergesellschaft getroffenen Vereinbarung als schuldrechtlichen Austauschvertrag sondern lediglich die Art des Zustandekommens der Beherrschung beschreiben wollte. Die Unterwerfung eines Unternehmens unter die Leitungsmacht eines anderen sollte nach den Vorstellungen des Gesetzgebers nicht durch einseitigen Akt des herrschenden Unternehmens möglich sein sondern durch ein zweiseitiges Rechtsgeschäft vollzogen werden. Insoweit verdient der Organvertrag die Bezeichnung als Vertrag im Sinne eines zweiseitigen Rechtsgeschäftes. Die Verwendung des Begriffs "Vertrag" kann aber vor allem nicht darüber hinwegtäuschen, dass in der Regel ein mit Mehrheit beteiligtes Unternehmen den Vertragsschluss durchsetzen und damit

---

BayObLGZ 1988, 201 = AG 1988, 375; BayObLGZ 1992, 367= NJW 1993, 1804 = AG 1993, 177; **OLG Frankfurt/Main**, AG 1988, 267, 270; **OLG Karlsruhe**, AG 1994, 283; **LG Konstanz**, ZIP 1992 1736, 1737 = AG 1993, 237.

[194] Lediglich **Fuhrmann/Simon**, AG 2000, 49, 58, sind der Auffassung der Organvertrag sei ein schuldrechtlicher Vertrag wie jedes andere Vertragsverhältnis auch.

[195] **Hüffer**, AktG, § 291 Rn 17; **Emmerich/Habersack**, Aktienkonzernrecht, § 291 Rn 22ff;

[196] **Hüffer**, AktG, § 291 Rn 17; **Emmerich/Habersack**, Aktienkonzernrecht, § 291 Rn 22ff;

[197] § 291 III AktG ist dann einschlägig, wenn das herrschende Unternehmen - was in der Praxis fast immer der Fall sein dürfte - gleichzeitig Aktionär der beherrschten Gesellschaft ist. Nur dann können Leistungen der Untergesellschaft an das herrschende Unternehmen gegen das Verbot der Einlagenrückgewähr etc. verstoßen.

[198] BB 1965, 1281, 1287.

[199] BB 1965, 1281, 1286.

die Unterwerfung erzwingen kann. Es ist daher zutreffend, den Organvertrag als ein Rechtsgeschäft des herrschenden Unternehmens mit sich selbst zu beschreiben.[200]

Ein weiterer Beweggrund des Gesetzgebers, die Unterwerfung unter fremde Leitung im Wege eines Vertrags zu gestatten, könnte darin liegen, diese Art der Ausübung beherrschenden Einflusses klar von der faktischen Konzernierung abzugrenzen. Außenstehende können bei einer Mehrheitsbeteiligung nur schwer feststellen, ob und wie der Mehrheitseigner beherrschenden Einfluss ausübt. Durch den Abschluss eines Vertrages wird die Beherrschung offenkundig und für jeden Außenstehenden nachvollziehbar gemacht. Die Minderheitsaktionäre und Gläubiger der Untergesellschaft können sich auf die Beherrschung einstellen und sind über deren Umfang nicht im unklaren. Man könnte den Organvertrag daher auch als Mittel der Verlautbarung bezeichnen.

(3) Schlussfolgerungen aus der Rechtsnatur des Organvertrags

Aus der Eigenart des Organvertrags als Organisationsvertrag zieht *Würdinger* die Schlussfolgerung, dieser könne nicht im Wege der Gesamtrechtsnachfolge auf das aufnehmende Unternehmen übergehen, da dies seiner Rechtsnatur widerspreche.[201]

Diese Schlussfolgerung ist jedoch nicht zwingend.[202] Wie *Koppensteiner* zu Recht anführt, können aus der Rechtsnatur des Organvertrags per se keine Erkenntnisse gewonnen werden.[203] Auch *Hohner* hat zutreffend darauf hingewiesen, dass die Gesamtrechtsnachfolge die umfassendste Form einer Rechtsnachfolge ist, die einen Eintritt in alle Rechte und Pflichten vorsieht. Hiervon ausgenommen sind nur diejenigen, die kraft ausdrücklicher gesetzlicher Regelung oder aufgrund ihrer Eigenart nicht übergehen können.[204] Er verweist in diesem Zusammenhang auf die Vorschriften der §§ 1059a, 1092 BGB, die selbst bei personengebundenen Rechten wie Nießbrauch und beschränkter persönlicher Dienstbarkeit die Gesamtrechtsnachfolge einer juristischen Person nach einer anderen juristischen Person zulassen.[205] Auch nach der Ansicht von *Krieger* steht die Rechtsnatur des Organvertrags als Organisationsvertrag einer Gesamtrechtsnachfolge nicht im Wege, zumal der Übergang des Vertrages anerkannt sei, wenn die Obergesellschaft im Wege der Aufnahme durch ein drittes Unternehmen verschmolzen werde.[206]

---

[200] So ausdrücklich: **Hirte**, ZGR 1994, 644, 648, der den Zustimmungsbeschluss der Untergesellschaft als Farce bezeichnet; **BayObLG**, AG 1999, 43, 44.

[201] Großkomm., § 291 Anm. 11; **ders.**, DB 1958, 1447, 1451f.

[202] So zutreffend: **Hohner**, DB 1973, 1487, 1488; **Exner**, Beherrschungsvertrag, 164, unter Hinweis auf die Möglichkeit der Übertragung einer Mitgliedschaft in einer Korporation oder an einer BGB-Gesellschaft; a.A: **Emmerich/Sonnenschein**, Konzernrecht, § 8 II 2a, der aus der engen Verwandtschaft von Beherrschungsvertrag und Satzungsänderung auf die zu den Satzungsänderungen entwickelten Grundsätze zurückgreifen will, wenn es um nicht geregelte Fragen im Zusammenhang mit Beherrschungsverträgen geht.

[203] Köln.Komm., Vorb. § 291 Rn 68a.

[204] DB 1973, 1487, 1488.

[205] DB 1973, 1487, 1488.

[206] ZGR 1990, 517, 539.

Der Übergang des Organvertrags hat für die aufnehmende Gesellschaft zweifelsohne tiefgreifende organisationsrechtliche Wirkungen.[207] Es ist auch zutreffend, dass die übertragende Gesellschaft mit der Verschmelzung als Rechtssubjekt untergeht und der Organvertrag nicht darüber hinaus den organisationsrechtlichen Status dieses Rechtsträgers modifizieren kann. Diese Schlussfolgerung zwingt jedoch entgegen der Ansicht *Würdingers* nicht zu dem Ergebnis, dass der Vertrag diese organisationsrechtlichen Wirkungen nicht auch beim aufnehmenden Unternehmen entfalten könnte.[208] Diese Folgen mit der Begründung abzulehnen, diese könnten nicht im Wege einer Gesamtrechtsnachfolge eintreten, kommt im Grunde einer petitio principii gleich.

Hohner, der aus der Rechtsnatur des Organvertrags nicht die von Würdinger gezogene Schlussfolgerung ableitet, lehnt jedoch im Ergebnis den Übergang des Vertrags mit der Begründung ab, es sei nicht tragbar, dem aufnehmenden Rechtsträger die Verpflichtungen aus einem Organvertrag aufzuerlegen, ohne dass dieser vorher einen solchen Vertrag geschlossen habe.[209] Hinzu komme, dass der Vertrag auf eine bestimmte Untergesellschaft zugeschnitten sei. Selbst wenn es sich bei den Vertragspartnern um juristische Personen handele, bei denen die Individualität der Rechtsbeziehungen erheblich zurückgedrängt sei, würde es zu weit gehen, einen solchen Vertrag auf ein anderes Unternehmen übergehen zu lassen.[210]

Die Auffassung von *Hohner* vermag jedoch nicht zu überzeugen. Der Umstand, dass der verschmolzene Rechtsträger Partei eines Organvertrag werden kann, ohne dass dem ein Vertragsschluss vorangeht, wäre ja gerade die zwingende Konsequenz der Bejahung der Gesamtrechtsnachfolge. Bei der in § 2 UmwG angeordneten Gesamtrechtsnachfolge geht das Vermögen des übertragenden Rechtsträgers als Ganzes auf den aufnehmenden Rechtsträger über, wobei die übertragenden Rechtsträger als Rechtsperson untergehen und die Mitgliedschaften hieran erlöschen.[211] Die Gesamtrechtsnachfolge des verschmolzenen Rechtsträgers in die Rechtspositionen des übertragenden Rechtsträgers ist dann unproblematisch, wenn davon Rechtsverhältnisse erfasst sind, die sich in schuldrechtliche Kategorien einordnen lassen. Das Institut der Gesamtrechtsnachfolge reicht jedoch weiter als die Nachfolge in schuldrechtliche Beziehungen. Beispielhaft sei hier die Rechtsnachfolge in die Rechtsstellung eines GbR- oder OHG-Gesellschafters genannt. Geht im Wege der Erbfolge diese Rechtsstellung vom Erblasser auf den Erben über, erwirbt dieser die Mitgliedschaft in der GbR in dem Umfang, wie der Erblasser sie innehatte. Auch der Erbe ist den aus im Gesellschaftsvertrag enthaltenen Regelungen über die innergesellschaftlichen Organisation unterworfen, die ihn wie den Erblasser binden. Der Unterschied zu schuldrechtlichen Rechten und Pflichten liegt darin, dass der Organvertrag in erster Linie nicht die Rechtsbezie-

---

[207] DB 1973, 1487, 1488.
[208] **Hohner**, DB 1973, 1487, 1489.
[209] DB 1973, 1487, 1490.
[210] DB 1973, 1487, 1490.
[211] **Neye** in Neye/Limmer/Frenz/Harnacke, Rn 97.

hungen der juristischen Person zu außenstehenden Rechtssubjekten regelt, sondern nur gesellschaftsinterne Wirkungen hat.[212]

Wie *Mülbert* zu Recht ausführt, bewirkt der Abschluss eines Organvertrags eine Zweckänderung bei der vertraglich konzernierten Gesellschaft, da normalerweise die Unterstellung eines Unternehmens unter fremde Leitung gegen den Verbandszweck einer unabhängigen Gesellschaft verstößt.[213] Der verschmolzene Rechtsträger könnte durch den Abschluss eines Organvertrags mit der Obergesellschaft dieselbe Verfassung wie der übertragende Rechtsträger erhalten, indem er einen Vertrag desselben Inhalts, wie er zwischen der Obergesellschaft und dem erloschenen Rechtsträger bis zur Verschmelzung bestand, mit der Obergesellschaft abschlösse. Dies verdeutlicht, dass nicht der Charakter des Organvertrags als solcher oder die innerorganisatorischen Regelungen einer Gesamtrechtsnachfolge im Wege stehen, sondern es im Grunde genommen um die Frage des Zustandekommens bzw. der Änderung bestimmter körperschaftlicher Regelungen geht. Hierauf hat *Prael* hingewiesen und ausgeführt, innerorganisatorische Regelungen könnten nur durch die dafür nach der Satzung bzw. dem Gesetz vorgesehenen Organe des Rechtsträgers getroffen werden. In diese Richtung deuten auch die Argumente *Mülberts*, der in erster Linie dem Beschluss der Hauptversammlung der Untergesellschaft nach § 293 I AktG und nicht dem Organvertrag die zweck- und satzungsändernde Wirkung beimisst.[214]

Westermann stellt ebenfalls auf die organisationsrechtlichen Folgen für das beherrschte Unternehmen ab, da durch einen Organvertrag dessen Zweck und auch der Unternehmensgegenstand geändert werden. Mit Abschluss des Vertrages wird die abhängige Gesellschaft in den Dienst des herrschenden Unternehmens gestellt und hat dessen Ziele zu verfolgen, wobei das Weisungsrecht bedeutet, dass der Vorstand des herrschenden Unternehmens diese Ziele im Rahmen der Satzung der Obergesellschaft konkretisiert.[215] Daraus folge zwingend, dass der Vertrag Teil der Satzung der abhängigen AG werde.[216]

Auf das hier untersuchte Problem übertragen bedeutet dies, dass die Unterwerfung des verschmolzenen Rechtsträgers unter die Leitungsmacht der Obergesellschaft und damit die Änderung seiner Organisation von der Mitwirkung seiner Hauptversammlung abhängt. Mit anderen Worten: Der Organvertrag kann nur dann in die Organisation des verschmolzenen Rechtsträgers eingreifen, wenn ein entsprechender Beschluss seiner Hauptversammlung vorliegt. Die Anteilseigner der an der Verschmelzung beteiligten Unternehmen - insbesondere die des aufnehmenden Rechtsträgers - stimmen bei der

---

[212] **Prael**, Eingliederung und Beherrschungsvertrag, 18; anders: **Schwenn**, Ausgleichs- und Abfindungsanspruch, 52f, nach dessen Auffassung Unternehmensverträge eine Doppelnatur haben sollen.

[213] Siehe dazu: **Mülbert**, Aktiengesellschaft, 162ff unter Betonung des zweckändernden Charakters des Beherrschungsvertrags. Nach seiner Auffassung führt der Beherrschungsvertrag nicht nur zu einer Änderung der gesellschaftsinternen Zuständigkeiten und Funktionen, sondern vor allem zu einer Änderung des Gesellschaftszwecks (Seite 165).

[214] **Mülbert**, Aktiengesellschaft, 165.

[215] **H. Westermann**, FS Schilling, 271, 273f; **Müller**, AG 1965, 133, 135; **Stehle**, AG 1966, 233, 235.

[216] **H. Westermann**, FS Schilling, 271, 274.

Abstimmung über den Verschmelzungsbeschluss jedoch gleichzeitig auch darüber ab, ob die verschmolzene Gesellschaft Partner eines Organvertrags sein soll, da ihnen der Organvertrag bekannt ist. Die entsprechende Kenntnis können sie sich zum einen aus der Einsicht in das Handelsregister der zu verschmelzenden Rechtsträger verschaffen. Zum anderen haben die Vorstände der an der Verschmelzung beteiligten Unternehmen in dem nach § 8 I 1 1. HS iVm § 8 I S. 3 u. 4 UmwG zu erstattenden Verschmelzungsbericht Angaben zu den Rechtsverhältnissen der Unternehmen zu machen, die sich auch auf Unternehmensverträge beziehen. Bei der Abstimmung über den Verschmelzungsbeschluss können die Anteilseigner die Konsequenzen der Gesamtrechtsnachfolge, d.h. den Übergang des Vertrags auf den aufnehmenden Rechtsträger in ihre Entscheidung mit einbeziehen. Die Vorschriften der §§ 65 I 1, 13 I 1 UmwG stellen zudem sicher, dass die für den Abschluss eines Beherrschungsvertrags erforderliche Mehrheit von ¾ des stimmberechtigten Kapitals (§ 293 I 1 AktG) auch im Fall der Verschmelzung erreicht sein müssen.[217] Die verschmolzene Gesellschaft wird also nur dann Partei eines Organvertrags, wenn bei der Abstimmung über den Verschmelzungsbeschluss ¾ des stimmberechtigten Kapitals der Umwandlung zustimmen.

Der Übergang des Vertrags im Wege der Gesamtrechtsnachfolge unterliegt damit, was die erforderliche Mehrheit angeht, keinen geringeren Anforderungen als denen, die bei der Abstimmung über den Abschluss eines Beherrschungsvertrags verlangt werden. Das von *Hohner* geäußerte Unbehagen an einer vertraglichen Bindung, der kein Vertragsschluss vorangeht,[218] ist daher unbegründet. Es ist daher entgegen der hM davon auszugehen, dass bei der Verschmelzung der Untergesellschaft im Wege der Aufnahme durch ein drittes Unternehmens der Organvertrag auf den verschmolzenen Rechtsträger übergeht.

(4) Mitwirkung der Hauptversammlung der Obergesellschaft

(a) Problemstellung

Bei der Diskussion um die Voraussetzungen der Rechtsnachfolge des verschmolzenen Rechtsträgers in den Organvertrag wird vorrangig auf die Untergesellschaft und deren Interessen abgestellt. Die Auswirkungen der Rechtsnachfolge auf die Obergesellschaft werden dagegen vernachlässigt. Auf dieses Problem hat *Krieger* bei der Diskussion um das UmwG 1995 hingewiesen und gefordert, im neuen Umwandlungsrecht müsse die Zustimmung der Hauptversammlung des herrschenden Unternehmens zur Verschmelzung der Untergesellschaft vorgesehen werden.[219]

Auf einen weiteren Gesichtspunkt hat *H.P. Westermann* hingewiesen. Seiner Ansicht nach ist beim Abschluss von Unternehmensverträgen durch die Tochtergesellschaft auf die Organzuständigkeit bei der Umorganisation des Konzerns zu achten. Unter Umständen sei die Mitwirkung der Hauptversammlung des herrschenden Unternehmens

[217] **Hohner**, DB 1973, 1487, 1489; **Kley**, Rechtsstellung, 137.
[218] DB 1973, 1487, 1490.
[219] ZGR 1990, 517, 539.

angezeigt, wenn eine Tochtergesellschaft einen Organvertrag mit einer Gesellschaft schließe, die mit der Mutter nicht verbunden sei.[220]

(b) Stellungnahme

(i) Zustimmung der Hauptversammlung nach §§ 293 II 1, 295 I 1 AktG

Die im Rahmen der Diskussion zum UmwG 1995 angeregte Einführung eines Zustimmungserfordernisses der Hauptversammlung des herrschenden Unternehmens[221] ist im Gesetzgebungsverfahren nicht berücksichtigt worden. Da das Umwandlungsrecht den Fall der Verschmelzung der konzernierten Untergesellschaft nicht besonders regelt, kann eine Mitwirkungspflicht der Hauptversammlung der Obergesellschaft nur aus § 293 II 1 bzw. § 295 I 1 AktG hergeleitet werden. Vergleicht man den Fall des Neuabschlusses eines Organvertrags bzw. die Änderung eines bestehenden Organvertrags ist die Verschmelzung der Untergesellschaft mit einer organvertraglich nicht gebundenen Gesellschaft hinsichtlich der Auswirkungen sicherlich mit dem Neuabschluss bzw. der Änderung eines Organvertrags vergleichbar. In beiden Fällen wird ein organvertraglich mit der Obergesellschaft nicht verbundenes Unternehmen in den Vertrag einbezogen und damit zur Untergesellschaft. Der entscheidende Unterschied liegt jedoch darin, dass sich dies durch die Gesamtrechtsnachfolge des verschmolzenen Rechtsträgers in den Organvertrag vollzieht. Mit der hM ist davon auszugehen, dass die §§ 293 II 1, 295 I 1 AktG sich nur auf die Fälle beziehen, in denen ein Vertragsschluss bzw. dessen Änderung durch Rechtsgeschäft zwischen den Parteien des Unternehmensvertrags erfolgen, nicht aber wenn sich Veränderungen aufgrund der Gesamtrechtsnachfolge des verschmolzenen Rechtsträgers ergeben.[222] Der hM ist deswegen zuzustimmen, weil die Verschmelzung auf der Ebene der Untergesellschaft ausschließlich Sache der Anteilseigner der an der Verschmelzung beteiligten Unternehmen nicht aber sämtlicher davon betroffener Dritter und damit auch nicht der Obergesellschaft ist.[223] Der Gesetzgeber, dem diese Fragestellung bei der Novellierung des Umwandlungsrechts bekannt war, hätte im Zuge der Schaffung des UmwG 1995 für eine entsprechende Ergänzung der §§ 293 II 1, 295 I 1 AktG oder für eine entsprechende Regelung im UmwG 1995 sorgen müssen, damit von einer Mitwirkungspflicht der Hauptversammlung der Obergesellschaft ausgegangen werden könnte. Da dies nicht

---

[220] ZGR 1984, 352, 376.

[221] Siehe § 388 des Entwurfes zum UmwG, Bundesanzeiger Nr. 214a, 1988 und **Krieger**, ZGR 1990, 517, 539.

[222] **Hüffer**, AktG, § 295 Rn 6; **Emmerich/Habersack**, Aktienkonzernrecht, § 295 Rn 14; **Koppensteiner**, Köln.Komm., § 295 Rn 5; **Krieger**, ZGR 1990, 517, 540; **Priester**, ZIP 1992, 293, 301; **LG Bonn**, GmbHR 1996, 774f; a.A. **W. Bayer**, ZGR 1993, 599, 603f. Die hM als auch W. Bayer behandeln die Frage der Zustimmungspflicht nach § 295 AktG unter dem Aspekt der Verschmelzung der Obergesellschaft nicht aber unter dem Gesichtspunkt, ob bei einer Verschmelzung des beherrschten Unternehmens eine Zustimmung der Hauptversammlung der Obergesellschaft erforderlich ist. Dafür besteht aus deren Sicht keine Notwendigkeit, da nach ihrer Auffassung der Organvertrag bei einer Verschmelzung im Wege der Aufnahme der Untergesellschaft durch ein drittes Unternehmen erlischt.

[223] So zutreffend: **Grunewald** in Lutter, UmwG, § 20 Rn 35.

erfolgt ist, liegt insoweit keine Regelungslücke vor, die es im Wege der analogen Anwendung der §§ 293, 295 AktG zu schließen gilt.

(ii) Zustimmung der Hauptversammlung aufgrund ungeschriebener Organzuständigkeit

Im Zuge der Diskussion um die „Holzmüller"-Entscheidung des *BGH*[224] richtete sich das Augenmerk verstärkt auf die Frage der Zuständigkeit der Hauptversammlung der Konzernobergesellschaft bei der Bildung und Umorganisation des Konzerns.[225] Die hier auftauchenden Fragen werden unter dem Blickwinkel der Zuständigkeitsverteilung zwischen Vorstand und Hauptversammlung der Konzernobergesellschaft diskutiert.

Um überhaupt bei der hier untersuchten Fallgestaltung zur Frage zu gelangen, welches Organ der Obergesellschaft bei der Verschmelzung der Tochtergesellschaft zur Mitwirkung berufen ist, muss zuvor feststehen, dass überhaupt eine Mitwirkungsbefugnis des herrschenden Unternehmens als solchem gegeben ist. Anknüpfungspunkt für eine Mitwirkung der Hauptversammlung der Obergesellschaft kann nur die Ausübung der Stimmrechte bei der Beschlussfassung über die Verschmelzung in der Hauptversammlung des beherrschten Unternehmens sein.[226] Grundsätzlich fällt die Wahrnehmung von Stimmrechten, d.h. die Verwaltung des Anteilsbesitzes in die Zuständigkeit des Vorstands des herrschenden Unternehmens.[227] Der Vorstand hat danach in eigener Verantwortung zu entscheiden, wie er in der Hauptversammlung der Untergesellschaft die aus dem Anteilsbesitz fließenden Stimmrechte der Obergesellschaft ausübt, ob er also einer Verschmelzung zustimmt oder diese ablehnt. Mit *H.P. Westermann* ist davon auszugehen, dass die Entscheidung über das Ob und Wie einer Ausübung der Stimmrechte nur dann Sache der Hauptversammlung der Obergesellschaft sein kann, wenn dadurch eine Umstrukturierung des Gesamtbilds des Konzerns verbunden wäre.[228] Dies wäre der Fall, wenn die Gesamtrechtsnachfolge des verschmolzenen Rechtsträgers in den Organvertrag den durch den Organvertrag geprägten Organisationsstatus der Obergesellschaft nachhaltig verändern würde.

Nachfolgend sind die einzelnen Elemente des Organvertrags dahingehend zu untersuchen, ob und welche Auswirkungen die Verschmelzung auf den Organisationsstatus des herrschenden Unternehmens haben kann.[229]

---

[224] BGHZ 83, 122 = AG 1982, 158.

[225] Zur Diskussion in der Literatur siehe: **H.P. Westermann**, ZGR 1984, 352, mit zahlreichen Nachweisen; **Hüffer**, AktG, § 119 Rn 16ff; gegen die Verengung der Holzmüller-Entscheidung auf den Aspekt der Konzernbildungskontrolle, **Joost**, ZHR 1999, 164, 172f.

[226] So zutreffend: **Krieger**, ZGR 1990, 517, 538.

[227] **Hüffer**, AktG, § 76 Rn 17a u. § 111 Rn 10.

[228] ZGR 1984, 352, 376; so auch **Priester**, ZHR 1999, 187, 195.

[229] **Mülbert**, Aktiengesellschaft, S. 181, weist darauf hin, dass der Organvertrag nicht zu einer Änderung des Verbandszwecks des herrschenden Unternehmens führt, da deren Eigeninteresse nicht vom Konzerninteresse zu unterscheiden sei. Eine andere Ansicht vertritt **Sonnenberg**, Änderung, 59f, der davon ausgeht, dass mit Abschluss des Organvertrags eine Zweckänderung nicht nur bei dem beherrschten sondern auch dem herrschenden Unternehmen erfolge.

(iii) Verlustausgleichspflicht

Die dogmatischen Strukturen der Verlustausgleichspflicht nach § 302 AktG sind umstritten. Die wohl hM sieht in ihr ein gesetzliches Dauerschuldverhältnis, zu dessen Tatbestandsvoraussetzungen unter anderem das Bestehen eines Organvertrages gehört.[230] Die Verlustausgleichspflicht ist das Pendant der durch den Organvertrag gelockerten Vermögensbindung, § 291 III AktG, die zu einem Versagen des sonst zwingenden Systems der Kapitalerhaltung führt.[231] Die Beachtung der Kapitalerhaltungsvorschriften ist Voraussetzung für die Anerkennung der Haftungsbeschränkung bei juristischen Personen. Wird dieses System im Vertragskonzern durchbrochen, besteht kein Grund mehr, die Haftung auf das Vermögen des beherrschten Unternehmens zu beschränken.[232] Durch die Verlustausgleichspflicht ermöglicht der Gesetzgeber den Zugriff auf das Vermögen des herrschenden Unternehmens. Teilweise wird darin auch ein Haftungsdurchgriff gesehen.[233]

Der letztgenannten Auffassung kann nur teilweise zugestimmt werden. Der Haftungsdurchgriff ist in für solche Fälle entwickelt worden, in denen Gläubiger einer juristischen Person auf die dahinter stehenden Gesellschafter zugreifen können. Ist das herrschende Unternehmen gleichzeitig Aktionär der beherrschten Gesellschaft, kann man von einem Durchgriff sprechen. In der Praxis wird die Obergesellschaft zwar regelmäßig Anteilseigner der Untergesellschaft sein, eine notwendige Voraussetzung für den Abschluss eines Organvertrags ist dies jedoch nicht. Liegt ausnahmsweise keine Beteiligung des herrschenden Unternehmens vor, kann man in der Verlustausgleichspflicht keinen Fall der Durchgriffshaftung sehen.

Hüffer vertritt die Auffassung, es handele sich um eine Art der Innenhaftung und keinesfalls um eine Außenhaftung nach Art einer Durchgriffskonzeption.[234] Er sieht darin ein gesetzliches Dauerschuldverhältnis.[235] *Hüffer* ist zuzugeben, dass die Verwendung des Begriffs Durchgriffshaftung nicht ganz zutreffend ist und die Verlustausgleichshaftung nicht mit den Fällen vergleichbar ist, in denen Gläubigern einer juristischen Person ausnahmsweise trotz der Haftungsbeschränkung auf die dahinter stehenden Gesellschafter zugreifen können. In der Verlustübernahme kann vor allem eine körper-

---

[230] **K. Schmidt**, ZGR 1983, 513, 516ff; **Kusterer**, DStR 1996, 114, 117ff; **Hüffer**, AktG, § 302 Rn 4.

[231] BegrRegE zu § 305 in: **Kropff**, Textausgabe des Aktiengesetzes vom 6.9.1965, 391; **Drüke**, Haftung der Muttergesellschaft, 175ff; **Hommelhoff**, FS Goerdeler, 221, 226ff; **Koppensteiner**, Köln.Komm., § 302 Rn 4; **ders.**, in P. Ulmer (Hrsg.), Probleme des Konzernrechts, 87, 94ff; **Limmer**, Haftungsverfassung, 295ff; **Sonnenschein**, Organschaft, 331; **W. Müller**, FS Rowedder, 277, 279ff; **BGHZ** 116, 37, 41f; a.A. **Mülbert**, S. 189 , der die Begründung des § 302 AktG darin sieht, dass die Obergesellschaft über den Ertrag fremder unternehmerischer Tätigkeit verfügen kann. Der Verlustausgleich sorge für eine Art Gleichlauf von Gewinn und Risiko.

[232] **Emmerich/Habersack**, Aktienkonzernrecht, § 302 Rn 17; **Hüffer**, AktG, § 302 Rn 3.

[233] **Emmerich/Habersack**, Aktienkonzernrecht, § 302 Rn 6f; **Emmerich/Sonnenschein**, Konzernrecht, § 16 V 1. Zur Frage des Durchgriffs auf die Konzernspitze bei gesellschaftsrechtlichen Treuepflichten: **Wiedemann/Hirte**, ZGR 1986, 163, 165.

[234] **Hüffer**, AktG, § 302 Rn 4 unter Hinweis auf **Kübler**, FS Heinsius, 397, 402; **Stimpel**, FS Goerdeler, 601, 603ff; **Teubner**, FS Steindorff, 261, 272.

[235] **Hüffer**, AktG, § 302 Rn 4; ebenso **K. Schmidt**, ZGR 1983, 513, 517.

schaftlich gebotene Kompensation für das Versagen der gesetzlichen Kapitalerhaltungsregeln gesehen werden, die das herrschende Unternehmen aufgrund der ihm durch den Organvertrag erlaubten Umstrukturierung und damit körperschaftlich begründeten Eingriffsmöglichkeiten trifft. Der Verlustausgleich ist damit die andere Seite der Medaille "Organvertrag". Der auf körperschaftlicher Ebene erfolgte Eingriff in die Struktur einer Gesellschaft wird durch den Verlustausgleich insoweit rückgängig gemacht, als das bei Beginn des Organvertrags vorhandene bilanzielle Vermögen erhalten wird.[236] Die außer Kraft gesetzten Kapitalerhaltungsregeln werden bei der Untergesellschaft durch ein anderes Element, nämlich den Verlustausgleich ersetzt.[237] Man kann daher von einer selbständigen körperschaftlichen System der Kapitalerhaltung im Vertragskonzern sprechen.[238] Wenn nun bei der Untergesellschaft die gesetzlich vorgesehene Struktur der Kapitalerhaltung durch ein anderes Element - den Verlustausgleich - modifiziert wird, kann bei der Obergesellschaft ebendieses Element dann nicht ausschließlich schuldrechtlichen Charakter haben.

Insbesondere *Mestmäcker* hat darauf hingewiesen, dass Unternehmensverträge und insbesondere Beherrschungs- und Gewinnabführungsverträge üblicherweise zwischen dem Mehrheitsaktionär und dem abhängigen Unternehmen geschlossen werden. Durch die gesellschaftsrechtlich vermittelte Beherrschung fehlten daher den Unternehmensverträgen die üblicherweise einem Vertrag zugeschriebene interessenausgleichende Funktion. An die Stelle eines frei vereinbarten Vertragsinhalts müsse das Aktienrecht eine objektivierten Inhalt setzen.[239] *Mestmäcker* bezeichnet die Verlustübernahme als unlöslichen Teil der Konzerneingliederung, die als solche allein auf die Machtstellung der herrschenden Gesellschaft zurückzuführen sei.[240] Trotz der rechtlichen Trennung der Vermögen des herrschenden und des beherrschten Unternehmens erfolgt eine Zu-

[236] Nach **Mestmäcker**, Verwaltung, 335, ist der Verlustausgleich notwendig, um dem Grundsatz der Kapitalerhaltung auch bei Konzernunternehmen Geltung zu verschaffen.

[237] **Koppensteiner**, Köln.Komm., § 302 Rn 4, äußert gegen diese Funktion des Verlustausgleichs Bedenken und weist darauf hin, dass § 291 III AktG nur dann einschlägig sei, wenn das herrschende Unternehmen zugleich Aktionär sei. **W. Müller**, FS Rowedder, 277, 281, weist in diesem Zusammenhang jedoch darauf hin, dass gerade bei einem Nicht-Aktionär der Kapitalschutz wichtig sei, da sonst die Substanz des beherrschten Unternehmens ohne jede aktienrechtliche Bindung vollständig ausgehöhlt werden könne.

[238] Dagegen jedoch: **Koppensteiner**, Verlustausgleichspflicht, 87, 96, der eine Substitution der außer Kraft gesetzten Kapitalerhaltungsvorschriften mit der Begründung ablehnt, Organverträge könnten auch mit einem Nicht-Aktionär geschlossen werden, auf den die §§ 57, 58 u. 60 AktG gar nicht anwendbar wären. Seiner Auffassung nach ist § 302 AktG in bezug auf den Organvertrag vielmehr ein abstrakter Gefährdungstatbestand, ohne dass nachteilige Weisungen des herrschenden Unternehmens oder hierauf zurückzuführende Verluste Voraussetzung für den Verlustausgleich seien (Seite 94); siehe auch: **Lwowski/Groeschke**, WM 1994, 613, 614, die in § 302 AktG vorrangig eine Gläubigerschutzvorschrift sehen und darauf hinweisen, dass dadurch lediglich eine Überschuldung bei der Untergesellschaft nicht aber eine Zahlungsunfähigkeit verhindert werde, da das herrschende Unternehmen nicht zur Zahlung verpflichtet sei.

[239] **Mestmäcker**, Verwaltung, 324.

[240] **Mestmäcker**, Verwaltung, 333.

sammenfassung beider Vermögen in der Weise, dass die Obergesellschaft einen Verlust des beherrschten Unternehmens zu übernehmen hat als wäre dieser ein eigener.[241]

Hinsichtlich der Verlustausgleichspflicht kann man daher durchaus von einem Ansatz zu einem Konzernverfassungsrecht sprechen, der insoweit der wirtschaftlichen Einheit des Konzerns Rechnung trägt.[242] Von dieser körperschaftlichen Regelung des Verlustausgleichs ist der etwaige Zahlungsanspruch des beherrschten Unternehmens gegen die Obergesellschaft zu unterscheiden, der mit der Feststellung des Jahresabschlusses entsteht und fällig wird.[243] und in die Bilanz des beherrschten Unternehmens als Forderung gegen die Obergesellschaft einzustellen ist.[244] Diese Forderung ist Folge der durch den Organvertrag modifizierten Kapitalerhaltungsregeln und ist tatbestandlich bedingt durch das Entstehen eines Verlustes beim beherrschten Unternehmen.

Wird die Untergesellschaft verschmolzen, kann sich der Umfang des Verlustausgleiches ändern. Da er Bestandteil der Verfassung der Obergesellschaft ist, führt eine Verschmelzung der Untergesellschaft notwendigerweise auch zu einer Veränderung des Organisationsstatus des herrschenden Unternehmens.

(iv) Haftung nach § 309 AktG

Noch deutlicher werden die organisationsrechtlichen Auswirken des Vertrags beim herrschenden Unternehmen am Beispiel der Haftung gesetzlichen Vertreter des herrschenden Unternehmens nach § 309 AktG. Liegen die Voraussetzungen des § 309 I und II AktG vor, haftet nach hM auch das herrschende Unternehmen auf Schadenersatz.[245] Durch diese Vorschriften werden die Konsequenzen aus dem Umstand gezogen, dass im Vertragskonzern die Leitung des beherrschten Unternehmens auf das herrschende Unternehmen übergeht.[246] Die Schadenersatzpflicht des herrschenden Unternehmens selbst und nicht nur seiner gesetzlichen Vertreter basiert damit nicht auf schuldrechtlicher Grundlage - etwa dem Organvertrag - sondern folgt aus der Zurech-

---

[241] **U. Schneider**, ZHR 1979, 485, 512, geht davon aus, dass die einzelnen Konzernunternehmen eine Gewinn- und Verlusteinheit bilden, wenn ein Organvertrag besteht.

[242] Im wirtschaftswissenschaftlichen Schrifttum wird der Konzern durchweg als wirtschaftliche Einheit gesehen, in der die unternehmerische Planung ohne Rücksicht auf die rechtliche Selbständigkeit ihrer Mitglieder für den gesamten Konzern und einheitlich erfolgt, siehe hierzu: **Emmerich/Habersack**, Aktienkonzernrecht, § 18 Rn 5f; **Mestmäcker**, Verwaltung, 302ff.

[243] **Geßler** in Geßler/Hefermehl/Eckardt/Kropff, § 302 Rn 41f; **Würdinger** in Großkomm., § 302 Anm. 14; dagegen: **Hüffer**, AktG, § 302 Rn 15, wonach der Anspruch bereits mit dem Bilanzstichtag entsteht und fällig wird und nicht erst mit Feststellung des Jahresabschlusses; so auch: **Emmerich/Sonnenschein**, Konzernrecht, § 16 V 7a; **BFHE** 127, 56, 58; **LG Bochum** GmbHR 1987, 24, 26.

[244] **Geßler** in Geßler/Hefermehl/Eckardt/Kropff, § 302 Rn 8; **Koppensteiner**, Köln.Komm., § 302 Rn 9; **Hüffer**, AktG, § 302 Rn 11.

[245] **Geßler** in Geßler/Hefermehl/Eckardt/Kropff, § 309 Rn 47; **Koppensteiner**, Köln.Komm., § 309 Rn 25; **Emmerich/Sonnenschein**, Konzernrecht, § 18 III 2a; **Hüffer**, AktG, § 309 Rn 26.

[246] **Emmerich/Habersack**, Aktienkonzernrecht, § 309 Rn 3.

nung von Pflichtverletzungen an die Obergesellschaft selbst.[247] Es ist daher zutreffend vom Vorstand des herrschenden Unternehmens als Organ des Vertragskonzerns zu sprechen.[248]

Da eine Verschmelzung der Untergesellschaft eine Veränderung der Haftung nach § 309 AktG mit sich bringt, ist davon auszugehen, dass dadurch auch in die Organisation der Obergesellschaft eingegriffen wird.

(v) Leitungsmacht nach § 308 AktG

Der Beherrschungsvertrag wird vom Gesetz in § 291 I 1 AktG als ein Vertrag definiert, durch den eine Aktiengesellschaft die Leitung ihrer Gesellschaft einem anderen Unternehmen unterstellt. Als Folge hiervon steht dem herrschenden Unternehmen eine Weisungsbefugnis gegenüber dem Vorstand des beherrschten Unternehmens zu, die sich auf die Leitung der Untergesellschaft bezieht. Weitergehende Anforderungen an das Vorliegen eines Beherrschungsvertrags stellt das Gesetz nicht.[249]

Die Weisungsbefugnis der Obergesellschaft ist daher das prägende Element eines Beherrschungsvertrags. Dadurch werden die §§ 76 I, 57, 58 und 60 AktG suspendiert. Ein beherrschungsvertraglich gebundenes Unternehmen unterscheidet sich von einer unabhängigen Gesellschaft dadurch, dass ihr Vorstand die Gesellschaft nicht mehr im Interesse aller Aktionäre sondern im Interesse des von der Obergesellschaft definierten und vorgegebenen Konzerninteresses zu führen hat.

Hohner kann daher nicht zugestimmt werden, wenn er aus dem Umfang der in einem Beherrschungsvertrag übernommenen Verpflichtungen die Schlussfolgerung ableitet, der Vertrag sei derart individualisiert und auf eine bestimmte Untergesellschaft zugeschnitten, dass er nicht auf den verschmolzenen Rechtsträger übergehen könne.[250] Wie soeben ausgeführt, ist die Leitung der Untergesellschaft durch die Obergesellschaft, die hierzu von ihrem Weisungsrecht nach § 308 I AktG Gebrauch machen kann, das alleinige Kriterium dafür, ob ein Vertrag als Beherrschungsvertrag zu qualifizieren ist.[251]

---

247 **H. Westermann**, FS Schilling, 271, 274f, der diese Regelung als Ausdruck des organisationsrechtlichen Charakters des Beherrschungsvertrags sieht.

248 **W. Bayer**, ZGR 1993, 599, 601; **Prael**, Eingliederung und Beherrschungsvertrag, 73, der unter Berufung auf **Kronstein**, Abhängige juristische Person, 9 von einer "Eingliederung" des herrschenden Unternehmens in die Untergesellschaft spricht und es als deren Organ ansieht; **Emmerich/Habersack**, Aktienkonzernrecht, § 309 Rn 26, der die Haftung nach § 309 II 1 AktG als Anwendungsfall einer Haftung des herrschenden Unternehmens und seiner Vertreter für ordnungsgemäße Konzerngeschäftsführung sieht.

249 **Hüffer**, AktG, § 291 Rn 13f; **Emmerich/Habersack**, Aktienkonzernrecht, § 291 Rn 14; **Koppensteiner**, Köln.Komm., § 291 Rn 36ff; a.A. **Emmerich/Sonnenschein**, Konzernrecht, § 8 V 1, die eine möglichst konkrete Umschreibung des Umfangs des Weisungsrechts im Beherrschungsvertrag für erforderlich halten und **Hommelhoff**, Konzernleitungspflicht, 304ff.

250 DB 1973, 1487, 1490.

251 A.A: **Exner**, Beherrschungsvertrag, 109, 155ff; **Geßler** in Geßler/Hefermehl/Eckardt/Kropff, § 291 Rn 53; **ders.**, FS Beizke, 923, 928ff.

Es ist daher zu prüfen, ob die Leitungsmacht durch Vereinbarungen im Beherrschungsvertrag auf eine bestimmte Untergesellschaft so zugeschnitten werden kann, sich also aufgrund etwaiger Absprachen im Vertrag dergestalt individualisieren lässt, dass sie sich von einer in einem anderen Beherrschungsvertrag vereinbarten unterschieden werden kann. Nach Ansicht des *BGH* gilt auch für Beherrschungsverträge der Grundsatz der Vertragsfreiheit.[252] Der *BGH* hält es damit wohl grundsätzlich für möglich, dass die Vertragsparteien eines Beherrschungsvertrags den Vertrag inhaltlich frei ausgestalten können.

Dem ist mit der Einschränkung zuzustimmen, dass die Gestaltungsfreiheit dort ihre Grenze findet, wo Gläubigerrechte und Rechte der Minderheitsaktionäre betroffen sind.[253]

Teilweise wird in der Literatur die Ansicht vertreten, dass ein Beherrschungsvertrag nicht notwendig das Weisungsrecht der Obergesellschaft vorsehen müsse, dieses vielmehr ausgeschlossen werden könne.[254] Diese Ansicht ist jedoch abzulehnen, da sie in offensichtlichem Widerspruch zu §§ 18 I 2, 291, 308 I AktG steht.[255] Diese Vorschriften sehen gerade vor, dass bei Bestehen eines Beherrschungsvertrags eine Weisungsbefugnis der Obergesellschaft besteht. Diese ist ja gerade das Mittel, mit dem das herrschende Unternehmen die einheitliche Leitung im Konzern auch gegen den Willen des beherrschten Unternehmens durchzusetzen vermag. Hielte man die Weisungsbefugnis nicht für einen unabdingbaren Bestandteil des Beherrschungsvertrags, würde dies die Grenzen zwischen Vertrags- und faktischem Konzern verwischen. Die Folge wäre, dass sich die Tatbestandsvoraussetzungen des Vertragskonzerns fast nicht mehr klar fassen ließen.[256] Lediglich bei der Ausübung der beherrschungsvertraglich eingeräumten Leitungsmacht gibt es Unterschiede aufgrund der von der Obergesellschaft favorisierten Konzernstruktur: Während ein herrschendes Unternehmen eine dezentrale Konzernstruktur verfolgt, die den abhängigen Unternehmen weitgehende Gestaltungsspielräume lässt, mag eine andere Obergesellschaft eine straffe Führung der Konzernunternehmen bevorzugen und ihr Weisungsrecht bis in das Tagesgeschäft hinein ausüben.

Die Frage, wie die Konzernspitze ihre vertraglich eingeräumte Leitungsmacht tatsächlich ausübt, führt jedoch nicht zu einer Individualisierung oder Konkretisierung der Leitungsbefugnis. Es ist allgemeine Meinung, dass die in § 308 I AktG umschriebene

---

[252] **BGH**, BGHZ 119, 1, 5ff = NJW 1992, 2760, 2761 (ASEA/BBC) für den Fall des Beitritts zu einem bestehenden Beherrschungsvertrag; **ders.**, BGHZ 122, 211, 217ff = NJW 1993, 1976; ebenso: **OLG München**, AG 1991, 358, 361.

[253] **W. Bayer**, ZGR 1993, 599; **Emmerich/Sonnenschein**, Konzernrecht, § 8 II 3; **Emmerich/Habersack**, Aktienkonzernrecht, § 291 Rn 15; **Geßler** in Geßler/Hefermehl/Eckardt/Kropff, § 291 Rn 24; **Hirte**, ZGR 1994, 643, 648ff; **Koppensteiner** in Kölner Komm., § 291 Rn 34f.

[254] **Exner**, Beherrschungsvertrag, 109, 115ff; **Geßler** in Geßler/Hefermehl/Eckardt/Kropff, § 291 Rn 53;

[255] **Emmerich/Habersack**, Aktienkonzernrecht, § 291 Rn 18.

[256] **Hüffer**, AktG, § 291 Rn 11.

Leitungsmacht durch den Beherrschungsvertrag nicht erweitert werden kann.[257] Zulässig ist es dagegen, Weisungen mit typisch nachteiligem Charakter, wie etwa die Stillegung eines Betriebes, Verwertung von Patenten etc., auszuschließen.[258] Hieraus kann jedoch keine Individualisierung oder Konkretisierung abgeleitet werden, die einer Rechtsnachfolge in den Beherrschungsvertrag entgegenstünde. Wird die Leitungsmacht in dieser Weise eingeschränkt, gelten dieses Einschränkungen in der Ausübung auch für den verschmolzenen Rechtsträger. Dies ist gerade die Konsequenz der Gesamtrechtsnachfolge. Die Vertragsparteien des Beherrschungsvertrags können daher die Leitungsmacht der Obergesellschaft nicht in der Weise modifizieren, dass der Beherrschungsvertrag hierdurch als auf eine bestimmte Untergesellschaft zugeschnitten gelten kann. Sie können lediglich darüber entscheiden, ob sie einen Beherrschungsvertrag mit den damit einhergehenden Konsequenzen schließen oder ob sie davon absehen. Die Verschmelzung der Untergesellschaft hat somit keine Auswirkungen auf die Leitungsmacht der Obergesellschaft und kann deshalb nicht als Argument für oder gegen eine Mitwirkung des herrschenden Unternehmens bei der Verschmelzung herangezogen werden.

(c) Ergebnis

Die Verschmelzung der Untergesellschaft berührt aufgrund ihrer Auswirkungen bei der Verlustausgleichspflicht und der Haftung nach § 309 AktG die Struktur der Obergesellschaft. Es ist jedoch nicht davon auszugehen, dass die Ausübung der Stimmrechte in der Hauptversammlung der Untergesellschaft einer Zustimmung der Hauptversammlung der Obergesellschaft erfordert.[259] Die Entscheidung darüber, wie in der Beschlussfassung über die Verschmelzung abgestimmt wird, liegt ausschließlich beim Vorstand des herrschenden Unternehmens, da der Hauptversammlung keine Konzernleitungskontrolle zukommt.[260] Die Richtigkeit dieses Ergebnisses wird durch einen Vergleich mit der Ausgangslage im Falle mehrstufiger Unternehmensverbindungen bestätigt. Auch dort ist überwiegend anerkannt, dass bei einer Konzernbildung von oben nach unten[261] die in der Hauptversammlung der Tochtergesellschaft nach § 293 II AktG mit den Stimmen der Muttergesellschaft zu treffende Entscheidung vom Vorstand zu fällen ist und eine analoge Anwendung des § 293 II AktG nicht richtig wäre.[262] Die Vertreter der Ansicht, die wegen der mittelbaren Verlustausgleichspflicht der

---

[257] **Koppensteiner**, Köln.Komm., § 308 Rn 37; **Geßler** in Geßler/Hefermehl/Eckardt/Kropff, § 308 Rn 32.

[258] **Koppensteiner**, Köln.Komm., § 308 Rn 39; **Würdinger**, Großkommentar, § 308 Anm. 13.

[259] Nach **Krieger**, ZGR 1990, 517, 538, soll einiges dafür sprechen, dass der Vorstand der Konzernspitze kraft einer ungeschriebenen Hauptversammlungszuständigkeit verpflichtet ist, die Zustimmung seiner Hauptversammlung einzuholen, bevor er in der abhängigen Gesellschaft dem Verschmelzungsbeschluss zustimmt.

[260] So zutreffend: **H.P. Westermann**, ZGR 1984, 352, 376f.

[261] Hierunter ist der Fall zu verstehen, dass zunächst ein Vertrag zwischen der Mutter und der Tochter und danach ein Vertrag zwischen der Tochter- und der Enkelgesellschaft geschlossen wird.

[262] **H.P. Westermann**, ZGR 1984, 352, 376f und **Hüffer**, AktG, § 293 Rn 20; **Koppensteiner**, Köln.Komm., § 293 Rn 40; **Krieger**, Münchener Hdb d. GesR, Bd. IV, § 70 Rn 17; für eine Anwen-

Muttergesellschaft eine Anwendung der §§ 293, 295 AktG bejahen,[263] übersehen, dass dies einem Zustimmungsdurchgriff gleichkäme, für den keine hinreichenden Gründe bestehen.[264] Gegen eine Zustimmungspflicht der Hauptversammlung spricht aber vor allem die Überlegung von *H.P. Westermann*, wonach die Planungs- und Entscheidungskompetenz des Vorstandes der Obergesellschaft nicht durch ein gesetzlich nicht vorgesehenes Zustimmungserfordernis der Hauptversammlung geschwächt werden darf. Die Anlageentscheidung der Aktionäre der Obergesellschaft wird durch Umstrukturierungen im Bereich der Tochtergesellschaft nicht berührt.[265]

(5) Beeinträchtigung der Interessen der Minderheit

Teilweise wird gegen den Übergang des Organvertrags auch angeführt, die Interessen der Minderheit der Untergesellschaft würden dadurch erheblich beeinträchtigt.

Ein entscheidendes Argument gegen den Übergang des Organvertrags sieht *Hohner* jedoch vor allem darin, dass bei einem Übergang des Vertrags die Minderheitsaktionäre des aufnehmenden Unternehmens so stünden, wie wenn ihre Gesellschaft einen Beherrschungsvertrag mit der Obergesellschaft geschlossen hätte. Da das Abfindungsrecht jedoch in den meisten Fällen gem. § 305 IV 1 AktG befristet und keine Möglichkeit ersichtlich sei, den Abfindungsanspruch nach der Verschmelzung wieder aufleben zu lassen, würde die Minderheit um ihre gesetzlichen Schutzrechte gebracht.[266]

Diese Einwände sind jedoch nicht überzeugend. Zum einen wird mit dem Übergang des Vertrags noch nicht darüber entschieden, ob und wie die außenstehenden Aktionäre des aufnehmenden Unternehmens durch für die Beeinträchtigung ihrer Vermögens- und Mitgliedschaftsrechte zu entschädigen sind.[267] Zum anderen wäre es ohnehin falsch, der früheren Minderheit des aufnehmenden Unternehmens die Abfindungsansprüche aus dem zwischen der Obergesellschaft und dem übertragenden Unternehmen geschlossenen Beherrschungsvertrag zu geben.

Der Abfindungsanspruch - so man diesen bejaht - könnte zudem nicht nach den Wertverhältnissen von Ober- und aufnehmender Gesellschaft sondern nur nach den Verhältnissen zwischen Ober- und aufnehmender Gesellschaft im Zeitpunkt der Verschmelzung richten.[268] Wie bereits ausgeführt, ist der Organvertrag letztendlich ein Geschäft des herrschenden Unternehmens mit sich selbst. Die Entscheidung, ob ein Unternehmen beherrscht werden soll, liegt bei dem Mehrheitseigner, der die Unterwerfung des abhängigen Unternehmens unter seine Leitungsmacht durchsetzen kann. Wird

---

dung der §§ 293, 295 AktG sprechen sich dagegen **Rehbinder**, ZGR, 1977, 581, 612; **Pentz**, Rechtsstellung, 130; **Emmerich/Habersack**, Aktienkonzernrecht, § 293 Rn 10ff aus.

[263] **Emmerich/Sonnenschein**, Konzernrecht, § 13 V 2.; **Emmerich/Habersack**, Aktienkonzernrecht, § 293 Rn 12; **Rehbinder**, ZGR, 1977, 581, 613.

[264] **Hüffer**, AktG, § 293 Rn 20.

[265] **H.P. Westermann**, ZGR 1984, 352, 376f.

[266] DB 1973, 1487, 1489.

[267] Hierauf weist zutreffend **Krieger**, ZGR 1990, 517, 539 hin.

[268] Siehe Seite 31 zu dem vergleichbaren Problem bei der Verschmelzung eines beherrschungsvertraglich nicht gebundenen Unternehmens auf die Untergesellschaft.

die Untergesellschaft verschmolzen, kann die Verschmelzung ebenfalls nur mit Zustimmung des herrschenden Unternehmens erfolgen. Die Einbeziehung des aufnehmenden Rechtsträgers in die Leitungsmacht der Obergesellschaft erfolgt bei der Rechtsnachfolge der verschmolzenen Gesellschaft dann nicht durch den Abschluss eines Beherrschungsvertrags sondern mittelbar durch die Fusion mit einem beherrschten Unternehmen. Wenn ein Unternehmen durch ein zweiseitiges Rechtsgeschäft fremder Leitungsmacht unterstellt werden kann, ist nicht nachvollziehbar, warum dies nicht auch mittels einer Verschmelzung bewerkstelligt werden kann. Das Ergebnis ist in beiden Fällen dasselbe. Lediglich der Weg ist ein unterschiedlicher.

Kley[269] hat mit Recht darauf hingewiesen, es mache keinen Unterschied, ob ein Unternehmen durch den Abschluss eines Organvertrags oder durch die mit der Verschmelzung einhergehende Gesamtrechtsnachfolge gebunden werde. Die Aktionäre des aufnehmenden Rechtsträger wissen bereits vor der Verschmelzung, dass das übertragende Unternehmen Partei eines solchen Vertrages ist.[270] Sie werden also nicht nach der Verschmelzung mit einem Organvertrag konfrontiert, sondern können diese Konsequenz bereits vor dem Abschluss des Verschmelzungsvertrags berücksichtigen.[271] Daher überzeugt auch nicht das Argument, der neue Rechtsträger werde gegen seinen Willen mit den Belastungen aus dem Beherrschungsvertrag konfrontiert bzw. dessen Gesellschafter seien von der Mitwirkung am Zustandekommen des Vertrags ausgeschlossen.[272]

Die Verwandtschaft zwischen Organ- und Verschmelzungsvertrag im Hinblick auf die körperschaftlichen Wirkungen erleichtert daher den Ansatz, den Organvertrag als Bestandteil des Verschmelzungsvorgangs zu sehen. Da die Vorstände der an der Verschmelzung beteiligten Unternehmen einen Verschmelzungsbericht zu erstatten haben, erfahren die Aktionäre spätestens aufgrund der darin enthaltenen Angaben, dass ein Organvertrag besteht. Bei der Abstimmung über die Verschmelzung können sie ihre Entscheidung im Hinblick auf die mögliche Konzernierung des verschmolzenen Rechtsträgers treffen. Auch hinsichtlich der erforderlichen Mehrheit gelten bei der Abstimmung über die Verschmelzung keine geringeren Anforderungen als bei Abschluss eines Beherrschungsvertrags. Hier wie da müssen ¾ der Anteilseigner zustimmen. Das gleiche gilt für den Fall der Verschmelzung zur Neugründung. Auch hier ist dem nicht konzernierten Vertragspartner und dessen Anteilseignern bekannt, dass die andere Gesellschaft einen Beherrschungsvertrag mit der Obergesellschaft geschlossen hat.

Auch *Krieger* hat auf Ungereimtheiten hingewiesen, lehnte man die Gesamtrechtsnachfolge des verschmolzenen Unternehmens in den Organvertrag ab.[273] Dieselben Autoren, die eine Gesamtrechtsnachfolge in der hier untersuchten Konstellation ablehnen, bejahen diese, wenn es um die Frage geht, ob im Falle der Verschmelzung

[269] Rechtsstellung, 137.
[270] **Kley**, Rechtsstellung, 137.
[271] **Kley**, Rechtsstellung, 137.
[272] **Emmerich/Habersack**, Aktienkonzernrecht, § 297 Rn 38; **Emmerich/Sonnenschein**, Konzernrecht, § 15 IV 6c.
[273] ZGR 1990, 517, 539.

der Obergesellschaft mit einem dritten Unternehmen der Beherrschungsvertrag auf den verschmolzenen Rechtsträger übergeht.[274] Die Vertreter der Ansicht, die bei der Verschmelzung der Untergesellschaft eine Gesamtrechtsnachfolge des aufnehmenden Rechtsträgers in den Organvertrag ablehnen, bleiben eine Erklärung schuldig, weshalb bei der Verschmelzung des herrschenden Unternehmens derselbe Vertrag nicht erlischt sondern auf den verschmolzenen Rechtsträger übergeht.[275] Zudem wäre es eigenartig, die Gesamtrechtsnachfolge von dem (zufälligen) Unterschied abhängig zu machen, ob ein beherrschtes Unternehmen ein unabhängiges Unternehmen aufnimmt und damit die Gesamtrechtsnachfolge des verschmolzenen Rechtsträgers in den Organvertrags zulässig wäre oder ob das beherrschte Unternehmen auf eine dritte, vertraglich nicht gebundene Gesellschaft verschmolzen wird und der Vertrag nicht übergeht.[276]

B. Ergebnis

Entgegen der hM ist davon auszugehen, dass der Organvertrag auf den aufnehmenden Rechtsträger übergeht. Weder die Rechtsnatur des Organvertrags noch die Interessen der Minderheit stehen einem Übergang entgegen. Die Rechtsnachfolge der fusionierten Untergesellschaft bedarf auch nicht der Mitwirkung der Hauptversammlung der Obergesellschaft. Die Vorschriften der §§ 291ff AktG nur dann ein, wenn es um den Abschluss eines solchen Vertrags oder dessen Änderung durch Rechtsgeschäft geht. Bei einer Gesamtrechtsnachfolge sind sie jedoch nicht anwendbar.[277]

C. Auswirkungen der Verschmelzung auf den Abfindungsanspruch

(1) Problem

Hier stellt sich die Frage, ob die Minderheitsaktionäre des vor der Verschmelzung beherrschungsvertraglich gebundenen Unternehmens nach der Verschmelzung Anspruch auf die Abfindungsleistungen haben, wenn diese nicht befristet waren bzw. ein Spruchstellenverfahren nach § 306 AktG eingeleitet war und das Gericht eine höhere Abfindung festsetzt als im Beherrschungsvertrag vorgesehen.

---

[274] **Koppensteiner**, Köln.Komm., § 291 Rn 50; **Geßler** in Geßler/Hefermehl/Eckardt/Kropff, § 297 Rn 48. konsequent jedoch: **Würdinger**, Großkommentar § 291 Anm. 24.

[275] **Emmerich/Habersack**, Aktienkonzernrecht, § 297 Rn 41; **Dehmer**, UmwG, § 20 Rn 45; **Emmerich/Sonnenschein**, Konzernrecht, § 15 IV 6c; **Grunewald** in Lutter, UmwG, § 20 Rn 35; **Priester**, ZIP 1992, 293, 301; **Krieger**, Münchener Hdb d. GesR, Bd. IV, § 70 Rn 130; **H. Westermann**, FS Schilling, 271, 283.

[276] So zu Recht: **Krieger**, ZGR 1990, 517, 540.

[277] **Koppensteiner**, Köln.Komm., § 295 Rn 5; **Priester**, ZIP 1992, 292, 293; **Krieger**, ZGR 1990, 517, 540; **Hüffer**, AktG, § 295 Rn 6; **Emmerich/Habersack**, Aktienkonzernrecht, § 295 Rn 14; a.A. jedoch: **Bayer**, ZGR 1993, 599, 603f.

(a) Meinungsstand und Stellungnahme

(i) Die Auffassungen des LG Mannheim und des OLG Karlsruhe

Die hier untersuchte Fallgestaltung war Gegenstand eines Spruchstellenverfahrens vor dem *LG Mannheim*[278] bzw. dem *OLG Karlsruhe*.[279]

Die Klöckner -Werke AG erwarb in den Jahren 1982 und 1984 insgesamt 75 Prozent an der SEN-AG. Die Anteile übertrug sie auf die Klöckner Mercator GmbH, eine 100%-ige Tochtergesellschaft. Am 30. März 1987 schlossen die SEN-AG und eine weitere Tochtergesellschaft der Klöckner-Werke AG - die KHS-AG - einen Verschmelzungsvertrag, der infolge von Anfechtungsklagen gegen den Verschmelzungsbeschluss erst am 26.8.1993 im Handelsregister eingetragen wurde. Vor der Verschmelzung - am 24.1.1990 - schlossen die SEN-AG und die Klöckner Mercator GmbH, einen Beherrschungs- und Gewinnabführungsvertrag. Gegen die dort festgesetzten Abfindungs- und Ausgleichsansprüche wandten sich die Minderheitsaktionäre mit einem Spruchstellenverfahren. Vor einer Entscheidung über die Abfindung wurde die Verschmelzung wirksam.

Das *LG Mannheim* ging davon aus, durch die Verschmelzung sei der zwischen der SEN-AG und der Mercator GmbH bestehende Organvertrag erloschen.[280] Das *LG Mannheim* zieht daraus die weitere Schlussfolgerung, mit dem Wegfall des Vertrages seien auch die Abfindungsansprüche der Minderheitsaktionäre hinfällig und dass in dem rechtshängigen Spruchstellenverfahren sei daher auch nicht mehr sachlich über die im Beherrschungsvertrag festgesetzte Abfindung zu entscheiden.[281] Diese Auffassung wurde von der Beschwerdeinstanz, dem *OLG Karlsruhe*, bestätigt.[282]

(ii) Die Auffassung des Bundesverfassungsgerichts

Die von den Beschwerdeführern hiergegen erhobene Verfassungsbeschwerde führte zu dem Ergebnis, dass das *BVerfG* erstmals seit seiner Feldmühle-Entscheidung aus dem Jahre 1962 zu Grundfragen des konzernrechtlichen Abfindungsanspruchs Stellung genommen hat.[283] Das *BVerfG* hat mit dieser Entscheidung seine Rechtsprechung fortentwickelt und über den entschiedenen Sachverhalt hinaus Leitlinien für die Auslegung der §§ 304ff AktG vorgegeben. Das Gericht billigt dem Gesetzgeber zu, Inhalt und Schranken des in einer Aktie verkörperten Eigentums an einem Unternehmensträger festzulegen. Die zu diesem Zweck geschaffenen Vorschriften der §§ 291ff AktG stellten eine ausgewogene und die Interessen der Minderheitseigner hinreichend wahrende Regelung dar.[284]

---

[278] ZIP 1994, 1024.
[279] ZIP 1994, 1529.
[280] ZIP 1994, 1024, 1025.
[281] ZIP 1994, 1024, 1025.
[282] ZIP 1994, 1529, 1531.
[283] **BVerfG**, ZIP 1999, 532.
[284] ZIP 1999, 532, 533.

Der Entscheidung des *BVerfG* ist zuzustimmen. Es kritisiert die nicht nur vom *LG Mannheim*[285] bzw. dem *OLG Karlsruhe*[286] vertretene Ansicht, mit dem Wegfall des Beherrschungsvertrags bzw. dem Erlöschen des übertragenden Rechtsträgers entfielen auch die Abfindungsansprüche, als verfassungswidrig, da eine derartige Gesetzesanwendung der Bedeutung des Eigentumsschutzes des Art 14 I 1 GG nicht gerecht werde und nur ein formales Argument sei.[287] Es stellt klar, dass der Wegfall des Unternehmensvertrags nicht die durch den Beherrschungsvertrag erfolgte Beeinträchtigung der verfassungsrechtlich geschützten Eigentumsposition der Minderheitseigner beseitigt. Das Grundrecht nach Art. 14 I 1 GG verlange vielmehr eine volle Entschädigung für diese Beeinträchtigung.[288] An anderer Stelle weist das Gericht darauf hin, dass der Abfindungsanspruch letztendlich verfassungsrechtlich geboten sei. Sieht man diese Äußerung im Zusammenhang mit der Kritik des Gerichts an der formalen Argumentation des *OLG Karlsruhe* bzw. des *LG Mannheim*, wird deutlich, dass der Beherrschungsvertrag Auslöser nicht jedoch Grundlage des Abfindungsanspruchs ist.

Bereits *Kropff* hat vor Fehlschlüssen gewarnt, die aus der Bezeichnung "Vertrag" gezogen werden könnten. Er hat darauf hingewiesen, dass das Gesetz die Rechtsfolgen weitgehend zwingend festlegt, die sich aus dem Abschluss eines Unternehmensvertrags ergeben. Er hielt es daher für ausgeschlossen, den Beherrschungsvertrag als gegenseitigen Austauschvertrag zu begreifen.[289]

Auch das *BayObLG* hat zutreffend darauf hingewiesen, dass es sich bei Abschluss eines Beherrschungsvertrags letztendlich um ein "In-Sich-Geschäft" handelt, um einen einseitigem und lediglich aus rechtstechnischen Gründen in Vertragsform gekleideten Eingriff von privater hoher Hand in die grundgesetzlich geschützten Eigentumsrechte der Mitgesellschafter.[290]

Gleichzeitig erteilt das *BVerfG* auch der Auffassung eine Absage, wonach der Abfindungsanspruch von der tatsächlichen Durchführung des Unternehmensvertrags abhängen soll.[291] Mit dem Abschluss des Beherrschungs- und Gewinnabführungsvertrags gehe für die außenstehenden Aktionäre die Gefahr einer Auszehrung ihrer Mitgliedschaftsrechte und insbesondere ihrer Vermögensbeteiligung einher.[292] Das Gericht stellt also nicht darauf ab, ob das herrschende Unternehmen von seiner Weisungs- bzw. Konzernleitungsbefugnis Gebrauch gemacht hat sondern auf die Gefährdung der Mitgliedschafts- und Vermögensrechte der Minderheit. Bereits durch den Vertragsschluss werden die Mitgliedschafts- und Vermögensrechte der Mitgesellschafter beeinträchtigt.

---

[285] ZIP 1994, 1024, 1025.
[286] ZIP 1994, 1529, 1531.
[287] ZIP 1999, 532, 534.
[288] ZIP 1999, 532, 534.
[289] **Kropff**, BB 1965, 1281, 1286f.
[290] **BayObLG**, Beschluss vom 29.9.1998 - 3 Z BR 159/94, AG 1999, 43, 44 unter Berufung auf **Röhricht**, ZHR 162 (1998), 249, 257.
[291] **Hüffer**, AktG 3. Aufl. 1997, § 305 Rn 4a; **OLG Zweibrücken**, AG 1994, 563, 564.
[292] ZIP 1999, 532, 533.

Dieser Ansatz ist - wie oben bereits ausgeführt-[293] zutreffend, da nur so ein Widerspruch zu den allgemeinen konzernrechtlichen Wertungen vermieden werden kann. Besonderen Wert legt das *BVerfG* auf die Ermittlung des Bewertungsstichtags. Richtigerweise ist Stichtag für die Ermittlung des Unternehmenswerts anlässlich des Abschlusses des Unternehmensvertrag der in § 305 III 2 AktG genannte Zeitpunkt. Wenn der Verschmelzung ein Beherrschungsvertrag vorangehe, sei sicherzustellen, dass dieser Zeitpunkt und nicht etwa der Stichtag der Verschmelzung für die Berechnung des Abfindungsanspruchs zu Grunde gelegt werde. Es sei unzulässig, die Verschmelzungswertrelation nach dem Unternehmenswert zu bemessen, der von einer vorangegangenen Beherrschung beeinflusst sei.[294] Liegt also der Wert der Aktien an der Untergesellschaft im Zeitpunkt der Verschmelzung unter dem Wert im Zeitpunkt des Vertragsschlusses geht dies nicht zu Lasten der außenstehenden Aktionäre. Die Obergesellschaft trägt im Ergebnis das Risiko einer Verschlechterung des Unternehmenswerts der Untergesellschaft seit Abschluss des Unternehmensvertrags.

Dieses Ergebnis ist schon deswegen richtig, da die Obergesellschaft bis zur Verschmelzung die Vorteile aus dem Organvertrag ziehen konnte. Als Entschädigung hierfür muss sie den Minderheitsaktionäre entsprechend dem zum Bewertungsstichtag ermittelten Unternehmenswert gewähren. Die Konsequenzen aus der Begründung des *BVerfG* sollen anhand folgenden Beispiels verdeutlicht werden:

Der Wert der Aktie der Ober- und der Untergesellschaft betrug im Zeitpunkt des Vertragsschlusses jeweils 100. Die Aktionäre erhalten für jede ihrer Aktien eine Aktie der Obergesellschaft oder wahlweise eine Barabfindung in Höhe von 100. Bis zur Verschmelzung sinkt der Wert der Aktie der Untergesellschaft auf 50. Die Verschmelzungswertrelation der an der Fusion beteiligten Rechtsträger beläuft sich auf 1 : 1, d.h. für je eine ihrer Aktien erhalten die Aktionäre eine Aktie am fusionierten Unternehmen.

Bei der für die Durchführung der Barabfindung notwendigen Rückrechnung von Anteilen am fusionierten Unternehmen in Aktien des "Ausgangsunternehmens" käme man zu dem Ergebnis, dass einer Aktie am verschmolzenen Unternehmen eine Aktie am "Ausgangsunternehmen" entspräche. Da das herrschende Unternehmen aufgrund des Beherrschungsvertrags für jede Aktie am Ausgangsunternehmen 100 als Abfindung zu gewähren hatte, erhält es nach der Verschmelzung für die Hingabe von 100 einen Gegenwert von 50. Der Minderheitsaktionär wird dadurch so gestellt, als wäre ein Anteil des fusionierten Unternehmens 100 wert, obwohl im Zeitpunkt der Verschmelzung bereits ein Wertverlust von 50 gegenüber dem Zeitpunkt des Vertragsschlusses eingetreten war. Im Ergebnis trägt also die Obergesellschaft die seit Vertragsschluss eingetretene Wertminderung.

Verfehlt wäre es dagegen für die Höhe der Entschädigung auf den Wert im Zeitpunkt der Verschmelzung abzustellen. Würde man so verfahren, hätte dies für die Außenseiter im oben gebildeten Beispiel zur Folge, dass sie zwei Aktien des fusionierten Unter-

---

[293] Siehe oben Seite 13ff.
[294] ZIP 1999, 532, 534.

nehmens aufwenden müssten, um in den Genuss der Abfindung von 100 zu kommen. Dadurch würden sie und nicht die Obergesellschaft die seit Vertragsschluss eingetretene Wertminderung endgültig tragen.

Aus diesem Grund ist auch der Ansatz des *OLG Karlsruhe* unzutreffend, das den Schutz der Minderheitsaktionäre über die Anwendung des § 352c AktG a.F. gewährleistet sah.[295] Nach dieser Vorschrift konnten die Minderheitsaktionäre- ähnlich wie jetzt nach § 15 I 1 UmwG - das Umtauschverhältnis gerichtlich überprüfen lassen, wenn sie der Ansicht waren, dieses sei zu niedrig bemessen.[296] Das *BVerfG* hat darauf hingewiesen, dass diese gerichtliche Prüfungsmöglichkeit nur dann ausreichenden Schutz gewährt, wenn die Bewertung der Anteile für einen Stichtag erfolgt, der vor dem Inkrafttreten des Unternehmensvertrages liegt. Nur so sei sichergestellt, dass das herrschende Unternehmen den Wert der Anteile und damit auch das Umtauschverhältnis beeinflussen bzw. manipulieren könne.[297] Wenn aber der Verschmelzung ein Vertrag vorausging, kann das Gericht aber nur eine Überprüfung für den Zeitpunkt vornehmen, der für die Verschmelzung maßgeblich ist. Es kann dagegen nicht prüfen, ob die Abfindung, die aus Anlass des Vertragsschlusses zu gewähren ist, angemessen ist.

(iii) Durchführung der Abfindung nach der Verschmelzung

Ausdrücklich offen gelassen hat das *BVerfG* die Frage, wie die außenstehenden Aktionäre ihren Abfindungsanspruch nach Abschluss eines Spruchstellenverfahrens durchsetzen können, wenn das beherrschte Unternehmen infolge der Verschmelzung erloschen ist, die Minderheitseigner also nicht mehr ihre Anteile am beherrschten sondern nur noch am verschmolzenen Rechtsträger übertragen können. Er begnügt sich mit dem Hinweis, es müsse sichergestellt werden, dass die Außenseiter eine wirtschaftlich volle Entschädigung erhielten, deren Durchsetzung auch verfahrensrechtlich zu sichern sei.[298] Das Gericht sieht diesen Grundsatz als gewahrt an, wenn der Minderheitseigner durch die Festsetzungen im Verschmelzungsvertrag und dadurch, dass der maßgebliche Bewertungsstichtag für die Ermittlung der Verschmelzungswertrelation vor dem Beginn des Spruchstellenverfahrens liege, geschützt werde.[299]

Bei dem vom *BVerfG* entschiedenen Fall wurde der Verschmelzungsvertrag vor dem Organvertrag geschlossen, so dass der Organvertrag nicht den Wert der Untergesellschaft und damit die Verschmelzungswertrelation zum Nachteil der Minderheit beeinflussen konnte. Wird jedoch zuerst ein Organvertrag geschlossen und dann eine Verschmelzung durchgeführt, besteht die vom *BVerfG* zitierte Gefahr der Beeinträchtigung der Minderheit in ihren Mitgliedschaftsrechten und ihrer Vermögensbeteiligung.[300] Dann wäre es nicht ausreichend, die Minderheit darauf zu verweisen, das Umtauschverhältnis anlässlich der Verschmelzung sei nicht durch den Organvertrag beein-

---

[295] ZIP 1994, 1529, 1531.
[296] Zum Regelungsgehalt dieser Vorschrift siehe: **W. Bayer**, WM 1989, 121, 124.
[297] ZIP 1999, 532,534.
[298] ZIP 1999, 532, 535.
[299] ZIP 1999, 532, 535.
[300] ZIP 1999, 532, 533 unter Hinweis auf die Entscheidung des **BGH**, ZIP 1997, 1193.

flusst worden und die Anteile am verschmolzenen Rechtsträger stellten eine wirtschaftlich vollständige Entschädigung dar. Zudem wären die Minderheitsaktionäre nach der Verschmelzung nach wie vor Anteilseigner einer vertraglich konzernierten Gesellschaft und hätten dann entgegen § 305 AktG nicht die Möglichkeit erhalten, aus der beherrschten Untergesellschaft auszuscheiden. Die vom *BVerfG* vorgezeichnete Lösung kann daher nur so aussehen, dass die Minderheitsaktionäre nach der Verschmelzung ihre Anteile an der Untergesellschaft dem herrschenden Unternehmen gegen Abfindung anbieten und aus dem verschmolzenen Rechtsträger ausscheiden können. Der Einwand des *OLG Karlsruhe*, die Obergesellschaft könne nicht verpflichtet sein, Aktien des verschmolzenen Rechtsträgers zu erwerben, mit dem es keinen Organvertrag geschlossen habe,[301] ist nicht überzeugend. Die Obergesellschaft, die zur Übernahme der Aktien der Untergesellschaft verpflichtet ist, nimmt als Aktionärin an der Verschmelzung des beherrschten Unternehmens teil und erhält dadurch Aktien des fusionierten Rechtsträgers. Hätten sämtliche Minderheitsaktionäre vor der Verschmelzung ihre Anteile gegen Abfindung überlassen, hätte die Obergesellschaft spätestens in diesem Zeitpunkt einen Tausch der Anteile am beherrschten Unternehmen in Anteile des verschmolzenen Rechtsträgers hinzunehmen gehabt. Die Obergesellschaft steht mit der Übernahme der Anteile am verschmolzenen Rechtsträgers statt solcher an der Untergesellschaft also nicht schlechter als wenn die Abfindung bereits vor der Verschmelzung vollständig durchgeführt worden wäre und dann erst der Anteilstausch stattgefunden hätte. Es ist daher richtig, die Obergesellschaft zu verpflichten, die Anteile der verschmolzenen Untergesellschaft gegen die im Spruchstellenverfahren ermittelte Abfindung zu übernehmen.

D. Auswirkungen der Verschmelzung auf den Ausgleichsanspruch der Minderheit des übertragenden Rechtsträgers

Geht man von einem Fortbestand des Organvertrags aus, ist den Minderheitsaktionären nach der Umwandlung der Ausgleich in der im Organvertrag bestimmten Höhe weiter zu zahlen. Um die Ausgleichszahlungen für die Zeit nach der Verschmelzung zu ermitteln, müsste eine Umrechnung erfolgen. Maßgebend wäre das bei der Verschmelzung ermittelte Umtauschverhältnis von Aktien der Untergesellschaft zu den Anteilen am verschmolzenen Unternehmen. Erhalten die Gesellschafter der Untergesellschaft beispielsweise für drei ihrer Aktien eine Aktie des fusionierten Rechtsträgers, steht ihnen ab der Verschmelzung für je drei dieser Aktien derselbe Ausgleich zu wie für eine Aktie an der übertragenden Untergesellschaft. Die Anteile am verschmolzenen Unternehmen können jedoch nur dann an die Stelle der untergegangenen Aktien des beherrschten Unternehmens treten, wenn sich der Ertragswert des beherrschten Unternehmens zwischen dem Abschluss des Organvertrags und der Verschmelzung nicht verändert. Da diese Voraussetzung jedoch so gut wie nie erfüllt sein dürfte, muss in die Umrechnung auch die Veränderung des Ertragswerts einfließen. Die Minderheitsaktionäre sind so zu stellen, als ob sich der Wert ihres Unternehmens bis zur Verschmelzung nicht geändert hätte. Für die Ermittlung der künftigen Ausgleichszahlungen ist

---

[301] DB 1994, 1917.

das Umrechnungsverhältnis daher um den Faktor nach oben oder nach unten zu korrigieren, um den der Unternehmenswert seit dem Vertragsschluss gesunken oder gestiegen ist.[302]

E. Abfindungsansprüche der Minderheit des aufnehmenden Unternehmens

Da die ganz hM einen Fortbestand des Organvertrags ablehnt, wenn die Untergesellschaft im Wege der Aufnahme durch ein anderes Unternehmen verschmolzen wird,[303] stellt sich für sie auch nicht die Frage nach den Abfindungsansprüchen der Minderheit des aufnehmenden Rechtsträgers. Nimmt dagegen die konzernierte Untergesellschaft ein organvertraglich nicht gebundenes Unternehmen auf, geht die hM davon aus, dass der Organvertrag sich nach der Verschmelzung auf den fusionierten Rechtsträger erstreckt[304] und den Minderheitsaktionären des übertragenden Rechtsträgers Abfindungsansprüche zustehen.

Da die Verschmelzung für die Minderheitsaktionäre des aufnehmenden Rechtsträgers dieselben Auswirkungen wie ein direkter Vertragsschluss mit der Obergesellschaft hat, muss auch der Schutz der gleiche sein. Dies bedeutet, dass auch den "neuen" Minderheitseignern nach der Verschmelzung die Möglichkeit eröffnet werden muss, gegen Abfindung aus dem verschmolzenen Unternehmen auszuscheiden. Im Ergebnis kann dies nur bedeuten, dass die Minderheitsaktionäre nach der Verschmelzung von der Obergesellschaft in entsprechender Anwendung des § 305 AktG eine Abfindung auf der Basis des Werts ihrer Anteile zu diesem Zeitpunkt verlangen können. Nicht zutreffend wäre es, den Minderheitsgesellschaftern die im Organvertrag festgesetzte Abfindung zu gewähren. Die dort ermittelte Abfindung beruht auf dem Wert der übertragenden Untergesellschaft bei Vertragsschluss und hat nichts mit dem Wert des übertragenden Unternehmens im Zeitpunkt der Verschmelzung zu tun. Wegen der Einzelheiten kann auf die Ausführungen zur Verschmelzung eine organvertraglich nicht gebundenen Unternehmens im Wege der Aufnahme durch die Untergesellschaft verwiesen werden.[305]

F. Ausgleichsansprüche der Minderheit des aufnehmenden Unternehmens

Den Minderheitsaktionären ist, da sie durch die Verschmelzung Anteilseigner einer vertraglich konzernierten Gesellschaft werden, ein Ausgleich durch die Obergesellschaft zu gewähren, der sich nach der Ertragslage ihrer Gesellschaft im Zeitpunkt der

[302] Hat sich der Wert der Untergesellschaft zwischen dem Abschluss des Organvertrags und der Verschmelzung halbiert, erhalten die Minderheitsaktionäre in dem oben gebildeten Beispiel (Umtauschverhältnis 3 zu 1 bei der Verschmelzung) für je 1,5 Anteile am verschmolzenen Unternehmen den Ausgleich, den sie bis zur Verschmelzung je Aktie der übertragenden Untergesellschaft erhielten. Eine Verdoppelung des Unternehmenswerts führt entsprechend zu einer Verdoppelung der für den Ausgleich notwendigen Aktien des verschmolzenen Rechtsträgers.

[303] **Grunewald** in Lutter, UmwG, § 20 Rn 34; **Vossius** in Widmann/Mayer, § 20 Rn 292; **Hohner**, DB 1973, 1487; **Krieger**, ZGR 1990, 517, 538f; **Westermann**, FS Schilling, 271, 285f.

[304] **Grunewald** in Lutter, UmwG, § 20 Rn 33; **Vossius** in Widmann/Mayer, § 20 Rn 290; **Hohner**, DB 1973, 1487; **Krieger**, ZGR 1990, 517, 540; **Westermann**, FS Schilling, 271, 283.

[305] Siehe dazu die Ausführungen auf S. 96ff.

Verschmelzung richtet. Nicht zulässig wäre es dagegen, die Minderheit auf die im Vertrag vorgesehenen Ausgleichsleistungen zu verweisen, da diese auf dem Ertragswert der übertragenden Untergesellschaft im Zeitpunkt des Vertragsschlusses beruhen. Wegen der Einzelheiten zur Begründung der hier vertreten Auffassung kann auf die Ausführungen bei der Verschmelzung durch Aufnahme eines organvertraglich nicht gebundenen Unternehmens durch die Untergesellschaft verwiesen werden.[306]

2. Aufnahme eines organvertraglich nicht gebundenen Unternehmens durch die Untergesellschaft

A. Auswirkungen der Verschmelzung auf den Organvertrag

(1) Stellungnahme und Ergebnis

Nimmt ein beherrschtes Unternehmen eine organvertraglich nicht gebundene Aktiengesellschaft auf, ist umstritten, ob dies zu einer Beendigung des zwischen der Ober- und der übernehmenden Untergesellschaft bestehenden Beherrschungs-/Gewinnabführungsvertrages führt. Nach einer Ansicht berührt eine Verschmelzung, bei der die Untergesellschaft der übernehmende Rechtsträger ist, diesen Vertrag nicht.[307]

Die Gegenansicht befürwortet dagegen ein Erlöschen des Vertrags.[308] *Dehmer* begründet seine Auffassung damit, dass sich für das herrschende Unternehmen das Risiko der Realisierung der Verlustausgleichspflicht erheblich erhöhe, wenn ein weiteres Unternehmen in den Vertrag einbezogen werde.[309]

Diese Begründung ist nicht überzeugend. Es ist nicht nachvollziehbar, warum sich durch das Hinzukommen einer weiteren Vermögensmasse das Risiko der Realisierung der Verlustausgleichspflicht, d.h. die Wahrscheinlichkeit eines "Schadenseintritts" für die Obergesellschaft steigern soll. Zwischen der Größe eines Unternehmens und der Wahrscheinlichkeit von Verlusten besteht keinerlei Zusammenhang in der Weise, dass mit zunehmender Größe auch die Anfälligkeit für Verluste steigt. Die Verschmelzung eines Unternehmens auf die Untergesellschaft kann ebenso gut zur Folge haben, dass diese, jahrelang verlustbringende Gesellschaft saniert und dadurch das herrschende Unternehmen von der Verpflichtung zum Verlustausgleich befreit wird. Die Argumente *Dehmers* gegen ein Fortbestehen des Vertrags können daher nicht überzeugen.[310]

---

[306] Siehe Seite 113ff.

[307] **Krieger**, ZGR 1990, 517, 536; **Hohner**, DB 1973, 1487; **Würdinger**, Großkomm., 291 Rn 25; **Koppensteiner**, Köln.Komm., § 291 Rn 50f;**Grunewald** in Lutter, UmwG, § 20 Rn 33; **Gerth**, BB 1978, 1497, 1499.

[308] **Dehmer**, UmwG § 20, Rn 45; **H. Westermann**, FS Schilling, 231, 281ff; **H. Wilhelm**, Beendigung, 31; **Hüffer**, AktG, § 295 Rn 6.

[309] **Dehmer**, UmwG § 20, Rn 45.

[310] Auch **Emmerich/Sonnenschein**, Konzernrecht, § 15 IV 6c, sprechen sich gegen ein Erlöschen des Organvertrags aus. Nach ihrer Auffassung steht dem größeren Risiko für das herrschende Unternehmen die vergrößerte Einflussmöglichkeit auf den verschmolzenen Rechtsträger gegenüber.

Auch *Hüffer* bejaht - ohne nähere Begründung - in allen Fällen, in denen die Untergesellschaft mit einem dritten Unternehmen verschmolzen wird, die Beendigung des Vertrags.[311]

Westermann unterscheidet bei der Verschmelzung zwischen der Frage des Erlöschens des übertragenden Rechtsträgers und der Frage der Gesamtrechtsnachfolge und gelangt zu dem Ergebnis, dass aus der Verknüpfung dieser beiden mit der Verschmelzung einhergehenden Rechtsfolgen keine Erkenntnisse darüber gewonnen werden können, ob der Gesetzgeber eine Gesamtrechtsnachfolge in den Vertrag zulassen wollte.[312] Er gelangt in allen Fällen der Verschmelzung der abhängigen Gesellschaft zu dem Ergebnis, dass der Organvertrag erlischt.[313] Er begründet dieses Ergebnis mit der Überlegung, dass die Verschmelzung allein auf einem Willensakt der an der Verschmelzung beteiligten Gesellschaften beruhe, das herrschende Unternehmen aber dann, wenn es nicht über eine Kapital- bzw. Stimmrechtsmehrheit bzw. eine Sperrminorität in der beherrschten Gesellschaft verfüge, diese nicht verhindern könne.[314] Wenn der Beherrschungsvertrag nicht mit einer Kapitalmehrheit bzw. einer Sperrminorität gekoppelt sei, werde das herrschende Unternehmens unter Umständen gegen seinen Willen in eine Pflichtenstellung gegenüber dem verschmolzenen Rechtsträger gebracht.[315]

Als weiteren Grund für ein Erlöschen führt *Westermann* an, die Ausgleichspflicht nach § 304 AktG werde entgegen gesetzlicher Anordnung auf die Minderheitsaktionäre der unabhängigen Gesellschaft erstreckt. Dies sei nicht gerechtfertigt, da das herrschende Unternehmen in den Fällen der fehlenden Kapitalmehrheit bzw. Sperrminorität nicht gegen seinen Willen zum Ausgleich verpflichtet werden dürfe.[316]

Das von *Westermann* angesprochene Problem, dass die Obergesellschaft bei fehlender Kapitalmehrheit bzw. bei fehlender Sperrminorität zum herrschenden Unternehmen wider Willen werden kann, ist sicherlich richtig. Dabei darf jedoch nicht übersehen werden, dass diese Konstellation in der Praxis äußerst selten sein dürfte und das herrschende Unternehmen sich in den meisten Fällen vor Abschluss eines Organvertrags zumindest eine Sperrminorität oder gar die Anteils- bzw. Stimmrechtsmehrheit gesichert haben dürfte.

Wie *Westermann* selbst zu Recht ausführt, ist eine Beteiligung des herrschenden Unternehmens nicht Voraussetzung für den Abschluss eines Organvertrags.[317] Der Gesetzgeber unterscheidet zwischen faktischer und vertraglicher Konzernierung. Erstere setzt eine Anteils- bzw. Stimmrechtsmehrheit des herrschenden Unternehmens beim abhängigen Unternehmen voraus. Letztere wird unabhängig von den Beteiligungsver-

---

[311] AktG, § 295 Rn 6.

[312] **H. Westermann**, FS Schilling, 271, 280f, untersucht die Vorschriften der §§ 340ff u. 353 AktG 1965 a.F., die die Verschmelzung durch Aufnahme bzw. durch Neubildung regelten. Diese Rechtsinstitute sind mit den hier untersuchten Fallgestaltungen des § 2 Nr. 1 u. 2. vergleichbar.

[313] FS Schilling, 217, 282.

[314] FS Schilling, 217, 281.

[315] FS Schilling, 217, 282.

[316] FS Schilling, 217, 282.

[317] FS Schilling, 217, 275.

hältnissen durch Vertragsschluss begründet.[318] Wenn der Abschluss eines Organvertrags unabhängig von den Beteiligungsverhältnissen möglich ist, kann die fehlende Sperrminorität bzw. Stimmrechtsmehrheit auch bei der Beendigung bzw. Nichtbeendigung des Vertrags nicht als Argument für das Erlöschen des Organvertrags angeführt werden.

Das Argument *Westermanns*, der Vertrag müsse erlöschen, weil das herrschende Unternehmen unter Umständen die Verschmelzung nicht verhindern könne, würde aber auf das der faktischen Konzernierung vorbehaltene Beherrschungsmittel - die Anteils- oder Stimmrechtsmehrheit - abstellen. Es wäre daher zumindest aus dogmatischer Sicht bedenklich, aus dem Fehlen faktischer Beherrschungsmöglichkeiten auf die automatische Beendigung der vertraglich vermittelten Beherrschung zu schließen, wenn auf der Ebene der Anteilseigner der beherrschten Gesellschaft eine den Interessen oder dem Willen des herrschenden Unternehmens zuwiderlaufende Entscheidung getroffen wird.

Auch die Überlegung, dem herrschenden Unternehmen würden zusätzliche Ausgleichsleistungen aufgebürdet,[319] kann bei näherem Hinsehen nicht überzeugen. Gegen dieses Argument ließe sich anführen, dass das herrschende Unternehmen durch den Übergang des Organvertrags einen Machtzuwachs über das durch die Verschmelzung hinzukommende Vermögen erfährt.[320] Diese Überlegung wäre jedoch unzutreffend. Zwischen den Ausgleichsleistungen und der Leitungsmacht bzw. dem beherrschenden Einfluss besteht kein Zusammenhang im Sinne der §§ 320ff BGB. Der Ausgleich ist vielmehr eine Kompensation der Minderheitsaktionäre für den Vorrang des Konzerninteresses. Das herrschende Unternehmen hat den Ausgleich unabhängig davon zu leisten, ob es konkrete Vorteile aus der vertraglichen Unterordnung des abhängigen Unternehmens zieht oder ziehen kann. Treten die bei Abschluss des Vertrags erhofften Vorteile wirtschaftlicher oder anderer Art nicht ein, bleibt es trotzdem zum Ausgleich verpflichtet.

Entscheidend gegen die Überlegungen *Westermanns* spricht jedoch, dass das herrschende Unternehmen den Vertrag fristlos kündigen kann, wenn das beherrschte Unternehmen mit einem unabhängigen Unternehmen verschmolzen wird und dies den Vorstellungen der Obergesellschaft zuwiderläuft. Mit der Verschmelzung wäre für das herrschende Unternehmen eine Veränderung seiner Konzernstruktur verbunden. Strukturänderungen, wie zum Beispiel Veränderungen des Zuschnitts des beherrschten Unternehmens, sind jedoch ausschließlich der Obergesellschaft vorbehalten. Handelt ein Konzernunternehmen den Vorstellungen der Obergesellschaft dadurch zuwider, dass es eine Verschmelzung mit einem dritten Unternehmen durchführt, besteht ein Interessenwiderstreit zwischen dem organvertraglich abgesicherten Einfluss der Obergesellschaft und der durch den Organvertrag nicht berührten Zuständigkeit der Hauptver-

[318] **Ebenroth/Parche**, BB 1989, 637, 641.
[319] **H. Westermann**, FS Schilling, 217, 282.
[320] **H. Westermann**, FS Schilling, 217, 281 , der dies als Argument für ein Erlöschen des Vertrags anführt.

sammlung des abhängigen Unternehmens. Dieser Interessenkonflikt wurde vom Gesetzgeber jedoch zugelassen. Hätte er diesen vermeiden wollen, hätte er den Abschluss des Organvertrags an das Vorliegen der Stimmrechtsmehrheit bzw. einer Sperrminorität der Obergesellschaft knüpfen bzw. anordnen können, dass eine Verschmelzung der Untergesellschaft automatisch zum Erlöschen des Organvertrags führt.

Vergleicht man diese Situation mit der Eingliederung, fällt auf, dass nach § 327 I Nr. 3 AktG die Eingliederung endet, wenn sich nicht mehr alle Aktien der eingegliederten Gesellschaft in der Hand der Hauptgesellschaft befinden. In diesem Fall hat der Gesetzgeber den Bestand der Eingliederung von den Beteiligungsverhältnissen abhängig gemacht. Eine vergleichbare Regelung für die Verschmelzung, die wirtschaftlich gesehen mit der Eingliederung vergleichbar ist,[321] hat er jedoch nicht getroffen. Daraus lässt sich entnehmen, dass der Fortbestand des Organvertrags durch eine Verschmelzung nicht beeinträchtigt wird.

Wie *Westermann* zu Recht anführt, ist das automatische Erlöschen des Organvertrags eine einschneidende Folge für die Obergesellschaft. Dadurch werden ihr sämtliche Rechte aus dem Organvertrag genommen.[322] Gerade in den von *Westermann* problematisierten Fällen einer fehlenden Stimmrechts- bzw. Sperrminorität könnte die Untergesellschaft durch eine Verschmelzung eine Beendigung des Organvertrags herbeiführen, wenn im Vertrag die ordentliche Kündigung ausgeschlossen ist und ihr der Organvertrag lästig geworden ist. Hat die Obergesellschaft beispielsweise erhebliche Mittel für die Abfindung der Minderheitsaktionäre aufgebracht, kann dies dazu führen, dass durch eine Verschmelzung kurze Zeit nach Abschluss des Organvertrags die gesamte Kalkulation der Obergesellschaft hinsichtlich der Laufzeit des Vertrags hinfällig wird. Durch die Verschmelzung würden der Vertrag automatisch entfallen und die gerade wegen der langen Laufzeit des Vertrags aufgewendeten Abfindungsbeträge entwertet.

Bei einem Übergang des Organvertrags gibt man dem herrschenden Unternehmen zumindest die Möglichkeit zu entscheiden, ob es den Vertrag beenden will, weil die Verschmelzung seinen Interessen zuwiderläuft oder ob es im Hinblick auf die aufgewendeten Abfindungsbeträge oder aufgrund anderer Erwägungen trotz der Verschmelzung am Vertrag festhalten will. Durch die Möglichkeit der fristlosen Kündigung bleibt die Entscheidung beim herrschenden Unternehmen, das durch die Verschmelzung nicht aus dem Vertrag hinausgezwungen werden kann.

Die hier vertretene Auffassung steht aber vor allem auch im Einklang mit der in § 297 II 1 AktG vorgesehenen ordentlichen Kündigung durch die Untergesellschaft. Danach bedarf eine ordentliche Kündigung des Organvertrags durch die Untergesellschaft eines zustimmenden Sonderbeschlusses der Minderheitsaktionäre der Untergesellschaft. Eine fristlose Kündigung kann dagegen wirksam vom Vorstand der Gesellschaft ausgesprochen werden, ohne dass es einer Mitwirkung der Hauptversammlung bzw. eines Sonderbeschlusses der außenstehenden Aktionäre bedürfte. Ließe man eine Beendigung des Organvertrags aufgrund der Verschmelzung zu, bedeutete dies, dass die

---

[321] **Hüffer**, AktG, § 319 Rn 2.
[322] **H. Westermann**, FS Schilling, 217, 281f.

Hauptversammlung der Untergesellschaft entgegen der gesetzlichen Kompetenzverteilung eine sofortige Beendigung des Organvertrags herbeiführen könnte, die in ihrer Wirkung einer fristlosen Kündigung gleichkäme, obwohl für den Ausspruch einer fristlosen Kündigung allein der Vorstand der Gesellschaft zuständig ist.

Auch ein weiteres Argument spricht gegen das Erlöschen des Organvertrags aufgrund der Verschmelzung. Als Folge der vom Gesetzgeber vorgesehenen Trennung von Organvertrag und Beteiligung des herrschenden Unternehmens ist nach richtiger Ansicht bei Veräußerung der Anteile des herrschenden Unternehmens eine fristlose Kündigung des Vertrags durch die Obergesellschaft ausgeschlossen.[323] Als Begründung für den Ausschluss der Kündigung wird u.a. angeführt, das herrschende Unternehmen, das seine Beteiligung veräußere, führe den Grund der Kündigung selbst herbei. Es müsse daher auch die mit einer Veräußerung einhergehende Gefahr der Vervielfältigung von Ausgleichs- und Abfindungsansprüchen tragen.[324] Diese Überlegung macht deutlich, dass der Vertrag unabhängig von Vorgängen auf Gesellschafterebene zu sehen ist. Genauso wenig wie das herrschende Unternehmen sich durch Veräußerung seiner Anteile an der Untergesellschaft dem Organvertrag durch Kündigung entziehen kann, darf es umgekehrt dem beherrschten Unternehmen gestattet sein, durch eine Verschmelzung ein Ende des Organvertrags herbeizuführen.

Die gleiche Ansicht wie *Westermann* vertritt auch *Wilhelm*. Auch er geht davon aus, dass bei einer Verschmelzung der Untergesellschaft der Organvertrag erlischt und begründet dies wie Westermann mit der Überlegung, dass dem herrschenden durch die

---

[323] **Emmerich/Sonnenschein**, Konzernrecht, § 15 III 3c u. § 15 IV 6a; **Schwarz**, DNotZ 1996, 68, 71; **Rix**, MittRhNotK 1986, 29, 41; **Hüffer**, AktG, § 297 Rn 7; **Emmerich/Habersack**, § 297 Rn 24; **Ebenroth/Parche**, BB 1989, 637, 642f; **Timm**, GmbHR 1987, 8, 14ff will die fristlose Kündigung des Organvertrags nur dann zulassen, wenn der Erwerber mindestens bis zu dem Zeitpunkt, zu dem der Unternehmensvertrag ohne die Kündigung aus wichtigem Grund bestehen würde, die etwaige Verlustausgleichsverpflichtung übernimmt; **Timm/Geuting**, GmbHR 1996, 229, 236ff wollen die Anteilsveräußerung als sachliche Rechtfertigung für eine außerordentliche Kündigung nur dann anerkennen, wenn weitere Umstände - wie etwa eine Existenzbedrohung des herrschenden Unternehmens - hinzukommen; **Scholz/Emmerich**, GmbHG, § 44 Anh. Rn 321; **Kallmeyer**, GmbHR 1995, 578, 580; **Heisterkamp**, AnwBl 1994, 487, 490f; **OLG Düsseldorf**, AG 1995, 137, 138; **LG Duisburg**, AG 1994, 379; **LG Dortmund**, AG 1994, 85, 86; **LG Frankenthal**, AG 1989, 253, 254f; dagegen: **LG Bochum**, GmbHR 1987, 24, 25; **Schlögell**, GmbHR 1995, 401, 408ff; a.A. jedoch: **Timm**, DB 1993, 569, 573ff, für den Fall der Realteilung des herrschenden Unternehmens. **Timm** verweist auf Seite 574, dort Fn 54, auf seinen Beitrag in GmbHR, 1987, 8, 15f und sieht in der Realteilung eine Ausnahme von dem Grundsatz, dass die Obergesellschaft nicht selbst den Grund für die außerordentliche und fristlose Kündigung setzen dürfe. In dem von ihm angesprochenen Beitrag in GmbHR 1987, 8, 15f verweist *Timm* auf die Schwierigkeiten, die sich bei einer Übernahme der Verlustausgleichsverpflichtung durch den Erwerber ergeben und will eine Kündigung nur in ganz eng begrenzten Ausnahmefällen zulassen. Einen Schritt weiter geht **Timm** in FS Kellermann, 461, 484, wenn er es für zulässig hält, dass im Organvertrag Regelungen dahingehend getroffen werden, welche Kündigungsgründe als wichtig im Sinne des § 297 I AktG anzusehen sind. In den Fällen, in denen die Obergesellschaft über die Anteils- oder Stimmrechtsmehrheit in der Hauptversammlung der Untergesellschaft verfügt, ist dies bedenklich. Dadurch kann die Obergesellschaft im Grunde genommen alleine die Gründe für eine fristlose Beendigung des Organvertrags schaffen.

[324] **Emmerich/Habersack**, Aktienkonzernrecht, § 297 Rn 24.

Vergrößerung der Untergesellschaft[325] vermehrte Ausgleichspflichten auferlegt würden.[326] Auch *Wilhelm* sieht die Gefahr, dass die Obergesellschaft durch die Verschmelzung einen Vertragspartner bekommen könnte, der seinen Vorstellungen nicht entspricht.[327]

Diese Argumente können jedoch aus den oben genannten Gründen nicht überzeugen. Es ist daher der Auffassung zu folgen, die das Weiterbestehen des Vertrags über die Verschmelzung der Untergesellschaft mit einem unabhängigen Unternehmen hinaus bejaht. Es ist nicht ersichtlich, warum die Verschmelzung Verträge tangieren soll, die zwischen dem aufnehmenden Rechtsträger und Dritten geschlossen wurden. Dies muss auch für den zwischen dem aufnehmenden Unternehmen und der Obergesellschaft bestehenden Beherrschungsvertrag gelten.

Auch der Umstand, dass durch die Verschmelzung ein weiteres Unternehmen in einen Beherrschungsvertrag einbezogen wird, ohne dass der Beherrschung ein Vertragsschluss vorausging, spricht nicht gegen den Fortbestand des Vertrages.[328] Hierauf hat *Hohner* zu Recht hingewiesen.[329] Da für die Zustimmung der Hauptversammlung des übertragenden Rechtsträgers nach §§ 65 I 1, 13 I 1 UmwG eine ¾ Mehrheit erforderlich ist, wird auch nicht § 293 I 1 AktG unterlaufen, der ebenfalls die Zustimmung einer Mehrheit von ¾ des bei der Beschlussfassung anwesenden Grundkapitals verlangt. Die in der Hauptversammlung zur Abstimmung berufenen Aktionäre können sich durch Einsichtnahme in das Handelsregister über das Bestehen eines Organvertrags informieren.

Zudem sind gemäß § 8 I 1 UmwG im Verschmelzungsbericht detaillierte Angaben über die wirtschaftlichen und rechtlichen Verhältnisse der an der Verschmelzung beteiligten Rechtsträger zu machen. Diese Vorschrift verbessert die Informationsmöglichkeiten der Aktionäre, die in Kenntnis aller für die Verschmelzung relevanten Hintergründe abstimmen können.[330] Im Grunde genommen stimmen die Aktionäre des übertragenden Rechtsträgers anlässlich der Beschlussfassung über die Verschmelzung auch über den Abschluss eines Organvertrags ab. Der Vertrag kommt zwar nicht zwischen der Obergesellschaft und ihrem Unternehmen zustande, sondern erstreckt sich auf das verschmolzene Unternehmen, das der Rechtsträger der vom übertragenden Unternehmen "eingebrachten" Vermögensmasse ist.

---

[325] Mit dem Begriff Vergrößerung meint **Wilhelm** anscheinend die Vergrößerung der Zahl der ausgleichsberechtigten Minderheitsaktionäre und nicht die Vergrößerung der Vermögensmasse, s. dazu **Wilhelm**, Beendigung, 31.

[326] **Wilhelm**, Beendigung, 31.

[327] **Wilhelm**, Beendigung, 31.

[328] So jedoch: **Wilhelm**, Beendigung, 31.

[329] **Hohner**, DB 1973, 1487, 1489.

[330] **W. Bayer**, ZIP 1997, 1613, 1619f; **Limmer** in Neye/Limmer/Frenz/Harnacke, Unternehmensumwandlung, Rn 272.

B. Abfindungsansprüche der Minderheit des übertragenden Unternehmens

(1) Problemstellung

Befürwortet man die Fortdauer des Organvertrags über die Verschmelzung hinaus, ist das Ergebnis das gleiche wie beim direkten Abschluss eines Organvertrags zwischen der Obergesellschaft und dem übertragenden Unternehmen. Die Aktionäre der übertragenden Gesellschaft erhalten durch die Verschmelzung Anteile an einem organvertraglich gebundenen Unternehmen, während sie vorher Anteilseigner einer organvertraglich nicht gebundenen Gesellschaft waren. Die Obergesellschaft wiederum erlangt durch die Verschmelzung die Kontrolle über ein weiteres Unternehmen, ohne dass sie die mit dem Abschluss eines Beherrschungs-/Gewinnabführungsvertrags einhergehende Verpflichtung zur Abgabe eines Abfindungsangebots nach § 305 AktG an die außenstehenden Anteilseigner trifft. Da die außenstehenden Aktionäre des übertragenden Rechtsträgers durch die Verschmelzung im Ergebnis so stehen, als hätte ihre Gesellschaft einen Organvertrag mit der Obergesellschaft geschlossen, sind sie in der gleichen Weise schutzbedürftig, wie dies bei einem direkten Vertragsschluss zwischen herrschenden Unternehmen und übertragender Gesellschaft der Fall wäre.[331] Daher muss sichergestellt sein, dass die Minderheitsaktionäre nicht gegen ihren Willen in dem neuen Unternehmen verbleiben müssen. Es muss ihnen die Möglichkeit des Ausscheidens aus dem verschmolzenen Rechtsträger eröffnet werden.

(2) Meinungsstand und Stellungnahme

Bis zur Novellierung des Umwandlungsrechts war in der Literatur umstritten, ob die Minderheitsaktionäre des übertragenden Unternehmens die Möglichkeit haben sollten, aus der verschmolzenen Gesellschaft gegen Abfindung auszuscheiden.

Koppensteiner hielt ein Ausscheiden der hinzukommenden Minderheit zumindest dann für möglich, wenn die Verschmelzung durchgeführt wird, solange die außenstehenden Aktionäre des aufnehmenden Rechtsträgers das Angebot zur Ausübung des Abfindungsangebots noch annehmen können, also die im Vertrag gegebenenfalls enthaltene Frist nach § 305 IV 1 AktG noch nicht abgelaufen ist.[332] Problematisch war nach seiner Ansicht ein Abfindungsanspruch dann, wenn diese Frist bereits abgelaufen ist und erst danach die Verschmelzung stattfand. Nach seiner Ansicht soll der Fristablauf einem Abfindungsanspruch entgegenstehen.[333] Andererseits sehe § 305 II Nr. 2 AktG eine Abfindung vor, wenn ein Unternehmen beherrschungsvertraglich gebunden sei. Diese Wertung könne daher auch auf den Fall der Verschmelzung zu übertragen sein, mit der Folge, dass die hinzukommenden Minderheitsaktionäre trotz Fristablaufs einen Abfindungsanspruch hätten.[334] *Koppensteiner* lässt die Frage, ob den hinzukommenden Minderheitsaktionären eine Abfindung anzubieten ist, jedoch im Ergebnis offen.

---

[331] So zutreffend: **Krieger**, ZGR 1990, 517, 537.
[332] Köln.Komm., § 305, Rn 15; a.A. jedoch: **Exner**, Beherrschungsvertrag, 150ff;
[333] **Koppensteiner**, Köln.Komm., § 305 Rn 15.
[334] **Koppensteiner**, Köln.Komm., § 305, Rn 15.

In die gleiche Richtung zielen die Argumente von *Hohner*,[335] der einerseits das Schutzbedürfnis der außenstehenden Aktionäre des übertragenden Rechtsträgers sieht aber andererseits eine direkte Anwendung der §§ 304 ff AktG mit der Begründung verneint, diese Vorschriften seien nur im Fall eines Neuabschlusses eines Beherrschungsvertrages anwendbar. Bei der Verschmelzung gehe es nicht um den Neuabschluss eines Beherrschungsvertrages sondern um den Erwerb von Anteilen an einer Gesellschaft, die bereits einem bestehenden und unanfechtbaren Beherrschungsvertrag unterliege. Seiner Ansicht nach muss die Obergesellschaft jedoch verpflichtet sein, den hinzukommenden Aktionären binnen einer angemessenen Frist nach der Verschmelzung eine Abfindung anzubieten.[336] Er nimmt jedoch ebenfalls nicht dazu Stellung, ob den Aktionären die im Beherrschungsvertrag vereinbarte Abfindung anzubieten wäre oder ob die Abfindung nach den Wertverhältnissen im Zeitpunkt der Verschmelzung neu zu berechnen ist.

Den vorgenannten Auffassungen ist im Ergebnis zuzustimmen. Nicht klar wird jedoch, wie der Abfindungsanspruch dogmatisch begründet werden kann und wie er im einzelnen auszusehen hat. Als Grundlage für einen derartigen Anspruch kommt neben den Vorschriften des AktG das UmwG in Betracht. Dieses sieht in § 29 I 1. HS die Verpflichtung des aufnehmenden Rechtsträgers vor, jedem Anteilsinhaber eine Barabfindung anzubieten, wenn der übernehmende Rechtsträger eine andere Rechtsform als der übertragende hat (sog. Mischverschmelzung) und wenn der Anteilseigner in der Hauptversammlung dem Verschmelzungsbeschluss widerspricht. Sind an der Verschmelzung zwei Aktiengesellschaften beteiligt, greift diese Vorschrift nicht ein.

Aus § 29 I 2 UmwG folgt eine Barabfindungspflicht, wenn die Aktionäre durch die Verschmelzung Aktien erhalten, die nach der Satzung der übernehmenden AG Verfügungsbeschränkungen unterworfen sind. Die Vorschrift ist für die Fälle gedacht, in denen der Tausch von Inhaber- in Namensaktien erfolgt oder die Veräußerung der Anteile nur mit Zustimmung der Gesellschaft erfolgen kann.[337] Der Beherrschungsvertrag behindert jedoch die neu hinzugekommenen Minderheitsaktionäre nicht in der Veräußerung ihrer Anteile, etwa über die Börse oder an andere kaufbereite Dritte.

(a) Rechtszustand vor Inkrafttreten des UmwG 1995

Das bis zur Novellierung geltende Umwandlungs- und Verschmelzungsrecht sah an verschiedenen Stellen die Möglichkeit vor, dass Minderheiten, die mit einer Umstrukturierung ihres Unternehmens nicht einverstanden waren, aus diesem ausscheiden konnten.[338]

Nach § 375 AktG a.F. konnten Aktionäre aus der AG austreten, wenn diese in eine GmbH umgewandelt wurde. Nach § 33 III KapErhG a.F. galt das gleiche für den Fall

[335] **Hohner**, DB 1973, 1487, dort Fn 6.
[336] **Hohner**, DB 1973, 1487, Fn 6.
[337] **Limmer** in Neye/Limmer/Frenz/Harnacke, Unternehmensumwandlung, Rn 445;
[338] Eine Übersicht zum Rechtszustand vor Inkrafttreten des UmwG 1995 gibt **Schindler**, Austrittsrecht, 114f.

der Verschmelzung einer AG mit einer GmbH. In beiden Fällen hatte sich die Abfindung der ausscheidenden Gesellschafter an der Vermögens- und Ertragslage im Zeitpunkt der Beschlussfassung der Gesellschafterversammlung über die Umwandlung/Verschmelzung zu orientieren, §§ 375 I 1 1. HS, 320 V 5 AktG aF., §§ 33 III KapErhG, 375 I 1 1. HS, 320 V 5 AktG a.F.

Im Genossenschaftsrecht gab es in § 93k I 1 GenG a.F. eine Regelung, wonach bei der Verschmelzung von Genossenschaften dissentierenden Genossen ein Kündigungsrecht zustand. Nach § 93m I 3 GenG a.F. konnte der kündigende Genosse die Auszahlung seines Geschäftsguthabens verlangen, wobei er an den Rücklagen und dem sonstigen Vermögen der übertragenden Genossenschaft nicht partizipierte, es sei denn die Genossenschaft hatte in ihrem Statut die Partizipation an einer dafür eingerichteten Ergebnisrücklage vorgesehen, §§ 93m I 2, 73 III 1 GenG a.F.

Bei der Umwandlung einer GmbH in eine AG gewährte § 383 I 1 AktG a.F. ein sog. Preisgaberecht. Hier konnte der widersprechende Aktionär der AG seine Anteile zur Verwertung überlassen. Die AG hatte die Anteile des Aktionärs unverzüglich zum amtlichen Börsenpreis oder bei Fehlen eines Börsenpreises durch öffentliche Versteigerung zu verkaufen und den Verkaufserlös an den Anteilsinhaber auszukehren, § 383 II 1 AktG a.F.

Daneben sah das alte Umwandlungsrecht in § 12 I 1 u. 2. UmwG a.F. eine Barabfindung ausscheidender Anteilseigner vor, wenn eine AG, KGaA oder eine GmbH in eine Personengesellschaft umgewandelt wurde. Die Barabfindung hatte sich nach § 12 I 2 UmwG a.F. an der Vermögens- und Ertragslage der Gesellschaft im Zeitpunkt der Beschlussfassung ihrer Hauptversammlung über die Umwandlung zu orientieren.

Den vorgenannten Regelungen war gemeinsam, dass die Anteilseigner bzw. Gesellschafter, die mit einer Umstrukturierung nicht einverstanden waren, aus dem Unternehmen ausscheiden konnten. Im Gegensatz zur Regelung des § 29 I UmwG war der Rechtszustand vor der Novellierung des Umwandlungsrechts jedoch nicht einheitlich, was den Abfindungsanspruch des ausscheidenden Gesellschafters anging. Dies wird deutlich am Beispiel des § 383 AktG. Die AG hatte danach die vom Aktionär überlassenen Anteile für dessen Rechnung - etwa durch Verkauf über die Börse - zu verwerten. Der so erzielte Erlös entsprach aber nicht unbedingt dem Wert, der sich ergeben hätte, wären die Anteile nach den Grundsätzen der §§ 305 AktG, 29 UmwG bewertet worden.

Auch die Abfindung des kündigenden Genossen nach §§ 93k I 1, 93m I 2 GenG a.F. war eine andere als die, die sich aufgrund einer nach der Vermögens- und Ertragslage der Genossenschaft durchgeführten Berechnung ergeben hätte.

Die in den übrigen Vorschriften (§§ 375 AktG a.F., 33 III KapErhG, 12 UmwG) enthaltenen Abfindungsregelungen stimmen dagegen mit dem neuen Rechtszustand überein, da damals auch schon für die Berechnung der Abfindung auf die Ertrags- und Vermögenslage im Zeitpunkt der Beschlussfassung der Gesellschafterversammlung abzustellen war.

Als Ergebnis lässt sich festhalten, dass nach dem alten Umwandlungsrecht die Abfindung unterschiedlich geregelt war, je nachdem, welche Rechtsträger an der Umwandlung/Verschmelzung beteiligt waren und welche Art der Umstrukturierung vorlag.

(b) Rechtszustand nach Inkrafttreten des UmwG 1995

Eine der Grundintentionen des Gesetzgebers bei der Novellierung des Umwandlungsrechts war es, Strukturänderungen im Unternehmensbereich zu erleichtern und die auf viele Gesetze verstreuten Einzelregelungen mit dem Ziel einer verbesserten Übersichtlichkeit zusammenzufassen.[339]

Bei Strukturänderungen sind die Interessen der hiervon Betroffenen zum Ausgleich zu bringen. Wie im Konzernrecht hat der Gesetzgeber der Mehrheitsentscheidung den Vorrang eingeräumt, wenn es um die Frage geht, ob dissentierende (Minderheits-)Gesellschafter eine Umstrukturierung verhindern können.[340]

Im Gegensatz zu den Regelungen des Konzernrechts, das den Minderheitsgesellschaftern beim Abschluss eines Organvertrags einen Abfindungsanspruch gewährt, sieht das neue Umwandlungsrecht nur in eng begrenzten Fällen die Möglichkeit vor, dass dissentierende Aktionäre, die aufgrund der Übermacht des Mehrheitsgesellschafters eine Unternehmensumwandlung nicht verhindern können, gegen volle Entschädigung[341] aus dem verschmolzenen Rechtsträger auszuscheiden.

Lediglich in den Fällen des § 29 UmwG (Mischverschmelzung bzw. Verfügungsbeschränkungen) wurden eine der Vorschrift des § 305 AktG entsprechende Regelungen geschaffen. Das Ausscheiden aus dem Unternehmen ist aber grundsätzlich nur dann eine Alternative zum Verbleib, wenn die Vermögensinteressen des Ausscheidenden gewahrt werden. Demzufolge muss der dissentierende Minderheitseigner beim Ausscheiden den vollen Wert seiner Anteile und nicht nur irgendeinen Erlös erhalten.[342]

Im neuen Umwandlungsrecht hat der Gesetzgeber die Mitverwaltungsrechte der Minderheit neben der Zulässigkeit von Mehrheitsentscheidungen zusätzlich noch dadurch eingeschränkt, dass Verschmelzungsbeschlüsse nur unter bestimmten Voraussetzungen angefochten werden können. Dies wird deutlich im Hinblick auf die in den §§ 14 II, 15 UmwG enthaltenen Regelungen: Die Wirksamkeit des Verschmelzungsbeschlusses wird nicht dadurch tangiert, dass das Umtauschverhältnis unangemessen ist. Will sich ein Aktionär des übertragenden Rechtsträgers hiergegen wehren, muss er ein Spruch-

---

[339] **Regierungsbegründung zum UmwG**, Bundesratsdrucksache 75/94 vom 04.02.1994, abgedruckt in Widmann/Mayer, Band 1 unter "Begründung zum UmwG 1995", Ziff. B (28. Erg.-Lfg/Mai 95); **Neye** in Neye/Limmer/Frenz/Harnacke, Unternehmensumwandlung, 1ff.

[340] **Neye** in Neye/Limmer/Frenz/Harnacke, Unternehmensumwandlung, 18, 123.

[341] Unter dem Begriff "volle Entschädigung" ist eine Kompensation zu verstehen, die sich unter Berücksichtigung der Vermögens- und Ertragslage im Zeitpunkt der Beschlussfassung der Hauptversammlung über die Verschmelzung ergibt.

[342] **Frenz** in Neye/Limmer/Frenz/Harnacke, Unternehmensumwandlung, 123ff.

verfahren einleiten, in dem die Verschmelzungswertrelationen gerichtlich überprüft werden, §§ 306ff UmwG.[343]

Eine vergleichbare Regelung gibt es im Konzernrecht. Minderheitsaktionäre, die ein Abfindungsangebot des herrschenden Unternehmens für nicht angemessen halten, können die Zustimmung der Hauptversammlung ihrer Gesellschaft zum Unternehmensvertrag nicht mit dieser Begründung angreifen, sondern werden auf das Spruchstellenverfahren gem. § 306 AktG verwiesen.

Beiden Regelungen ist gemeinsam, dass den Interessen des Mehrheitsgesellschafters bzw. der Gesellschaft Vorrang vor den Belangen der dissentierenden Minderheit eingeräumt wird. Die (Mit-)Verwaltungsrechte der Minderheit dürfen jedoch im Fall eines Beherrschungsvertrages nur deswegen eingeschränkt werden, weil diese Eingriffe vermögensmäßig kompensiert werden.[344] Im Unterschied zum UmwG gibt das AktG jedem Aktionär, der mit einer Mehrheitsentscheidung nicht einverstanden ist, die Möglichkeit, die gegen seinen Willen umgestaltete Gesellschaft verlassen und eine dem tatsächlichen Wert seiner Beteiligung entsprechende Entschädigung zu verlangen. Verglichen mit dem alten Rechtszustand hat der Gesetzgeber mit der Schaffung des neuen Umwandlungsrechts davon abgesehen, die Interessen der Minderheit gegen alle mit der Verschmelzung möglicherweise einhergehenden Beeinträchtigungen zu schützen. Insbesondere hat er von einer Regelung der hier zu untersuchenden Konstellation abgesehen und anscheinend keinen Anlass gesehen, in Anlehnung an § 305 AktG den Minderheitsaktionären im neuen Umwandlungsrecht ebenfalls einen generellen Abfindungsanspruch zu gewähren, wenn sie mit der Verschmelzung nicht einverstanden sind.

Während das Umwandlungsrecht die Vorgänge regelt, mit denen die Umstrukturierung, und Reorganisation von Unternehmen durchgeführt wird,[345] geht es bei den §§ 304ff AktG darum, die Rechtsstellung der Aktionäre zu sichern, die von einem Organvertrag nicht profitieren. Das UmwG beschränkt sich in seinem Regelungsbereich auf die erstgenannten Zielsetzungen. Sind an der Umwandlung Unternehmen beteiligt, zwischen denen ein Organvertrag besteht, sind die Minderheitsaktionäre der Untergesellschaft in zweifacher Hinsicht betroffen. Zum einen haben sie Abfindungs- und Ausgleichsansprüche aufgrund des bestehenden Organvertrags, zum anderen wird ihr Unternehmen selbst oder die Obergesellschaft umgewandelt. Letzteres kann Auswirkungen auf ihre Rechtsstellung als Minderheitsaktionäre haben. Die zwangsläufig damit zusammenhängende Frage ist, welchen der beiden Rechtsmaterien die geeigneten Regelungen bereit hält, um die Rechte der außenstehenden Aktionäre zu schützen.

---

[343] Zur Differenzierung zwischen den Anteilseignern des übertragenden und des übernehmenden Rechtsträgers siehe **W. Bayer**, ZHR 1999, 505, 549.

[344] **Frenz** in Neye/Limmer/Frenz/Harnacke, Unternehmensumwandlung, 123.

[345] **Schwarz** in Widmann/Mayer, Einf UmwG Rn 2.1ff (28. Erg.-Lfg./Mai 95);

Interessant in diesem Zusammenhang ist, dass im Gesetzgebungsverfahren die Einführung eines generellen Abfindungsanspruchs diskutiert wurde. In § 387 E[346] war vorgesehen, dass außenstehende Gesellschafter des übertragenden Unternehmens anstelle von Anteilen der übernehmenden Gesellschaft eine Barabfindung (§ 387 I E) oder eine Abfindung in Aktien der Konzernspitze (§ 387 II E) verlangen konnten, wenn sie die aufgrund der nicht erreichten Sperrminorität die Umwandlung nicht verhindern konnten. Der Entwurf ist insoweit aber nicht Gesetz geworden. Daraus könnte man den Schluss ziehen, dass der Gesetzgeber angesichts der ihm bekannten Problematik des dissentierenden Minderheitsgesellschafters den Schutz desselben nicht verbessern und deswegen bewusst von einem generellen Abfindungsanspruch absehen wollte.

In der Regierungsbegründung des Gesetzentwurfs zum UmwG findet sich der Hinweis, es solle darauf verzichtet werden, besondere Regeln für den Minderheitenschutz bei Umwandlungen verbundener Unternehmen zu schaffen. Die Entwicklung der Rechtsprechung und im Schrifttum sei noch nicht soweit gediehen, dass sich bereits für diesen besonderen Fragenkreis des Konzernrechts eine abschließende Regelung treffen ließe. Eine solche Teilregelung könne erst dann getroffen werden, wenn eine allgemeine Lösung für die im Konzernrecht auftretenden Fragen gefunden worden sei.[347] Aus dieser Stellungnahme und den darin enthaltenen Formulierungen[348] wird deutlich, dass der Gesetzgeber den Minderheitenschutz eher als ein konzernrechtliches und nicht als ein spezifisch umwandlungsrechtliches Problem gesehen hat. Die den Minderheitenschutz berührenden Fragen im Zusammenhang mit der Umwandlung im Vertragskonzern können daher nur unter Zuhilfenahme konzernrechtlicher Instrumentarien gelöst werden.

Als weiterer Lösungsansatz wird vertreten, die Regelung des § 29 I 2 UmwG im Wege der Analogie als allgemeines Verschlechterungsverbot zu interpretieren und dem Minderheitseigner bei Umwandlungen immer dann einen Anspruch auf Barabfindung zu gewähren, wenn diese für ihn eine Verschlechterung seiner Stellung als Anteilseigner nach sich zieht.[349] Die Vorschrift des § 29 UmwG ist Teil des umwandlungsrechtlichen Minderheitenschutzes, der in erster Linie durch Zustimmungs- und Mehrheitserfordernisse der Anteilseignerversammlungen sowie das Erfordernis der Verschmelzungsprüfung und des Prüfungsberichtes gewährleistet wird..[350] Dieser Schutz besteht neben und unabhängig von einem spezifisch konzernrechtlich gewährten Schutz. Die beide Regelungsmaterien verbindende Gemeinsamkeit liegt einzig und allein darin, dass eine Minderheit weder den Abschluss eines Organvertrags noch eine Verschmelzung bzw.

---

[346] Diskussionsentwurf des Gesetzes zur Bereinigung des Umwandlungsrechts, Bundesanzeiger Nr. 214a, 1988.

[347] **Begründung des Gesetzentwurfs zum UmwG**, Bundesratsdrucksache 75/94 vom 04.02.1994, abgedruckt in **Widmann/Mayer**, Band 1 unter "Begründung zum UmwG 1995", Ziffer IV (28. Erg.-Lfg./Mai 95).

[348] Der Minderheitenschutz wird als besonderer Fragenkreis des Konzernrechts bezeichnet und die damit zusammenhängenden Fragen werden im Zusammenhang mit dem Konzernrecht gesehen.

[349] **Limmer** in Neye/Limmer/Frenz/Harnacke, Unternehmensumwandlung, Rn 446ff.

[350] **Vollrath** in Widmann/Mayer, § 29 Rn 1, (33. Erg.-Lfg./Juli 96).

Umwandlung verhindern kann. Das eng an die Vorschriften der §§ 369ff AktG a.F., § 33 KapErhG und § 375 AktG a.F. angelehnte Barabfindungsangebot des § 29 UmwG knüpft dabei an eine aufgrund der Umwandlung typisierte Interessenbeeinträchtigung des Anteilseigners an. Der Gesetzgeber vermutet beim Wechsel in eine andere Rechtsform angesichts der unterschiedlichen Fungibilität der Anteile bzw. Mitgliedschaften unwiderleglich eine Beeinträchtigung der Interessen der Aktionäre, die sich der Mehrheitsentscheidung zu beugen haben.[351]

Die gleichen Erwägungen gelten für den in § 29 I 2 UmwG geregelten Fall der Verfügungsbeschränkungen. Der Minderheitsaktionär muss eine Verschlechterung der Fungibilität seiner Anteile nicht hinnehmen, sondern hat das Recht, aus der umzuwandelnden Gesellschaft auszuscheiden.[352] Die analoge Anwendung dieser Vorschrift setzt eine Regelungslücke voraus. Der Gesetzgeber des UmwG hat Verschmelzungsfälle, an denen beherrschungsvertraglich gebundene Unternehmen beteiligt sind, nicht besonders geregelt.

Die Problematik, inwieweit die hinzukommenden Minderheitsaktionäre Ansprüche wegen der aus dem Organvertrag resultierenden Beschränkungen ihrer Mitverwaltungs- und Vermögensrechte geltend machen können, bestand schon, als noch das alte Umwandlungsrecht galt. Hätte der Gesetzgeber die Minderheitsaktionäre in der Verschmelzung besonders und über die §§ 304ff AktG hinaus schützen wollen, hätte sich anlässlich der vollständigen Neuordnung des Umwandlungsrechts die Möglichkeit geboten, entsprechende Regelungen zu treffen. Die hier vertretene Auffassung wird nicht zuletzt durch die vorstehend skizzierte Entstehungsgeschichte des § 29 UmwG gestützt. Aus ihr wird klar, dass der Gesetzgeber den mit einer Verschmelzung im Konzern verbundenen Regelungsbedarf erkannt hat, diesen jedoch dem Konzernrecht überlassen wollte. Von einer planwidrigen Lücke im UmwG 1995, die im Wege einer analogen Anwendung des § 29 UmwG zu schließen wäre, kann daher nicht ausgegangen werden.[353] Aus dem Fehlen entsprechender Vorschriften im UmwG kann daher nur geschlossen werden, dass der Schutz der Minderheit des übertragenden Rechtsträgers allein auf das Konzernrecht gestützt werden kann.

---

351 **Vollrath** in Widmann/Mayer, § 29 Rn 11, (33. Erg.-Lfg/Juli 96); ähnlich auch **Grunewald** in Lutter, UmwG, § 29 Rn 1f, wonach das Austrittsrecht der Tatsache Rechnung trägt, dass eine Veränderung der Rechtsform erhebliche Auswirkungen auf die Rechtstellung des Anteilsinhabers hat und diesem daher eine Mitgliedschaft in dem übernehmenden Rechtsträger nicht ohne weiteres zuzumuten ist.

352 **Vollrath** in Widmann/Mayer, § 29 Rn 13, (33. Erg.-Lfg/Juli 96).

353 **Mülbert**, Aktiengesellschaft, 269f, sieht in der Gewährung von Aktien am verschmolzenen Rechtsträger als zwangsweises Ausscheiden der Anteilseigner des übertragenden Rechtsträgers gegen Gewährung einer unbaren Abfindung. Gegen eventuelle Vermögensverluste werde der einzelne Aktionär durch § 15 UmwG geschützt. Keinen Schutz könne das UmwG (insbesondere § 29 UmwG) bieten, wenn es um die Verschmelzung einer konzernierten Gesellschaft mit einem unabhängigen Unternehmen gehe.

(i) Abfindungsanspruch der Neu-Minderheitsaktionäre aus der im Organvertrag enthalten Abfindungsregelung

Man könnte zunächst daran denken, den Minderheitsgesellschaftern des übertragenden Rechtsträgers den Abfindungsanspruch aus dem zwischen der übernehmenden AG und der Obergesellschaft geschlossenen Unternehmensvertrag zu gewähren, wie es *Koppensteiner* und *Hohner* vorgeschlagen haben.[354] Dies wäre in den Fällen denkbar, in denen ein unbefristetes Abfindungsangebot besteht oder in denen die im Organvertrag vereinbarte Frist, binnen derer die Obergesellschaft zum Aktienerwerb verpflichtet ist, noch nicht abgelaufen ist.

Würde man der hinzukommenden Minderheit jedoch die seinerzeit zwischen dem übernehmenden Rechtsträger und der Obergesellschaft vereinbarte Abfindung zubilligen, erhielten die hinzukommenden Minderheitsaktionäre nicht die ihnen zustehende, angemessene Abfindung. Eine den Anforderungen des § 305 AktG genügende Kompensation kann nur dadurch erreicht werden, dass als Grundlage für die Abfindung der Unternehmenswert im Zeitpunkt der Verschmelzung herangezogen wird. Die von *Koppensteiner* und *Hohner* vertretene Auffassung ist daher abzulehnen.

(ii) Abfindung im Wege eines öffentlichen Übernahmeangebots

Denkbar wäre, die Obergesellschaft zu verpflichten, den hinzukommenden Minderheitsaktionären ein selbständiges Abfindungsangebot zu unterbreiten, und zwar nicht im Wege der Ergänzung des bestehenden Unternehmensvertrags sondern im Wege eines öffentlichen Übernahmeangebots, gerichtet auf Tausch der Anteile der Minderheit in Aktien des herrschenden Unternehmens oder auf Zahlung einer Barabfindung. Fraglich ist jedoch auch hier, worauf dieser Anspruch gestützt werden kann.

Während vor allem die USA und Großbritannien die "takeover-bids" gesetzlich geregelt haben, fehlt es in Deutschland bislang an entsprechenden gesetzlichen Vorschriften. Es gibt bislang lediglich einen Vorschlag der Europäischen Kommission in Form der 13. Richtlinie auf dem Gebiet des Gesellschaftsrechts, die die Regelung von Übernahmeangeboten zum Gegenstand hat.[355]

Die Richtlinie wurde bislang jedoch noch nicht in Kraft gesetzt. De lege ferenda sah diese Richtlinie in Art 4 vor, dass bei jedem Erwerb weiterer Anteile an einer AG, mit denen (höchstens) ein Drittel der Stimmrechte verbunden sind, ein öffentliches Übernahmeangebot für sämtliche restlichen Anteile zu unterbreiten ist.

Seit dem 1. Januar 1998 existiert ein Übernahmekodex, der bislang jedoch nur von einem Teil der börsennotierten Unternehmen freiwillig unterworfen haben.[356] Die SPD hatte bereits in der vergangenen Legislaturperiode den Entwurf eines Gesetzes zur Re-

---

[354] **Koppensteiner**, Köln.Komm., § 305 Rn 15; **Hohner**, DB 1973, 1487, dort Fn 6.

[355] abgedruckt in: Amtsblatt der Europäischen Gemeinschaft 1989 Nr. C 64 und 1990 Nr. C 240; s. dazu auch die Stellungnahme des Rechtsausschusses des Deutschen Bundestages, BT-Dr 12 (1991)/1465; s. dazu im einzelnen: **Röhrich**, RIW 1993, 93ff.

[356] Siehe zum derzeitigen Stand der Diskussion zur Kodifizierung des Übernahmerechts ausführlich: **Schiessl**, AG 1999, 442, 449.

gelung von Unternehmensübernahmen vorgelegt, der vorsah, dass bei einem Anteilserwerb in Höhe von 25 Prozent der Zielgesellschaft (sog. Kontrollschwelle) allen Aktionären ein Angebot zur Übernahme ihrer Aktien zu unterbreiten ist.[357] Aufgrund der seit 1995 gesammelten Erfahrungen mit dem Übernahmekodex empfahl die Börsensachverständigenkommission der Bundesregierung, zum Schutz von Minderheitsaktionären eine bußgeldbewehrte, gesetzliche Verpflichtung zur Unterbreitung von Übernahmeangeboten zu schaffen.[358] Die Kontrollschwelle soll nach den Bestimmungen des SPD-Entwurfes nicht starr am Anteil des Grundkapitals sondern an der Hauptversammlungsmehrheit der vergangenen drei Jahre gemessen werden.[359] Des weiteren solle sich der Angebotspreis am höchsten Börsenkurs der zurückliegenden sechs Monate orientieren und die bietende Gesellschaft die Möglichkeit erhalten, Kleinstbeteiligungen - auch gegen den Willen der Anteilsinhaber - in bar abzufinden.[360]

In der Literatur werden Ansätze für die Herleitung einer Pflicht zur Abgabe eines Abfindungsangebots diskutiert. Eine Abfindungspflicht außerhalb eines Organvertrags wird teilweise damit begründet, alle Aktionäre seien beim Erwerb einer Kontrollmehrheit gleich zu behandeln.[361]

Die gesetzliche Regelung von Übernahmeangeboten würde im vorliegenden Fall jedoch nur dann weiterhelfen, wenn der Verschmelzung ein relevanter Anteilserwerb etwa durch die Obergesellschaft oder das aufnehmende Unternehmen voranginge.

Für den Börsenkurs bzw. den von Obergesellschaft gezahlten Erwerbspreis als Grundlage einer Abfindung würde sprechen, dass die Obergesellschaft im Vorfeld des Organvertrags sich in aller Regel eine ausreichende Anteilsmehrheit sichern möchte, um die Hauptversammlung des beherrschten Unternehmens zu dominieren und den Organvertrag durchsetzen zu können.[362] Hat sie die Hauptversammlungsmehrheit durch die Käufe erreicht, ist für sie der weitere Zukauf von Aktien der Minderheit uninteressant und wesentlich weniger wert als vor Erreichen der Mehrheit. Sie wird hierfür dann wesentlich weniger zahlen wollen. Im Sinne der Minderheit wäre es, den Schutz durch Abfindung vorzuverlagern und nicht erst einen Organvertrag abzuwarten. Anknüpfungspunkt müsste das Erreichen beherrschenden Einflusses durch Anteilsmehrheit und nicht die spätere Umsetzung des Einflusses sei es durch Vertrag oder durch eine Verschmelzung sein.

---

[357] Siehe hierzu die Nachweise bei: **Schiessl**, AG 1999, 442, 449, dort Fn 40; Ein Abfindungsangebot nach der derzeitigen Rechtslage ist in der Rechtsprechung nicht anerkannt. Siehe hierzu die Entscheidung des **OLG Celle**, AG 1974, 83, 84. Das Gericht verneinte eine Verpflichtung des aufkaufenden Aktionärs, die übrigen Aktionäre gleich zu behandeln, wenn er Aktien zu einem bestimmten Preis über die Börse erworben und später im Organvertrag eine geringere Abfindung als den zuvor gezahlten Preis anbietet.

[358] **Schiessl**, AG 1999, 442, 449f.

[359] **Schiessl**, AG 1999, 442, 450.

[360] **Schiessl**, AG 1999, 442, 450.

[361] **Reul**, Gleichbehandlung, 251ff.

[362] **Kallmeyer**, AG 2000, 59, 60, lehnt den vom Hauptaktionär gezahlten Preis als Maßstab für eine Abfindung ab.

Ein entscheidender Unterschied zum Abfindungsanspruch nach § 304 AktG bzw. § 29 I 1 UmwG läge jedoch darin, dass der Übernahmepreis, der an die Minderheitsaktionäre zu zahlen wäre, sich am Börsenkurs der Vergangenheit und nicht am Unternehmenswert im Zeitpunkt der Verschmelzung orientieren würde.[363] Teilweise wird in der Literatur gefordert, von der bisherigen Praxis der Ermittlung des Unternehmenswerts Abstand zu nehmen.[364] Die Abfindung solle sich vielmehr am Börsenkurs orientieren, der als Marktpreis das allein taugliche Kriterium für die Wertermittlung sein könne.[365] Insbesondere *Götz* kritisiert die bisherige Praxis der Gerichte in den Spruchstellenverfahren. Seiner Ansicht nach ist der Minderheitsaktionär nicht Mitunternehmer sondern lediglich Miteigentümer am Unternehmen. Er könne - anders als ein Großaktionär - regelmäßig nur über die Börse oder den anderweitig organisierten Markt für Unternehmensbeteiligungen Aktien erwerben und veräußern. Demzufolge habe er keinen direkten Zugriff auf den Unternehmenswert. Ein solcher Zugriff könne nur mittelbar dadurch erfolgen, als der Börsenkurs den Wert der Beteiligung widerspiegele.[366]

Das Argument, der Börsenkurs sei wegen der Vielzahl der Einflussfaktoren ein untauglicher Wertmaßstab[367], weist er mit der Begründung zurück, dass es in einer Marktwirtschaft - einen funktionierenden Markt vorausgesetzt - keine besseren Indikatoren gebe und dass unsere Rechtsordnung, z.B. im Schadenersatzrecht, Marktpreise akzeptiere. Es sei daher nicht nachvollziehbar, warum ausgerechnet bei der Ermittlung der Abfindung statt der Marktpreise andere Wertermittlungsverfahren gelten sollten.[368] Zudem gehe aus den Vorschriften der §§ 293a I 2, 293e hervor, dass der Gesetzgeber den Monopolanspruch der Wirtschaftsprüfer bezüglich er Ermittlung von Unternehmenswerten nicht anerkenne sondern vielmehr Raum für eine Anteilsbewertung durch den Kapitalmarkt lasse.[369] *Götz* räumt jedoch auch ein, dass mit dem Postulat der Abfindung nach Marktpreisen nicht automatisch das Problem der Angemessenheit ausgeräumt ist. Insbesondere wegen des Informationsvorsprungs des Großaktionärs bestehe die Gefahr, dass der Markt nicht alle für eine Preisbildung relevanten Informationen berücksichtigen könne. Dies gelte insbesondere für kleinere Gesellschaften mit restriktiv geübter Publizität.[370]

Der Ansicht von Götz ist zuzustimmen, mit der Einschränkung dass der Börsenpreis oder ein Preis, der sich auf einem anderen Markt für Unternehmensbeteiligungen herausgebildet hat, nur die Untergrenze für eine vom herrschenden Unternehmen zu zahlende Abfindung sein kann. Die von Götz gegen die bisherige Praxis der Unternehmensbewertung angeführten Argumente sind sicherlich erwägenswert. Die Frage ist jedoch, ob die von ihm postulierte Überlegenheit der Unternehmensbewertung durch

---

[363] Kritisch zum Börsenkurs als Bemessungskriterium: **Schindler**, Austrittsrecht, 127f.
[364] Siehe den Überblick bei: **Luttermann**, ZIP 1999, 45ff.
[365] **Götz**, DB 1996, 259, 260ff; **Steinhauer**, AG 1999, 299, 307.
[366] **Götz**, DB 1996, 259, 261.
[367] **BayObLG**, AG 1996, 127, 128; **ders.**, AG 1996, 176, 177; **OLG Düsseldorf**, AG 1995, 85.
[368] **Götz**, DB 1996, 259, 264.
[369] **Götz**, DB 1996, 259, 262.
[370] **Götz**, DB 1996, 259, 265.

Marktpreise auch in der Praxis taugt. Die Überlegung, der Marktpreis für Aktien spiegele in jedem Zeitpunkt den korrekten Unternehmenswert wider, setzt einen informationseffizienten Kapitalmarkt voraus.[371] Nur dann kann es nicht zu einer Divergenz von fundamental gerechtfertigtem Unternehmenswert und Börsenkurs kommen.[372]

Die Problematik der Divergenz zwischen Börsenkursen und dem inneren Wert eines Unternehmens wird vor allem im Zusammenhang mit der Gewährung sog. "Stock Options" an die Führungskräfte einer Aktiengesellschaft diskutiert. Ausgehend von der Überlegung, dass eine Über- oder Unterbewertung eines Unternehmens, d.h. ein Abweichen des Börsenkurses von dem tatsächlichen Unternehmenswert durch die Bildung von Marktpreisen für die Aktien korrigiert wird, wird die Vergütung des Managements an die Aktienkursentwicklung geknüpft, um so eine am Unternehmenswert ausgerichtete Geschäftsführung zu erreichen. Durch die Verknüpfung der Vergütung mit der Entwicklung des Unternehmenswerts (der sich im Börsenkurs der Aktien ausdrückt) erhoffen sich die Vertreter des Shareholder-Value-Gedanken eine konsequente Ausrichtung des Managements an der Steigerung des Unternehmenswerts.[373]

Das entscheidende Kriterium des Shareholder-Value-Ansatzes für dessen Praxistauglichkeit liegt jedoch in der Frage, ob der Markt über sämtliche Informationen verfügt oder verfügen kann, die zu einer vollständigen und dem tatsächlichen Unternehmenswert entsprechenden Bewertung notwendig sind. *Elkart/Schmusch* verneinen dies zumindest für bundesdeutsche Verhältnisse und gelangen zu dem Ergebnis, dass der deutsche Kapitalmarkt insoweit nur unvollkommen entwickelt ist.[374] Die von Götz gegen die traditionelle Methode der Unternehmensbewertung angeführte Überlegenheit der Marktpreisbildung kann daher nicht nachvollzogen werden. Aufgrund der tatsächlichen Verhältnisse fehlt es an einer der wichtigsten Voraussetzungen für die Umsetzung dieses Ansatzes, nämlich an der unzureichenden Informationseffizienz zumindest des deutschen Kapitalmarktes.

Nach den derzeitigen Verhältnissen ist davon auszugehen, dass die Praxis der Unternehmensbewertung durch Einholung von Gutachten die bessere - wenn vielleicht auch nicht vollkommene - Bewertungsmethode ist. Der Börsenkurs kann ausnahmsweise der Ermittlung der Abfindungshöhe dienen, wenn eine Unternehmensbewertung unmöglich ist. In einem vom *BayObLG* entschiedenen Fall[375] konnte im Spruchstellenverfahren kein Gutachten eingeholt werden, da die Parteien des Unternehmensvertrags die Kosten für die Einholung eines Gutachtens nicht übernehmen wollten. Das Gericht hielt es nicht für angezeigt, einen Wirtschaftsprüfer zu den in § 3 ZSEG festgelegten Vergütungssätzen zu beauftragen. Es sei bekannt, so das Gericht, dass Wirtschaftsprüfer zu den gesetzlichen Entschädigungen nicht zur Verfügung stünden. Der Hinweis auf § 407 I ZPO[376] sei nur von akademischem Wert und verkenne die Gegebenheiten

---

[371] **Elkart/Schmusch**, Stock Options und Shareholder Value, 77, 89.
[372] **Elkart/Schmusch**, Stock Options und Shareholder Value, 77, 89.
[373] **Elkart/Schmusch**, Stock Options und Shareholder Value, 77, 89ff.
[374] **Elkart/Schmusch**, Stock Options und Shareholder Value, 77, 89.
[375] AG 1999, 43.
[376] **Lüke/Blenske**, EWiR, § 304 AktG 1/98, 581.

der Praxis.[377] Während des Verfahrens wurde zudem über das Vermögen beider Vertragsparteien zudem das Konkursverfahren eröffnet. Da aus Sicht des Gerichts die Überprüfung des im Beherrschungsvertrags festgelegten Abfindungsangebots durch ein Gutachten ausschied, griff es zu der Notlösung, die Abfindung anhand der Börsenkurse des beherrschten Unternehmens zu ermitteln. Das Gericht begründet den eingeschlagenen Weg damit, dass sich seit Inkrafttreten des AktG 1965 die tatsächlichen Verhältnisse geändert hätten und dass im Börsenkurs die Markterwartungen über die Unternehmensentwicklung ihren Niederschlag fänden.[378]

Unter der Voraussetzung, dass die Aktie börsennotiert und der Kurs aussagekräftig sei, weil er nicht von zu einem engen Markt oder von Manipulationen beeinflusst werden könne, gebe der Börsenkurs in der Regel den Verkehrswert mindestens ebenso zutreffend an wie eine langwierige Berechnung des Unternehmenswerts durch Sachverständige.[379] Das Gericht lässt jedoch ausdrücklich offen, ob der Börsenkurs zumindest dann in die Unternehmensbewertung einzubeziehen sei, wenn es um die Angemessenheit der Barabfindung gehe.[380]

Es ist sicherlich zutreffend, dass der Gesetzgeber sich bei der Ermittlung einer angemessenen Abfindung nicht auf eine Bewertungsmethode festlegen und insbesondere nicht den Wirtschaftsprüfern ein berufsständisches Privileg gewähren wollte, was freien Aktionären als Abfindung zugebilligt werden soll.[381] Wie *Götz* zutreffend erkannt hat, wäre es eigenartig, freien Aktionären eine geringere Abfindung zuzubilligen als den Preis, der sich am Markt gebildet hat oder den, den das herrschende Unternehmen im Vorfeld des Unternehmensvertrags für den Erwerb der Anteilsmehrheit gezahlt hat.[382] Gerade aber wegen des Informationsvorsprungs der Obergesellschaft und deren Möglichkeit besonders bei nur gering kapitalisierten, börsennotierten Unternehmen die Kursbildung durch Käufe bzw. Verkäufe oder andere Maßnahmen zu beeinflussen, wäre es gefährlich, alleine des Börsenkurs zum Maßstab der Abfindungshöhe zu machen.

Zudem ist sowohl bei der Abfindung in Aktien als auch bei der Barabfindung das Stichtagsprinzip maßgebend. Bei der Barabfindung ist der Tag entscheidend, an dem die Hauptversammlung der Untergesellschaft über den Unternehmensvertrag abstimmt, § 305 III 2 AktG. Wird eine Abfindung in Aktien angeboten, ist ebenfalls dieser Tag

[377] AG 1999, 43, 44.
[378] AG 1999, 43, 45.
[379] AG 1999, 43, 45.
[380] AG 1999, 43, 45.
[381] So der Vorwurf von **Götz**, DB 1996, 259, 265; s. auch § 305 III 2 AktG, der unter redaktioneller Anpassung an § 30 I 1 UmwG geschaffen wurde. In § 305 III 2 AktG aF war noch von der Vermögens- und Ertragslage der Untergesellschaft die Rede, während es in der aktuellen Fassung auf die Verhältnisse der Gesellschaft im Zeitpunkt der Beschlussfassung ankommt; s. hierzu auch: **Hüffer**, AktG, § 305 Rn 26, der wegen der Angemessenheit der Abfindung auf die Neutralität des Gesetzgebers verweist, was die unterschiedlichen Bewertungsmethoden angeht.
[382] **Götz**, DB 1996, 259, 264.

maßgebend.[383] Würde man mit *Götz* den Börsenkurs oder anderweit zustande gekommenen Marktpreis als angemessene Abfindung zulassen, dürfte auf dem Boden der bislang hM in Rechtsprechung und Literatur nur der am Tag der Beschlussfassung ermittelte Preis als Abfindung zugelassen werden. Es bliebe dann kein Raum für die Berücksichtigung von etwa in der Vergangenheit an der Börse zustande gekommene Kurse, wie es etwa im Vorschlag der Börsensachverständigenkommission vorgesehen ist, die die Abfindung am höchsten Angebotspreis der letzten sechs Monate orientieren will.

Wie sich an dem soeben untersuchten Problem eines freiwilligen Übernahmeangebots bzw. einer Abfindung anhand von Börsenkursen gezeigt hat, würde auch eine gesetzliche Regelung von Übernahmeangeboten bei der Lösung des vorliegenden Problems nicht weiterhelfen. Sollte der Gesetzgeber - wie angekündigt - die Übernahme noch in dieser Legislaturperiode regeln, hätte dies keinen Einfluss auf das hier diskutierte Problem. Das aufgrund einer entsprechenden gesetzlichen Regelung abgegebene Übernahmeangebot könnte allenfalls in der Weise als Untergrenze einer angemessenen Abfindung nach § 305 AktG in Betracht kommen, als das herrschende Unternehmen sich in einem Spruchstellenverfahren unglaubwürdig machen würde, wenn es ein Bewertungsgutachten vorlegte, das als Abfindung geringere Beträge nennt als die im Übernahmeangebot enthaltenen.

(iii) Eigenständiger Abfindungsanspruch der Neu-Minderheitsaktionäre aufgrund konzernrechtlicher Überlegungen

Damit bleibt nunmehr die Frage, ob ein Abfindungsanspruch ausschließlich anhand konzernrechtlicher Wertungen d.h. bestehender Regelungen im AktG begründet werden kann. Aus den §§ 304, 305 AktG direkt kann er nicht abgeleitet werden. Diese Vorschriften setzen den Abschluss eines Beherrschungs- und/oder eines Gewinnabführungsvertrages voraus. Im vorliegenden Fall wurden die Aktionäre des übertragenden Rechtsträgers jedoch durch die Verschmelzung zu Minderheitseignern in einem Vertragskonzern und nicht im Wege des Abschlusses eines Unternehmensvertrags zwischen der Obergesellschaft und dem übertragenden Unternehmen.

Wie bereits oben ausgeführt, hat dies für die außenstehenden Aktionäre der übertragenden Gesellschaft die gleichen Auswirkungen wie der direkte Vertragsschluss zwischen ihrer Gesellschaft und dem herrschenden Unternehmen. Wie *Hohner*[384] zutreffend ausgeführt hat, geht es vordergründig nicht um den Neuabschluss eines Organvertrages sondern um den (zwangsweisen) Erwerb von Anteilen, die mit einem solchen Vertrag "belastet" sind.

[383] **BGH**, NZG 1998, 379 380 = AG 1998, 286; **OLG Karlsruhe**, AG 1998, 288, 289; **BayObLG**, AG 1995, 509f; **LG München I**, AG 1990, 404, 405; **LG Frankfurt/Main**, AG 1996, 187, 188; **LG Dortmund**, AG 1998, 142, 143; **Geßler** in Geßler/Hefermehl/Eckardt/Kropff, § 305 Rn 49; **Emmerich/Sonnenschein**, Konzernrecht, 17 III 7c; **Hüffer**, AktG, § 3305 Rn 23; **Emmerich/Habersack**, Aktienkonzernrecht, § 305 Rn 41ff, unter Kritik des Stichtagsprinzips.

[384] **Hohner**, DB 1973, 1487, dort Fn 6.

Der verfassungsrechtliche Schutz der Vermögenspositionen der Minderheitsgesellschafter verlangt für die durch das Konzern- und das Umwandlungsrecht ermöglichten weitgehenden Gestaltungsbefugnisse der Mehrheit im übertragenden Rechtsträger eine Kompensation. Voraussetzung für diese Schutzbedürftigkeit ist nicht, dass das übertragende Unternehmen bereits vor der Verschmelzung dem Konzernkreis des übernehmenden Rechtsträger zugeordnet werden kann, sei es dadurch, dass die Konzernspitze oder ein von ihr abhängiges Unternehmen unmittelbar oder mittelbar beherrschenden Einfluss auf den übertragenden Rechtsträger ausüben kann, §§ 16 I, 17 I AktG. Denn - so könnte man argumentieren - nur in diesem Fall bestünde die Gefahr, dass ein anderes Unternehmen qua seiner Beteiligungs- bzw. Stimmrechtsmehrheit die Hauptversammlung des übertragenden Rechtsträger majorisieren und dort den Verschmelzungsbeschluss durchsetzen könnte. Die übrigen Anteilseigner, d.h. diejenigen, die nicht der Konzernspitze oder weiteren mit dieser verbundenen Unternehmen zuzurechnen sind, würden dadurch in die Rolle als Minderheitsaktionäre gedrängt.[385] Könnte dagegen weder die Konzernspitze noch ein mit ihre verbundenes Unternehmen unmittelbar oder mittelbar beherrschenden Einfluss auf die übertragende Gesellschaft ausüben, sondern befände sich die Mehrheit des Grundkapitals bzw. der Stimmrechte in Streubesitz, d.h. bei Anteilseignern, die nicht dem Konzernkreis der an der Verschmelzung beteiligten Unternehmen angehören, wäre dann fraglich, ob die Aktionäre des Schutzes des § 305 AktG bedürfen. Als Argument hierfür könnte man anführen, dass die Hauptversammlung des übertragenden Unternehmens frei von Einflussnahme seitens der künftigen Obergesellschaft über die Verschmelzung entscheiden kann. Eine Majorisierung durch die Obergesellschaft oder durch mit ihr verbundene Unternehmen würde nicht stattfinden, so dass die Hauptversammlung quasi "freiwillig" und unbeeinflusst durch die Obergesellschaft über die Verschmelzung und die daraus resultierende organvertragliche Bindung entscheiden könnte.

Dies wäre jedoch nicht richtig. Für die Frage, ob Anteilseigner als außenstehende Aktionäre anzusehen sind und damit auch des Schutzes des § 305 AktG bedürfen, kommt es in erster Linie auf die Herrschaftsverhältnisse beim verschmolzenen Rechtsträger an. Hier entscheidet sich, welcher Aktionär als außenstehend i.S.d. § 305 I AktG zu behandeln ist. Der konzernrechtliche Minderheitenschutz wurde geschaffen, um den Aktionären, die von einem Beherrschungs-/Gewinnabführungsvertrag nicht profitieren, eine Kompensation für die Verluste zu gewähren, die infolge des Vertrags bei ihnen eintreten.[386] Unerheblich ist dagegen, ob das herrschende Unternehmen bereits vor Abschluss des Unternehmensvertrags Einfluss auf die Untergesellschaft ausüben konnte, insbesondere ob es aufgrund einer Stimmenmehrheit in der Hauptversammlung die Zustimmung zum Abschluss des Vertrags durchsetzen konnte.

---

[385] Im AktG findet sich keine Definition des Begriffs "Minderheitsaktionär". Bei der Frage, wer im Fall eines Beherrschungsvertrags als Minderheitseigner zu behandeln ist, wird auf den Schutzzweck der §§ 304, 305 AktG zurückgegriffen. Außenstehende Aktionäre sind danach alle die Anteilseigner, die mit dem Unternehmen nicht in engen rechtlichen oder wirtschaftlichen Beziehungen stehen, s. hierzu: **Emmerich/Habersack**, Aktienkonzernrecht, § 304 Rn 15ff.

[386] **Hüffer**, AktG, § 304 Rn 1.

Als Ergebnis ist damit festzuhalten, dass all die Aktionäre in den Schutz der §§ 304, 305 AktG einbezogen werden müssen, die Aktionäre des verschmolzenen Rechtsträgers sind und nicht dem herrschenden Unternehmen zuzurechnen sind.

(iv) Abfindungsanspruch aus §§ 304, 305 AktG analog

Dieser Schutz kann durch eine analoge Anwendung der §§ 304, 305 AktG erreicht werden. Lehnte man eine analoge Anwendung ab, widerspräche dies dem verfassungsrechtlich garantierten Eigentumsschutz. Dies wiederum würde die Frage nach der Verfassungsmäßigkeit sowohl des § 29 UmwG als auch der §§ 304, 305 AktG aufwerfen.

Zudem würde man der Obergesellschaft die Möglichkeit eröffnen, sich der Anwendung der §§ 304, 305 AktG zu entziehen. Statt des Abschlusses eines Beherrschungsvertrags mit der übertragenden Gesellschaft könnte das herrschende Unternehmen die Verschmelzung auf ein beherrschungsvertraglich gebundenes Konzernmitglied vorziehen, um damit das gewünschte Ergebnis des beherrschungsvertraglich abgesicherten Einflusses auf ein weiteres Unternehmen zu erreichen.

Im Gegensatz zur direkten Anwendung des § 305 AktG bei Neuabschluss eines Beherrschungsvertrages ist im Fall der Verschmelzung auf ein beherrschtes Unternehmen kein Beherrschungsvertrag zwischen der Obergesellschaft und dem übertragenden Unternehmen geschlossen worden. Wie bereits ausgeführt, beruht der Abfindungsanspruch der Minderheit letztendlich auf dem verfassungsrechtlich gebotenen Eigentumsschutz des Art. 14 GG.[387] Der Organvertrag ist Auslöser dieser Kompensationsansprüche nicht aber deren Rechtsgrundlage.[388] Auch ohne die Vereinbarung im Organvertrag steht den außenstehenden Aktionären eines beherrschten Unternehmens eine Kompensation für die mit der vertraglichen Beherrschung einhergehenden Einbußen an ihren Mitverwaltungs- und Vermögensrechten zu.

Bei der hier interessierenden Fallkonstellation führt die Verschmelzung zu den gleichen Einflussmöglichkeiten, wie wenn ein Organvertrag mit dem übertragenden Unternehmen abgeschlossen worden wäre. Auslöser für die Abfindungsansprüche der Minderheit ist in diesem Fall nicht der Vertragsschluss sondern die Verschmelzung. Das Abfindungsangebot ist daher auch nicht im Wege der Vertragsänderung oder Ergänzung in den zwischen der Obergesellschaft und dem übernehmenden Rechtsträger bestehenden Unternehmensvertrag aufzunehmen. Vielmehr hat das herrschende Unternehmen den Aktionären ein bindendes Angebot zur Übernahme ihrer Anteile zu unterbreiten, in dem es die Abfindungshöhe und eine eventuelle Befristung nach § 305 IV 1 AktG nennt. Im Grunde genommen unterscheidet sich dieses selbständige Abfindungsangebot nicht von der in einem Organvertrag festgesetzten Kompensation. In beiden Fällen legt das herrschende Unternehmen die Abfindungshöhe und eine Befristung al-

---

[387] Siehe Seite 42ff.

[388] So zutreffend: **Luttermann**, JZ 1997, 1183, 1184. Nach seiner Auffassung ist der Unternehmensvertrag die gesetzlich bestimmte Bedingung, die den Ausgleichs- und Abfindungsanspruch der Minderheit auslöst. Diese gesetzlichen Ansprüche werden im Unternehmensvertrag erstmals konkretisiert und letztlich im Spruchstellenverfahren gerichtlich festgesetzt.

lein fest. In den meisten Fällen wird es nämlich in der Hauptversammlung der Untergesellschaft bereits vor dem Vertragsschluss über die Stimmenmehrheit verfügen. Wie bereits oben ausgeführt, kann daher von einem Vertragsschluss im Sinne eines Aushandelns der Modalitäten zwischen zwei gleichberechtigten Vertragspartnern daher nicht die Rede sein. Lediglich in den Fällen, in denen die Obergesellschaft ausnahmsweise nicht über die Anteils- bzw. Stimmrechtsmehrheit verfügt, hat die Hauptversammlung der Untergesellschaft die Möglichkeit, auf die Ausgestaltung der Abfindung Einfluss zu nehmen.

Der einzige Unterschied zwischen der unternehmensvertraglich vereinbarten Abfindung und dem selbständigen Abfindungsangebot liegt in der Verortung. Es macht vor dem Hintergrund der verfassungsrechtlich gebotenen Kompensation der Minderheitsaktionäre jedoch keinen inhaltlichen Unterschied, ob das Abfindungsangebot im Unternehmensvertrag enthalten ist oder außerhalb eines solchen abgegeben wird.

(v) Einzelheiten zur Durchführung des Abfindungsangebots

Das Ergebnis - eigenständiges Abfindungsangebot der Obergesellschaft an die außenstehenden Aktionäre des übertragenden Unternehmens - wirft die weitere Frage nach den Einzelheiten der Durchführung des Abfindungsangebots auf. Soll sich das Abfindungsangebot auf die Anteile am übertragenden Unternehmen - also vor der Verschmelzung - beziehen oder auf die im Wege der Verschmelzung erlangten Aktien am verschmolzenen Rechtsträger? Besteht das Grundkapital des verschmolzenen Rechtsträgers aus Inhaberaktien, lässt sich bei der Andienung der Anteile nicht feststellen, ob es sich beim Aktionär um einen "Alt-Minderheitsgesellschafter" handelt, d.h. um einen Anteilseigner, der vor der Verschmelzung bereits Anteilsinhaber am übernehmenden Rechtsträger war. Für das herrschende Unternehmen bestünde, die Gefahr, dass ihm Anteile von Altgesellschaftern angeboten werden, obwohl nur die "Neu-Minderheitsgesellschafter" in den Genuss der Abfindung kommen sollen.

Dieser Gefahr kann dadurch begegnet werden, dass die Minderheitseigner gegenüber der Obergesellschaft den Nachweis führen, dass sie bereits vor der Verschmelzung Aktionäre des übertragenden Rechtsträgers waren. Dies könnte zum Beispiel durch die Vorlage eines Depotauszuges erfolgen. Dieses Problem entstünde nicht, wenn sich die Abfindung auf Aktien des übertragenden Rechtsträgers bezöge, die Abfindung also vor der Verschmelzung angeboten würde. In diesem Fall ließe sich ohne Aufwand sicherstellen, dass nur die Minderheitsaktionäre des übertragenden Rechtsträgers von dem Abfindungsangebot Gebrauch machen. Beide Verfahren führen zum gleichen Ergebnis: Nach der Verschmelzung hält das herrschende Unternehmen weitere Anteile am verschmolzenen Rechtsträger, sei es durch den direkten Erwerb von den abfindungsberechtigten "Neu-Minderheitsgesellschaftern", sei es dadurch, dass die vor der Verschmelzung erworbenen Anteile am übertragenden Rechtsträger durch die Verschmelzung in Anteile am verschmolzenen Rechtsträger umgewandelt werden.

Der Minderheit des übertragenden Rechtsträgers drohen bei beiden Alternativen keine Nachteile. Es kann daher dem herrschenden Unternehmen überlassen bleiben, welche der Varianten - Erwerb vor der Verschmelzung oder Erwerb der Anteile am verschmolzenen Rechtsträger - zur Durchführung gelangen soll.

(vi) Art der Abfindung

Damit bleibt die Frage, ob der neuen Minderheit eine Barabfindung oder eine Abfindung in Aktien der Obergesellschaft anzubieten ist. Die Antwort ergibt sich aus § 305 II AktG: Handelt es sich bei der Obergesellschaft um eine nicht abhängige bzw. nicht in Mehrheitsbesitz stehende Aktiengesellschaft, sind Aktien des herrschenden Unternehmens anzubieten, § 305 II Nr. 1 AktG.

In den Fällen des § 305 II Nr. 2 AktG hat die Obergesellschaft die Wahl, ob sie eigene Aktien oder eine Barabfindung anbieten möchte. Handelt es sich bei der Obergesellschaft um ein ausländisches Unternehmen oder hat sie eine andere Rechtsform als die einer Aktiengesellschaft oder einer Kommanditgesellschaft auf Aktien, ist eine Barabfindung anzubieten, § 305 II Nr. 3 AktG

In den Fällen, in denen Aktien des herrschenden Unternehmens angeboten werden, ist eine Unternehmensbewertung auch der Obergesellschaft durchzuführen. Diese wäre auch dann notwendig, wenn die Obergesellschaft direkt einen Beherrschungsvertrag mit dem übertragenden Unternehmen geschlossen hätte. Dies ist zwar mit Aufwand und Kosten für das herrschende Unternehmen verbunden, zeigt jedoch, dass die Obergesellschaft hier genauso behandelt wird, als wenn sie direkt einen Beherrschungsvertrag mit dem übertragenden Rechtsträger geschlossen hätte. Die außenstehenden Aktionäre des übertragenden Unternehmens können zudem die Angemessenheit der Abfindung in einem Spruchstellenverfahren nach § 306 AktG überprüfen lassen.

(vii) Beginn der Zwei-Monatsfrist nach § 305 IV 1 AktG

Schwierigkeiten ergeben sich bei der analogen Anwendung des § 305 IV 2 AktG, der den frühestmöglichen Zeitpunkt für den Beginn der zweimonatigen Mindestfrist nennt. Da diese Vorschrift an die Eintragung des Organvertrags im Handelsregister anknüpft, ist eine direkte Anwendung mangels des Abschlusses eines Vertrags nicht direkt anwendbar. Als frühester Zeitpunkt für den Beginn Frist nach § 305 IV 2 AktG könnte der Tag der Beschlussfassung der Hauptversammlungen des übertragenden oder der übernehmenden Gesellschaft über die Verschmelzung oder der Tag der Eintragung der Verschmelzung durch das für den übertragenden Rechtsträger zuständige Registergericht, § 19 III UmwG, in Frage kommen.

Die Vorschrift des § 305 IV 2 AktG stellt sicher, dass sich außenstehende Aktionäre durch Einsicht in ein jedem zugängliches Register Gewissheit über das Bestehen eines Vertrags verschaffen und die ihnen aufgrund des Vertragsschlusses zustehenden Rechte rechtzeitig ausüben können, sei es durch Annahme des Abfindungsangebots oder durch Einleiten eines Spruchstellenverfahrens.

Bei der analogen Anwendung des § 305 IV 2 AktG ist daher ein Zeitpunkt zu wählen, dessen Eintritt die Minderheitsaktionäre des übertragenden Unternehmens ebenso leicht und sicher feststellen können wie den sich aus der Registereintragung ergebenden Tag des Beginns des Organvertrags. Es bietet sich daher der Tag der Eintragung als Anknüpfungspunkt an. Gegen den Tag der Beschlussfassung spricht die Tatsache, dass zwischen der Abstimmung über den Verschmelzungsvertrag und der Eintragung grundsätzlich noch die Kündigung des Verschmelzungsvertrages oder ein Rücktritt vom Vertrag möglich sind. Außenstehende Aktionäre könnten Gefahr laufen, dass sie nach der Beschlussfassung und vor der Eintragung ihre Anteile dem herrschenden Unternehmen anbieten und danach ein Ereignis eintritt, das zum Wegfall des Verschmelzungsvertrages führt.

Lässt man als frühestmöglichen Fristbeginn den Tag der Eintragung der Verschmelzung in das Register des Sitzes des übertragenden Rechtsträgers zu, können sich Probleme bei der Durchführung der Abfindung ergeben. Hat die Obergesellschaft eine Abfindung für Aktien des übertragenden Unternehmens und nicht für Aktien des verschmolzenen Rechtsträgers angeboten, könnte unmittelbar nach der Eintragung ins Register des übertragenden Rechtsträgers die Eintragung in das Register des Sitzes der übernehmenden Gesellschaft erfolgen und damit die Folgen des § 20 I UmwG eintreten. Die Aktionäre des übertragenden Rechtsträgers würden Anteilsinhaber der neuen Gesellschaft werden, mit der Folge, dass ihre Anteile nicht mehr an die Obergesellschaft übertragen werden könnten. Wie oben ausgeführt, hat die Verschmelzung für das herrschende Unternehmen immer zur Konsequenz, dass es Anteile am verschmolzenen Unternehmen hält, sei es, dass es zuerst die Anteile der abfindungswilligen Minderheitseigner am übertragenden Rechtsträger erwirbt und diese dann zu Anteilen am verschmolzenen Rechtsträger werden.

Aus diesem Grund muss das herrschende Unternehmen, das ein Abfindungsangebot bzgl. der Anteile am übertragenden Rechtsträger unterbreitet, zusätzlich für den vorgenannten Fall eine Abfindung anbieten, die sich auf die Anteile am verschmolzenen Rechtsträger beziehen. Dies ist ohne weiteren Aufwand möglich, da das Umtauschverhältnis im Rahmen der Verschmelzungsbewertung ohnehin ermittelt werden muss.

Ergebnis: Wird ein organvertraglich nicht gebundenes Unternehmen mit einem Konzernunternehmen verschmolzen, das einen Beherrschungs-/Gewinnabführungsvertrag mit der Obergesellschaft geschlossen hat, ist das herrschende Unternehmen verpflichtet, den außenstehenden Aktionären des übertragenden Rechtsträgers ein selbständiges Abfindungsangebot analog § 305 I AktG zu unterbreiten. Zu diesem Zweck ist eine Unternehmensbewertung der Obergesellschaft erforderlich. Die Verpflichtung zur Abfindung folgt letztendlich aus dem verfassungsrechtlich gem. Art. 14 GG gebotenen Schutz der Vermögens- bzw. Mitgliedschaftsrechte der Anteilsinhaber des übertragenden Unternehmens.

(3) Ausgleichsansprüche der Minderheit des übertragenden Rechtsträgers

Neben der Frage, ob der Minderheit des übertragenden, d.h. vor der Verschmelzung unabhängigen Rechtsträgers Abfindungsansprüche zustehen, stellt sich auch die Frage nach der Verpflichtung der Obergesellschaft, den neuen Minderheitsgesellschaftern einen Ausgleich nach § 304 AktG anzubieten.

(a) Ausgleich aufgrund der Festlegungen im Organvertrag

Der zwischen der aufnehmenden und der Obergesellschaft bestehende Beherrschungsvertrag sieht Ausgleichsleistungen vor. Diese könnten den durch die Verschmelzung hinzugekommenen Minderheitseignern ebenfalls zustehen.

Daran bestehen jedoch erhebliche Zweifel. Das im Organvertrag gegebene Ausgleichsangebot richtete sich an die Minderheit der aufnehmenden Gesellschaft. War als Ausgleichszahlung eine feste Ausschüttung zugesichert (§ 304 II 1 AktG), richtete sich diese nach der Ertragslage der übernehmenden Gesellschaft im Zeitpunkt des Abschlusses des Unternehmensvertrags. Diese Bewertung hat jedoch nichts mit der Ertragslage der übertragenden Gesellschaft im Zeitpunkt der Verschmelzung zu tun. Würde die Obergesellschaft im Zeitpunkt der Verschmelzung dagegen einen Beherrschungsvertrag mit der übergebenden Gesellschaft schließen, könnte die Ausgleichszahlung durchaus höher ausfallen.[389]

Ähnliche Probleme ergeben sich für den Fall, dass im Beherrschungsvertrag eine variable Dividende zugesagt wurde, und zwar insbesondere dann, wenn sich die Wertrelationen zwischen der Obergesellschaft und der übernehmenden Gesellschaft seit dem Abschluss des Organvertrags verändert haben.

Beispiel: Die Wertrelation zwischen Ober- und aufnehmender Gesellschaft bei Abschluss des Vertrags betrug 2 : 1. Die Minderheit erhält daher je Aktie eine Ausschüttung in Höhe einer halben Dividende der Obergesellschaft. Die Wertrelation beträgt im Zeitpunkt der Umwandlung 1 : 1. Beträgt das Umtauschverhältnis zwischen der aufnehmenden und der übertragenden Gesellschaft 1 : 1 und damit zwischen der Ober- und der übertragenden Gesellschaft ebenfalls 1 : 1 würden die Gesellschafter der übertragenden Gesellschaft für jeden ihrer Anteile einen Anteil an der aufnehmenden Gesellschaft und damit auch eine Dividende in Höhe einer halben Dividende der Obergesellschaft erhalten.

Schlösse die Obergesellschaft dagegen im Zeitpunkt der Verschmelzung einen Organvertrag mit der übertragenden Gesellschaft, erhielten die außenstehenden Aktionäre dagegen eine Dividende in Höhe einer vollen Dividende der Obergesellschaft anstelle einer halben.

Dieses Ergebnis würde jedoch den Vorgaben des § 304 AktG widersprechen, wonach ein angemessener Ausgleich zu gewähren ist. Angemessen ist ein Ausgleich dann, wenn er den Anforderungen des § 304 I 2 bzw. II 1 AktG (fester Ausgleich bzw. Dividendengarantie) bzw. den des § 304 II 2 AktG (variabler Ausgleich) entspricht.

[389] **Krieger**, ZGR 1990, 517, 537.

(b) Erneutes Ausgleichsangebot der Obergesellschaft

Sowohl beim festen als auch beim variablen Ausgleich kommt es für die Frage der Angemessenheit auf den Zeitpunkt des Abschlusses des Organvertrags an. Da die Verschmelzung zu einem ganz anderen Zeitpunkt erfolgt und zudem im Organvertrag die übernehmende Gesellschaft bewertet wurde, wäre es unzulässig, den Aktionären des übertragenden Unternehmens denselben Ausgleich anzubieten, wie ihn die Aktionäre des übernehmenden Rechtsträgers erhalten. Aus diesem Grund muss die Obergesellschaft den außenstehenden Aktionären des übertragenden Unternehmens ein neues Ausgleichsangebot unterbreiten, das auf der Grundlage der Wertverhältnisse zum Zeitpunkt der Verschmelzung (genauer: Tag der Beschlussfassung der Hauptversammlung des übertragenden Unternehmens über den Verschmelzungsvertrag, § 293 I AktG analog) zu ermitteln ist.

Es wäre daher nicht sachgerecht die hinzukommenden Gesellschafter auf die frühere und auf der Basis der Ertragslage der aufnehmenden Gesellschaft ermittelte Ausgleichszahlung zu verweisen, wenn sie über den Umweg einer Verschmelzung und eines damit einhergehenden Anteilstauschs Minderheitseigner eines beherrschten Unternehmens werden. Gewährte man den hinzukommenden Minderheitsaktionären die gleichen Ausgleichsansprüche wie den Altaktionären, wäre dies ein Verstoß gegen das verfassungsrechtliche Gebot eines angemessenen Ausgleichs.

(c) Auswirkungen des Fehlens eines Ausgleichsangebots an die Neu-Minderheitsaktionäre

Nach § 304 III 1 AktG muss ein Organvertrag einen Ausgleich vorsehen, widrigenfalls er nichtig ist. Die Frage ist daher, ob durch die Verschmelzung der Organvertrag in seiner Wirksamkeit beeinträchtigt wird, wenn er keinerlei Regelungen hinsichtlich des Ausgleichs für die Neu-Minderheitsgesellschafter enthält. Warum der Gesetzgeber die Rechtsfolgen einer fehlenden Abfindungsregelung und des fehlenden Ausgleichs unterschiedlich geregelt hat - einerseits Wirksamkeit des Vertrags andererseits Nichtigkeit - kann nicht nachvollzogen werden. Aus der Begründung zum Regierungsentwurf geht lediglich hervor, dass bei einem unangemessenen Ausgleich die Nichtigkeitsfolge im Interesse keiner der Beteiligten wäre und dass daher bei fehlender Angemessenheit des Ausgleichs im Gegensatz zu dessen völligem Fehlen von der Wirksamkeit des Vertrags auszugehen sei.[390]

Ein Grund für die unterschiedliche Behandlung von Ausgleichs- und Abfindungsanspruch könnte sein, dass das herrschende Unternehmen mit Inkrafttreten des Vertrags gezwungen werden soll, den Minderheitsaktionären zumindest eine geringen Ausgleich zu zahlen, sei er auch völlig unangemessen. Bei der Abfindung wäre das Fehlen einer Regelung insoweit erträglicher als die Minderheit keine fortlaufenden Zahlungen sondern nur einen Einmalbetrag erhält, der zudem gemäß § 305 III 3 AktG mit jährlich zwei vom Hundert über dem jeweiligen Diskontsatz der Deutschen Bundesbank zu verzinsen ist.

---

[390] Siehe Begründung RegE zu § 304 AktG in: **Kropff**, Textausgabe, § 304, 395.

Es wäre nicht angemessen, den Organvertrag dann erlöschen zu lassen, wenn infolge einer Verschmelzung neue Minderheitsaktionäre hinzukommen, bezüglich derer kein angemessener Ausgleich vorgesehen ist.

Es darf nicht übersehen werden, dass unabhängig von den Bestimmungen des Organvertrags ein gesetzlicher und verfassungsrechtlich abgesicherter Anspruch der Minderheit auf einen angemessenen Ausgleich besteht, der in jedem Fall gerichtlich überprüfbar und durchsetzbar ist. Sollte der Organvertrag daher keinerlei Regelungen des Ausgleichs für die hinzukommenden Minderheitsgesellschafter enthalten, können die Aktionäre ein Spruchstellenverfahren nach § 306 AktG einleiten.

Hinsichtlich der Art des Ausgleichs ist eine Bindung des Gerichts an den Organvertrag anzunehmen, d.h. das Gericht kann, wenn der Vertrag beispielsweise einen festen Ausgleich nach § 304 II 1 AktG vorsieht, für die hinzugekommenen Aktionäre nicht einen variablen Ausgleich nach § 304 II 2 AktG anordnen. Auch das Gericht hat insoweit den Grundsatz der Gleichbehandlung aller Aktionäre nach § 53a AktG zu beachten. Dazu gehört auch die Gleichbehandlung hinsichtlich der Art des Ausgleichs. Ist das herrschende Unternehmen nicht mit den gerichtlichen Festsetzungen einverstanden, steht ihm die Möglichkeit der Kündigung nach § 304 V AktG offen. Durch diese Kündigung wird der Organvertrag mit Zugang derselben hinfällig, so dass auch die Alt-Minderheitsaktionäre ihre Ausgleichsansprüche verlieren.

(4) Abfindungsansprüche der Minderheit der Untergesellschaft

Die Minderheitsaktionäre der Untergesellschaft, d.h. des aufnehmenden Rechtsträgers können nach der Verschmelzung weiterhin ihre Abfindungsansprüche geltend machen. Für das Fortbestehen des Abfindungsanspruchs kommt es alleine darauf an, dass die mit dem Abschluss des Organvertrags verbundene Beeinträchtigung der Mitverwaltungs- und Vermögensrechte der Minderheit eine angemessene Kompensation erforderlich macht. Dem steht auch nicht entgegen, dass die Minderheitseigner nach der Verschmelzung der Obergesellschaft nicht mehr ihre Anteile an der Untergesellschaft sondern die Aktien des verschmolzenen Rechtsträgers anbieten können. Wegen der Einzelheiten kann auf die Erörterungen zur Verschmelzung der Untergesellschaft im Wege der Aufnahme durch ein organvertraglich nicht gebundenes Unternehmen verwiesen werden.[391]

(5) Ausgleichsansprüche der Minderheit der Untergesellschaft

Die Minderheitsaktionäre der Untergesellschaft können nach der Verschmelzung weiterhin die Ausgleichsleistungen verlangen. Ein Erlöschen des Ausgleichsanspruchs scheidet schon deswegen aus, da sie auch nach der Verschmelzung Anteilseigner einer vertraglich konzernierten Gesellschaft sind. Wie bei der Verschmelzung im Wege der Aufnahme durch eine organvertraglich nicht gebundene Gesellschaft muss eine Umrechnung des Ausgleichs für die Zeit nach der Verschmelzung erfolgen. Maßgebend wäre das bei der Verschmelzung ermittelte Umtauschverhältnis von Aktien der Unter-

---

[391] Siehe dazu Seite 83ff.

gesellschaft zu den Anteilen am verschmolzenen Unternehmen. Erhalten die Gesellschafter der Untergesellschaft beispielsweise für drei ihrer Aktien eine Aktie des fusionierten Rechtsträgers, steht ihnen ab der Verschmelzung für je drei dieser Aktien derselbe Ausgleich zu wie für eine Aktie an der übertragenden Untergesellschaft. Die Anteile am verschmolzenen Unternehmen können jedoch nur dann an die Stelle der untergegangenen Aktien des beherrschten Unternehmens treten, wenn sich der Ertragswert des beherrschten Unternehmens zwischen dem Abschluss des Organvertrags und der Verschmelzung nicht verändert. Da diese Voraussetzung jedoch so gut wie nie erfüllt sein dürfte, muss in die Umrechnung auch die Veränderung des Ertragswerts einfließen. Die Minderheitsaktionäre sind so zu stellen, als ob sich der Wert ihres Unternehmens bis zur Verschmelzung nicht geändert hätte. Für die Ermittlung der künftigen Ausgleichszahlungen ist das Umrechnungsverhältnis daher um den Faktor nach oben oder nach unten zu korrigieren, um den der Unternehmenswert seit dem Vertragsschluss gesunken oder gestiegen ist.[392]

3. Aufnahme eines organvertraglich gebundenen Unternehmens durch die Untergesellschaft

A. Unternehmen gehören demselben Konzern an

(1) Auswirkungen auf den Organvertrag

(a) Problemstellung

Gegenstand der Untersuchung ist hier die Fallgestaltung, dass zwei Rechtsträger verschmolzen werden, die beide demselben Konzern angehören. Die Tochtergesellschaften T 1 und T 2 können einen Vertrag mit der Konzernspitze oder mit unterschiedlichen Konzerngesellschaften geschlossen haben. Die letztgenannte Variante sei an folgendem Beispiel verdeutlicht: Es bestehen Organverträge zwischen der Konzernspitze (= M), einer Tochtergesellschaft (= T 1) und einer weiteren Tochter (= T 2), die wiederum einen Organvertrag mit einer Enkelgesellschaft (= E) geschlossen hat. Werden nun T 1 und E im Wege der Aufnahme der T 1 durch E verschmolzen, stellt dies eine konzerninterne Umstrukturierung dar, die aus Sicht der M durchaus Sinn machen kann, wenn der zwischen ihr und T 1 bestehende Vertrag die Verschmelzung überdauert. Durch den Übergang des Vertrags erhält die M direkten Zugriff auf die im verschmolzenen Unternehmen aufgegangene E. Ginge der Vertrag nicht über, müsste M nach der Verschmelzung einen Vertrag mit dem fusionierten Konzernmitglied schließen, wenn eine vertragliche Absicherung des beherrschenden Einflusses gewünscht ist.

---

[392] Hat sich der Wert der Untergesellschaft zwischen dem Abschluss des Organvertrags und der Verschmelzung halbiert, erhalten die Minderheitsaktionäre in dem oben gebildeten Beispiel (Umtauschverhältnis 3 zu 1 bei der Verschmelzung) für je 1,5 Anteile am verschmolzenen Unternehmen den Ausgleich, den sie bis zur Verschmelzung je Aktie der übertragenden Untergesellschaft erhielten. Eine Verdoppelung des Unternehmenswerts führt entsprechend zu einer Verdoppelung der für den Ausgleich notwendigen Aktien des verschmolzenen Rechtsträgers.

(b) Verschmelzung im Wege der Aufnahme

(i) Meinungsstand und Stellungnahme

Nach der ganz hM erlischt bei der Verschmelzung durch Aufnahme der zwischen dem übertragenden Rechtsträger und dem herrschenden Unternehmen bestehende Organvertrag.[393] Sie unterscheidet dabei nicht, ob der aufnehmende Rechtsträger bereits vor der Verschmelzung einen Organvertrag mit der Konzernspitze oder einem anderen Konzernmitglied geschlossen hatte. Die gegen einen Übergang des Organvertrags vorgebrachten Argumente der hM können in der hier untersuchten Fallgestaltung der konzerninternen Verschmelzung noch weniger überzeugen als im Fall der Verschmelzung der Untergesellschaft mit einem organvertraglich nicht gebundenen Unternehmen.[394]

Das gegen die Rechtsnachfolge des aufnehmenden Rechtsträgers angeführte Argument, diesem könnten die Verpflichtungen aus einem Organvertrag nur dann auferlegt werden, wenn dieser einen Vertrag direkt mit der Obergesellschaft schließe,[395] greift hier nicht durch. Bei der Verschmelzung zweier organvertraglich mit der Obergesellschaft verbundener Tochtergesellschaften ändert sich mit dem Übergang des Vertrags für den aufnehmenden Rechtsträger nichts. Der Unternehmenszweck des aufnehmenden Rechtsträgers war bereits vor der Verschmelzung durch den Organvertrag überlagert mit der Folge, dass er nicht im Interesse aller seiner Anteilseigner sondern ausschließlich im Konzerninteresse geführt wurde. Bei der Verschmelzung der Enkelgesellschaft mit der Tochtergesellschaft (Verschmelzung von E mit T 1 in dem eingangs gebildeten Beispiel) gilt dasselbe. Aufgrund des zwischen der Mutter und der T 2 bestehenden Organvertrags war die E ebenfalls der Leitungsmacht der Konzernspitze unterworfen.

Auch für die Obergesellschaft und deren Anteilseigner ändert sich durch die Verschmelzung nichts. Die Verlustausgleichspflicht nach § 302 AktG wird durch den Übergang des Organvertrag nicht erweitert. Das gilt sowohl in den Fällen der Verschmelzung zweier Tochterunternehmen als auch in dem eingangs gebildeten Beispiel der Verschmelzung von T 1 und E. In letzterem Fall haftete die Mutter mittelbar über den mit T 2 bestehenden Organvertrag für die bei E eintretenden Verluste.

Anders als bei der Aufnahme der Untergesellschaft durch eine organvertraglich nicht gebundene Gesellschaft scheidet von vorneherein auch eine Beeinträchtigung der Interessen der Minderheit als Argument gegen den Übergang des Organvertrags aus. Das von *Hohner* in diesem Zusammenhang vorgebrachte Argument, die Minderheitsaktio-

---

[393] **Vossius**, in Widmann/Mayer, § 20 Rn 290 (35. Erg.Lfg./Januar 97); **Eckhardt/Kropff** in: Geßler/Hefermehl/Eckardt/Kropff, § 297 Rn 49; **Grunewald** in: Geßler/Hefermehl/Eckardt/Kropff, § 346 Rn 30; **Koppensteiner** Köln.Komm., § 291 Rn 51; **Krieger**, Münchener Hdb d. GesR, Bd. IV, § 70 Rn 130; **ders.**, ZGR 1990, 517, 538f; **Hüffer**, AktG, § 297 Rn 22 u. § 295 Rn 6; **Hohner**, DB 1973, 1487, 1490; **Emmerich/Habersack**, Aktienkonzernrecht, § 297 Rn 38; **OLG Karlsruhe**, AG 1995, 139f = NJW-RR 1995, 354 = WM 1994, 2023; **LG Mannheim**, AG 1995, 89 = ZIP 1994, 1024; Lediglich **Kley**, Rechtsstellung, 135ff, geht von einem Fortbestehen des Vertrags aus.

[394] Zu den Argumenten siehe im einzelnen hierzu die Ausführungen auf S. 69ff.

[395] **Hohner**, DB 1973, 1487, 1489.

näre des aufnehmenden Rechtsträgers hätten keinerlei Abfindungsansprüche,[396] versagt hier, da die Abfindung bereits aufgrund des zwischen der Obergesellschaft und dem aufnehmenden Rechtsträger bestehenden Organvertrags gegeben ist.

Die hM muss, will sie konsequent bleiben, auch in den hier untersuchten Fallgestaltungen einen Übergang des Organvertrags auf den aufnehmenden Rechtsträger verneinen, obwohl die von ihr vorgebrachten Argumente nicht zutreffen. Eine unterschiedliche Behandlung der Verschmelzung durch Aufnahme je nachdem, ob der aufnehmende Rechtsträger bereits organvertraglich gebunden ist oder nicht, ließe sich mit den bekannten Argumenten der hM nicht begründen. Dies zeigt deutlich, dass der Übergang des Organvertrags nicht mit dem Hinweis auf die Rechtsnatur des Vertrags oder die Wirkungen der Gesamtrechtsnachfolge sondern nur aus anderen Gründen abgelehnt werden kann, die im Ergebnis jedoch nicht stichhaltig sind.

(2) Auswirkungen der Verschmelzung auf den Abfindungsanspruch

(a) Abfindungsanspruch aufgrund des Organvertrags

(i) Problem und Stellungnahme

Durch die Verschmelzung erhalten die Aktionäre des übertragenden Unternehmens Anteile am übernehmenden Rechtsträger, § 2 UmwG. Damit stellt sich die Frage nach den Auswirkungen der Verschmelzung auf noch laufende Abfindungsansprüche der Minderheitsaktionäre.

Waren die Abfindungsansprüche befristet gem. § 305 IV 1 AktG und war die Frist bereits vor der Verschmelzung abgelaufen, sind die Abfindungsansprüche erledigt. Die Minderheit kann weder unter dem Gesichtspunkt des § 29 I 1 UmwG noch unter konzernrechtlichen Erwägungen einen Anspruch auf Abfindung geltend machen. Hierfür besteht deswegen kein Anlass, weil die Minderheit vor der Verschmelzung bereits anlässlich des Abschlusses des Vertrags die Möglichkeit zum Ausscheiden aus ihrem Unternehmen gegen Abfindung hatte.

War das Abfindungsangebot dagegen unbefristet oder wurde ein Spruchstellenverfahren durchgeführt, in dem die Abfindung höher festgesetzt wurde, als im Beherrschungsvertrag vorgesehen, stellt sich die Frage, ob die Minderheitsaktionäre auch nach der Verschmelzung noch von ihrem organvertraglich eingeräumten bzw. gerichtlich festgesetzten Abfindungsanspruch Gebrauch machen können. Dies ist wie in den bereits untersuchten Verschmelzungsvarianten hier ebenfalls zu bejahen. Dabei ist zu beachten, dass der Abfindungsanspruch des einzelnen Minderheitseigners sich nach dem Vertrag richtet, der zwischen "seiner" Gesellschaft und der Obergesellschaft bestand. Der Minderheitseigner muss bei der Andienung der Anteile am verschmolzenen Unternehmen nachweisen, an welchem Unternehmen er vor der Verschmelzung beteiligt war.

---

[396] **Hohner**, DB 1973, 1487, 1489.

(3) Erneuter Abfindungsanspruch aufgrund der Verschmelzung

Bei der Frage, ob den Minderheitsaktionären aufgrund der Verschmelzung die Möglichkeit zu geben ist, gegen Abfindung aus dem verschmolzenen Rechtsträger auszuscheiden, ist darauf abzustellen, ob sich durch die Umwandlung etwas an der Konzernsituation geändert hat.

(a) Identität des herrschenden Unternehmens vor und nach der Verschmelzung

Ist die Obergesellschaft vor und nach der Verschmelzung dieselbe, d.h. waren beide Untergesellschaften mit dem gleichen Konzernunternehmen organvertraglich verbunden, ergeben sich insoweit keine Änderungen der Konzernsituation. Ein erneuter Abfindungsanspruch lässt sich daher nicht mit dem Argument begründen, den Minderheitseignern müsste aufgrund der Herrschaftsänderung ein Ausscheiden aus der Untergesellschaft gegen Abfindung ermöglicht werden.

(b) Organvertrag mit unterschiedlichen Konzernmitgliedern

Anders zu beurteilen könnte die Lage sein, wenn die Organverträge mit unterschiedlichen Konzernmitgliedern geschlossen wurden.[397] Überdauern beide Verträge die Verschmelzung, kommt es zu einer gemeinsamen Beherrschung des verschmolzenen Rechtsträgers, wenn die Obergesellschaften sich auf eine Koordination ihrer Leitungsmacht verständigen. Dies hätte zur Folge, dass die Konzernsituation des verschmolzenen Rechtsträgers eine andere ist als die der Ausgangsunternehmen, sodass alle Minderheitseigner sich nach der Verschmelzung in einer anderen Gesellschaft wiederfinden als der ursprünglichen.

Überdauert nur einer der Organverträge die Verschmelzung - etwa weil der andere zuvor gekündigt worden war -, ergeben sich Änderungen für die Minderheitsaktionäre des Unternehmens, dessen Vertrag erlischt.

Es stellt sich daher die Frage, ob den Minderheitseignern aufgrund dieser veränderten Konzernlage erneut die Gelegenheit gegeben werden muss, aus dem verschmolzenen Rechtsträger gegen Abfindung auszuscheiden. Solange die Konzernspitze vor und nach der Verschmelzung einen organvertraglich abgesicherten Zugriff auf die Ausgangsunternehmen bzw. den verschmolzenen Rechtsträger hat, d.h. die Leitungsmacht direkt von ihr oder über eine Kette von Organverträgen ausgeübt wurde und wird, besteht kein Anlass, den Minderheitsaktionären anlässlich der Verschmelzung ein erneutes Ausscheiden gegen Abfindung zuzubilligen, denn ihr bei Abschluss des Organvertrags zuzugrunde zu legendes Risikokalkül hinsichtlich der Konzerneinbindung hat sich durch die Verschmelzung nicht geändert. Kann die Konzernspitze dagegen nach der Verschmelzung nicht mehr direkt oder über eine Kette von Organverträgen auf den verschmolzenen Rechtsträger zugreifen oder erlangt sie erstmals mit der Verschmelzung einen solchen direkten Zugriff, ist von einer relevanten Änderung der Konzernla-

---

[397] Auch hier ist von einer Herrschaftsänderung auszugehen. Siehe: **W. Bayer**, ZGR 1993, 599, 603ff.

ge auszugehen. Die Situation ist durchaus mit der vergleichbar, in der ein unabhängiges Unternehmen mit einer konzernierten Gesellschaft verschmolzen wird.

Nicht erheblich ist in diesem Zusammenhang ist dagegen, ob die Ausgangsunternehmen bzw. der verschmolzene Rechtsträger durch die Konzernspitze faktisch beherrscht wurden oder werden. Für die Frage der Abfindung kann es allein auf das Vorliegen eines Organvertrags bzw. dessen Änderung ankommen, nicht aber darauf, ob vor bzw. nach der Verschmelzung eine andersartige Beherrschungsmöglichkeit gegeben ist oder war.

Als Ergebnis bleibt somit festzuhalten, dass bei einer Änderung der Konzernsituation den Minderheitsaktionären, die hiervon betroffen sind, eine erneute Abfindung anzubieten ist. Wegen der Einzelheiten kann auf die im Zusammenhang mit der Verschmelzung eines unabhängigen Unternehmens mit der Untergesellschaft gemachten Ausführungen verwiesen werden.

(4) Ausgleichsansprüche

Anders als bei der Verschmelzung unter Beteiligung eines unabhängigen Rechtsträgers stellt sich hier nicht das Problem, dass die Minderheitsaktionäre des unabhängigen Rechtsträgers durch die Verschmelzung erstmalig zu Anteilseignern eines konzernierten Unternehmens werden. Da ihr Unternehmen bereits vor der Verschmelzung konzerniert war und der Organvertrag Ausgleichsleistungen vorsah, bietet es sich an, diese Ausgleichsleistungen auch für die Zeit nach der Verschmelzung zu gewähren. Um die Ausgleichszahlungen für die Zeit nach der Verschmelzung zu ermitteln, müsste eine Umrechnung erfolgen. Maßgebend wäre das bei der Verschmelzung ermittelte Umtauschverhältnis von Aktien der Untergesellschaft zu den Anteilen am verschmolzenen Unternehmen. Erhalten die Gesellschafter der Untergesellschaft beispielsweise für drei ihrer Aktien eine Aktie des fusionierten Rechtsträgers, steht ihnen ab der Verschmelzung für je drei dieser Aktien derselbe Ausgleich zu wie für eine Aktie an der übertragenden Untergesellschaft. Die Anteile am verschmolzenen Unternehmen können jedoch nur dann an die Stelle der untergegangenen Aktien des beherrschten Unternehmens treten, wenn sich der Ertragswert des beherrschten Unternehmens zwischen dem Abschluss des Organvertrags und der Verschmelzung nicht verändert. Da diese Voraussetzung jedoch so gut wie nie erfüllt sein dürfte, muss in die Umrechnung auch die Veränderung des Ertragswerts einfließen. Die Minderheitsaktionäre sind so zu stellen, als ob sich der Wert ihres Unternehmens bis zur Verschmelzung nicht geändert hätte. Für die Ermittlung der künftigen Ausgleichszahlungen ist das Umrechnungsverhältnis daher um den Faktor nach oben oder nach unten zu korrigieren, um den der Unternehmenswert seit dem Vertragsschluss gesunken oder gestiegen ist.[398]

---

[398] Hat sich der Wert der Untergesellschaft zwischen dem Abschluss des Organvertrags und der Verschmelzung halbiert, erhalten die Minderheitsaktionäre in dem oben gebildeten Beispiel (Umtauschverhältnis 3 zu 1 bei der Verschmelzung) für je 1,5 Anteile am verschmolzenen Unternehmen den Ausgleich, den sie bis zur Verschmelzung je Aktie der übertragenden Untergesellschaft erhielten. Ei-

B. Die Unternehmen gehören unterschiedlichen Konzernen an

Im Unterschied zur vorgehenden Fallgestaltung soll hier untersucht werden, welche Auswirkungen die Verschmelzung zweier Unternehmen zeitigt, die einen Organvertrag mit verschiedenen Obergesellschaften geschlossen haben. also unterschiedlichen Konzernen angehören.

(1) Schicksal der Organverträge

(a) Meinungsstand und Stellungnahme

Die hM geht davon aus, dass der zwischen dem übertragenden Unternehmen und seiner Obergesellschaft geschlossene Organvertrag mit der Verschmelzung erlischt.[399] Gegen die hM und damit für einen Fortbestand des zwischen übertragenden Unternehmen und seiner Obergesellschaft bestehenden Organvertrags sprechen im Ergebnis die besseren Argumente. Wegen der Einzelheiten zum Meinungsstand und den von der hM vorgebrachten Argumente kann auf die Ausführungen zur Verschmelzung im Wege der Aufnahme der Untergesellschaft durch ein organvertraglich nicht gebundenes Unternehmen verwiesen werden.[400]

Zusammenfassend ist entgegen der hM entscheidend, dass weder die Rechtsnatur des Organvertrags noch die Interessen der Obergesellschaft gegen einen Übergang des Organvertrags vom übertragenden auf den aufnehmenden Rechtsträger sprechen. Die Gesamtrechtsnachfolge als umfassendste Form der Rechtsnachfolge erfasst auch den Organvertrag.[401] Einer Mitwirkung der Hauptversammlung der Obergesellschaft dergestalt, dass diese der Ausübung der Stimmrechte durch den Vorstand der Obergesellschaft in der Hauptversammlung zustimmen müsste, bedarf es nicht. Die Vorschriften der §§ 293 II 1, 295 I AktG bedarf es nicht, da diese Vorschriften nur bei rechtsgeschäftlicher Begründung oder Änderung des Organvertrags anwendbar sind. Auch die Interessen der Minderheit des aufnehmenden Rechtsträgers sprechen nicht gegen den Übergang des Organvertrags. Deren Rechte sind über die Abfindung und den Ausgleich hinreichend gewahrt.

---

ne Verdoppelung des Unternehmenswerts führt entsprechend zu einer Verdoppelung der für den Ausgleich notwendigen Aktien des verschmolzenen Rechtsträgers.

[399] **Vossius**, in Widmann/Mayer, § 20 Rn 290 (35. Erg.Lfg./Januar 97); **Eckhardt/Kropff** in: Geßler/Hefermehl/Eckardt/Kropff, § 297 Rn 49; **Grunewald** in: Geßler/Hefermehl/Eckardt/Kropff, § 346 Rn 30; **Koppensteiner** Köln.Komm., § 291 Rn 51; **Krieger**, Münchener Hdb d. GesR, Bd. IV, § 70 Rn 130; ZGR 1990, 517, 538f; **Hüffer**, AktG, § 297 Rn 22 u. § 295 Rn 6; **Hohner**, DB 1973, 1487, 1490; **Emmerich/Habersack**, Aktienkonzernrecht, § 297 Rn 38; **OLG Karlsruhe**, AG 1995, 139f = NJW-RR 1995, 354 = WM 1994, 2023; **LG Mannheim**, AG 1995, 89 = ZIP 1994, 1024; Lediglich **Kley**, Rechtsstellung, 135ff, geht von einem Fortbestehen des Vertrags aus.

[400] Siehe hierzu die Ausführungen auf Seite 69ff.

[401] **Hohner**, DB 1973, 1487, 1488.

(b) Zulässigkeit des Nebeneinanders zweier Organverträge

Bei einem Übergang des zwischen der übertragenden Gesellschaft und ihrer Obergesellschaft bestehenden Organvertrags, ist der verschmolzene Rechtsträger zwei Organverträgen unterworfen. Der Abschluss mehrerer Organverträge wird in den Fällen des Gemeinschaftsunternehmens zugelassen, d.h. wenn sich mehrere Unternehmen mit der Absicht zusammenschließen, ein anderes Unternehmen gemeinsam zu beherrschen, sog. Mehrmütterherrschaft.[402]

Auf den Fall der Verschmelzung durch Aufnahme übertragen, wäre der Übergang des Vertrags und damit das Nebeneinander von zwei Verträgen nur dann zulässig, wenn beide Mütter eine Koordinierung ihrer Leitungsmacht vereinbaren, um so eine einheitliche Leitung ohne die Gefahr widersprüchlicher Weisungen sicherzustellen.[403] Die Gesamtrechtsnachfolge des aufnehmenden Unternehmens in den Vertrag wäre also davon abhängig, dass die Mütter im Vorfeld eine gemeinsame Ausübung des beherrschenden Einflusses vereinbaren.

Gegen eine solche Lösung könnten jedoch systematische Bedenken sprechen. Die Gesamtrechtsnachfolge wäre von Faktoren abhängig, die außenstehende Dritte nicht mit Gewissheit nachvollziehen könnten. Bei Gemeinschaftsunternehmen ist anerkannt, dass sämtliche herrschende Unternehmen, die sich zur gemeinsamen Beherrschung eines Unternehmens zusammenfinden, in das Handelsregister einzutragen sind.[404] Die Eintragung stellt sicher, dass Gläubiger, künftige Aktionäre und die Öffentlichkeit aus einem jedem zugänglichen Register ersehen können, welche Unternehmen beherrschungsvertragliche Beziehungen mit dem beherrschten Unternehmen unterhalten.[405] Bei einem Gemeinschaftsunternehmen ist weiter unstreitig, dass die Namen sämtlicher Mütter ins Register einzutragen ist.[406]Nicht ausreichend ist es, wenn als herrschendes Unternehmen eine zwischen den Müttern - zu Zwecken der Anerkennung der steuerlichen Organschaft - bestehende GbR angegeben würde.[407]

(c) Prüfung der Koordination der Leitungsmacht durch das Registergericht

Das Gericht hat gemäß § 294 I AktG die Eintragungsvoraussetzungen zu prüfen. Der Anmeldung eines Beherrschungsvertrags sind der Vertrag selbst, die Niederschrift des Zustimmungsbeschlusses der Hauptversammlung des anderen Vertragsteils nebst Anlagen beizufügen, § 294 I 2 AktG. Das Registergericht prüft jedoch bei der Eintragung mehrerer Organverträge nicht, ob sich die Mütter bzgl. der Ausübung der Leitungsmacht koordiniert haben. Die Vereinbarung der Mütter über die Koordination der Leitungsmacht - etwa der GbR-Vertrag oder ein sonstiger schuldrechtlicher Vertrag - ist als solche nicht vom Wortlaut des § 294 AktG erfasst und damit auch nicht in das Re-

---

[402] **Hüffer**, AktG, § 291 Rn 16.
[403] **Hüffer**, AktG, § 291 Rn 15; **Emmerich/Sonnenschein**, Konzernrecht, § 3 III 3.
[404] **Hüffer**, AktG, § 294 Rn 4.
[405] **Hüffer**, AktG § 294 Rn 1.
[406] **Emmerich/Sonnenschein**, Aktienkonzernrecht, § 294 Rn 21; **Hüffer**, AktG, § 294 Rn 4; **Koppensteiner**, Köln.Komm., § 294 Rn 8.
[407] **Emmerich/Habersack**, Aktienkonzernrecht, § 294 Rn 21; **Hüffer**, AktG, § 294 Rn 4.

gister einzutragen. Außenstehende können zwar aufgrund der Tatsache, dass ein Unternehmen Beherrschungsverträge mit mehreren Obergesellschaften geschlossen hat, darauf schließen, dass eine Mehrmütterherrschaft vorliegt, eine Registerkontrolle dahingehend, ob die zwischen den Müttern geschlossene Vereinbarung eine Koordinierung der Leitungsmacht vorsieht, findet dagegen nicht statt.

Das Risiko, dass trotz fehlender Koordination mehrere Beherrschungsverträge eingetragen und dieser Eintragung konstitutive Wirkung zukommt, § 294 II AktG, wird in Kauf genommen. Damit kommt dem Register auch keinerlei Publizitätswirkung zu, wenn Außenstehende die Koordination der Leitungsmacht anhand des Registers überprüfen wollen.

(d) Gewährleistung einheitlicher Leitungsmacht

Die Ausgangslage ist bei der Verschmelzung vergleichbar mit der soeben geschilderten Situation. Außenstehende können im Fall der Verschmelzung dem Register ebenfalls nicht entnehmen, ob die Obergesellschaften der an der Verschmelzung beteiligten Unternehmen für eine gemeinsame Beherrschung entsprechende Vorsorge getroffen haben.

Dieses Risiko - so könnte man argumentieren - kann wie bei der Mehrmütterorganschaft ebenfalls in Kauf genommen werden. Während es beim Abschluss eines Organvertrags mit mehreren Müttern um die Frage geht, ob mehr als ein Vertrag zugelassen werden kann, geht es bei der Verschmelzung um die Frage, ob ein früher abgeschlossener Vertrag von der Rechtsnachfolge des verschmolzenen Rechtsträgers erfasst wird. Lässt man den Organvertrag unabhängig davon auf das aufnehmende Unternehmen übergehen, ob die Mütter für eine Koordination der beherrschenden Einflusses für die Zeit nach der Verschmelzung Sorge getragen haben, bestünde die Gefahr, dass Dritte - ja sogar die verschmolzene Gesellschaft selbst - nicht mit Sicherheit sagen könnten, ob der Vertrag mit der (früheren) Mutter des übertragenden Unternehmens noch fortbesteht. Diese Unsicherheit ließe sich nur dadurch beseitigen, dass die herrschenden Unternehmen zweifelsfrei und für Dritte nachvollziehbar klarstellen, ob sie das Unternehmen nach der Verschmelzung gemeinsam beherrschen wollen. Eine Klarstellung könnte dadurch erreicht werden, dass entsprechend § 8 I 3 UmwG die Vorstände der an der Verschmelzung beteiligten Untergesellschaften im Verschmelzungsbericht zur Frage der gemeinsamen Beherrschung nach der Fusion Stellung zu nehmen haben. Gemäß § 8 I 4 UmwG erstrecken sich die Auskunftspflichten der Vertretungsorgane auch auf alle für die Verschmelzung relevanten Angelegenheiten der mit der Untergesellschaft verbundenen Unternehmen.

Fraglich ist, ob die Koordination der Leitungsmacht der Muttergesellschaften für die Zeit nach der Verschmelzung als eine für die Verschmelzung wesentliche Angelegenheit im Sinne des § 8 I 3 u. 4 UmwG anzusehen ist. Mit der Schaffung des § 8 UmwG, der der Vorschrift des § 340a AktG a.F. nachgebildet wurde, sollten die Informationsmöglichkeiten der Gesellschafter über die geplante Verschmelzung verbessert werden.[408] In dem Bericht sind insbesondere die Folgen, die sich aus der Verschmelzung für die Beteiligungen der Anteilseigner ergeben können, darzulegen.[409] Hier sind alle Faktoren anzugeben, die für die zukünftigen Ertragsüberschüsse maßgeblich sind.[410] Die Vorstände der Gesellschaften müssen weiterhin darlegen, welche Interessen die Verschmelzung als solche rechtfertigen und welche weitergehenden Unternehmensziele hiermit verfolgt werden. Darüber hinaus müssen im Bericht Angaben dazu enthalten sein, warum eine Verschmelzung das geeignete, erforderlicher und verhältnismäßige Mittel für die Erreichung der erstrebten Unternehmensziele ist.[411]

Aus diesen Anforderungen an den Verschmelzungsbericht lässt sich die Verpflichtung der Vorstände der an der Verschmelzung beteiligten Unternehmen ableiten, zu den künftigen, d.h. für die Zeit nach der Verschmelzung, beherrschungsvertraglichen Bindungen Stellung zu nehmen. Die über die Verschmelzung abstimmenden Anteilseigner müssen darüber informiert werden, welches bzw. welche Unternehmen künftig die Geschicke der verschmolzenen Gesellschaft beeinflussen können und ob nur ein oder beide Obergesellschaften als herrschendes Unternehmen anzusehen sind. Für die Entwicklung des fusionierten Unternehmens ist es von entscheidender Bedeutung, welche Obergesellschaft Leitungsmacht ausüben kann. Aus den konkreten vertraglichen Beziehungen ergeben sich Konsequenzen für die künftige Entwicklung des Unternehmens und damit auch für die zukünftige Ertragsentwicklung. Dies wiederum ist ein Kriterium für die sachliche Rechtfertigung der Verschmelzung.

Die Vorstände der Untergesellschaften können ihrer Berichtspflicht jedoch nur dann nachkommen, wenn die Muttergesellschaften ihnen gegenüber die notwendigen Informationen erteilen, d.h. insbesondere erklären, ob sie nach der Fusion für eine Koordination der Leitungsmacht Sorge tragen. Ohne diese Informationen wäre der Verschmelzungsbericht lückenhaft und damit der Verschmelzungsbeschluss anfechtbar gemäß §§ 243 I AktG, 14 UmwG. Dabei ist unerheblich, ob die Muttergesellschaften, die über die betreffenden Informationen verfügen, mit einer ¾ -Mehrheit den Verschmelzungsbeschluss durchsetzen können. Für eine Anfechtung reicht aus, dass einer Minderheit die Informationen nicht zugänglich gemacht werden.[412]

Der Verletzung dieser Informationspflichten kommt daher über den Anwendungsbereich des § 243 IV AktG hinaus Relevanz für das Beschlussergebnis zu, auch wenn die nicht informierten Anleger den Verschmelzungsbeschluss aufgrund der Stimmenmehrheit der Muttergesellschaften nicht verhindern können.[413] Verneinte man diese Relevanz, hätte dies zur Konsequenz, dass weder die Minderheitseigner noch die Öffent-

---

[408] **Neye/Limmer/Frenz/Harnacke**, Unternehmensumwandlung, Rn271ff.

[409] Zu den Anforderungen an den Verschmelzungsbericht siehe: **W. Bayer**, ZIP 1997, 1613, 1619f; **Neye/Limmer/Frenz/Harnacke**, Unternehmensumwandlung, Rn 275.

[410] **Neye/Limmer/Frenz/Harnacke**, Unternehmensumwandlung, Rn 279.

[411] **Neye/Limmer/Frenz/Harnacke**, Unternehmensumwandlung, Rn 279.

[412] **BGH**, NJW 1989, 2689 = BGHZ 107, 296, 306f; **ders.**, BGH AG 1990, 259, 262 ; **ders.**, BGHZ 119, 1, 18ff = NJW 1992, 2760; **Hüffer**, FS Fleck 1988, 151, 159; **ders.**, AktG, § 243 Rn 17f; a.A. **Messer**, FS Quack 1991, 321, 331f.

[413] **Hüffer**, AktG, § 243 Rn 17.

lichkeit Klarheit gewinnen könnte über die organvertragliche Situation bei dem verschmolzenen Unternehmen.

Erteilen die herrschenden Unternehmen ihren Tochtergesellschaften nicht rechtzeitig die relevanten Informationen zur Koordination der Leitungsmacht beim verschmolzenen Rechtsträger, gefährden sie dadurch die Verschmelzung als solche. Diese Sanktion dürfte ein ausreichendes Druckmittel darstellen, um die herrschenden Unternehmen zur Auskunftserteilung gegenüber den beherrschten Gesellschaften zu veranlassen. Wird die Verschmelzung vollzogen, ohne dass für die Zeit danach eine Koordination der Leitungsmacht durch die beiden Mütter erfolgt ist, gehen zwar die Organverträge über. Das Weisungsrecht gegenüber dem verschmolzenen Rechtsträger ist jedoch suspendiert, solange keine einheitliche Leitung gewährleistet ist.

(2) Abfindungsanspruch anlässlich der Verschmelzung

Im Gegensatz zur Verschmelzung zweier demselben Konzern angehörender Unternehmen ist die Situation des verschmolzenen Rechtsträgers hier eine andere. Während dort die Herrschaftssituation vor und nach der Verschmelzung dieselbe ist, sind Vertragspartner des verschmolzenen Rechtsträgers beide Obergesellschaften. Die Aktionäre, die vor der Verschmelzung von ihrem Abfindungsrecht keinen Gebrauch gemacht hatten, weil aus ihrer Sicht der Abschluss des Vertrags mit der Obergesellschaft positiv für ihr Unternehmen war, finden nach der Verschmelzung veränderte Beherrschungsverhältnisse vor, da sie nunmehr Aktionäre eines Unternehmens sind, in dem eine weitere Obergesellschaft "mitregiert".

Können sie aufgrund der Verfristung des Anspruchs dieser veränderten Konzernlage nicht mehr durch ein Ausscheiden gegen Abfindung Rechnung tragen, ist ihnen noch einmal die Gelegenheit zu geben, gegen Abfindung aus dem verschmolzenen Unternehmen auszuscheiden.

Das Problem der Herrschaftsänderung wird im Zusammenhang mit dem Beitritt eines weiteren Unternehmens zum Beherrschungsvertrag erörtert. Die Koordination der Leitungsmacht durch die herrschenden Unternehmen und der Beitritt einer weiteren Obergesellschaft unterscheiden sich lediglich in der Art des Zustandekommens der gemeinsamen Beherrschung. Bei der Verschmelzung werden zwei Beherrschungsverträge koordiniert. Beim Beitritt wird ein weiteres Unternehmen Vertragspartner des bestehenden Vertrags. Das Ergebnis ist jedoch dasselbe. Während die Untergesellschaft zuvor nur von einer Mutter beherrscht wurde, sieht es sich nach der Koordination der Herrschaftsmacht zwei Vertragspartnern gegenüber.

Der *BGH* hat im Fall des Beitritts eines weiteren Unternehmens entschieden, dass den außenstehenden Aktionären kein erneuter Abfindungsanspruch zusteht.[414] Zur Begründung verweist er auf eine Besonderheit in dem der Entscheidung zugrundeliegenden Sachverhalt. Da einige außenstehende Aktionäre wegen der im Beherrschungsvertrag vereinbarten Abfindung ein Spruchstellenverfahren eingeleitet hätten und dort noch

---

[414] **BGH**, NZG 1998, 379,

keine Entscheidung ergangen sei, könnten die Minderheitseigner auch noch im Zeitpunkt des Beitritts gegen Abfindung aus dem Unternehmen ausscheiden.[415] Der *BGH* hält jedoch in den Fällen eine erneute Abfindung für denkbar, in denen die Minderheitsaktionäre nach Abschluss des Vertrages in der beherrschten Gesellschaft verblieben waren und mit dem Verbleiben ganz bestimmte Erwartungen hinsichtlich der Entwicklung des beherrschten Unternehmens verknüpfen durften.[416] Da diese Risikoabschätzung durch den Beitritt eines weiteren Unternehmens im Kern gestört werde, müsse erwogen werden, der Minderheit erneut Gelegenheit zu geben, ihr Verbleiben im Unternehmen zu überprüfen.[417]

Der Auffassung des BGH ist entgegen der Kritik aus der Literatur zuzustimmen. Dabei kann dem Argument, die außenstehenden Aktionäre würden durch den Beitritt eines weiteren herrschenden Unternehmens nicht erneut beeinträchtigt und benötigten daher nicht die Möglichkeit, anlässlich des Beitritts aus dem Unternehmen auszuscheiden, nicht gefolgt werden.[418] Wie der *BGH* zutreffend ausführt, stellen Abfindung und Ausgleich keine Gegenleistung für die Einräumung beherrschenden Einflusses dar.[419] Sie sollen die außenstehenden Aktionären, die den Abschluss eines Beherrschungsvertrages in der Regel nicht verhindern können, vielmehr für die aus dem Vertrag resultierende Beeinträchtigung bzw. den Verlust ihrer mitgliedschaftlichen Rechte entschädigen.[420] Die Entscheidung des einzelnen Aktionärs, in dem Unternehmen gegen Ausgleichszahlung zu verbleiben oder aus diesem gegen Abfindung auszuscheiden, basiert auf der Situation im Zeitpunkt des Vertragsschlusses. Der Aktionär trifft seine Entscheidung, Aktionär des Unternehmens zu bleiben, aufgrund seiner Einschätzung, wie sich die Untergesellschaft künftig unter dem herrschenden Unternehmen entwickeln wird. Von der Ausübung des beherrschenden Einflusses hängt entscheidend ab, wie sich die Untergesellschaft entwickeln wird und ob sie nach einer Beendigung des Vertrags selbständig lebensfähig sein wird. Hiervon hängt wiederum ab, wie sich das "Investment" des Aktionärs während der Dauer des Beherrschungsvertrags wertmäßig entwickelt. Kommt nun ein weiteres herrschendes Unternehmen hinzu, erfordert dies eine Neubewertung der vorgenannten Einschätzung. Gelangt der Aktionär dabei zu dem Ergebnis, dass sich sein Unternehmen nach dem Beitritt der weiteren Obergesellschaft voraussichtlich negativ entwickeln wird, wäre ihm aufgrund der hier abzulehnenden Ansicht das Ausscheiden aus dem Unternehmen verwehrt. Dem kann auch nicht entgegengehalten werden, die Erwartungen des Minderheitsaktionärs hinsichtlich eines bestimmten Verlaufs oder einer bestimmten Entwicklung des unternehmensvertraglichen Verhältnisses seien rechtlich nicht geschützt.[421]

---

[415] **BGH**, NZG 1998, 379, 380.
[416] **BGH**, NZG 1998, 379, 380.
[417] **BGH**, NZG 1998, 379, 380.
[418] **Pentz**, Anm. zum Beschluss des BGH vom 4.3.1998 - II ZB 5/97, NZG 1998, 380, 381.
[419] So jedoch ausdrücklich: **Mülbert**, Aktiengesellschaft, 495.
[420] **BGH**, NZG 1998, 379, 380.
[421] So jedoch: **Pentz**, Anm. zum Beschluss des BGH vom 4.3.1998 - II ZB 5/97, NZG 1998, 380, 381.

Es geht beim Beitritt eines weiteren Unternehmens nicht um enttäuschte Erwartungen hinsichtlich einer bestimmten Entwicklung des Beherrschungsvertrages und damit verbundener spekulativer Erwartungen[422] sondern darum, dass die Minderheit, die von einer ganz bestimmten Obergesellschaft als Vertragspartner ausgehen durfte, nunmehr eine andere beherrschungsvertragliche Situation vorfindet. Um spekulative und nicht schützenswerte Erwartungen handelte es sich beispielsweise, wenn die Aktionäre sich vom herrschenden Unternehmen eine grundlegende Sanierung, die Neupositionierung im Markt, vergrößerte Absatzmärkte etc. versprächen und diese Erwartungen sich dann nicht erfüllten.

Den außenstehenden Aktionären ist daher anlässlich der mit der Verschmelzung einhergehenden Veränderung der Herrschaftsverhältnisse ein erneutes Abfindungsangebot zu unterbreiten. Als einzig zulässige Abfindungsart kommt die Barabfindung gemäß § 305 II Nr. 3 AktG in Frage. Eine Abfindung in Aktien der Obergesellschaften nach § 305 II Nr. 1 AktG scheidet aus, da diese Vorschrift nur auf ein herrschendes Unternehmen zugeschnitten ist. Bei zwei Obergesellschaften wäre die Umrechnung mit nicht lösbaren Problemen verbunden.[423]

Nach der insbesondere von *Geßler* vertretenen abweichenden Auffassung sollen beide Obergesellschaften zur Abfindung in Aktien verpflichtet sein und dem außenstehenden Aktionär ein Wahlrecht dahingehend zustehen, welches der herrschenden Unternehmen die Abfindung in Aktien leisten soll.[424] *Geßler* übersieht hierbei jedoch, dass ein qualitativer Unterschied zwischen alleiniger Beherrschung und der Ausübung von Leitungsmacht zusammen mit einem weiteren Unternehmen besteht.[425]

Sieht man die Abfindung als Entschädigung für die mit dem Beherrschungsvertrag einhergehende Beeinträchtigung der Mitgliedschaftsrechte der Minderheitsaktionäre, sind beide Obergesellschaften gemeinsam verpflichtet, eine Kompensation zu leisten. Die gemeinschaftliche Verpflichtung der herrschenden Unternehmen kann daher nur in einer einheitlichen Leistung bestehen und nicht in einem "entweder- oder". Bejahte man eine Abfindungspflicht in Aktien des einen oder des anderen herrschenden Unternehmens, würde sich der Anspruch inhaltlich nur gegen eines der herrschenden Unternehmen richten, das die Abfindungsaktien zu beschaffen hätte. Dies widerspräche jedoch dem qualitativen Unterschied zwischen alleiniger und mehrfacher Beherrschung. Da bei letzterer ein Unternehmen immer nur in Abstimmung mit dem anderen die Leitungsmacht ausüben kann, sind die beherrschungsvertraglichen Beziehungen zwischen der beherrschten Aktiengesellschaft und den Müttern gelockert.[426] Dieser Umstand rechtfertigt es, die Barabfindung als die allein zulässige Abfindungsart anzusehen.

---

[422] **Pentz**, Anm. zum Beschluss des BGH vom 4.3.1998 - II ZB 5/97, NZG 1998, 380, 381.

[423] **Emmerich/Habersack**, Aktienkonzernrecht, § 305 Rn 15; **Hüffer**, AktG, § 305 Rn 12; **Emmerich/Gansweid**, JuS 1975, 294, 298; **Koppensteiner** in Kölner Komm., § 305 Rn 16, 21; a.A. **Geßler** in Geßler/Hefermehl/Eckardt/Kropff, § 305 Rn 24; **Exner**, Beherrschungsvertrag, 290ff.

[424] **Geßler** in Geßler/Hefermehl/Eckardt/Kropff, § 305 Rn 24.

[425] **Koppensteiner** in Köln.Komm., § 305 Rn 21.

[426] **Koppensteiner** in Köln.Komm., § 305 Rn 21.

(3) Abfindungsanspruch aus dem Organvertrag

Keine Probleme bereitet die Frage der Abfindung aufgrund der Organverträge. Wie bei der Verschmelzung zweier demselben Konzern angehörender Untergesellschaften können die Minderheitsaktionäre auch nach der Verschmelzung die Abfindung verlangen, die ihnen aufgrund des Abschlusses des jeweiligen Vertrags zustanden.[427]

(4) Ausgleichsansprüche

Die Minderheitsaktionäre können nach der Verschmelzung weiterhin einen angemessenen Ausgleich verlangen. Um die Ausgleichszahlungen für die Zeit nach der Verschmelzung zu ermitteln, müsste eine Umrechnung erfolgen. Maßgebend wäre das bei der Verschmelzung ermittelte Umtauschverhältnis von Aktien der Untergesellschaft zu den Anteilen am verschmolzenen Unternehmen. Erhalten die Gesellschafter der Untergesellschaft beispielsweise für drei ihrer Aktien eine Aktie des fusionierten Rechtsträgers, steht ihnen ab der Verschmelzung für je drei dieser Aktien derselbe Ausgleich zu wie für eine Aktie an der übertragenden Untergesellschaft. Die Anteile am verschmolzenen Unternehmen können jedoch nur dann an die Stelle der untergegangenen Aktien des beherrschten Unternehmens treten, wenn sich der Ertragswert des beherrschten Unternehmens zwischen dem Abschluss des Organvertrags und der Verschmelzung nicht verändert. Da diese Voraussetzung jedoch so gut wie nie erfüllt sein dürfte, muss in die Umrechnung auch die Veränderung des Ertragswerts einfließen. Die Minderheitsaktionäre sind so zu stellen, als ob sich der Wert ihres Unternehmens bis zur Verschmelzung nicht geändert hätte. Für die Ermittlung der künftigen Ausgleichszahlungen ist das Umrechnungsverhältnis daher um den Faktor nach oben oder nach unten zu korrigieren, um den der Unternehmenswert seit dem Vertragsschluss gesunken oder gestiegen ist.[428]

III. Verschmelzung auf der Ebene des herrschenden Unternehmens

1. Verschmelzung des herrschenden Unternehmens Im Wege der Aufnahme durch ein organvertraglich gebundenes Unternehmen

A. Auswirkungen auf den Organvertrag

(a) Meinungsstand und Stellungnahme

Nach einhelliger Auffassung hat die Verschmelzung der Obergesellschaft mit einem weiteren Unternehmen keinerlei Auswirkungen auf den zwischen ihr und der Unterge-

---

[427] Siehe hierzu Seite 119ff.

[428] Hat sich der Wert der Untergesellschaft zwischen dem Abschluss des Organvertrags und der Verschmelzung halbiert, erhalten die Minderheitsaktionäre in dem oben gebildeten Beispiel (Umtauschverhältnis 3 zu 1 bei der Verschmelzung) für je 1,5 Anteile am verschmolzenen Unternehmen den Ausgleich, den sie bis zur Verschmelzung je Aktie der übertragenden Untergesellschaft erhielten. Eine Verdoppelung des Unternehmenswerts führt entsprechend zu einer Verdoppelung der für den Ausgleich notwendigen Aktien des verschmolzenen Rechtsträgers.

sellschaft bestehenden Organvertrag.[429] Als Begründung hierfür wird teilweise darauf verwiesen, die mit der Stellung als Obergesellschaft verbundenen Pflichten seien nicht so gravierend, dass durch eine Verschmelzung die Struktur des Unternehmensvertrags entscheidend berührt werde[430] Auch die Rechtsnatur des Organvertrags stehe der Gesamtrechtsnachfolge nicht entgegen, da auch andere durch Satzung begründete Rechte übertragbar seien und daher auch für den satzungsüberlagernden Organvertrag nichts anderes gelten könne.[431] Mit der hM ist davon auszugehen, dass bei einer Verschmelzung im Wege der Aufnahme des herrschenden Unternehmens durch ein anderes Unternehmen, das organvertraglich gebunden ist, der zwischen der Obergesellschaft und dem beherrschten Unternehmen bestehende Organvertrag übergeht.

(b) Anwendbarkeit des § 295 I und II 1 AktG

Ein Mitspracherecht bei der Verschmelzung der Obergesellschaft steht den Aktionären der Untergesellschaft nicht zu. Das UmwG regelt abschließend die Zuständigkeiten für die Durchführung einer Verschmelzung. Danach haben die Gesellschafter der an der Verschmelzung unmittelbar beteiligten Rechtsträger den Verschmelzungsbeschluss mit einer Mehrheit von ¾ zu fassen. Selbst wenn es durch die Verschmelzung zu einer Änderung in der Person des Vertragspartners eines Organvertrags kommt, kann daraus nicht im Hinblick auf § 295 I AktG ein Zustimmungserfordernis der Hauptversammlung der Untergesellschaft abgeleitet werden.[432]

Eine abweichende Auffassung vertritt *W. Bayer*. Nach seiner Ansicht berücksichtigt die hM nicht, dass alle Herrschaftsveränderungen, also insbesondere auch die Begründung der Abhängigkeit der Obergesellschaft durch Abschluss eines Organvertrags, zu materiell gleichwertigen Eingriffen in die Satzungsstruktur der Untergesellschaft und

---

[429] **Koppensteiner**, Köln.Komm, § 291 Rn 50; **Geßler** in Geßler/Hefermehl/Eckardt/Kropff, § 297 Rn 48; **Krieger**, Münchener Hdb d. GesR, Bd. IV, § 70, Rn 130; ZGR 1990, 517, 540; **Dehmer**, UmwG, § 20 Rn 45; **Priester**, ZIP 1992, 293, 301; **Hohner**, DB 1973, 1487, 1488; 1490; **Emmerich/Habersack**, Aktienkonzernrecht, § 297 Rn 41; **Emmerich/Sonnenschein**, Konzernrecht, § 15 IV 6c; **Grunewald** in Lutter, UmwG, § 20 Rn 35; **H. Westermann**, FS Schilling, 271, 283; **Hüffer**, AktG, § 295 Rn 6; **Mülbert**, Aktiengesellschaft, 502; a.A nur: **Würdinger**, Großkomm., § 291 Anm. 25 u. Anm. 11f, 13f.

[430] **Hohner**, DB 1973, 1487, 1490; **Dehmer**, UmwG, § 20 Rn 45, der die Gesamtrechtsnachfolge mit dem Hinweis begründet, die Verschmelzung habe keinerlei Auswirkung auf das einmal statuierte Abhängigkeitsverhältnis zwischen Ober- und Untergesellschaft.

[431] **Mülbert**, Aktiengesellschaft, 502. Aus den Ausführungen Mülberts geht nicht klar hervor, ob eine Gesamtrechtsnachfolge in den Organvertrag uneingeschränkt auch bei Verschmelzungen auf der Ebene der Untergesellschaft zulässig sein soll. Er lehnt die Auffassung Würdingers, wonach der Organvertrag zur Rechtsgrundlage der übertragenden Gesellschaft gehöre und daher nicht übergehen könne, mit dem Hinweis ab, Würdinger verwechsele insoweit herrschende und abhängige Gesellschaft. Diese Aussage erlaubt den Schluss, dass bei der Verschmelzung der Untergesellschaft eine Gesamtrechtsnachfolge in den Organvertrag nicht generell in Frage kommt. Diese Auffassung wäre jedoch aus den o.g. Gründen nicht konsequent.

[432] **Koppensteiner**, Köln.Komm., § 295 Rn 5; **Priester**, ZIP 1992, 293, 300; **Hüffer**, AktG, § 295 Rn 6; **Hohner**, DB 1973, 1487, 1488ff; **Krieger**, ZGR 1990, 517, 540; **Emmerich/Habersack**, Aktienkonzernrecht, § 295 Rn 14; a.A. **W. Bayer**, ZGR 1993, 599, 606.

die durch § 295 I AktG anerkannten Herrschaftsrechte der außenstehenden Aktionäre führen.[433] Er kritisiert insbesondere auch das von der hM gegen die Anwendung des § 295 I AktG vorgebrachte Argument, der Untergesellschaft dürfe bei der Konzernpolitik der Obergesellschaft kein Mitspracherecht eingeräumt werden, mit dem Hinweis, die außenstehenden Aktionäre könnten angesichts der Stimmen- und Kapitalverhältnisse eine Strukturentscheidung bei der Obergesellschaft gar nicht verhindern. Es gehe vielmehr darum, dass die Aktionäre in die Lage versetzt würden, ihre Mitverwaltungsrechte auszuüben.[434]

Der Auffassung von *W. Bayer* kann mit der hM im Ergebnis nicht zugestimmt werden. Die Regelungen der §§ 293, 295 AktG sind nur dann anwendbar, wenn es um den Abschluss bzw. die Änderung eines Organvertrags durch Rechtsgeschäft geht. Dem Gesetzgeber war bei der Novellierung des UmwG das Problem der Zustimmung der Gesellschafter der Ober- bzw. Untergesellschaft bei der Verschmelzung des jeweils anderen Rechtsträgers bekannt. Dies zeigt sich daran, dass in § 388 des Entwurfs zum UmwG[435] das Zustimmungserfordernis der Hauptversammlung der Ober- bzw. Untergesellschaft diskutiert wurde. Diese Regelungen fanden am Ende jedoch keinen Eingang in das UmwG 1995. Es ist daher davon auszugehen, dass mangels Vorliegens einer Regelungslücke eine entsprechende Anwendung der §§ 293, 295 AktG auf die Verschmelzung der Obergesellschaft ausscheidet.

B. Auswirkungen auf bestehende Abfindungsansprüche

Findet die Verschmelzung statt, nachdem die Frist zur Ausübung der Abfindung abgelaufen ist, können die Minderheitsaktionäre die ihnen aufgrund des Organvertrags zustehenden Ansprüche nicht mehr geltend machen. Wie bei der Verschmelzung zwischen Ober- und Untergesellschaft sind auch hier unterschiedliche Fallgestaltungen zu unterscheiden.[436] Kann der Minderheitsaktionär nach der Verschmelzung dagegen noch die Abfindung verlangen, insbesondere wenn in einem Spruchstellenverfahren eine höhere Abfindung festgesetzt wird, stellt sich bei einer Abfindung in Aktien des herrschenden Unternehmens das Problem, dass die Gewährung von weiteren Abfindungsaktien im Widerspruch zu § 305 II Nr. 2 AktG steht.

Die Vertreter der Ansicht, die im Fall der Verschmelzung eines beherrschten Unternehmens mit einer beherrschungsvertraglich nicht gebundenen Gesellschaft das Erlöschen des Unternehmensvertrags und auch eines noch laufenden Abfindungsangebots bejahen, verneinen ein Erlöschen des Organvertrags wenn das herrschende Unternehmen auf eine organvertraglich gebundene Gesellschaft verschmolzen wird.[437] Sie gelangen daher auch zu dem hier vertretenen Ergebnis, dass die Minderheitsaktionäre der beherrschten Gesellschaft auch nach der Verschmelzung des herrschenden Unterneh-

---

[433] ZGR 1993, 599, 604.
[434] ZGR 1993, 599, 605.
[435] Siehe Bundesanzeiger Nr. 214a, 1988 und **Krieger**, ZGR 1990, 517, 539.
[436] Siehe dazu Seite 43ff.
[437] **Dehmer**, UmwG § 20, Rn 45; **Hüffer**, AktG, § 295 Rn 6; **Emmerich/Habersack**, Aktienkonzernrecht, § 297 Rn 41; **Krieger**, ZGR 1990, 517, 540; **Priester**, ZIP 1992, 293, 301;

mens die Abfindung verlangen können. Die Vorschrift des § 305 II Nr. 2 AktG lässt bei einer Konzernierung der Obergesellschaft als zulässige Abfindungsart nur die Gewährung von Aktien der Konzernspitze oder die Barabfindung zu. Aktien der Obergesellschaft sind als Abfindung dagegen ausgeschlossen. Man wird daher davon ausgehen müssen, dass der Abfindungs(ergänzungs)anspruch mit der Konzernierung der Obergesellschaft eine inhaltliche Änderung erfährt mit der Folge, dass der Minderheit nach der Verschmelzung nur Aktien der neuen Konzernspitze oder eine Barabfindung angeboten werden darf.

Die Änderung der Abfindungsart wirft die Frage nach einem Sonderbeschluss der Minderheit nach § 295 II 1 AktG auf. Entgegen der hier für die Anwendung des § 295 I AktG vertretenen Auffassung wird man eine Anwendung des § 295 II 1 AktG verneinen müssen. Die Mitverwaltungs- und Informationsrechte der außenstehenden Aktionäre werden bereits durch die Anwendung des § 295 I AktG gewahrt.

Die Wahl zwischen den Abfindungsarten des § 305 II Nr. 2 AktG obliegt grundsätzlich den Parteien des Unternehmensvertrags.[438] Einigen sich Ober- und Untergesellschaft nicht auf eine Anpassung der Abfindung, muss der Minderheit die Möglichkeit eröffnet werden, ein Spruchstellenverfahren nach § 306 AktG einzuleiten mit dem Ziel, die Abfindung durchzusetzen. Das angegangene Gericht muss dann über die Abfindungsart entscheiden. Insoweit gilt nichts anderes, als wenn der Organvertrag von vorneherein überhaupt keine Abfindung vorsah, § 305 V 2 AktG.[439]

Pentz hält es für geboten, dass den Minderheitsaktionären der beherrschten Untergesellschaft die Möglichkeit eröffnet wird, Anteile der Konzernspitze zu erwerben.[440] Seiner Ansicht nach steht das in § 305 III 2 AktG verankerte Stichtagsprinzip einer Änderung der Abfindungsleistung nicht entgegen. Werde bei noch laufendem Abfindungsangebot das herrschende Unternehmen Untergesellschaft eines Vertragskonzerns, stelle dies nicht die Berücksichtigung nachträglicher Ereignisse, d.h. solcher Umstände dar, deren Wurzeln im Zeitraum nach Abschluss des Unternehmensvertrags lägen.[441] Daher führe die nachträgliche Konzernierung grundsätzlich zu einer Änderung des Abfindungsangebots. *Pentz* verneint jedoch die Notwendigkeit einer Abänderung des zwischen der beherrschten und der verschmolzenen Gesellschaft bestehenden Beherrschungsvertrags mit dem Ziel, statt der Aktien des herrschenden Unternehmens solche der Konzernspitze als Abfindung aufzunehmen.[442] Seiner Ansicht nach soll § 295 II AktG analog angewandt werden. Die außenstehenden Aktionäre des beherrsch-

---

[438] **Emmerich/Habersack**, Aktienkonzernrecht, § 305 Rn 13.

[439] **Hüffer**, AktG, § 305 Rn 30, und **Emmerich/Habersack**, Aktienkonzernrecht, § 305 Rn 64, gehen davon aus, das Gericht müsse es bei der im Vertrag festgelegten Abfindungsart belassen und könne nur das Umtauschverhältnis ändern oder die Barabfindung erhöhen, dürfe aber nicht anstelle der Abfindung in Aktien eine Barabfindung bestimmen oder umgekehrt. Dem ist zuzustimmen, wenn der Vertrag die zulässige Abfindungsart vorsieht nicht jedoch dann, wenn unzulässigerweise eine Abfindung in Aktien der konzernierten Obergesellschaft vorsehen ist.

[440] Rechtstellung, 106f.

[441] Rechtstellung, 106.

[442] Rechtstellung, 107.

ten Unternehmens sollen dadurch ein Mitspracherecht hinsichtlich des Vertrags zwischen dem herrschenden Unternehmen und der Konzernspitze erhalten, damit sichergestellt werde, dass die Minderheit des beherrschten Unternehmens zunächst in das herrschende Unternehmen wechseln könne, um letztendlich Aktionäre der Konzernspitze zu werden.[443]

Entgegen der Ansicht von *Pentz* wäre § 295 II AktG direkt anzuwenden mit der Folge, dass die Anpassung des zwischen dem beherrschten Unternehmen und der fusionierten Obergesellschaft bestehenden Beherrschungsvertrags an die Erfordernisse des § 305 II Nr. 2 AktG wirksam nur per zustimmendem Sonderbeschluss der Minderheit des beherrschten Unternehmens erfolgen könnte. Es ist jedoch fraglich, ob es eines Sonderbeschlusses der außenstehenden Aktionäre überhaupt bedarf. Zweck dieser Vorschrift ist es, den Gläubigern des Abfindungsanspruchs, also den Minderheitseignern, ein Mitspracherecht zu geben, wenn in ihre bestehenden Rechte eingegriffen werden soll. Der Grund ist darin zu sehen, dass die Vertragsparteien des Unternehmensvertrags unter allgemeinen zivilrechtlichen Grundsätzen nicht in Rechte Dritter eingreifen können. Eine Abänderung der Abfindungs- und Ausgleichsansprüche ist daher nur mit Zustimmung aller Gläubiger zulässig.[444] Aus praktischen Gründen hat sich der Gesetzgeber damit begnügt, eine Änderung nicht von der Zustimmung aller außenstehenden Aktionäre abhängig zu machen, sondern diese schon dann zuzulassen, wenn eine qualifizierte Mehrheit zustimmt.[445] Wann eine solche Änderung vorliegt, ist noch nicht abschließend geklärt. Im Hinblick auf den Regelungszweck der Vorschrift vertritt *Emmerich* eine weite Auslegung. Ein Sonderbeschluss wird schon dann notwendig, wenn eine Vertragsänderung nicht auf eine Abänderung der Abfindungsleistung selbst zielt, sondern schon dann, wenn eine Änderung mittelbare Auswirkungen auf den Abfindungsanspruch hat.[446]

Allein entscheidend soll daher sein, ob durch eine Vertragsänderung zu einer materiellen Veränderung der Rechtsstellung führt.[447] Emmerich hat dabei vor allem die Fälle des Parteiwechsels, der Vertragsübernahme und des Beitritts zu einem Beherrschungsvertrag im Auge.[448] Gerade anhand des Beitritts zu einem Beherrschungsvertrag wird deutlich, dass dem Schutzgedanken des § 295 AktG nur durch das Abstellen auf das materielle Betroffensein der Minderheitseigner Genüge getan werden kann. Stellte man nur auf den formalen Gesichtspunkt ab, ob eine Vertragsänderung auch eine Änderung etwa der Abfindungshöhe oder eine nachträgliche Befristung des Abfindungsangebots zur Folge hat, wären die Minderheitsaktionäre gerade in den Fällen ohne Schutz, in denen die Parteien des Beherrschungsvertrags den Abfindungsanspruch formal unangetastet lassen. Selbst wenn man sich einer restriktiveren Auslegung des Anwendungs-

[443] Rechtstellung,107.
[444] **Emmerich/Habersack**, Aktienkonzernrecht, § 295 Rn 22.
[445] **Emmerich/Habersack**, Aktienkonzernrecht, § 295 Rn 22; BegrRegE zu § 305 in: **Kropff**, Textausgabe, 348f; **BGH**, BGHZ 119, 1, 8; **Emmerich/Sonnenschein**, Konzernrecht § 14 IV 2b.
[446] **Emmerich/Habersack**, Aktienkonzernrecht, § 295 Rn 25f.
[447] **Emmerich/Habersack**, Aktienkonzernrecht, § 295 Rn 25f.
[448] **Emmerich/Habersack**, Aktienkonzernrecht, § 295 Rn 26.

bereichs des § 295 II AktG entschlösse, wäre die hier interessierende nachträgliche Änderung der Abfindungsart - Aktien der Konzernspitze statt Aktien des verschmolzenen Rechtsträgers - in jedem Fall von dem Zustimmungserfordernis des § 295 II AktG erfasst.

Ausnahmsweise ist jedoch in der vorliegenden Konstellation nicht erforderlich, dass die außenstehenden Aktionäre der Änderung der Abfindungsart per Sonderbeschluss zustimmen. Ziel der verschiedenen Abfindungsformen ist es, den außenstehenden Aktionär wirtschaftlich so zu stellen, wie wenn er weiter an einer unabhängigen Gesellschaft beteiligt wäre.[449] Durch die Verschmelzung des herrschenden Unternehmens wird die im Beherrschungsvertrag zunächst vorgesehene Abfindungsart nachträglich unzulässig. Wäre das herrschende Unternehmen bereits im Zeitpunkt des Vertragsschlusses eine abhängig bzw. beherrschte Gesellschaft gewesen, hätte die Gewährung ihrer Aktien nicht als Abfindungsart gewählt werden dürfen. Nach der Verschmelzung ist daher eine Anpassung der Abfindungsart erforderlich, deren Notwendigkeit sich unmittelbar aus dem Gesetz ergibt. Weder die Parteien des Beherrschungsvertrags noch die Gläubiger des Abfindungsanspruchs können abweichend von den gesetzlichen Vorgaben eine unzulässige Abfindungsart vereinbaren.[450]

Dies schließt nicht aus, dass sich einzelne Minderheitseigner mit dem herrschenden Unternehmen oder der Konzernspitze abweichend von den gesetzlichen Vorgaben auf eine nachträglich unzulässig gewordene Abfindungsform einigen. Ausgeschlossen wäre jedoch, dass per Sonderbeschluss einer zwischen dem herrschenden Unternehmen und der beherrschten Gesellschaft vereinbarten Abfindungsart zugestimmt wird, die im Widerspruch zu § 305 II AktG steht. Aufgrund des zwingenden Charakters der gesetzlichen Vorgaben sind die Parteien des Beherrschungsvertrags gehalten, nach der Verschmelzung statt der Aktien des herrschenden Unternehmens solche der Konzernspitze oder eine Barabfindung in den Vertrag aufzunehmen.

Auch die Minderheitseigner des beherrschten Unternehmens träfe eine Zustimmungspflicht. Lehnten sie in einer Abstimmung die Abänderung des Beherrschungsvertrages bezüglich der Abfindungsart ab, stünde dies im Widerspruch zu zwingendem Recht. Genauso wenig wie die Parteien des Beherrschungsvertrags eine den gesetzlichen Vorgaben widersprechende Abfindungsart vereinbaren dürfen, können die Minderheitseigner einer Anpassung der Abfindungsart ihre Zustimmung verweigern. Ein Sonderbeschluss der außenstehenden Aktionäre wäre daher überflüssiger Formalismus. Befürwortete man die Anwendung des § 295 II AktG, liefe dies auf eine Mitbestimmung der Minderheit über die zu bestimmende Abfindungsart hinaus.

---

[449] **Geßler** in Geßler/Hefermehl/Eckardt/Kropff, § 305 Rn 33; **Hüffer**, AktG, § 305 Rn 18; **Koppensteiner**, Köln.Komm., § 305 Rn 27; **Emmerich/Habersack**, Aktienkonzernrecht, § 305 Rn 31; **J. Schmidt**, Außenstehende Aktionäre, 68; **Hüchting**, Abfindung, 25, 27, 49f.

[450] Siehe hierzu: **Emmerich/Habersack**, Aktienkonzernrecht, § 305 Rn 2, der ebenfalls davon ausgeht, dass eine der Abfindungsvarianten im Beherrschungsvertrag enthalten sein muss und dass über die zwingenden gesetzlichen Vorgaben hinaus zusätzliche Leistungen angeboten werden können.

Die Anpassung der Abfindungsart an die nach der Verschmelzung veränderten Herrschaftsverhältnisse kommt im Grunde genommen der bei Abschluss des Beherrschungsvertrages erstmaligen Bestimmung der Abfindungsart durch die Vertragsparteien gleich. Der einzige Unterschied ist der Zeitpunkt der Festlegung der Abfindung. Während diese im Normalfall im Rahmen des Vertragsschlusses erfolgt und Teil des Beherrschungsvertrages ist, wird im vorliegenden Fall die ursprüngliche Abfindungsart an die veränderten Verhältnisse angepasst. Hätten die Vertragsparteien bereits im Zeitpunkt des Beherrschungsvertrags von der Verschmelzung gewusst, hätten sie im Vorgriff auf die dadurch zu erwartende Änderung der Konzernstrukturen schon im Beherrschungsvertrag entsprechende Regelungen treffen können. Diese hätten so aussehen können, dass bis zur Verschmelzung als Abfindung Aktien des herrschenden Unternehmens und danach Anteile an der Konzernspitze gewährt werden. In diesem Fall hätten die Minderheitsaktionäre keinerlei Mitwirkungsrechte hinsichtlich der Festlegung der Abfindungsart gehabt. Wird die Abfindungsart dagegen erst im nachhinein, d.h. nach der Verschmelzung angepasst, ist schwer nachvollziehbar, warum die Minderheit nunmehr dieser Anpassung zustimmen sollte.

Unzulässig wäre es dagegen, wenn der Minderheit nach der Verschmelzung eine Barabfindung statt Aktien der Konzernspitze angeboten würden, wenn im Organvertrag als Abfindung Aktien des herrschenden Unternehmens vorgesehen waren. Der verschmolzene Rechtsträger ist an die vom früher herrschenden Unternehmen getroffene Wahl der Abfindungsart gebunden und kann nach der Verschmelzung nicht die Abfindungsart ändern. Soll den Minderheitsaktionären nach der Verschmelzung nunmehr eine Barabfindung angeboten werden, bedarf dies eines zustimmenden Sonderbeschlusses nach § 295 II AktG.

Der Schutz der Minderheit wird durch dieses Ergebnis auch nicht verkürzt oder gar vereitelt. Sie können das geänderte Abfindungsangebot im Spruchstellenverfahren nach § 306 AktG überprüfen lassen, wenn sie der Ansicht sind, dass die ermittelte Umtauschrelation unangemessen ist. Wird die Abfindung dagegen von den Parteien des Beherrschungsvertrags nicht angepasst, können die Minderheitsaktionäre das bereits rechtshängige Spruchstellenverfahren dazu nutzen, die nachträglich unzulässig gewordene Abfindung gerichtlich überprüfen zu lassen.

Bei einer Barabfindung stellen sich die vorgenannten Probleme nicht. Hier kann das Gericht im Spruchstellenverfahren eine höhere Abfindung festsetzen mit der Folge, dass die Minderheit nach der Verschmelzung den höheren Betrag verlangen kann.

C. Erneute Abfindung

Des weiteren stellt sich die Frage, ob die Außenseiter der Untergesellschaft aufgrund der Verschmelzung erneut eine Abfindung verlangen können. Durch die Verschmelzung entsteht eine mehrstufige Konzernstruktur, in der das bisher unabhängige und herrschende Unternehmen zur Tochter- und das beherrschte Unternehmen zur Enkelgesellschaft wird.

Die mit der Konzernierung der Obergesellschaft zusammenhängenden Probleme sind eingehend von *Pentz* untersucht worden.[451] Er gelangt zu dem Ergebnis, dass den Minderheitsaktionären, die von dem Abfindungsangebot bis zum Ablauf der im Beherrschungsvertrag vereinbarten oder nach § 305 IV 3 AktG geltenden Frist keinen Gebrauch gemacht haben, bei Abschluss eines Beherrschungsvertrags zwischen der bis dahin herrschenden Gesellschaft (im folgenden T genannt) und der neuen Obergesellschaft (im folgenden M genannt) keine erneute Abfindung anzubieten ist.[452] Er begründet dies mit der fehlenden Schutzbedürftigkeit der Aktionäre, die sich endgültig für ein Verbleiben in der Untergesellschaft entschieden hätten. Für sie ändere sich durch die vertragliche Konzernierung des herrschenden Unternehmens nichts.[453] Andererseits verweist er jedoch auf den Schutzzweck des § 305 AktG, der die außenstehenden Aktionäre für den Verlust ihrer Herrschaftsrechte entschädigen solle.[454] In seiner Begründung verweist er auf die Ansicht *W.F. Bayers*, der in diesem Fall ein erneutes Abfindungsangebot mit dem Hinweis fordert, der Kurs der Aktien der Enkelgesellschaft habe sich bis zum Abschluss des Beherrschungsvertrags T - M am Kurs der Anteile der T orientiert. Nach Vertragsschluss sei Bezugspunkt für die Kursentwicklung nicht mehr der Kurs der T-Aktien sondern der M-Aktien.[455] *Pentz* hält diesen Ansatz für verfehlt, da die Vorschrift des § 305 AktG nicht die Kurserwartungen der in der E verbliebenen Aktionäre sondern den Verlust bzw. die Einschränkung der Mitverwaltungs- und der Vermögensrechte der Minderheit schützen wolle.[456]

Pentz ist insoweit zuzustimmen. Betrachtet man zunächst den Fall der aufsteigenden Konzernbildung, d.h. die Fallgestaltung, dass zuerst ein Organvertrag zwischen der Tochter- und der Enkelgesellschaft und anschließend ein Vertrag zwischen der Tochter- und der Muttergesellschaft geschlossen wird, stellt sich die Situation aus der Sicht der Minderheitsaktionäre der Enkelgesellschaft wie folgt dar: Durch den Abschluss eines Beherrschungsvertrags zwischen T (= des herrschenden Unternehmens im Verhältnis zu E) und M (= herrschendes Unternehmen im Verhältnis zu T) kommt es bei den Minderheitsaktionären der E nicht zu einer (erneuten) Beeinträchtigung der Mitverwaltungs- und Vermögensrechte. Da die E bereits vor Abschluss des Vertrags zwischen T und M beherrschungsvertraglich gebunden war, ändert sich durch das Hinzukommen der M als Obergesellschaft der T auf den ersten Blick nichts für die E bzw. deren außenstehende Aktionäre. Vertragspartner des Unternehmensvertrags im Verhältnis zu E ist nach wie vor die T. Die M kann jedoch über ihren Beherrschungsvertrag mit T (mittelbar) beherrschenden Einfluss auf die E ausüben, indem sie der T Weisungen hinsichtlich der Leitung der E erteilt. Aus Sicht der E bzw. deren Minderheitseigner tritt durch den Beherrschungsvertrag zwischen T und M die T als herrschendes Unternehmen in den Hintergrund. Bei ihrer Entscheidung Aktionäre der E zu

---

[451] **Pentz**, Rechtstellung passim.
[452] **Pentz**, Rechtstellung, 104f.
[453] **Pentz**, Rechtstellung, 105.
[454] **Pentz**, Rechtstellung, 105.
[455] **W.F. Bayer**, FS Ballerstedt, 157, 179.
[456] **Pentz**, Rechtstellung, 105.

bleiben und nicht gegen Abfindung aus der E auszuscheiden - sei es in Form einer Barabfindung oder in Form von Aktien der T als Obergesellschaft - konnten sie die nach Ablauf der Ausübungsfrist eingetretene Konzernierung der T durch M nicht in ihre Entscheidung einbeziehen.[457] Die Minderheitsaktionäre, die bei Abschluss des Organvertrags die Abfindung angenommen und Aktien der Tochtergesellschaft erhalten haben, können bei Abschluss eines Vertrags zwischen der M und der T dagegen eine Abfindung von der M verlangen, sei es in Form von Aktien oder in Form einer Barabfindung.

Rehbinder hat zu Recht darauf hingewiesen, dass die Frage eines erneuten Abfindungsangebots sich nur deswegen stellt, weil es zu einer für die Minderheitsaktionäre nicht vorhersehbaren Herrschaftsänderung kommt und nicht wie *W. F. Bayer* meint, deswegen aufzuwerfen ist, weil durch die Konzernierung der T deren Ertragslage und damit auch die Ausgleichsansprüche nachteilig beeinflusst werden können.[458] Die Frage hinsichtlich der Auswirkungen auf die Ausgleichsansprüche kann sich nur bei diesen selbst stellen und nicht im Zusammenhang mit etwaigen erneuten Abfindungsansprüchen. Die Frage ist daher allein, ob die Änderung der Herrschaftsverhältnisse durch die vertragliche Konzernierung der T ein erneutes Abfindungsangebot der Minderheitsaktionäre der E auslösen kann und ob die Aktionäre der E insoweit deshalb des erneuten Schutzes durch die Anwendung des § 305 AktG bedürfen. Dies ist zu bejahen. Im Ergebnis hat die Verschmelzung für die außenstehenden Aktionäre der E damit die gleichen Auswirkungen wie im Fall eines Abschlusses eines Beherrschungsvertrags zwischen T und ihrer Muttergesellschaft. Der Unterschied liegt lediglich in der Art und Weise, in der die vertragliche Konzernierung der T zustande kommt: einerseits durch Abschluss eines Beherrschungsvertrags und andererseits durch die Verschmelzung mit einem Unternehmen, das bereits Partei eines Beherrschungsvertrags ist.[459]

Verneinte man die Notwendigkeit eines erneuten Abfindungsangebots anlässlich des Vertragsschlusses zwischen T und M, bzw. im Fall der Verschmelzung des herrschenden Unternehmens, stünden die in der E verbliebenen Minderheitsaktionäre schlechter als diejenigen, die seinerzeit gegen Abfindung aus der E ausgeschieden und Anteilseigner der T geworden sind. Denn die Minderheitsaktionäre der T könnten anlässlich des Vertragsschlusses zwischen M und T Abfindungsansprüche nach § 305 AktG geltend machen.

---

[457] So zutreffend: **W. Bayer**, ZGR 1993, 599, 604f.

[458] ZGR 1977, 581, 606f.

[459] So ausdrücklich: **Teichmann** in Lutter, UmwG, § 123 Rn 7 unter Hinweis auf das Vorbild der Gesamtrechtsnachfolge im Erbrecht für das Umwandlungsrecht. Er bezeichnet die Gesamtrechtsnachfolge bei der Verschmelzung als das einfachere Mittel, Rechtspositionen, Vermögen und Verbindlichkeiten auf einfachere Weise als durch Einzelübertragung auf einen anderen Rechtsträger zu transferieren. Die Unterscheidung zwischen Rechtspositionen einerseits und Vermögen und Verbindlichkeiten andererseits spricht für die hier vertretene Auffassung. Hielte **Teichmann** die Gesamtrechtsnachfolge nur in Vermögensgegenstände im engeren Sinne für möglich, erübrigte sich der Hinweis auf Rechtspositionen. Damit können nur solche Rechtsverhältnisse gemeint sein, die sich nicht unter den Begriff des Vermögensgegenstandes subsumieren lassen.

Das gleiche würde gelten, wenn die T aus der Verschmelzung als beherrschtes Unternehmen hervorginge. Auch hier hätten die Minderheitseigner - wie oben bei der Verschmelzung eines beherrschungsvertraglich gebundenen und eines nicht konzernierten Unternehmens ausgeführt - Anspruch auf eine Abfindung. Den in der E verbliebenen Aktionären wäre dies dagegen verwehrt. Diese Ungleichbehandlung der Minderheit der T und der von E wäre jedoch nicht gerechtfertigt. Durch den Verbleib in der E sind die Aktionäre zwar das Risiko eingegangen, dass ihr Engagement wegen der Beherrschung durch T entwertet wird. Als "Prämie" für den Verbleib erhalten sie Ausgleichszahlungen. Es ist jedoch nicht Teil dieses "Entwertungsrisikos", wenn die seinerzeit unabhängige Obergesellschaft auf ein weiteres Unternehmen verschmolzen und so in Abhängigkeit zu einem anderen Unternehmen gerät und sich dadurch das Verlustrisiko aus ganz anderen Gründen als durch die Leitung der T realisieren kann. Diese Risikoverteilung lässt sich mittelbar dem Gesetz entnehmen. Die Vorschrift des § 304 AktG bezweckt den Schutz der Minderheit durch Zahlung eines angemessenen Ausgleichs. Der Außenseiteraktionär wird durch die Ausgleichszahlung so gestellt, wie wenn der Beherrschungsvertrag nicht zustande gekommen wäre und die Gesellschaft weiter im gemeinsamen Interesse aller Aktionäre geführt würde.[460] Durch die Ausgleichszahlungen werden also seine Ertragserwartungen in dem Umfang geschützt, wie sie sich im Zeitpunkt des Abschlusses des Beherrschungsvertrags darstellten. Der Minderheitsaktionär kann vom herrschenden Unternehmen erwarten, dass dieses ihn für die Beeinträchtigung seiner Gewinnbezugsrechte, die aus seiner Aktionärsstellung fließen, entschädigt.

Die Vorschrift des § 305 AktG bezweckt dagegen nicht den Schutz der Ertragserwartungen der Minderheitsaktionäre, sondern vorrangig den Schutz des Substanzinteresses.[461] Da der Minderheitseigner in Höhe des wirklichen Werts seiner Beteiligung an dem arbeitenden Unternehmen unter Einschluss insbesondere der stillen Reserven und des inneren Geschäftswerts zu entschädigen ist, erhält er für seine Aktien den darauf entfallenden Anteil am Unternehmen, mithin also den Gegenwert für den in den Aktien verkörperten Anteil am Substrat des Unternehmens. Die Entschädigung erlaubt es ihm, aus der vertraglichen Konzernierung die Konsequenzen zu ziehen und aus der Untergesellschaft auszuscheiden. Mit der Entschädigung wird er wirtschaftlich so gestellt, wie wenn er weiterhin an einer unabhängigen Gesellschaft beteiligt wäre.[462]

Das herrschende Unternehmen muss zu diesem Zweck die Anteile des Minderheitsgesellschafters angemessen entschädigen und zwar in Höhe des Wertes, den diese im

---

[460] BegrRegE zu § 305 in: **Kropff**, Textausgabe, 394f; **Exner**, Beherrschungsvertrag, 179f; **Emmerich/Habersack**, Aktienkonzernrecht, § 304 Rn 7; **Hüffer**, AktG, § 304 Rn 11f; **BGH**, NZG 1998, 379; **OLG Düsseldorf**, AG 1977, 168, 171;

[461] **Emmerich/Habersack**, Aktienkonzernrecht, § 305 Rn 32.

[462] **Emmerich/Habersack**, Aktienkonzernrecht, § 305 Rn 31; **Eschenbruch**, Konzernhaftung Tz 3121; **Hüffer**, AktG, § 305 Rn 18, 26; **J. Schmidt**, Außenstehende Aktionäre, 68; **Geßler** in Geßler/Hefermehl/Eckardt/Kropff, § 305 Rn 33; **Emmerich/Sonnenschein**, Konzernrecht, § 17a IV 1; **Hüchting**, Abfindung, 25, 27, 49f.

Zeitpunkt unmittelbar vor Abschluss des Vertrags haben.[463] Entscheidet sich der Aktionär für den Verbleib im konzernierten Unternehmen, kann er darauf vertrauen, dass er regelmäßig in einem bestimmten Umfang Erträge aus seinem Investment erhält. Selbst wenn seine Gesellschaft keine Gewinne erwirtschaftet oder sogar laufend Verluste erzielt, kann er mit einer Rendite auf sein Aktienengagement rechnen. Für die Zahlung der Erträge hat das herrschende Unternehmen aufzukommen, da sie den außenstehenden Anteilseignern direkt zur Zahlung des Ausgleichs verpflichtet ist.[464]

Das Risiko einer Entwertung seines Engagements trägt er insoweit als nach Beendigung des Beherrschungsvertrags sein Unternehmen infolge des Einflusses des herrschenden Unternehmens nicht mehr selbständig lebensfähig und außerstande ist, Gewinne zu erwirtschaften also die Ertragskraft auf null sinkt oder sich im Vergleich zur Zeitraum vor Vertragsschluss nachhaltig verschlechtert. Während der Dauer des Beherrschungsvertrags bestimmt sich der Wert seiner Aktie maßgeblich danach, ob das herrschende Unternehmen in der Lage ist, die Ausgleichsforderungen zu bedienen. Potentielle Erwerber werden den Kaufpreis der Aktie vorrangig nach der Bonität des Schuldners der Ausgleichsleistungen beurteilen.

Der Minderheitsaktionär trägt also während der Dauer des Beherrschungsvertrags im wesentlichen das Insolvenzrisiko des herrschenden Unternehmens und für die Zeit danach das Risiko der Überlebens- bzw. Ertragsfähigkeit seiner Gesellschaft. Sein Kalkül, dass die abhängige Gesellschaft auch nach dem Ende des Vertrags Erträge erwirtschaften kann und dadurch sein Anteil werthaltig ist, liegt in seiner Risikosphäre. Der Minderheitsaktionär kann diese Überlegungen auf der Basis der Vertragsdauer und in Kenntnis des Vertragspartners des Beherrschungsvertrags treffen. Durch die Verschmelzung des herrschenden Unternehmens wird das beherrschte Unternehmen jedoch dem Einfluss eines anderen Unternehmens als dem ursprünglichen herrschenden Unternehmen ausgesetzt. Die T, die vorher unabhängig war und ausschließlich im Interesse der Gesamtheit ihrer Anteilseigner geführt wurde, erlischt mit der Verschmelzung. Das aus der Verschmelzung hervorgehende Unternehmen ist ein ganz anderes als die früher herrschende Gesellschaft und hat sich zudem fremden unternehmerischen Zielvorstellungen unterzuordnen. Dadurch kann für den Minderheitsaktionär das Risiko steigen, für die restliche Dauer des Beherrschungsvertrags mit seinen Ausgleichsforderungen auszufallen. Dies wiederum beeinträchtigt den Wert seiner Anteile, die er u.U. am Markt nur zu einem geringeren Preis als vor der Verschmelzung veräußern kann. Wichtiger noch als die Gefahr der Insolvenz des fusionierten Rechtsträgers als

---

[463] Siehe hierzu: **Hüffer**, AktG, § 305 Rn 1.

[464] Teilweise wurde früher die Auffassung vertreten, Schuldner der Ausgleichsleistungen sei die abhängige Gesellschaft, so z.B. von **Möhring**, FS Hengeler, 216ff. Zwischenzeitlich ist unstreitig, dass der Beherrschungsvertrag insoweit ein echter Vertrag zugunsten Dritter ist, s. hierzu: **Emmerich/Sonnenschein**, Konzernrecht, § 17 III 3; **Eschenbruch**, Konzernhaftung, Tz 3118; **Exner**, Beherrschungsvertrag, 173ff; **Geßler** in Geßler/Hefermehl/Eckardt/Kropff, § 304 Rn 29ff; **Hüffer**, AktG, § 304 Rn 4; **Hüchting**, Abfindung, 11ff; **Koppensteiner**, Köln.Komm., § 304 Rn15; **Schneider**, AG 1976, 19, 21; **BGH**, NJW 1997, 2242; **OLG Düsseldorf**, AG 1990, 490; **ders.**, AG 1992, 200, 201; **ders.**, AG 1998, 39; **LG Mannheim**, AG 1995, 89,90.

Schuldner der Ausgleichsleistungen ist jedoch die durch die Fusion vollständig veränderte Konzernzugehörigkeit der Untergesellschaft.

Diese Überlegungen zeigen, dass mit der Verschmelzung auf der Ebene des herrschenden Unternehmens der Minderheitseigner zu einer grundsätzlichen Neubewertung seines Risikokalküls gezwungen ist. Die Konsequenzen, die er daraus zieht, könnten - ohne eine erneute Abfindungspflicht - nur so aussehen, dass er seine Anteile am Markt veräußert und auf diesem Weg aus dem Unternehmen ausscheidet. Damit trüge er jedoch entgegen der Wertungen der §§ 304, 305 AktG das Risiko des von ihm bei Abschluss nicht vorhersehbaren und damit auch nicht kalkulierbaren Substanzverlustes seines Investments. Da die M durch die Fusion und die Gesamtrechtsnachfolge des verschmolzenen Unternehmens in die bestehenden Beherrschungsverträge einen beträchtlichen Zuwachs an Einflussmöglichkeiten erlangt, müssen die Minderheitsaktionäre der E, die dies nicht voraussehen konnten und die dieses Risiko auch nicht zu tragen haben, erneut die Möglichkeit zum Ausscheiden aus der E erhalten. Dies kann nur durch ein erneutes Abfindungsangebot seitens des fusionierten Rechtsträgers erfolgen.

Der von *Krieger* geäußerten Auffassung, der Abschluss eines Beherrschungsvertrags zwischen T und M könne nicht mit einer Verschmelzung der T gleichgestellt werden, da es im Einzelfall darauf ankomme, ob sich die T nach der Verschmelzung fremden Konzerninteressen unterzuordnen habe,[465] ist entgegenzuhalten, dass bei einer Rechtsnachfolge des verschmolzenen Unternehmens in den Beherrschungsvertrags für diese Überlegung gar kein Raum mehr bleibt. Durch den Beherrschungsvertrag erhält die M die Möglichkeit, direkt beherrschenden Einfluss auf die T auszuüben. Die T hat sich aufgrund des Beherrschungsvertrags fremden Interessen zu fügen. Einen Zweifel hieran kann es nicht geben.

Auch der von *Rehbinder* vertretenen Ansicht, ein erneutes Abfindungsangebot scheide aus, wenn die T bei Abschluss des Beherrschungsvertrags mit E bereits faktisch abhängig von M gewesen sei und erst später ein Beherrschungsvertrag zwischen T und M geschlossen werde,[466] kann nicht gefolgt werden. Die Unterscheidung danach, ob dem Beherrschungsvertrag der Erwerb einer ganzen Unternehmensgruppe voranging oder ob nach faktischer Konzernierung ein Vertrag geschlossen wird, wird von *Rehbinder* nicht näher begründet.[467] Die faktische Konzernierung der T im Zeitpunkt des Vertragsschlusses mit E ist qualitativ nicht vergleichbar mit dem späteren Abschluss des Vertrags zwischen T und M. Anders als bei vertraglicher Konzernierung hat sich die T nicht fremden Unternehmensinteressen unterzuordnen. Die M kann ihre Interessen nicht qua Weisung an den Vorstand der T durchsetzen, der die Gesellschaft auch bei faktischer Konzernierung im Interesse aller Aktionäre zu führen hat.

Insbesondere lässt sich aus der in den §§ 311ff AktG zum Ausdruck kommenden Duldung faktischer Konzernierung durch den Gesetzgeber keine dem Vertragskonzern

---

[465] ZGR 1990, 517, 541f.
[466] ZGR 1977, 581, 607.
[467] ZGR 1977, 581, 607.

gleichwertige Konzernleitungsmacht der Obergesellschaft ableiten.[468] Nach der hM sind bei einer durchgehenden Kette von Beherrschungsverträgen, d.h. in den Fällen, in denen zwischen M und T und T und E ein Vertrag besteht, die §§ 311ff AktG im Verhältnis M zu E nicht anwendbar.[469]

Besteht dagegen nur zwischen der M und der T bzw. zwischen der E und der T oder der M und der E ein Beherrschungsvertrag gelangen die §§ 311ff AktG in den vertragslosen Verhältnissen dagegen zur Anwendung..[470]

Dies zeigt, dass die §§ 291ff AktG gegenüber den Vorschriften der §§ 311ff AktG vorrangig sind. Nur wenn zwischen zwei Unternehmen kein Vertrag besteht, können die Vorschriften über die faktische Konzernierung eingreifen. Macht man - wie *Rehbinder* - den Abfindungsanspruch abhängig davon, dass dem Beherrschungsvertrag keine faktische Konzernierung vorangegangen ist, hieße dies die außenstehenden Aktionäre der E in all den Fällen schutzlos zu lassen, in denen keine Kette von Beherrschungsverträgen zu der Konzernspitze, also der M, führt.

Die von *Rehbinder* vertretene Auffassung würde in der Praxis zu nicht lösbaren Problemen führen, wenn dem Abschluss des Organvertrags ein Besitz der Mehrheit der Stimmrechte vorangegangen ist. Bei im Mehrheitsbesitz stehenden Unternehmen wird gemäß § 17 II AktG vermutet, dass dieses von dem mit Mehrheit beteiligten Unternehmen abhängig ist. Dies wiederum führt zur Vermutung des § 18 I 3, wonach bei Abhängigkeit angenommen wird, dass das abhängige und das herrschende Unternehmen einen Konzern bilden. Diese gesetzlichen Vermutungen greifen insbesondere auch ein, wenn ein Unternehmen eine Mehrheitsbeteiligung an einem anderen Unternehmen erwirbt, das seinerseits Mehrheitsbeteiligungen an weiteren Unternehmen hält. Damit ist schon mit Vollendung des Erwerbs einer Mehrheitsbeteiligung von einem Konzernverhältnis auszugehen, so dass die §§ 311ff AktG anwendbar sind.

Die von *Rehbinder* getroffene Unterscheidung zwischen dem Erwerb einer Unternehmensgruppe einerseits und faktischer Konzernierung andererseits, ist damit gar nicht durchführbar. Denn mit jedem Mehrheitserwerb greift die gesetzliche Konzernvermutung des § 18 I 3 AktG. Selbst wenn man dieser Unterscheidung folgte, wäre es schwierig die Fälle reinen Mehrheitserwerbs von den Fällen der faktischen Konzernierung zu trennen. Taugliche Kriterien dafür, wann das bloße Innehaben einer Mehrheitsbeteiligung in eine faktische Konzernierung umschlägt, sind nicht ersichtlich und würden im übrigen auch zu den §§ 15ff AktG im Widerspruch stehen.

---

[468] **Hüffer**, AktG, § 311 Rn 8; **Emmerich/Habersack**, Aktienkonzernrecht, § 311 Rn 2.

[469] **Koppensteiner**, Köln.Komm., § 305 Rn 34; **Hüffer**, AktG, § 311 Rn 15; **Kropff** in Geßler/Hefermehl/Eckardt/Kropff, § 311 Rn 191; **Emmerich/Habersack**, Aktienkonzernrecht, § 311 Rn 8f.

[470] **Kropff** in Geßler/Hefermehl/Eckardt/Kropff, § 311 Rn 192ff; **Koppensteiner**, Köln.Komm., Vorb. zu § 311 Rn 35; **W.F. Bayer**, FS Ballerstedt, 157, 181f; **Paschke**, AG 1988, 196, 201f; **Hüffer**, AktG, § 311 Rn 15; a.A. dagegen: **Kronstein**, BB 1967, 637, 640; **Emmerich/Sonnenschein**, Konzernrecht, § 19 V 3 b; **Pentz**, 201, 208ff; **Emmerich/Habersack**, Aktienkonzernrecht, § 311 Rn 9:

Als Ergebnis ist festzuhalten, dass auch in den Fällen, in denen dem Abschluss eines Beherrschungsvertrags eine faktische Konzernierung vorangegangen ist, ein Abfindungsanspruch der Minderheitsaktionäre in Betracht kommt. Wie oben bei der Verschmelzung zwischen einem beherrschungsvertraglich nicht gebundenen Unternehmen und der Untergesellschaft eines Beherrschungsvertrags ist auch hier nach der Grundlage des Abfindungsanspruchs zu fragen. Da es sich bei dem Abfindungsanspruch um einen gesetzlichen Entschädigungsanspruch handelt, ist seine Grundlage nicht im Beherrschungsvertrag zu suchen, sondern darin, dass ein Unternehmen sich dem beherrschenden Einfluss eines anderen Unternehmens unterzuordnen hat. Wird die Obergesellschaft mit einem anderen Unternehmen verschmolzen und entsteht dadurch ein mehrstufiger Konzernaufbau, verlangt der verfassungsrechtlich verankerte Eigentumsschutz[471] eine Gleichbehandlung der außenstehenden Aktionäre der E mit den Minderheitsaktionären der T, die bei Abschluss des Organvertrags in die T gewechselt sind. Die Situation ist der Lage vergleichbar, in der sich Minderheitseigner beim Erstabschluss eines Beherrschungsvertrags befinden. Daher muss auch der Schutz derselbe sein. Die Außenseiteraktionäre können daher von dem Rechtsnachfolger des früher herrschenden Unternehmens eine Abfindung verlangen.

Für die Ermittlung der Abfindung kommt es auf den Zeitpunkt der Verschmelzung der früheren Obergesellschaft und nicht auf die Wertverhältnisse im Zeitpunkt des seinerzeitigen Abschlusses des Beherrschungsvertrags an. Hat sich der Anteilswert seit Vertragsschluss vermindert, etwa weil das herrschende Unternehmen Weisungen erteilt hat, die die Ertragskraft des beherrschten Unternehmens nachteilig beeinflussten, hat sich für die außenstehenden Aktionäre damit das von ihnen zu tragende Risiko einer teilweisen Entwertung ihres Investments realisiert. Dieses Risiko konnten sie in ihre Überlegungen einbeziehen, als sie vor der Entscheidung standen, entweder aus dem beherrschten Unternehmen gegen Abfindung auszuscheiden oder in ihm gegen Zahlung des Ausgleichs zu verbleiben. Sollen die Aktionäre anlässlich der Verschmelzung des herrschenden Unternehmens in Aktien abgefunden werden, kommen dafür nur Anteile an der Konzernspitze in Betracht, § 305 II Nr. 2 AktG. Zu diesem Zweck wäre auch eine Unternehmensbewertung der Konzernspitze durchzuführen. Eine solche Bewertung ließe sich nur dann umgehen, wenn eine Barabfindung angeboten wird.

D. Ausgleichsansprüche

(1) Fester Ausgleich

Ist den Minderheitsaktionären ein fester Ausgleich nach § 304 II 1 AktG zugesagt, hat die Verschmelzung der Obergesellschaft zunächst keine Auswirkungen. Auch nach der Umwandlung können sie die Ausgleichszahlungen in unveränderter Höhe verlangen.

Sie können jedoch insoweit betroffen sein, als es um ihr allgemeines Gläubigerinteresse an der Sicherheit der Ausgleichsleistungen geht.[472] Durch die verschmelzungsbe-

---

[471] **BVerfG** 14, 263ff.

[472] So zutreffend: **Krieger**, ZGR 1990, 517, 541.

dingte Konzernierung des Schuldners des Ausgleichs kann der Fall eintreten, dass dieser nicht mehr in der Lage ist, seinen Ausgleichsverpflichtungen nachzukommen. Zu berücksichtigen ist in diesem Zusammenhang jedoch, dass die aus der Konzernierung erwachsenden Gefahren dadurch kompensiert werden, dass der Vertragspartner der Obergesellschaft = des Schuldners nach § 302 AktG zum Ausgleich etwaiger Verluste verpflichtet ist. Neben der Obergesellschaft als Schuldnerin des Ausgleichs steht den Minderheitsaktionären daher zusätzlich das Vermögen der Konzernspitze als Sicherheit für ihre Ansprüche zur Verfügung. Erst wenn diese Sicherung versagt, d.h. die Obergesellschaft des Schuldners ihrerseits zahlungsunfähig wird, sind die Ausgleichsansprüche der Minderheit gefährdet. Die Minderheitsaktionäre haben daher ein allgemeines Gläubigerinteresse an der Sicherheit der Ausgleichszahlungen,[473] so dass sie wie die übrigen Gläubiger auch Sicherheitsleistung nach § 22 I UmwG verlangen können, sofern es um die Sicherung künftiger Ausgleichszahlungen[474] geht und deren Befriedigung durch die Verschmelzung als gefährdet erscheint.

(2) Variabler Ausgleich

Ganz andere Probleme als beim festen Ausgleich ergeben sich, wenn den Minderheitsaktionären ein variabler, d.h. an der Dividende der Obergesellschaft orientierter Ausgleich zusteht. Eine Verschmelzung der Obergesellschaft kann dessen Dividendenaussichten und damit den Ausgleich sowohl in positiver als auch in negativer Weise beeinflussen.[475]

Als Lösung wird auch vertreten, der Organvertrag zwischen der Untergesellschaft und ihrer Obergesellschaft erlösche in analoger Anwendung des § 307 AktG, wenn diese einem anderen Unternehmen zur Abführung ihres Gewinns verpflichtet werde.[476]

Nach einer anderen Ansicht soll der Ausgleich den Ausgleichsansprüchen angepasst werden, die der Minderheit der durch die Verschmelzung konzernierten Obergesellschaft zustünden. Der Minderheit der Untergesellschaft seien zudem in analoger Anwendung des § 304 III, IV AktG dieselben Rechte wie den Minderheitsaktionären der Obergesellschaft einzuräumen. Einer Entziehung des Gewinns der Obergesellschaft durch die neue Konzernspitze seien die Minderheitsaktionäre der Untergesellschaft durch die Anwendung der §§ 243, 254 zu schützen.[477]

---

[473] **Krieger**, ZGR 1990, 517, 541.

[474] Nach § 22 I können Gläubiger eines an der Verschmelzung beteiligten Rechtsträgers die Leistung von Sicherheit verlangen, soweit sie keine Befriedigung verlangen können. Da es sich bei dem Anspruch auf Zahlung des Ausgleichs um eine jährlich wiederkehrende Verpflichtung des Schuldners handelt und die Minderheitsaktionäre wegen in der Zukunft liegender Zahlungen unmittelbar nach der Verschmelzung keine Befriedigung verlangen können, greift § 22 I 1 UmwG grundsätzlich ein. Voraussetzung hierfür ist jedoch, dass die Aktionäre eine Gefährdung ihrer Ansprüche glaubhaft machen. Wegen der Einzelheiten des Anspruchs auf Sicherheitsleistung kann hier auf die Ausführungen bei der Spaltung, Seite 177ff, verwiesen werden.

[475] **Krieger**, ZGR 1990, 517, 541; **Pentz**, Rechtsstellung, 76.

[476] **Hüchting**, Abfindung, 132.

[477] **Bachelin**, Minderheitenschutz, 74f.

Eine dritte Meinung geht davon aus, dass bei der Konzernierung der Obergesellschaft der zwischen dieser und der Untergesellschaft bestehende Organvertrag erlischt, sofern dieser nicht den geänderten Umständen angepasst wird.[478]

Teilweise wird auch vertreten, der Vorstand der Untergesellschaft müsse den Organvertrag nach § 297 AktG kündigen[479] oder für eine Anpassung des Vertrags an die geänderten Umstände Sorge tragen.[480]

Die vorgenannten Auffassungen sind abzulehnen. Eine Beendigung des Organvertrags sei es durch fristlose Kündigung sei es durch eine Beendigung entsprechend § 307 AktG wäre für die Minderheit die denkbar schlechteste aller möglichen Optionen. Dadurch würden sie ihre Ausgleichsansprüche endgültig verlieren und ihr Unternehmen stünde nach Beendigung des Organvertrags unter Umständen vor der Frage der eigenständigen Überlebensfähigkeit.[481] Zudem könnte sich die Obergesellschaft durch die Verschmelzung selbst dann der Fortsetzung eines Organvertrags entziehen, wenn der Vertrag nicht kündbar wäre oder eine bestimmte Mindestlaufzeit hätte. Zudem kommt es bei dieser Lösung zu einem Wertungswiderspruch zu §§ 296 II, 297 II Akt, wonach die Minderheitsaktionäre einer Vertragsbeendigung durch Kündigung zustimmen müssen.[482]

Auch eine Anpassung des Ausgleichs an die Ausgleichszahlungen, die die Minderheitsaktionäre der nunmehr konzernierten Obergesellschaft verlangen können, greift nur dann, wenn in diesem Unternehmen überhaupt außenstehende Aktionäre vorhanden sind. Zudem wäre die Orientierung an dem Ausgleich, der der Minderheit der Obergesellschaft zu gewähren ist, die falsche Bezugsgröße für die Ausgleichszahlungen der Außenseiteraktionäre der Untergesellschaft.

Eine Lösung des Problems lässt sich nur durch die Rückbesinnung auf den Zweck des Ausgleichs gewinnen. Der variable Ausgleich nach § 304 II 2 AktG soll den Minderheitsaktionären eine Kompensation dafür gewähren, dass ihr Unternehmen durch den Organvertrag in seiner Fähigkeit beeinträchtigt wird, wie eine unabhängige Gesellschaft Gewinne zu erwirtschaften und an ihre Aktionäre zu verteilen.[483] Durch die Verknüpfung des Ausgleichs mit der Dividende der Obergesellschaft werden die Minderheitsaktionäre den Gesellschaftern des herrschenden Unternehmens gleichgestellt, was die Partizipation an deren Erträgen anbelangt. Entscheiden sich die Minderheitsaktionäre bei Abschluss des Organvertrags für einen Verbleib in der Untergesellschaft

---

[478] **Geßler** in Geßler/Hefermehl/Eckardt/Kropff, § 304 Rn 96; **Koppensteiner**, Köln.Komm., § 304 Rn 25; **Emmerich/Sonnenschein**, Konzernrecht, § 17 VI 2; **Emmerich/Habersack**, Aktienkonzernrecht, § 304 Rn 55.

[479] **Exner**, Beherrschungsvertrag, 204; **Krieger**, Münchener Hdb d. GesR, Bd. IV, § 70 Rn 64; **Bernwald**, Unternehmensverbindungen, 128.

[480] **Exner**, Beherrschungsvertrag, 204.

[481] **Pentz**, Rechtsstellung, 83, spricht sich gegen die Kündigung mit dem Hinweis aus, hierdurch sei beiden Vertragsteilen vor allem dann nicht gedient, wenn zwischen ihnen eine intensive und bereits länger bestehende Bindung vorliege.

[482] So zutreffend: **Pentz**, Rechtsstellung, 80f.

[483] **Hüffer**, AktG, § 304 Rn 1.

gegen Ausgleich nehmen sie das Risiko in Kauf, das sich für den Ausgleich aus der Ertragsentwicklung und dem Ausschüttungsverhaltens der Obergesellschaft für die Zukunft ergibt. Während sie also beim festen Ausgleich auf eine bestimmte Höhe der Ausgleichszahlungen vertrauen können, besteht beim variablen Ausgleich ein erhöhtes Risiko hinsichtlich der Kontinuität und vor allem der Höhe der jährlichen Zahlungen.

Wird die Obergesellschaft ihrerseits zur Untergesellschaft eines Vertragskonzerns, muss den Minderheitsaktionären wie schon anlässlich des Abschlusses des Organvertrags eine wirtschaftlich vergleichbare Kompensation für die Beeinträchtigung der Ertragsaussichten der Obergesellschaft gewährt werden. Insoweit sind sie, wie *Bachelin*[484]zutreffend ausführt, den Aktionären der konzernierten Obergesellschaft ähnlicher als Gläubigern der Untergesellschaft.

Während in § 305 II Nr. 2 AktG der Fall geregelt ist, dass die Obergesellschaft ihrerseits abhängig ist und für diesen Fall die Abfindung in Form von Aktien der Konzernspitze zu erfolgen hat, fehlt eine derartige Regelung in § 304 AktG. Es spricht jedoch nichts dagegen, den in § 305 II Nr. 2 AktG enthaltenen Rechtsgedanken zur Lösung des vorliegenden Problems heranzuziehen und den Ausgleich nach der Verschmelzung an der Dividende der Konzernspitze zu orientieren.[485] Zu diesem Zweck wird man eine Verpflichtung der verschmolzenen Obergesellschaft bejahen müssen, den Ausgleich entsprechend anzupassen.[486] Kommt diese der Anpassungsverpflichtung nicht nach, muss den Minderheitsaktionären analog § 304 III 3 AktG das Recht zur Einleitung eines Spruchstellenverfahrens zubilligen, in dem über die Anpassung des Ausgleichs zu entscheiden ist.

Eine Anpassung des Ausgleichs hat dabei unter dem Gesichtspunkt des von den außenstehenden Aktionären der Untergesellschaft übernommenen Risikos hinsichtlich der Ertragslage und der Ausschüttungspolitik der Obergesellschaft zu erfolgen, d.h. der Ausgleich ist anhand der Ertragswerte im Zeitpunkt der Verschmelzung neu zu berechnen. Betrug das Ertragswertverhältnis bei Abschluss des Organvertrags 1 zu 1 und hat sich der Ertragswert der Obergesellschaft bis zur Verschmelzung verdoppelt, könnten die Minderheitsaktionäre der Untergesellschaft je Aktie der Untergesellschaft eine halbe Dividende der Obergesellschaft beanspruchen. Beträgt das Verhältnis der Ertragswerte von Obergesellschaft und Konzernspitze im Zeitpunkt der Verschmelzung ebenfalls 1 zu 1, kann die Minderheit ab der Umwandlung je Aktie der Untergesellschaft eine halbe Dividende der Konzernspitze verlangen.

Die vorgenannten Modalitäten zur Neuberechnung des Ausgleichs haben zur Folge, dass die Minderheitsaktionäre an der Ertragswertentwicklung der Obergesellschaft seit Abschluss des Organvertrags teilhaben und auch der Wert der Konzernspitze im Zeit-

---

[484] Minderheitenschutz, 76f.

[485] So auch: **W. Bayer**, ZGR 1993, 599, 607 und WuB II A. § 304 AktG 1.92, 965f.

[486] Hiergegen spricht sich **Pentz**, Rechtsstellung, 86ff, aus, der stattdessen eine Orientierung an dem den außenstehenden Aktionären der Obergesellschaft zufließenden Ausgleich fordert und einen Sonderbeschluss der außenstehenden Aktionäre der Untergesellschaft für den Abschluss eines Organvertrages zwischen der Obergesellschaft und der Konzernspitze fordert.

punkt der Verschmelzung maßgebend für den künftigen Ausgleich ist. Wollen sie eine etwaige Verschlechterung ihrer Ausgleichsleistungen nicht hinnehmen, steht ihnen die Möglichkeit offen, aus der Untergesellschaft gegen Abfindung auszuscheiden.

2. Verschmelzung des herrschenden Unternehmens mit einer unabhängigen Gesellschaft

A. Auswirkungen auf den Organvertrag

Wird das herrschende Unternehmen eines Beherrschungsvertrags mit einem weiteren Unternehmen verschmolzen, unabhängig ist, bleibt der Beherrschungsvertrag nach einhelliger Ansicht von dieser Umstrukturierung unberührt.[487]

Der abweichende Auffassung *Würdingers*, wonach auch bei einer Verschmelzung der Obergesellschaft der Beherrschungsvertrag erlösche,[488] kann nicht gefolgt werden. Seiner Ansicht nach soll der Übergang des Beherrschungsvertrags auf den verschmolzenen Rechtsträger an dem organisationsrechtlichen Charakter des Vertrags scheitern,[489] wenn das herrschende Unternehmen übertragender Rechtsträger ist. Ist das herrschende Unternehmen dagegen aufnehmender Rechtsträger, müsste der Vertrag die Verschmelzung überdauern. Zumindest kann man bei dieser Verschmelzungsvariante nicht damit argumentieren, dass infolge des Erlöschens des Rechtsträgers, der Partei eines Beherrschungsvertrages ist, auch der Beherrschungsvertrag als Rechtsgrundlage dieses Rechtsträgers untergehe. Aus diesem Grund ist die Ansicht *Würdingers* abzulehnen. Das Fortdauern des Beherrschungsvertrags kann nicht davon abhängen, auf welchem Weg die Verschmelzung durchgeführt wird. Es ist daher auch hier ein Übergang des Organvertrags auf den verschmolzenen Rechtsträger möglich.

(1) Anwendung des § 295 I AktG

Die Anwendbarkeit des § 295 I AktG bei der Verschmelzung der Obergesellschaft mit einem unabhängigen Unternehmen ist zu verneinen.[490] Im Unterschied zu einer Vertragsübernahme oder dem Beitritt eines weiteren herrschenden Unternehmens zum Organvertrag kommt es nicht zu einer Auswechslung des Trägers der Weisungsgewalt in der Form, dass statt oder neben der Obergesellschaft ein anderes bzw. weiteres Unternehmen die Herrschaftsgewalt erhält. Da bei der Verschmelzung die ursprüngliche Obergesellschaft untergeht und der verschmolzene Rechtsträger aufgrund der Gesamt-

---

[487] **Dehmer**, UmwG, § 20 UmwG Rn 45; **Grunewald** in Lutter, UmwG, § 20 Rn 33; **Koppensteiner**, Köln.Komm., § 297 Rn 19; **Emmerich/Habersack**, Aktienkonzernrecht, § 297 Rn 41; **Hüffer**, AktG, § 295 Rn 6; **Emmerich/Sonnenschein**, Konzernrecht, § 15 IV 6c; a.A nur: **Würdinger**, Großkomm. AktG, § 291 Rn 11, 22, 24 u. 47, der auch bei der Verschmelzung auf der Ebene des herrschenden Unternehmens ein Erlöschen des Vertrags befürwortet zumindest für den Fall, dass das herrschende Unternehmen übertragender Rechtsträger ist.

[488] **Würdinger**, Großkomm. AktG, § 291 Rn 11, 22, 24 u. 47.

[489] **Würdinger**, Großkomm. AktG, § 291 Rn 11, 22, 24 u. 47.

[490] A.A: **W. Bayer**, ZGR 1993, 599, 606, der bei jeder Art von Herrschaftsveränderung eine Anwendung des § 295 I AktG fordert.

rechtsnachfolge in den Organvertrag eintritt, wird man hier nicht von einer im Sinne des § 295 I AktG relevanten Vertragsänderung auszugehen haben.

Entscheidend für die Anwendung des § 295 I AktG darf nicht zu sehr die Überlegung sein, dass Obergesellschaft und verschmolzenes Unternehmen formal unterschiedliche Rechtsträger und es damit nach allgemeinen zivilrechtlichen Kategorien zu einer Änderung des Vertrages kommt.[491] Es muss vielmehr die Überlegung im Vordergrund stehen, dass sich durch die Verschmelzung der wirtschaftliche Zuschnitt bzw. die Anteilseignerstruktur der Obergesellschaft ändert. Es geht also in erster Linie nicht um eine Änderung des Vertrags sondern um Änderungen in der Obergesellschaft und damit verbunden die Frage, ob den Aktionären der Untergesellschaft bei allen Entscheidungen in der Obergesellschaft, die Auswirkungen auf deren wirtschaftlichen Zuschnitt haben kann, ein Mitspracherecht zu gewähren ist.

Unzweifelhaft hätten die Aktionäre der Untergesellschaft dann keine Mitwirkungsrechte nach § 295 I AktG, wenn etwa die Anteilseigner der Obergesellschaft durch einen Verkauf der Anteile vollständig ausgewechselt werden oder wenn sich ein anderer Rechtsträger im Wege der Kapitalerhöhung gegen Sacheinlage bei der Obergesellschaft beteiligt. Das gleiche würde für den Fall gelten, dass das herrschende Unternehmen eine Veräußerung sämtlicher Beteiligungen beschließt oder Vermögen hinzuerwirbt. Auch hier wären die Aktionäre der Untergesellschaft von den Veränderungen in der Obergesellschaft erheblich betroffen, ohne dass eine Mitwirkung diskutiert wird.

Die verschmelzungsbedingte Auswechslung der Obergesellschaft steht im Ergebnis den soeben genannten Vorgängen näher als etwa einer Übernahme des Vertrags durch ein anderes Unternehmen oder der Verschmelzung der Obergesellschaft mit einem konzernierten Unternehmen.

B. Abfindungsansprüche der Minderheit der Untergesellschaft

(1) Laufende Abfindungsansprüche

Ist die Frist für die Ausübung des Abfindungsangebots im Zeitpunkt der Verschmelzung noch nicht abgelaufen oder noch ein Spruchstellenverfahren über die Angemessenheit der Abfindung rechtshängig, hat die Verschmelzung der Obergesellschaft zur Folge, dass der Minderheit nur noch die Aktien der verschmolzenen Obergesellschaft angeboten werden können. Diese können sich in ihrem Wert von den aufgrund des Organvertrags zu gewährenden Aktien unterscheiden.

Zum Schutz der Minderheitsaktionäre muss bei einer Verringerung des Wertes der Obergesellschaft zwischen Vertragsschluss und Verschmelzung eine Anpassung der Abfindungsaktien erfolgen. Beträgt beispielsweise der Wert einer Aktie der verschmolzenen Obergesellschaft die Hälfte einer Aktie der Obergesellschaft im Zeitpunkt des Ab-

---

[491] W. Bayer, ZGR 1993, 599, 603ff, stellt darauf ab, ob eine Veränderung bei der Obergesellschaft zu einem materiell satzungsändernden Eingriff bei der Untergesellschaft zur Folge hat und fordert für alle Fälle, in denen eine Herrschaftsänderung vorliegt, die Anwendung des § 295 I AktG.

schlusses des Organvertrags, ist die Abfindung dahingehend anzupassen, dass die Aktionäre statt einer Aktie der Obergesellschaft zwei Aktien des verschmolzenen Unternehmens als Abfindung verlangen können.

Ist der Wert einer Aktie des verschmolzenen Unternehmens dagegen höher als der einer Aktie der Obergesellschaft, hat ebenfalls eine Anpassung in der Weise zu erfolgen, dass die Minderheitsaktionäre eine entsprechend geringere Zahl an Aktien der umgewandelten Obergesellschaft verlangen können.

Zur verfahrensmäßigen Absicherung der Rechte der Minderheit ist es unumgänglich, dass diese in einem Spruchstellenverfahren nach § 306 AktG die Angemessenheit der Verschmelzungswertrelationen zwischen der Obergesellschaft und dem weiteren verschmolzenen Unternehmen überprüfen lassen können.

(2) Erneute Abfindungsansprüche

Den Minderheitsaktionären steht ein erneuter Abfindungsanspruch anlässlich der Verschmelzung der Obergesellschaft nicht zu. Durch die Umwandlung kommt es anders als bei der Verschmelzung mit einem konzernierten Unternehmen nicht zu einer Änderung der Herrschaftssituation, auch wenn sich der Gesellschafterkreis des verschmolzenen Unternehmens vollständig ändert. Auf eine unveränderte Gesellschafterstruktur konnten die außenstehenden Aktionäre der Untergesellschaft nicht vertrauen, als sie sich bei Vertragsschluss zum Verbleib in der Untergesellschaft entschieden.

C. Ausgleichsansprüche der Minderheit der Untergesellschaft

(1) Fester Ausgleich

Wie bereits bei der Verschmelzung der Obergesellschaft mit einem konzernierten Unternehmen ausgeführt, sind die Minderheitsaktionäre auch in dieser Konstellation den übrigen Gläubigern des verschmolzenen Rechtsträgers vergleichbar.[492] Erscheint durch die Verschmelzung die Erfüllung künftiger Ausgleichsansprüche als gefährdet, steht ihnen der Anspruch auf Sicherheitsleistung nach § 22 I UmwG zu.

(2) Variabler Ausgleich

Die Verschmelzung der Obergesellschaft mit einem unabhängigen Unternehmen hat keinerlei Auswirkungen auf den variablen Ausgleich. Verschlechtert sich durch die Verschmelzung die Ertragslage der neuen Obergesellschaft oder ändert sich die Ausschüttungspolitik und damit der den Außenseitern zu zahlende Ausgleich, liegt dies im Rahmen des Risikos, das die Minderheit mit dem Verbleib in der Untergesellschaft gegen Ausgleich eingegangen ist. Die Minderheitsaktionäre können nicht auf einen unveränderten wirtschaftlichen Zuschnitt der Obergesellschaft vertrauen, sondern stehen insoweit den Aktionären der Obergesellschaft gleich, die ebenfalls das Risiko geringerer Dividenden tragen.

---

[492] Siehe dazu Seite 142.

Teil 2: Spaltung

Mit der Überarbeitung des Umwandlungsrechts hat der Gesetzgeber eine bis dahin unbekannte Form der Rechtsnachfolge geschaffen, mit der die vollständige oder teilweise Aufteilung des Gesellschaftsvermögens auf einen oder mehrere Rechtsträger ermöglicht wird. Vergleichbare Regelungen, die auf den Vorarbeiten des Bundesjustizministeriums zur Novellierung des Umwandlungsrechts beruhen,[493] finden sich im Gesetz über die Spaltung der von der Treuhandanstalt verwalteten Unternehmen (SpTrUG)[494] und im Landwirtschaftsanpassungsgesetz (LwAnpG), die in den §§ 4 bis 13 die Aufspaltung von landwirtschaftlichen Produktionsgenossenschaften regeln.[495] In § 6b des Vermögensgesetzes (VermG) findet sich eine Regelung zur Teilung von Unternehmen, um Rückgabeansprüche von Alteigentümern befriedigen zu können.

Im Regierungsentwurf wird die Spaltung als eine Strukturmaßnahme beschrieben, die das spiegelbildliche Gegenstück zur Verschmelzung sein soll.[496] *Teichmann* bezeichnet die Auf- und Abspaltung als partielle Verschmelzung, da nicht das Vermögen der beteiligten Rechtsträger insgesamt sondern Teile davon verschmolzen würden.[497]

Das Neue an der Regelung ist die Übertragung der abzuspaltenden Vermögensteile im Wege der Sonderrechtsnachfolge,[498] die daher auch als partielle Gesamtrechtsnachfolge, Spezialsukzession oder gesamthafte Vermögensübertragung bezeichnet wird.[499]

Im weiteren Verlauf dieser Untersuchung soll der Begriff Sonderrechtsnachfolge oder partielle Gesamtrechtsnachfolge verwendet werden, um die mit den verschiedenen Formen der Spaltung einhergehende Vermögensübertragungen zu kennzeichnen.

Durch die Sonderrechtsnachfolge entfällt die Notwendigkeit von Einzelübertragungsakten.[500] Als Gegenleistung für die Übertragung von Gesellschaftsvermögen erhalten die Gesellschafter des übertragenden Unternehmens - bzw. bei der Ausgliederung der übertragende Rechtsträger selbst - Anteile am übernehmenden Rechtsträger, § 123 I, II u. III UmwG.

Das Gesetz sieht in § 123 I - III UmwG drei Arten der Spaltung vor: die Aufspaltung, die Abspaltung und die Ausgliederung.

1. Aufspaltung, § 123 I UmwG

---

[493] **Teichmann** in Lutter, UmwG, § 123 Rn 4; **Rosener**, FS Semler, 593, 597.
[494] So entspricht § 10 I Nr. 1 SpTrUG der Vorschrift des § 131 I Nr. 1 UmwG.
[495] § 11 I Nr. 1 LwAnpG und § 131 I Nr. 1 UmwG stimmen wörtlich überein.
[496] Siehe: BR-Drs. 75/94, 115, abgedruckt in **Limmer**, Umwandlungsrecht, 310; anders jedoch **Teichmann** in Lutter, UmwG, § 123 Rn 11, der in der Spaltung einen zur Verschmelzung parallelen Vorgang sieht.
[497] **Teichmann** in Lutter, UmwG, § 123 Rn 11.
[498] Siehe § 123 I UmwG, der die Spaltung als Übertragung von Vermögensteile unter Auflösung ohne Abwicklung des übertragenden Rechtsträgers beschreibt.
[499] Zu den in diesem Zusammenhang verwendeten Begriffen siehe: **Teichmann** in Lutter, UmwG, § 123 Rn 7 dort Fn 15 m.w.N.
[500] **Limmer** in Neye/Limmer/Frenz/Harnacke, Unternehmensumwandlung, Rn 975.

Der übertragende Rechtsträger wird aufgelöst, ohne dass eine Liquidation durchzuführen ist. Die neuen Rechtsträger übernehmen im Wege der partiellen Gesamtrechtsnachfolge das Vermögen des übertragenden Rechtsträgers. Die Anteilsinhaber des übertragenden Rechtsträgers erhalten Anteile am übernehmenden Rechtsträger.

2. Abspaltung, § 123 II UmwG

Im Unterschied zur Aufspaltung überträgt der übertragende Rechtsträger nur einen Teil seines Vermögens. Er besteht nach der Abspaltung weiter. Die Anteilsinhaber des übertragenden Rechtsträgers werden Anteilseigner des übernehmenden Rechtsträgers.

3. Ausgliederung, § 123 III UmwG

In dieser Spaltungsvariante kann der übertragende Rechtsträger Teile seines Vermögens auf ein anderes Unternehmen übertragen, wobei der übertragende Rechtsträger selbst und nicht die Anteilseigner des übertragenden Rechtsträgers zu Gesellschaftern des aus der Ausgliederung hervorgehenden Unternehmens werden. Erfolgt die Ausgliederung zur Neugründung entsteht dadurch ein Mutter-Tochter-Verhältnis und damit ein Konzernverhältnis.[501]

Nachfolgend werden die einzelnen Spaltungsvarianten dahingehend untersucht, ob und welche Auswirkungen sie auf den Organvertrag und die Abfindungs-/Ausgleichsansprüche der Minderheit der Untergesellschaft haben.

I. Spaltung des herrschenden Unternehmens

1. Aufspaltung

A. Auswirkungen auf den Organvertrag

(1) Meinungsstand und Stellungnahme

Die Aufspaltung ist dadurch gekennzeichnet, dass der übertragende Rechtsträger Teile seines Vermögens als Gesamtheit auf mehrere übernehmende Rechtsträger überträgt und ohne Abwicklung aufgelöst wird, § 123 I UmwG. Die Übertragung kann dabei auf bestehende oder auf solche Rechtsträger erfolgen, die durch den Aufspaltungsvorgang neu gegründet werden, § 123 I Nr. 1 u. 2 UmwG.

Wie bei der Verschmelzung stellt sich hier ebenfalls die Frage, ob es möglich ist, den Organvertrag auf einen anderen Rechtsträger zu übertragen oder ob die Eigenart des Organvertrags dies ausschließt, so dass mit der Spaltung der Organvertrag erlöschen würde. Hält man die Zuweisung des Organvertrags im Spaltungsvertrag an einen übernehmenden Rechtsträger für zulässig, hätte dies zur Folge, dass nach der Spaltung der übernehmende Rechtsträger zum herrschenden Unternehmen wird.

---

[501] **Limmer** in Neye/Limmer/Frenz/Harnacke, Unternehmensumwandlung, Rn 987.

Nach der Auffassung von *Krieger* soll es zulässig sein, im Spaltungsvertrag zu bestimmen, auf wen der Organvertrag übergehen soll.[502] Einen Übergang des Vertrags auf alle übernehmenden Unternehmen als gesetzlichen Regelfall hält er dagegen für nicht zulässig, da die daraus resultierende Mehrmütterherrschaft eine Koordination der Leitungsmacht der herrschenden Unternehmen voraussetze.[503]

Vossius verweist hinsichtlich der Frage des Übergangs des Organvertrags auf die Verschmelzung.[504] Danach bleiben Organverträge des herrschenden Unternehmens mit Dritten von der Verschmelzung unberührt, so dass der verschmolzene Rechtsträger in den Unternehmensvertrag als Rechtsnachfolger eintritt.[505] Der Verweis auf die Verschmelzung kann nur so verstanden werden, dass *Vossius* auch bei der Aufspaltung der Obergesellschaft von einer Rechtsnachfolge des Übernehmers ausgeht, dem der Organvertrag im Spaltungs- und Übernahmevertrag zugewiesen wurde.

Teichmann vertritt die Ansicht, es könne bei der Spaltung nicht ohne weiteres davon ausgegangen werden, dass der im Spaltungsplan vorgesehene übernehmende Rechtsträger in die Rechtsstellung herrschendes Unternehmen eintrete.[506] Gegen den Übergang sprechen nach seiner Auffassung die Interessen der abhängigen Gesellschaft und ihrer Gesellschafter und dort insbesondere die Ausgleichs- und Abfindungsansprüche. Solle die organvertragliche Bindung auch nach der Spaltung fortdauern, sei entweder der Neuabschluss eines entsprechenden Vertrags oder die Zustimmung der abhängigen Gesellschaft erforderlich, wobei sich die Zustimmungskompetenz nach der jeweiligen Gesellschaftsform und der konkreten Satzung richte.[507]

Aus den Ausführungen *Teichmanns* wird nicht eindeutig klar, worauf sich die Zustimmung der abhängigen Gesellschaft beziehen soll. Denkbar wäre die Zustimmung zur Spaltung als solcher oder zum Eintritt des im Spaltungsplan vorgesehenen übernehmenden Rechtsträgers in den Organvertrag.

Gegen ersteres sprechen grundsätzliche Erwägungen. Entscheidungen über das Ob und Wie einer Spaltung obliegen den Aktionären des übertragenden bzw. des übernehmenden Rechtsträgers. Der Spaltungsvertrag ist in erster Linie ein gesellschaftsrechtlicher Organisationsakt der Rechtsträger, deren Strukturen durch die Aufspaltung neu geordnet werden.[508] Anhand des Gesetzes lässt sich nicht begründen, warum bei Bestehen eines Organvertrages die Zustimmung der Untergesellschaft zur Aufspaltung notwendig sein soll, um eine damit verbundene Rechtsfolge = Übergang des Vertrags auf den

---

502 ZGR 1990, 517, 542.
503 **Krieger**, ZGR 1990, 517, 542.
504 **Vossius** in Widmann/Mayer, § 131 Rn 157 (34. Erg.-Lfg./September 96).
505 **Vossius** in Widmann/Mayer, § 20 Rn 293f (35. Erg.-Lfg./Januar 97).
506 Nach **Teichmann** in Lutter, UmwG, § 132 Rn 32, kann nicht davon ausgegangen werden, dass der im Spaltungsplan vorgesehene übernehmende Rechtsträger in die Rechtstellung des herrschenden Unternehmens einrücken kann. Es bleibt dabei unklar, ob dies wegen der Verwendung des Begriffs "Spaltungsplan" nur auf die Aufspaltung zur Neugründung bezieht und für die Aufspaltung zur Aufnahme etwas anderes gelten soll.
507 **Teichmann** in Lutter, UmwG, § 132 Rn 32.
508 **Teichmann** in Lutter, UmwG, § 126 Rn 6 u. **Lutter** in Lutter, UmwG, § 4 Rn 4.

aufnehmenden Rechtsträger zulassen zu können. Den Übergang des Organvertrags davon abhängig zu machen, dass die Untergesellschaft dem Eintritt des übernehmenden Rechtsträgers zustimmt, begegnet erheblichen Bedenken.

Wie soeben ausgeführt, ist die mit der Spaltung verfolgte Umstrukturierung ausschließlich eine Angelegenheit der daran beteiligten Rechtsträger. Die Interessen der Untergesellschaft und ihrer Aktionäre mögen davon entscheidend betroffen sein,[509] ein Zustimmungserfordernis kann aus diesem Betroffensein jedoch nicht abgeleitet werden. Die Interessen des beherrschten Unternehmens und ihrer Minderheit sind auf anderem Wege zu wahren. Die von *Teichmann* geforderte Zustimmung liefe bei einer Aktiengesellschaft als Untergesellschaft auf die Anwendung des § 295 I AktG hinaus, worauf weiter unten einzugehen ist. Diese Vorschrift weist der Hauptversammlung der Untergesellschaft die Kompetenz hinsichtlich der Zustimmung zu Änderungen des Organvertrags zu. Da die aufspaltende Obergesellschaft jedoch in der Praxis in den meisten Fällen über die notwendige Stimmenmehrheit in der Untergesellschaft verfügen dürfte,[510] könnte sie die Hauptversammlung entsprechend ihren Interessen majorisieren. Forderte man die Zustimmung der Hauptversammlung des beherrschten Unternehmens als Voraussetzung für den Übergang des Organvertrags auf den übernehmenden Rechtsträger, hätte dies nicht die Wahrung der Interessen der Untergesellschaft zur Folge, sondern wäre wegen der Stimmenmehrheit eine bloße Formalie.[511] Verfügt das herrschende Unternehmen ausnahmsweise nicht über die Anteils- bzw. Stimmenmehrheit in der Hauptversammlung der Untergesellschaft, hätte diese ein wirksames Instrument, ihre Interessen im Zuge der Aufspaltung notfalls durch eine Verweigerung der Zustimmung zu wahren und auf die Bedingungen des Vertragsübergangs Einfluss zu nehmen.

Vergleicht man die Aufspaltung mit der Verschmelzung, liegt der Unterschied zwischen beiden Umwandlungsformen einzig und allein darin, dass das Vermögen des herrschenden Unternehmens auf mindestens zwei Rechtsträger verteilt wird. Bei der Verschmelzung gibt es dagegen nur einen übernehmenden Rechtsträger, auf den das Vermögen des übertragenden Rechtsträger insgesamt übergeht.[512] *Mayer* zieht aus dem Umstand, dass bei der Verschmelzung und der Aufspaltung das gesamte Vermögen

---

[509] **Teichmann** in Lutter, UmwG, § 132 Rn 32.

[510] Die Regierungsbegründung zum Entwurf des Umwandlungsgesetzes geht davon aus, dass ein hoher Prozentsatz der Umwandlungen innerhalb von Unternehmensverbindungen stattfindet, siehe: **RegBegr UmwG**, Begründung IV., abgedruckt in Widmann/Mayer, Band 1 unter "Begründung zum UmwG 1995" (28. Erg.-Lfg./Mai 1995); **Hirte**, ZGR 1994, 644, 648 verweist darauf, dass die Fusion zweier voneinander unabhängiger Gesellschaften die seltene Ausnahme, die Konzernverschmelzung jedoch die Regel sei; ebenso die Feststellung von **Krieger**, ZGR 1990, 517, wonach in der Praxis an Fusionen und Umwandlungen in beträchtlichem Umfang verbundene Unternehmen beteiligt seien.

[511] So: **Emmerich/Sonnenschein**, Konzernrecht, § 13 V 1d; Gegen diese Ansicht jedoch **W. Bayer**, ZGR 1993, 599, 602 der in der Zustimmung der Hauptversammlung der Untergesellschaft in erster Linie die Ausübung von Kontrollrechten sieht, die durch die Informationsrechte nach §§ 293 III, IV AktG geschützt werden.

[512] **Teichmann** in Lutter, UmwG, § 123 Rn 11 bezeichnet die Spaltung daher auch als partielle Verschmelzung.

übergeht, die zutreffende Schlussfolgerung, dass die Reichweite der kraft Gesetzes eintretenden Gesamtrechtsnachfolge in beiden Umwandlungsfällen deckungsgleich sein müsse.[513] Die Zuweisung des Vertrags an einen der übernehmenden Rechtsträger im Wege der Aufspaltung könnte im Ergebnis genauso gut dadurch erreicht werden, dass das herrschende Unternehmen zunächst Teile des Vermögens an ein anderes Unternehmen veräußert oder auf dieses abspaltet, um anschließend eine Verschmelzung mit dem Unternehmen durchzuführen, das künftig die Rolle der Obergesellschaft übernehmen soll. Dadurch ließe sich das gleiche erreichen wie bei der Aufspaltung. Wählte die Obergesellschaft diesen Weg statt einer Aufspaltung, hätte die Untergesellschaft kein Mitspracherecht.

Emmerich/Sonnenschein gelangen zu unterschiedlichen Ergebnissen, je nachdem ob die Obergesellschaft an der Aufspaltung als übertragender oder als übernehmender Rechtsträger beteiligt ist.[514] Sei die Obergesellschaft übertragender Rechtsträger könne trotz der Gesamtrechtsnachfolge nicht davon ausgegangen werden, dass der übernehmende Rechtsträger in den Vertrag eintrete. Hiergegen sollen die Interessen der Untergesellschaft und ihrer Aktionäre sprechen.[515] Dies werde besonders deutlich bei der Aufspaltung auf mehrere übernehmende Rechtsträger. Dadurch werde der Vertrag in jedem Fall beendet.[516]

Die Differenzierung danach, ob die Obergesellschaft bei einer Aufspaltung als übernehmender oder übertragender Teil fungiert, überzeugt nicht. Übernimmt das herrschende Unternehmen bei einer Spaltung Vermögen eines dritten Unternehmens - ist sie also übernehmender Rechtsträger -, stellt sich die Frage nach den Auswirkungen auf den Organvertrag gar nicht. Die Obergesellschaft erhält durch die Aufspaltung zusätzliches Vermögen und bleibt als Rechtspersönlichkeit unverändert bestehen. Ist sie dagegen übertragender Rechtsträger, geht ihr Vermögen im Wege der (partiellen) Gesamtrechtsnachfolge auf die übernehmenden Rechtsträger über. Als weitere Folge der Aufspaltung erlischt das herrschende Unternehmen. Beide Situationen sind daher nicht miteinander vergleichbar, so dass sich aus deren grundsätzlichen Unterschiedlichkeit keine Argumente dafür gewinnen lassen, ob die Gesamtrechtsnachfolge auch den Organvertrag umfasst oder nicht

Emmerich/Sonnenschein gehen bei der Verschmelzung der Obergesellschaft davon aus, dass unabhängig davon, ob diese als übernehmender oder als übertragender Rechtsträger fungiert, das verschmolzene Unternehmen die Rechtsnachfolge in den Vertrag antritt.[517] Der einzige Unterschied im Hinblick auf die Gesamtrechtsnachfolge zwischen der Aufspaltung und der Verschmelzung liegt - wie soeben ausgeführt - darin, dass das Vermögen auf einen bzw. mehrere Übernehmer übergeht. Es ist daher nicht ganz nachvollziehbar, warum bei der Aufspaltung die Gesamtrechtsnachfolge

[513] **Mayer**, GmbHR 1996, 403, 405.
[514] **Emmerich/Sonnenschein**, Konzernrecht, § 15 IV 6c.
[515] **Emmerich/Sonnenschein**, Konzernrecht, § 15 IV 6c.
[516] **Emmerich/Sonnenschein**, Konzernrecht, § 15 IV 6c.
[517] **Emmerich/Sonnenschein**, Konzernrecht, § 15 IV 6c.

nicht auch hinsichtlich eines Organvertrags möglich sein sollte. Auch aus dem Umstand, dass durch die Aufspaltung und den möglichen Übergang des Organvertrags auf einen der übernehmenden Rechtsträger die Interessen der Untergesellschaft und ihrer Aktionäre berührt werden, lässt sich nicht schlussfolgern, dies stehe einem Übergang des Vertrags entgegen. Die Untergesellschaft und ihre Aktionäre sind insoweit nicht anders zu behandeln als die übrigen von der Aufspaltung betroffenen Gläubiger bzw. Schuldner der Obergesellschaft. Auch diese müssen hinnehmen, dass mit der Aufspaltung ein anderer Rechtsträger Vertragspartner wird. Die von *Emmerich/Sonnenschein* angeführten Auswirkungen auf die Interessen der Untergesellschaft und ihre Aktionäre ergeben sich zudem auch bei einer Verschmelzung. Dort soll nach ihrer Auffassung der Übergang des Vertrags möglich sein.[518] Der Ansicht von *Emmerich/Sonnenschein* kann daher nicht gefolgt werden.

(2) Anwendung der §§ 131, 132 UmwG

Es gehört zu den umstrittensten Fragen des neuen Umwandlungsrechts, welche Vermögensgegenstände im Wege der Spaltung überhaupt auf andere Rechtsträger übertragen werden können, ohne dass die für die Einzelübertragung geltenden Vorschriften zu beachten sind. Der Streit entzündet sich an der Vorschrift des § 132 UmwG, wonach durch die in § 131 UmwG geregelte Wirkung der Eintragung der Spaltung die allgemeinen Vorschriften unberührt bleiben, die die Übertragbarkeit eines bestimmten Gegenstandes ausschließen oder an bestimmte Voraussetzungen knüpfen.

Teilweise wird vertreten, zweiseitige Schuldverhältnisse seien einer Aufteilung überhaupt nicht zugänglich, da zur Übertragung einer Verpflichtung aus einem Schuldverhältnis auf einen neuen Schuldner nach den Vorschriften des Schuldrechts die Zustimmung des Gläubigers erforderlich sei.[519]

Dieser Ansicht kann jedoch nicht gefolgt werden. Da es vor Schaffung der Spaltung durch den Gesetzgeber die Rechtsfigur der partiellen Gesamtrechtsnachfolge nicht gab, stehen der Aufteilung schuldrechtlicher Rechtsverhältnisse nicht die allgemeinen zivilrechtlichen Regelungen entgegen, wonach ohne Zustimmung des Gläubigers der Schuldner eines Anspruchs nicht ausgewechselt werden kann.[520]

Der Organvertrag ist - wie bereits ausführlich erörtert[521] - kein schuldrechtlicher Vertrag[522] sondern setzt eine körperschaftliche Regelung in Kraft, mit der Folge sowohl

---

[518] **Emmerich/Sonnenschein**, Konzernrecht, § 15 IV 6c.

[519] **Schwedhelm/Streck/Mack**, GmbHR, 1995, 7, 10; **Priester** in Lutter, Kölner Umwandlungsrechtstage, 111; **Goutier** in Goutier/Knopf, Umwandlungsrecht, § 131 Rn 113.

[520] **Heidenhain** ZIP 1995, 801ff; **ders.**, NJW 1995, 2873, 2877ff; **Hennrichs**, ZIP 1995, 795, 797ff; **Frenz** in Neye/Limmer/Frenz/Harnacke, Unternehmensumwandlung, Rn 1009; **Kallmeyer**, GmbHR 1996, 242ff will § 132 UmwG dahingehend auslegen, dass für die Wirksamkeit einer Übertragung nur dann die Zustimmung eines Dritten erforderlich sei, wenn es sich dabei um eine staatliche Genehmigung handele; dagegen jedoch: **Frenz** in Neye/Limmer/Frenz/Harnacke, Handbuch der Unternehmensumwandlung, Rn 1010.

[521] Siehe Seite 27ff.

einer Änderung der Innenbeziehungen im beherrschten Unternehmen als auch von Auswirkungen auf die körperschaftliche Struktur der Obergesellschaft.[523] Versteht man den Organvertrag als körperschaftlichen Rechtsakt, der sowohl Auswirkungen auf die Organisationsstruktur des beherrschten als auch des herrschenden Unternehmens hat, ist die Subsumtion unter den Begriff des Aktiv- bzw. Passivvermögens nicht möglich.

Andererseits kann die Vorschrift des § 126 I Nr. 9 UmwG nicht dahingehend verstanden werden, dass es für die Definition des Begriffs "Gegenstand" auf dessen Aktivierungs- oder Passivierungsfähigkeit ankommt.[524] § 126 I Nr. 9 UmwG ist vielmehr umfassend in dem Sinne auszulegen, dass unter Aktivvermögen die gesamten technischen und wirtschaftlichen Vermögenswerte des übertragenden Rechtsträgers, d.h. sämtliche bilanzierten und nicht bilanzierten Rechtspositionen zu verstehen sind.[525] Der Gesetzgeber wollte mit dem Erfordernis der Bezeichnung und der Aufteilung erreichen, dass beim Vollzug der Aufspaltung erkennbar wird, welche Teile des Vermögens des aufspaltenden Rechtsträgers auf welchen übernehmenden Rechtsträger übergehen.[526] Der aus dem Sachenrecht kommende Bestimmtheitsgrundsatz macht eine nachvollziehbare Definition der mit Wirksamwerden der Aufspaltung übergehenden Vermögensteile erforderlich.[527]

Die Vorschrift des § 131 I Nr. 1 S. 2 UmwG soll sicherstellen, dass Gegenstände, die nicht durch Rechtsgeschäft übertragen werden können, auch nicht im Wege der partiellen Gesamtrechtsnachfolge übergehen können. Diese Vorschrift ist im Zusammenhang mit § 126 I Nr. 9 UmwG zu sehen. Wie dort geht es auch hier um bestimmte Vermögensgegenstände, deren Übertragung im Wege der partiellen Gesamtrechtsnachfolge geregelt wird. Da über § 125 UmwG bei der Aufspaltung die Bestimmungen zur Verschmelzung gelten,[528] liegt es nahe, die Frage der Übertragbarkeit des Organvertrags anhand der bei der Verschmelzung entwickelten Grundsätze zu beantworten.

Die (partielle) Gesamtrechtsnachfolge kann sich nur auf solche Gegenstände oder Rechtspositionen erstrecken, die auch durch Rechtsgeschäft übertragen werden kön-

---

522 **Fuhrmann/Simon**, AG 2000, 49, 58 vertreten dagegen die Auffassung, der Unternehmensvertrag sei ein schuldrechtlicher Vertrag wie jedes andere Vertragsverhältnis auch.

523 Siehe: **Teichmann** in Lutter, UmwG, § 132 Rn 30f, der die durch Unternehmensverträge geschaffenen Rechtspositionen als Statusrechte bezeichnet und für eine grundsätzlich andere Betrachtung als bei Ansprüchen und Verbindlichkeiten aus schuldrechtlichen Verträgen plädiert.

524 **Teichmann** in Lutter, UmwG, § 126 Rn 33.

525 **Mayer** in Widmann/Mayer, § 126 Rn 59 (34. Erg.-Lfg./September 96).

526 **Teichmann** in Lutter, UmwG, § 126 Rn 32.

527 **Teichmann** in Lutter, UmwG, § 126 Rn 32.

528 **Teichmann** in Lutter, UmwG, § 132 Rn 3, der die Gesamtrechtsnachfolge im Wege der Verschmelzung und die Sonderrechtsnachfolge bei der Spaltung als gleichartige Vorgänge bezeichnet und daraus den Schluss ableitet, dass bei beiden Formen der Rechtsnachfolge eigentlich die gleichen Grundsätze gelten müssten. Er kommt jedoch aufgrund der mit der partiellen Gesamtrechtsnachfolge verbundenen Umgehungsgefahr zu dem Ergebnis, dass der Gesetzgeber durch die Schaffung der §§ 131, 132 UmwG die partielle Gesamtrechtsnachfolge gegenüber der Gesamtrechtsnachfolge einschränken musste.

nen.[529] Die Nachfolge des übernehmenden Rechtsträgers in den Organvertrag wäre dann abzulehnen, wenn der Vertrag selbst als solcher einer Übertragung nicht zugänglich wäre. Grundsätzlich nicht durch Rechtsgeschäft übertragbar sind beispielsweise das Urheberrecht nach § 7 UrhG oder das Rechtsverhältnis zwischen dem Dienstherrn und seinen Beamten.[530]

Die Vorschrift des § 131 I Nr. 1 S. 2 UmwG wiederholt eigentlich nur Selbstverständliches und hat keinerlei eigenen Regelungsgehalt.[531] Die partielle Gesamtrechtsnachfolge als neugeschaffenes Rechtsinstitut kann an der Übertragbarkeit, d.h. an der Möglichkeit einen Gegenstand von einem Rechtsträger auf einen anderen zu übertragen, nichts ändern. Es geht lediglich darum, die Art und Weise der Nachfolge in eine Rechtsposition dadurch zu regeln, dass eine weitere Übertragungsmöglichkeit zwischen Einzel- und Gesamtrechtsnachfolge zur Verfügung gestellt wird.

Mayer hat zu Recht darauf hingewiesen, dass sich die Gesamtrechtsnachfolge bei der Aufspaltung und der Verschmelzung decken müssen. Bei beiden Umwandlungsvorgängen würden alle Aktiva und Passiva übertragen. Die Tatsache, dass bei der Aufspaltung ein Übergang nicht auf einen sondern auf mehrere Rechtsträger stattfinde, wirke sich auf das Ergebnis, nämlich den Übergang des gesamten Vermögens, nicht aus.[532] Dieser Auffassung ist zuzustimmen. Da der Übergang des Organvertrags durch Rechtsgeschäft (Vertragsübernahme nach § 414 BGB) möglich ist, kann dieser auch bei der Aufspaltung einem der übernehmenden Rechtsträger zugewiesen werden mit der Folge, dass dieser Übernehmer zum herrschenden Unternehmen wird.[533]

(3) § 295 AktG als allgemeine Vorschrift im Sinne des § 132 UmwG

Nach § 132 UmwG bleiben die allgemeinen Vorschriften, die die Übertragbarkeit eines bestimmten Gegenstandes ausschließen oder an bestimmte Voraussetzungen knüpfen, durch die Wirkungen der Eintragung nach § 131 UmwG unberührt.

Die Frage, die sich im Zusammenhang mit der Anwendung des § 132 UmwG stellt, ist, ob die Vorschrift des § 295 AktG als Voraussetzung im Sinne des § 132 UmwG gesehen werden kann, an die die Übertragbarkeit des Organvertrags geknüpft ist. Der von

---

529 **Vossius** in Widmann/Mayer, § 131 Rn 33 (34. Erg.-Lfg/September 96); **Teichmann** in Lutter, UmwG, § 131 Rn 2; **Teichmann**, ZGR 1993, 396, 398 bezeichnet die Spaltung als einen Akt der Vermögensübertragung, da den Beteiligten die Möglichkeit eingeräumt werde, nach einer von ihnen selbst bestimmten Konzeption Vermögen auf andere Rechtsträger in vereinfachter Form zu transferieren.

530 **Vossius** in Widmann/Mayer, § 131 Rn 34 (34. Erg.-Lfg./September 96).

531 **Teichmann** in Lutter, UmwG, § 131 Rn 2 (34. Erg.-Lfg./September 96).

532 **Mayer** in Widmann/Mayer, § 132 Rn 10 (34. Erg.-Lfg./September 96).

533 **Mayer** in Widmann/Mayer, § 126 Rn 232 (34. Erg.-Lfg./September 96), vertritt die Auffassung, Beherrschungs- und Gewinnabführungsverträge seien einer Spaltung grundsätzlich nicht zugänglich. Der Vertrag könne nur einem der übernehmenden Rechtsträger nicht aber gleichzeitig mehreren Übernehmern zugeordnet werden. Dem ist zuzustimmen. Eine Aufspaltung des Organvertrags ist nur schwer vorstellbar, da die Rechtspositionen der Obergesellschaft (Weisungsrecht, Gewinnabführung durch die beherrschte Gesellschaft einerseits, Verlustausgleichspflicht andererseits) aufeinander bezogen sind und sich gegenseitig bedingen.

Hennrichs in die Diskussion um eine einschränkende Auslegung eingebrachte Vorschlag, § 132 UmwG nur dann anzuwenden, wenn eine einzelne Sache oder ein einzelnes Recht übertragen werden solle,[534] ist geeignet, die Gefahr einer Vereitelung des mit der Spaltung verfolgten Zwecks zu verhindern. Wie *Hennrichs* überzeugend darlegt, ist § 132 UmwG dann nicht anwendbar, wenn eine Rechts- und Pflichtengesamtheit übergehen soll. Hierbei handelt es sich nämlich nicht um einen Gegenstand im zivilrechtlichen Sinne (§ 90 BGB).[535] Das BGB definiert in § 90 Sachen als eine Unterart der Gegenstände, enthält selbst aber keine Definition dieses Oberbegriffs. Bei der Auslegung des § 90 BGB ist anerkannt, dass unter Gegenstand nicht nur körperliche Objekte sondern auch Immaterialgüter- und sonstige Vermögensrechte (wie etwa Forderungen) zu verstehen sind.[536] Daraus folgt auch, dass Vertragsverhältnisse, Rechts- und Sachgesamtheiten nicht unter den Begriff Gegenstand zu subsumieren sind[537] und demzufolge § 132 UmwG auf den Organvertrag nicht anzuwenden ist.

Die Gefahr der Umgehung der allgemeinen Vorschriften außerhalb des UmwG, der durch die Schaffung der §§ 131, 132 UmwG vorgebeugt werden soll, besteht bei der Aufspaltung nicht.[538] Insbesondere stellen das Erfordernis einer Zustimmung der Hauptversammlung der Untergesellschaft nach § 295 I AktG bzw. eines Sonderbeschlusses der außenstehenden Aktionäre nach § 295 II 1 AktG zu einer Auswechslung des herrschenden Unternehmens keine allgemeinen Vorschriften im Sinne des § 132 S. 1 UmwG dar. Die Vorschrift des § 295 AktG ist auf Änderungen des Organvertrags anzuwenden. Die hM zieht zur Auslegung des Merkmals der Vertragsänderung die im bürgerlichen Recht geltenden Grundsätze heran und versteht darunter jede zweiseitige rechtsgeschäftliche Vereinbarung der Parteien des Vertrags, die noch während der Laufzeit des Vertrags wirksam werden soll.[539] Erfolgt der Parteiwechsel durch dreiseitigen Vertrag zwischen dem herrschenden, dem übernehmenden und dem beherrschten Unternehmen oder in der Weise, dass die Untergesellschaft der Vertragsübernahme zustimmt, ist ein zustimmender Hauptversammlungsbeschluss des beherrschten Unter-

---

[534] **Hennrichs**, ZIP 1995, 794, 798.
[535] **Hennrichs**, ZIP 1995, 794, 798; **Mayer**, GmbHR 1996, 403, 407; **Heidenhain**, ZIP 1995, 801, 804.
[536] **Mayer**, GmbHR 1996, 403, 407.
[537] **Mayer**, GmbHR 1996, 403, 407.
[538] **Mayer** in Widmann/Mayer, § 132 Rn 18 (34. Erg.-Lfg./September 96), der darauf hinweist, dass eine Umgehungsgefahr bei der Aufspaltung von vorneherein nicht gegeben sei, da wie bei der Verschmelzung der übertragende Rechtsträger sein gesamtes Vermögen übertrage. Ein anderes Ergebnis stehe im Widerspruch zu dem bei der Verschmelzung anerkannten Prinzip der uneingeschränkten Gesamtrechtsnachfolge. **Vossius** in Widmann/Mayer, § 131 Rn 35 (34. Erg.-Lfg./September 96), weist darauf hin, dass die Vorschrift des § 131 I Nr. 1 Seite 2 UmwG im Fall der Aufspaltung gar nicht anwendbar ist. Bei der Aufspaltung lasse sich daher auch ein durch Einzelakt nicht übertragbarer Gegenstand übertragen, es sei denn aus der Natur des unübertragbaren Gegenstandes ergebe sich im Einzelfall etwas anderes.
[539] **Emmerich/Habersack**, Aktienkonzernrecht, § 295 Rn 4; **Hüffer**, AktG, § 295 Rn 3; **Koppensteiner**, Köln.Komm., § 295 Rn 4; **Hüchting**, Abfindung, 102f; **Emmerich/Sonnenschein**, Konzernrecht, § 14 I 2; **BGH**, AG 1979, 289.

nehmens notwendig.[540] Nicht in den Anwendungsbereich dieser Vorschrift fallen nach der hM jedoch die Fälle, in denen ein Parteiwechsel durch Gesamtrechtsnachfolge eintritt.[541]

W. Bayer hält die Zustimmung des abhängigen Unternehmens auch dann für geboten, wenn das herrschende Unternehmen infolge einer Verschmelzung der Obergesellschaft mit einem weiteren Unternehmen ausgewechselt wird. Er begründet dies damit, dass die von der hM vorgenommene Differenzierung zwischen den verschiedenen Formen der Herrschaftsveränderung (rechtsgeschäftlich oder durch Gesamtrechtsnachfolge) nicht überzeugen könne. Alle Herrschaftsänderungen führten zu materiell gleichwertigen Eingriffen in die Satzungsstruktur der Untergesellschaft und unterschieden sich lediglich in ihrer konkreten Ausgestaltung.[542]

W. Bayer ist zuzugeben, dass es aus Sicht der Untergesellschaft keinen Unterschied macht, ob die Obergesellschaft durch Rechtsgeschäft oder aber im Wege der Umwandlung ausgetauscht wird. *W. Bayer* gelangt für die Fälle der Herrschaftsänderung durch Gesamtrechtsnachfolge zu dem Ergebnis, dass bei Fehlen eines Zustimmungsbeschlusses nach § 295 I AktG zwar der Organvertrag übergehe, jedoch das Weisungsrecht suspendiert werde. Der hieraus resultierende Zustand sei dem des qualifiziert faktischen Konzerns vergleichbar, sodass zugunsten der Untergesellschaft und der außenstehenden Aktionäre die §§ 302ff AktG analog anzuwenden seien.[543]

Auf das hier untersuchte Problem übertragen, gelangte man mit der von *W. Bayer* vertretenen Auffassung daher zu dem Ergebnis, dass bei der Aufspaltung der Organvertrag übergeht und hieran die sich aus §§ 302ff AktG ergebenden Konsequenzen zu ziehen sind, die neue „Obergesellschaft" jedoch keinerlei Einflussmöglichkeiten auf die Untergesellschaft hätte. Damit stellte sich die Frage, ob dem übernehmenden Rechtsträger aufgrund des Umstandes, dass ihm lediglich die „Nachteile" aufgrund des Organvertrags aufgebürdet werden, nicht das Recht zur fristlosen Kündigung des Vertrags nach § 297 I 1 AktG zusteht. Dieses wäre zu bejahen, da ein Festhalten an einem Organvertrag, der der Obergesellschaft kein Weisungsrecht zugesteht, für diese unzumutbar wäre. Letztendlich würde die Obergesellschaft zu einer Kündigung gezwungen und die Minderheitsaktionäre dadurch ihrer künftigen Ausgleichsansprüche beraubt. Es spricht daher einiges dafür, den Anwendungsbereich auf die Fälle der Herrschaftsänderungen durch Rechtsgeschäft zu beschränken und in den Fällen der Gesamtrechtsnachfolge danach zu unterscheiden, ob tatsächlich eine im Sinne des § 295 I AktG relevante Änderung vorliegt. Der Schutzzweck des § 295 I AktG liegt darin, Änderungen des Vertrags den gleichen Anforderungen wie den Abschluss des Vertrags zu unterwerfen

---

[540] **Emmerich/Habersack**, Aktienkonzernrecht, § 295 Rn 11; **Hüffer**, AktG, § 295 Rn 5; **Koppensteiner**, Köln.Komm., § 295 Rn 5; **Priester**, ZIP 1992, 293, 300; **BGH**, BGHZ, 119, 1, 6ff; **OLG Karlsruhe**, AG 1991, 144, 145; **ders.**, AG 1997, 270, 271f; **LG Mannheim**, AG 1991, 26, 27f;

[541] **Hüffer**, AktG, § 295 Rn 6; **Emmerich/Habersack**, Aktienkonzernrecht, § 295 Rn 14; **Emmerich/Sonnenschein**, Konzernrecht, § 14 I 2; **Koppensteiner**, Köln.Komm, § 295 Rn 5; **Priester**, ZIP 1992, 293, 301; **OLG Karlsruhe**, AG 1995, 139; **LG Mannheim**, AG 1991, 26, 27.

[542] **W. Bayer**, ZGR 1993, 599, 604f.

[543] ZGR 1993, 599, 606.

und der Gefahr vorzubeugen, dass das herrschende Unternehmen über seinen Einfluss auf die Hauptversammlung des beherrschten Unternehmens Änderungen leichter durchsetzen kann als den Vertragsschluss.[544]

Entscheidend für die Anwendbarkeit des § 295 I AktG ist jedoch die Überlegung, dass der Gesetzgeber die Untergesellschaft bzw. deren Minderheitsaktionäre nicht an allen Vorgängen beteiligen wollte, durch die der Organvertrag oder die Abfindungs- und Ausgleichsansprüche tangiert werden, sondern nur in den Fällen, in denen aufgrund der Übermacht des herrschenden Unternehmens eine Vertragsänderung durch Rechtsgeschäft die Gefahr einer Umgehung der Vorschriften über den Abschluss des Vertrags besteht.[545] Wird die Obergesellschaft aufgespaltet und übernimmt ein anderes Unternehmen den Organvertrag, hat dies zwar - unter Umständen erhebliche - Auswirkungen für die Minderheitsaktionäre. Wie bei der Verschmelzung der Obergesellschaft mit einem unabhängigen Unternehmen ist auch bei der Aufspaltung davon auszugehen, dass der formale Wechsel des herrschenden Unternehmens nicht von § 295 I AktG erfasst wird. Entscheidend muss auch hier die Überlegung sein, dass bei der Aufspaltung nicht so sehr die Auswechslung des Vertragspartners sondern die Veränderung in der Obergesellschaft im Vordergrund steht. Hätte die Obergesellschaft statt der Aufspaltung den Weg der Ausgliederung oder der Einzelveräußerung von Vermögen gewählt, wäre § 295 I AktG nicht anzuwenden. Die Aufspaltung steht diesen Vorgängen näher als etwa die Auswechslung des herrschenden Unternehmens im Wege der Vertragsübernahme.

Auch in § 295 II AktG kann keine den §§ 131 I Nr. 1, 132 UmwG entgegenstehende Regelung gesehen werden. Der Anwendungsbereich ist dann eröffnet, wenn durch eine Vertragsänderung in bestehende[546] Ausgleichs- oder Abfindungsansprüche eingegriffen wird. Gegen die Anwendung dieser Vorschrift auf die Aufspaltung sprechen ebenfalls die soeben zu § 295 I AktG angestellten Überlegungen.

Eine Ausnahme hinsichtlich der Anwendung des § 295 I, II AktG kann auch dann nicht in Betracht gezogen werden, wenn der übernehmende Rechtsträger neben dem Organvertrag im wesentlichen kein weiteres Vermögen erhält. Diese Einschränkung könnte einfach dadurch umgangen werden, dass neben dem Organvertrag weitere Vermögensgegenstände sozusagen als Alibi übertragen werden. Dann ergäben sich erhebliche Abgrenzungsschwierigkeiten um festzustellen, ob die Übertragung des "Alibivermögens" nur der Umgehung der Einschränkung dient oder aber billigenswerte wirtschaftliche bzw. unternehmerische Erwägungen dahinter stehen. Gerade wegen dieser Abgrenzungsschwierigkeiten wurde die ursprüngliche Absicht fallengelassen, die Aufspaltung dann nicht zuzulassen, wenn im wesentlichen nur ein einzelner Ver-

---

[544] **Hüffer**, AktG, § 295 Rn 1; **Emmerich/Habersack**, Aktienkonzernrecht, § 295 Rn 1;
[545] **Emmerich/Habersack**, Aktienkonzernrecht, § 295 Rn 14; **Hüffer**, AktG, § 295 Rn 6.
[546] So zutreffend: **W. Bayer**, ZGR 1993, 599, 608, unter Hinweis auf: **Exner**, Beherrschungsvertrag, 166f; 298f und **Priester**, ZIP 1992, 300f.

mögensgegenstand übergehen sollte.[547] Die Vorschrift des § 295 AktG ist daher bei Aufspaltungen nicht anzuwenden.[548]

(4) Ergebnis

Wird die Obergesellschaft aufgespaltet, geht der Organvertrag auf den im Spaltungsvertrag bezeichneten Rechtsträger über. Eine Zustimmung der Hauptversammlung der Untergesellschaft bzw. ein Sonderbeschluss der Minderheitsaktionäre ist nicht Voraussetzung für den Eintritt des neuen herrschenden Unternehmens in den Vertrag.

B. Gleichbehandlung der Aufspaltung zur Aufnahme und zur Neugründung

(1) Aufspaltung zur Aufnahme

Bei der Aufspaltung zur Aufnahme findet eine Übertragung der Vermögensteile auf bereits bestehende Rechtsträger statt. Bei der Aufspaltung zur Aufnahme können bereits bestehende Rechtsträger beteiligt sein, die zum Konzernkreis des aufspaltenden Rechtsträgers gehören können. Es kann sich dabei aber auch um Unternehmen außerhalb des Konzernverbundes des aufspaltenden Rechtsträgers handeln.

Bislang haben lediglich *Heidenhain*[549] und *Emmerich/Sonnenschein*[550] auf die möglicherweise unterschiedliche Behandlung der Aufspaltung zur Aufnahme und zur Neugründung hingewiesen. Diese Autoren sehen jedoch nur dann die Notwendigkeit einer differenzierten Behandlung der beiden Varianten, wenn das beherrschte Unternehmen aufgespaltet wird.[551] Findet dagegen eine Aufspaltung der Obergesellschaft statt, spielt es anscheinend keine Rolle, ob eine Aufspaltung zur Aufnahme oder zur Neugründung vorliegt. Dieser Auffassung ist im Ergebnis zuzustimmen. Es bedarf jedoch, um zu diesem Ergebnis zu gelangen, einer näheren Auseinandersetzung mit den beiden Möglichkeiten der Aufspaltung.

Wie oben bei der Untersuchung der Verschmelzung bereits ausgeführt wurde,[552] kommt es bei der Frage des Übergangs des Organvertrags nicht darauf an, ob ein Rechtsträger in die Stellung des herrschenden oder beherrschten Unternehmens eintreten kann, sondern darauf, ob die an der Verschmelzung beteiligten Rechtsträger eine organvertragliche Bindung auch ohne einen Vertragsschluss herbeiführen können. Auf den Fall der Aufspaltung übertragen bedeutet dies, dass der Übergang des Organvertrags auf eines der aufnehmenden Unternehmen von der Hauptversammlung beider

---

[547] Siehe dazu: **Mayer**, GmbHR 1996, 403, 404f; **Teichmann**, ZGR 1993, 396, 402ff wies während des Gesetzgebungsverfahrens darauf hin, dass eine numerische Qualifizierung - ein oder mehrere Gegenstände - kein taugliches Abgrenzungskriterium sei. Darüber hinaus sei es wenig praktikabel die Gesamtrechtsnachfolge nur dann zuzulassen, wenn eine bestimmte Mindestmasse für den Spaltungsvorgang gefordert werde.

[548] Siehe auch: **Emmerich/Sonnenschein**, Konzernrecht, § 15 IV 6c.

[549] **Heidenhain**, NJW 1995, 2873, 2877.

[550] **Emmerich/Sonnenschein**, Konzernrecht, § 15 IV 6c

[551] **Emmerich/Sonnenschein**, Konzernrecht, § 15 IV 6c; **Heidenhain**, NJW 1995, 2873, 2877.

[552] Siehe oben Seite 94f.

Aktiengesellschaften mit der für den Abschluss eines Organvertrags erforderlichen Mehrheit gebilligt werden muss. Nach § 293 I 1 iVm II 2 AktG ist für die Zustimmung zum Abschluss eines Organvertrags eine Mehrheit von ¾ des bei der Abstimmung vertretenen Grundkapitals erforderlich. Nach § 125 S. 1 UmwG ist auch bei der Spaltung § 65 I 1 UmwG anzuwenden. Der Spaltungsbeschluss muss damit wie der Verschmelzungsbeschluss mit einer Mehrheit von ¾ des bei der Beschlussfassung vertretenen Grundkapitals gefasst werden.

Die Voraussetzungen für den Abschluss eines Organvertrags und die für die Durchführung einer Spaltung sind damit, was die Zustimmungsmehrheit der Hauptversammlung der daran beteiligten Rechtsträger angeht, dieselben. Daher besteht für die Anteilseigner des übernehmenden Rechtsträgers auch nicht die Gefahr, dass der Eintritt in die Stellung als herrschendes Unternehmen geringeren Anforderungen unterliegt als der Neuabschluss eines Organvertrags.

Ist nach der Satzung des übernehmenden Rechtsträgers für den Abschluss eines Organvertrags eine über der ¾-Mehrheit liegende Zustimmung erforderlich, kann der mit einer ¾-Mehrheit gefasste Umwandlungsbeschluss nicht als ausreichend für den Übergang des Organvertrags angesehen werden. In diesem Fall scheitert der Eintritt des übernehmenden Rechtsträgers in den Organvertrag.

Dieses Ergebnis stimmt mit der Ansicht überein, die den Übergang eines Organvertrags bei der Verschmelzung des herrschenden Unternehmens bejaht.[553]

(2) Aufspaltung zur Neugründung

Bei der Aufspaltung zur Neugründung tritt an die Stelle des Spaltungs- und Übernahmevertrags mangels Beteiligung eines bestehenden Rechtsträgers auf der Übernehmerseite der Spaltungsplan.

Teichmann sieht anscheinend nur bei der Aufspaltung zur Neugründung Hindernisse hinsichtlich des Übergangs des Vertrags auf den im Spaltungsplan vorgesehenen neugegründeten Rechtsträger.[554] Anders als bei der Aufspaltung zur Übernahme liegt bei der Aufspaltung zur Neugründung dem Übergang des Organvertrags ein einseitiger Gestaltungsakt des herrschenden Unternehmens und kein Vertragsschluss mit einem weiteren Unternehmen zu Grunde.[555] Es liegt also allein im Ermessen des herrschen-

---

[553] **Koppensteiner**, Köln.Komm, § 291 Rn 50; **Geßler** in Geßler/Hefermehl/Eckardt/Kropff, § 297 Rn 48; **Krieger**, Münchener Hdb d. GesR, Bd. IV, § 70, Rn 130; ZGR 1990, 517, 540; **Dehmer**, UmwG, § 20 Rn 45; **Priester**, ZIP 1992, 293, 301; **Hohner**, DB 1973, 1487, 1488; 1490; **Emmerich/Habersack**, Aktienkonzernrecht, § 297 Rn 41; **Emmerich/Sonnenschein**, Konzernrecht, § 15 IV 6c; **Grunewald** in Lutter, UmwG, § 20 Rn 35; **H. Westermann**, FS Schilling, 271, 283; **Hüffer**, AktG, § 295 Rn 6; a.A nur: **Würdinger**, Großkomm., § 291 Anm. 25 u. Anm. 11f, 13f.

[554] **Teichmann** in Lutter, UmwG, § 132 Rn 32, erwähnt nur den Spaltungsplan nicht aber den Spaltungs- und Übernahmevertrag. Es wird nicht klar, ob es sich dabei um ein redaktionelles Versehen handelt oder aber nur bei der Aufspaltung zur Neugründung ein Übergang des Organvertrags ausgeschlossen sein soll.

[555] Nach zutreffender Ansicht von **Priester** in Lutter, UmwG, § 136 Rn 4, handelt es sich bei dem Spaltungsplan um eine einseitige, nicht empfangsbedürftige Willenserklärung.

den Unternehmens, mit welchem Vermögen er den Rechtsträger ausstattet, dem er den Organvertrag zuweist. Denkbar wäre, dass die Obergesellschaft den übernehmenden Rechtsträger neben dem Organvertrag nur geringes Vermögen zuweist, so dass dieser nicht dauerhaft in der Lage ist, die Verlustausgleichspflicht nach § 302 AktG zu erfüllen und sich so seiner Verpflichtung aus dem Organvertrag entzieht.

Die Gefahr der Unterkapitalisierung bzw. eines nicht ausreichenden Vermögens zur Erfüllung der organvertraglichen Verpflichtungen betrifft sowohl die Untergesellschaft selbst als auch deren außenstehenden Aktionäre. Zunächst ist der Frage nachzugehen, ob die Spaltungsfreiheit unter dem Gesichtspunkt des Gestaltungsmissbrauchs einzuschränken ist. Die Interessen der Minderheitsaktionäre hinsichtlich ihrer Abfindungs- und Ausgleichsansprüche werden weiter unter behandelt.

(3) Einschränkung der Spaltungsfreiheit durch das Verbot rechtsmissbräuchlicher Ausübung

Die Gefahr des Missbrauchs spricht nur auf den ersten Blick gegen die Zulässigkeit einer Zuweisung des Organvertrags an einen neugegründeten Rechtsträger. Auch bei der Aufspaltung zur Aufnahme ist nicht gewährleistet, dass der aufnehmende Rechtsträger der Verlustausgleichspflicht nach § 302 AktG auf Dauer nachkommen kann. Handelt es sich bei dem aufnehmenden Rechtsträger um ein konzernfremdes Unternehmen, auf dessen Zustimmung zum Spaltungs- und Übernahmevertrag die Obergesellschaft keinen Einfluss hat, wird dieses Unternehmen darauf achten, dass es über die für die Verlustausgleichspflicht notwendige Ertragsstärke verfügt und es wird die mit der Übernahme des Vertrags verbundenen Vorteile (= Leitungsbefugnis gegenüber dem beherrschten Unternehmen) mit der potentiellen Inanspruchnahme aus der Verpflichtung zum Verlustausgleich abwägen.[556]

Dies mag zwar eine gewisse Gewähr dafür bieten, dass der übernehmende Rechtsträger durch die Obergesellschaft nicht dafür missbraucht werden kann, sich eines lästig gewordenen Vertrags zu entledigen. Ein Argument gegen eine (willkürliche) Zuweisung an einen neugegründeten Rechtsträger lässt sich daraus jedoch nicht ableiten.

Sollte sich nach der Aufspaltung herausstellen, dass das übernehmende Unternehmen seiner Verpflichtung zum Verlustausgleich nicht nachkommen kann, greifen die Vorschriften der §§ 133 I 1, 133 I 2, 125, 22 UmwG ein. Nach § 133 I 1 UmwG haften die

---

[556] **Hommelhoff** in Lutter, UmwG, § 133 Rn 16f misst der Anordnung der gesamtschuldnerischen Haftung der an der Spaltung beteiligten Rechtsträger eine Steuerungsfunktion dahingehend bei, dass die beteiligten Unternehmen davon abgehalten werden, das Vermögen des übertragenden Rechtsträgers und dessen unternehmerische Ressourcen willkürlich oder unvernünftig oder gar zum Nachteil aller oder bestimmter Gläubiger zu verteilen. Dieser Ansicht ist zuzustimmen. Es wäre wohl etwas praxisfern anzunehmen, dass die Aufspaltung zur Neugründung zu einer "Entsorgung" eines missliebigen Organvertrags missbraucht werden könnte. Gerade wegen der vom Gesetzgeber vorgesehenen gesamtschuldnerischen Haftung aller an der Spaltung beteiligten Unternehmen dürfte die sich aufspaltende Obergesellschaft ein Eigeninteresse daran haben, die aus der Spaltung hervorgehenden Rechtsträger angemessen mit Vermögen auszustatten; siehe dazu auch: **K. Schmidt**, ZGR 1993, 366, 389; **Heiss**, Spaltung, 148.

an der Spaltung beteiligten Rechtsträger als Gesamtschuldner für die Verbindlichkeiten des übertragenden Rechtsträgers, die vor dem Wirksamwerden der Spaltung begründet worden sind.

Neben dieser gesamtschuldnerischen Haftung bleibt die Vorschrift des § 22 I UmwG unberührt, wonach der Gläubiger eines an der Aufspaltung beteiligten Unternehmens Sicherheitsleistung für solche Ansprüche verlangen kann, die noch nicht fällig sind und deren Erfüllung durch die Aufspaltung gefährdet ist.

Für die Anwendung der vorgenannten Vorschriften ist zwischen der Verlustübernahmepflicht des herrschenden Unternehmens nach § 302 AktG als solcher und dem daraus fließenden, konkreten Anspruch auf Übernahme des Verlustes, der sich einmal jährlich mit der Feststellung der Bilanz des beherrschten Unternehmens ergibt, zu unterscheiden. Ist der Verlustübernahmeanspruch, der in der Bilanz des herrschenden Unternehmens zu passivieren ist, nicht werthaltig, weil das den Organvertrag übernehmende Unternehmen nicht über ausreichend Vermögen verfügt, greift nach § 133 I 1 UmwG die gesamtschuldnerische Haftung der übrigen übernehmenden Rechtsträger ein. Dadurch wird sichergestellt, dass dem Anspruch auf Verlustübernahme das gesamte bei der Aufspaltung verteilte Vermögen als Haftungsgrundlage zur Verfügung steht.[557]

Die gesamtschuldnerische Haftung aller an der Aufspaltung beteiligten Unternehmen ist auf maximal fünf Jahre nach der Spaltung begrenzt, wenn der Verlustausgleichsanspruch in diesem Zeitraum fällig und gegen die mithaftenden Rechtsträger gerichtlich geltend gemacht wird, § 133 III 1. HS UmwG.

Besteht aufgrund der Vermögensverteilung im Spaltungsplan bzw. Spaltungs- und Übernahmevertrag bereits im Zeitpunkt der Spaltung die Gefahr, dass der den Organvertrag übernehmende Rechtsträger nicht in der Lage sein wird, die sich künftig ergebenden Verluste zu kompensieren, kann die Untergesellschaft nach §§ 133 I 2, 125, 22 I UmwG von allen übernehmenden Rechtsträgern eine Sicherheitsleistung verlangen. Entscheidend für die Frage der Sicherheitsleistung ist der Zeitpunkt des Entstehens der zu sichernden Forderung. Entstanden ist der Anspruch dann, wenn der Entstehungsgrund vor der Spaltung bereits gelegt ist.[558] Der Entstehungsgrund des jährlich wiederkehrenden Anspruchs auf Verlustübernahme wird mit dem Abschluss des Organvertrags gelegt. Die daraus künftig resultierenden konkreten, d.h. mit Feststellung der Bilanz bezifferbaren Ansprüche gleichen den Ansprüchen aus Dauerschuldverhältnissen bzw. den Ansprüchen der Gläubiger eines beherrschten Unternehmens bei Beendigung eines Beherrschungs- oder Gewinnabführungsvertrags nach § 303 AktG. Dort ist anerkannt, dass die Obergesellschaft den Gläubigern nach Beendigung des Vertrags zeitlich und der Höhe nach unbegrenzt Sicherheit für künftige und im Zeitpunkt des Si-

[557] **Hommelhoff** in Lutter, UmwG, § 133 Rn 14.
[558] **Grunewald** in Lutter, UmwG, § 22 Rn 6.

cherheitsverlangens der Höhe nach nicht bestimmbare Ansprüche Sicherheit zu leisten hat.[559]

Abzulehnen ist die Auffassung, wonach bei Dauerschuldverhältnissen die Anwendung des § 303 AktG etwa durch eine Einschränkung analog § 160 I 1 HGB auf fünf Jahre zu begrenzen ist.[560] Für eine derartige Begrenzung lässt sich aus § 22 I UmwG nichts entnehmen. Anders als § 133 III UmwG sieht § 22 I UmwG keinerlei zeitliche Beschränkung vor. Voraussetzung des Anspruchs auf Sicherheitsleistung ist nach § 22 I 2 UmwG ist unter anderem, dass die beherrschte Gesellschaft glaubhaft macht, dass die Erfüllung der künftigen Verlustausgleichsansprüche durch die Aufspaltung gefährdet ist. Die Glaubhaftmachung bezieht sich jedoch nicht auf die Existenz der Forderung. Deren Bestehen ist vom beherrschten Unternehmen vielmehr zu beweisen.[561] Den Nachweis des Bestehens des Anspruchs auf Verlustausgleich kann das beherrschte Unternehmen durch Hinweis auf den Organvertrag führen. An die Glaubhaftmachung der Gefährdung sind keine allzu hohen Anforderungen zu stellen. Es reicht aus, wenn anhand des Spaltungs- und Übernahmevertrags bzw. des Spaltungsplans die gute Möglichkeit einer Gefährdung der künftigen Verlustausgleichsansprüche besteht.[562]

Entscheidende Bedeutung für die Beurteilung, ob eine Gefährdung des Verlustausgleichs zu erwarten ist, kommt in diesem Zusammenhang dem Spaltungsbericht nach § 127 UmwG zu. Danach hat Vorstand des aufspaltenden Rechtsträgers zunächst die Aufspaltung rechtlich und wirtschaftlich zu erläutern und den Aktionären das Spaltungsvorhaben in seiner Gesamtheit darzulegen.[563] Darüber hinaus muss der Bericht die mit der Spaltung verfolgten Ziele angeben und Einzelangaben zu der momentanen und der nach der Aufspaltung zu erwartenden Lage enthalten. Dazu gehören insbesondere die Tätigkeitsfelder des übertragenden Rechtsträger sowie die der neugegründeten Rechtsträger, die Umsätze, Marktanteile und auch Angaben zu dem Eigen- und Fremdkapital.[564] Insbesondere muss der Vorstand die mit der Aufspaltung einhergehenden Einstands- und Haftungsrisiken erläutern und Angaben dazu machen, ob der nach § 133 I UmwG haftende Rechtsträger in der Lage sein wird, die ihm zugewiesenen Verbindlichkeiten bei ihrer Fälligkeit zu begleichen.[565] Der Vorstand ist daher verpflichtet, den Anteilseignern des aufspaltenden Rechtsträgers konkrete Tatsachen und Umstände darzutun, aus denen sich ergibt, wie er die künftige Leistungsfähigkeit des

---

[559] **Hüffer**, AktG, § 303 Rn 3; **Emmerich/Habersack**, Aktienkonzernrecht, § 303 Rn 10; **Emmerich/Sonnenschein**, Konzernrecht, § 16 VII 3; **BGH**, AG 1996, 321, 322;

[560] **Emmerich/Habersack**, Aktienkonzernrecht, § 303 Rn 11; **Jaeger**, DB 1996, 1069, 1070f; **Ströhmann,** NZG 1999, 1030, 1036.

[561] **Grunewald** in Lutter, UmwG, § 22 Rn 11; **Bermel** in Goutier/Knopf/Tulloch, § 22 Rn 23; **Grunewald** in Geßler/Hefermehl/Eckardt/Kropff, § 347 Rn 5; **Priester** in Scholz , § 26 KapErhG Rn 5; **Schilling**, Großkomm., § 347 Rn 7; **Schilling/Zutt** in Hachenburg, § 26 VerschmG Rn 8; **Picot/Müllert-Eising**, B 238; **Dehmer**, UmwG, § 22 Rn 14; **OLG Celle**, BB 1989, 868f.

[562] **Grunewald** in Lutter, UmwG, § 22 Rn 12.

[563] **Hommelhoff** in Lutter, UmwG, § 127 Rn 17.

[564] **Hommelhoff** in Lutter, UmwG, § 127 Rn 18.

[565] **Hommelhoff** in Lutter, UmwG, § 127 Rn 21.

den Organvertrag übernehmenden Rechtsträgers hinsichtlich der Erfüllung der Verlustausgleichspflicht einschätzt.[566]

Nach §§ 125 S. 1, 17 I 1 UmwG ist der Anmeldung der Spaltung zur Eintragung ins Register u.a. der Spaltungsbericht beizufügen. Dieser ist als Bestandteil der Registerakten nicht nur den Anteilseignern des aufspaltenden Rechtsträgers sondern allen interessierten Dritten - also auch der Untergesellschaft bzw. deren Aktionären - zugänglich.[567] Dem Bericht und auch dem Spaltungsvertrag kann die Untergesellschaft entnehmen, ob nach der Aufspaltung der Verlustausgleichsanspruch als gefährdet erscheint und gegebenenfalls die Leistung einer entsprechenden Sicherheit nach § 22 I 1 UmwG angezeigt ist. Die Untergesellschaft muss die Forderung, deretwegen die Leistung einer Sicherheit verlangt werden kann, binnen der in § 22 I 1 UmwG genannten Frist nach Grund und Höhe schriftlich anmelden.

Die Höhe der Sicherheitsleistung bestimmt sich nach dem Wert des zu sichernden Anspruchs.[568] War die Untergesellschaft vor der Aufspaltung chronisch defizitär und ist auch für die Zeit danach mit Verlusten zu rechnen, bedarf die Bemessung der Sicherheitsleistung einer Risikoabschätzung.[569] In die dabei zu vorzunehmende Abwägung ist auf die künftige Ertragsentwicklung unter Einbeziehung der durch die Aufspaltung bzw. den Übergang des Organvertrags sich ergebenden Konsequenzen abzustellen. Nur dann, wenn die Untergesellschaft in der Vergangenheit Überschüsse erwirtschaftet und auch nach der Aufspaltung nicht mit Verlusten zu rechnen ist, kann von einer Sicherheitsleistung abgesehen werden.

Die von *Jaeger* vertretene Auffassung, wonach die Sicherheitsleistung höchstens die in den nächsten fünf Jahren fällig werdenden Ansprüche umfassen muss,[570] ist abzulehnen. Für eine zeitliche Begrenzung in Anlehnung an § 160 HGB bestehen nach dem Gesetz keinerlei Anhaltspunkte. Entscheidend kann daher nur die Restlaufzeit des Vertrags sein.

Die vorgenannten Ausführungen zeigen, dass es einer generellen Einschränkung der Spaltungsfreiheit insbesondere bei der Spaltung zur Neugründung nicht bedarf, um die Interessen der Untergesellschaft hinsichtlich des Verlustausgleichs zu schützen. Der Schutz wird vielmehr durch die Mithaftung der an der Spaltung beteiligten Rechtsträger verbunden mit der Verpflichtung zur Sicherheitsleistung gewährleistet.

---

[566] **Hommelhoff** in Lutter, UmwG, § 127 Rn 22.

[567] **Lutter** in Lutter, UmwG, § 8 Rn 12; dagegen: **Schöne**, GmbHR 1995, 334f.

[568] **Grunewald** in Lutter, UmwG, § 22 Rn 22 unter Verweisung auf **Fahne/Soergel**, Rn 9 vor § 232; **Münch.Komm. BGB/Feldmann**, § 232, Rn 1.

[569] **Grunewald** in Lutter, UmwG, § 22 Rn 22.

[570] **Jaeger**, DB 1996, 1069, 1070; in die gleiche Richtung geht die Auffassung von **Grunewald** in Lutter, UmwG, § 22 Rn 22, wonach die allein aufgrund der Verschmelzung eintretende Risikoerhöhung im Laufe der Zeit abnehmen und zu einer Minderung der Sicherheitsleistung führen soll. Dies kann für die Aufspaltung jedoch nicht ohne weiteres bejaht werden, da es hier zu einer Verringerung der für den Verlustausgleich zur Verfügung stehenden Haftungsmasse kommen kann.

(4) Nichterwähnung des Organvertrags im Spaltungs- und Übernahmevertrag bzw. im Spaltungsplan

Hier schließt sich die Frage an, was mit dem Organvertrag geschieht, der im Spaltungsvertrag bzw. im Spaltungsplan keinem der übernehmenden Rechtsträger zugewiesen wurde.

Dies eröffnet den Anwendungsbereich des § 131 III UmwG, wenn man den Organvertrag aus der Sicht des herrschenden Unternehmens als Bestandteil der Aktiva ansieht.[571] Danach geht bei der Aufspaltung ein Gegenstand, der im Vertrag keinem der übernehmenden Rechtsträger zugeteilt wurde und dessen Zuteilung sich auch nicht mittels Auslegung des Vertrags ermitteln lässt, auf alle übernehmenden Rechtsträger über. Ist dies nicht möglich, ist sein Gegenwert in dem Verhältnis zu teilen, das sich aus dem Vertrag für die Aufteilung des Überschusses der Aktivseite der Schlussbilanz über deren Passivseite ergibt.

Die Regelung des § 131 III UmwG will verhindern, dass die Aufspaltung durch das Übersehen eines Vermögensgegenstandes durch die Vertragsparteien nichtig ist. Die Regelung ist jedoch auf den "vergessenen" Organvertrag nicht zugeschnitten. Dieser könnte nur dann auf mehrere Rechtsträger als herrschende Unternehmen übergehen, wenn diese für eine Koordination der Leitungsmacht gesorgt hätten.[572] Eine verhältnismäßige Teilung nach dem Verhältnis des Überschusses der Aktiva der Schlussbilanz über die Passiva scheidet ganz aus, da eine Verteilung des Organvertrags nicht denkbar ist.

Man könnte die Regelung des § 131 III 1. HS UmwG dahingehend interpretieren, dass der Gesetzgeber eine gemeinschaftliche Rechtsnachfolge anordnet und dass die übernehmenden Rechtsträger im Hinblick auf den Organvertrag ähnlich wie bei der Mehrmütterorganschaft eine Gesamthandsgemeinschaft bilden und zwar unabhängig davon, ob für eine gemeinschaftliche Leitung des beherrschten Unternehmens Sorge getragen wurde und eine Koordination der Leitungsmacht stattfindet. Dies würde jedoch den zur Mehrmütterherrschaft entwickelten Grundsätzen widersprechen, wonach ein Organver-

---

[571] Es ist nicht ganz klar, ob § 131 III UmwG auch auf Verbindlichkeiten anzuwenden ist, wofür der Wortlaut der Vorschrift und die Zusammenschau mit § 123 UmwG sprechen. Auch in § 123 UmwG wird nicht nach Aktiva und Passiva unterschieden. Es ist lediglich von der Übertragung von Vermögensteilen als Gesamtheit die Rede. Andererseits enthält § 133 UmwG eine Regelung der Verbindlichkeiten. Dabei ist jedoch zu beachten, dass in dieser Vorschrift nur die Haftung für die Verbindlichkeiten des übertragenden Rechtsträgers geregelt ist nicht aber die Frage, welchem Rechtsträger eine bestimmte Verbindlichkeit zugewiesen wird. Die Regelung des § 133 UmwG betrifft daher einen ganz anderen Bereich als die des § 131 III UmwG.

[572] **Mayer** in Widmann/Mayer, § 126 Rn 232 (34. Erg.-Lfg./September 96) verneint die Möglichkeit der Spaltung eines Beherrschungs- und Gewinnabführungsvertrages, da diese Verträge nicht gleichzeitig mehreren übernehmenden Rechtsträgern zugeordnet werden könnten. Mehrere Unternehmen könnten nur dann als herrschend angesehen werden, wenn sie die Herrschaftsmacht koordiniert ausüben.

trag mit mehreren herrschenden Unternehmen nur dann bestehen kann, wenn für die Ausübung einheitlicher Leitungsmacht Sorge getragen wird.[573]

Zuvor wäre jedoch zu prüfen, ob sich der Übergang des Organvertrags nicht anhand der in § 131 III 1 UmwG vorgegebenen Auslegungsregeln ermitteln lässt. Für die Auslegung gelten objektive Grundsätze, da Spaltungsvertrag und -plan das einzige Mittel darstellen die Übertragungsvorgänge nach außen hin erkennbar zu machen.[574] Es liegt daher nahe, dem Unternehmen, das die Anteile an der Untergesellschaft erhält, auch den Organvertrag zuzuweisen. Dies Ergebnis liegt im Zweifel schon deshalb im Interesse der Beteiligten, da üblicherweise bei einer Veräußerung der Anteile an einem beherrschten Unternehmen auch der Organvertrag auf den Erwerber mit übertragen wird. Nur dann, wenn das herrschende Unternehmen ausnahmsweise keine Anteile an der Untergesellschaft gehalten hat, versagt die Möglichkeit der Auslegung. Dann ist in der Tat davon auszugehen, dass der Organvertrag auf alle übernehmenden Rechtsträger übergeht, mit der Folge, dass diese gesamtschuldnerisch für den Verlustausgleich und die Abfindungs- bzw. Ausgleichsansprüche haften und der weiteren Konsequenz, dass den Übernehmern keinerlei Weisungsrecht gegenüber der Untergesellschaft zusteht, solange sie nicht für eine Koordination der Leitungsmacht sorgen. Können sich die übernehmenden Rechtsträger binnen angemessener Frist weder auf eine gemeinsame Beherrschung der Untergesellschaft noch auf eine Übertragung auf einen Rechtsträger einigen, muss man der Untergesellschaft die Möglichkeit der außerordentlichen Kündigung des Vertrags zubilligen.

C. Abfindungsansprüche

Daran schließt sich die Frage an, gegen wen sich die Abfindungs- und Ausgleichsansprüche der Minderheit richten bzw. ob der Übergang des Organvertrags erneute Abfindungsansprüche auslösen kann.

(1) Erlöschen der Abfindungsansprüche

Ein Erlöschen der Abfindungsansprüche, die aus dem Abschluss des Organvertrags resultieren scheidet aus. Insbesondere hat das Erlöschen des herrschenden Unternehmens infolge der Spaltung keinerlei Auswirkungen auf die Abfindungsansprüche der Minderheitsaktionäre. Dies muss auch dann gelten, wenn man den Übergang des Organvertrags auf einen der übertragenden Rechtsträger oder die Gesamtheit der übertragenden Rechtsträger verneint. Aus der oben bei der Verschmelzung diskutierten Entschädigungsfunktion der Abfindung folgt zwingend, dass die durch den Organvertrag eingetretene Beeinträchtigung der Mitverwaltungs- und Vermögensrechte, angemessen kompensiert werden muss.[575] Die durch den Organvertrag eingetretene Beeinträchtigung der Mitverwaltungs- und Vermögensrechte der Minderheitsaktionäre wird durch die Spaltung weder rückgängig gemacht noch anderweitig adäquat kompensiert.

---

[573] **Hüffer**, AktG, § 17 Rn 13ff.
[574] **Teichmann** in Lutter, UmwG, § 131 Rn 13.
[575] Siehe Seite 36ff.

(a) Annahme der Abfindung und Einleitung eines Spruchstellenverfahrens

(i) Abfindung in Aktien des herrschenden Unternehmens

Sachverhalt: Der außenstehende Aktionär hat seine Aktien der Obergesellschaft gegen die im Organvertrag festgesetzte Abfindung überlassen und ein Spruchstellenverfahren eingeleitet. Vor der Entscheidung wird das herrschende Unternehmen aufgespaltet.

Bestand die Abfindungsleistung in Aktien des herrschenden Unternehmens und wurde im Spruchstellenverfahren eine höhere Abfindung festgesetzt, können nach der Spaltung keine zusätzlichen Aktien der früheren Obergesellschaft mehr gewährt werden, da diese untergegangen ist. Den Anteilseignern des übertragenden Rechtsträgers sind nach § 123 I UmwG Anteile an den übernehmenden Rechtsträgern in dem Verhältnis zu gewähren, wie es ihrer Beteiligung am übertragenden Rechtsträger entspricht.

Ist im Spaltungs- und Übernahmevertrag beispielsweise geregelt, dass die Anteilseigner des herrschenden Unternehmens für jeden ihrer Anteile je einen Anteil am übernehmenden Rechtsträger A, B und C erhalten, kann der Minderheit des beherrschten Unternehmens nach der Aufspaltung für jeden zusätzlich zu gewährenden Anteil je einen Anteil an dem Unternehmen A, B und C gewährt werden.

Eine etwaige Wertminderung der Aktien der Obergesellschaft zwischen dem Abschluss des Organvertrags und der Umwandlung hätte sie auch dann getroffen, wenn sie bereits vor der Aufspaltung die angemessene Zahl von Abfindungsaktien erhalten hätten. Auch dann wäre der in den zusätzlichen Aktien verkörperte Anteilswert mit dem niedrigeren Wert bei der Berechnung der Umtauschquote zu berücksichtigen gewesen. Der Umstand, dass sie die zusätzlich zu gewährenden Abfindungsaktien bereits vor der Aufspaltung zu einem höheren Preis hätten veräußern können als dies dem Wert der Anteile im Zeitpunkt der Spaltung entspricht, muss hier außer Betracht bleiben. Genauso wenig wie der Börsenkurs oder anderweitig erzielbare Veräußerungserlös ein Maßstab für die Bewertung der Anteile anlässlich des Abschlusses des Organvertrags sein konnte, kann im vorliegenden Fall auf den Kurswert abgestellt werden, wenn es um die Frage geht, ob die Abfindungs-Ergänzungsaktien in Form von Anteilen an den übernehmenden Rechtsträgern einen adäquaten Gegenwert für die hingegebenen Anteile an der Untergesellschaft darstellen.

(ii) Anwendbarkeit des § 295 II 1 AktG

Die Spaltung würde also zu einer inhaltlichen Änderung des Abfindungsanspruchs dergestalt führen, dass statt Aktien des früher herrschenden Unternehmens Anteile an den übernehmenden Rechtsträgern gewährt werden. Dies hätte zur Folge, dass die Minderheit - abweichend von der Regelung des § 305 II Nr. 1 AktG - auch Aktien solcher Unternehmen erhielte, die mit der Untergesellschaft nicht durch den Organvertrag verbunden sind. Da die Aufspaltung für die Minderheit eine inhaltliche Änderung ihres Abfindungsanspruchs mit sich bringt, könnte man an das Erfordernis eines Sonderbeschlusses hinsichtlich des Spaltungs- und Übernahmevertrags denken, § 295 II 1 AktG. Dies ließe sich damit begründen, dass durch die Spaltung in die Bestimmungen des

Organvertrags, die zum Erwerb der Aktien verpflichten, eingegriffen wird und hiervon bereits bestehende Ansprüche der Minderheit betroffen sind.[576]

Eine Anwendung des § 295 II 1 AktG ist jedoch zu verneinen. Die inhaltliche Änderung des Abfindungsanspruchs (Anteile an den übernehmenden Rechtsträgern statt Aktien des herrschenden Unternehmens) ist Konsequenz der Gesamtrechtsnachfolge. Die Vorschrift des § 295 II 1 AktG ist nur dann anwendbar, wenn in bestehende Abfindungsansprüche durch Rechtsgeschäft der Parteien des Organvertrags eingegriffen wird.[577]

(iii) Barabfindung

Sachverhalt: In dem Organvertrag ist eine Barabfindung vorgesehen und der Minderheitsaktionär hat diese angenommen und ein Spruchstellenverfahren eingeleitet. Die Obergesellschaft wird aufgespaltet, bevor das Gericht eine höhere Barabfindung festsetzt.

Die Aufspaltung berührt den Abfindungsanspruch bzw. Abfindungsergänzungsanspruch nicht. Er richtet sich in erster Linie gegen das übernehmende Unternehmen, das den Organvertrag übernommen bzw. dem er im Spaltungsplan zugewiesen wurde.

Im übrigen greift die Regelung des § 133 I 1 UmwG, wonach sämtliche an der Aufspaltung beteiligten Rechtsträger für die vor dem Wirksamwerden der Aufspaltung entstandenen Verbindlichkeiten - und damit auch für die Abfindungsansprüche bzw. die Ergänzungsansprüche - als Gesamtschuldner haften.

Auch der Abfindungsergänzungsanspruch fällt hinsichtlich des Entstehungszeitpunkts unter die Regelung des § 133 I 1 UmwG. Er kann nicht erst mit der Entscheidung im Spruchstellenverfahren als entstanden gelten. Die Minderheitsaktionäre haben bereits mit Abschluss des Organvertrags einen Anspruch auf eine angemessene Abfindung. Das Spruchstellenverfahren dient nur der Durchsetzung der angemessenen Abfindung. Aus diesem Grund ist auch die Ansicht abzulehnen, der Spruchstellenentscheid habe Gestaltungswirkung und ändere den Organvertrag mit rückwirkender Kraft ab.[578]

---

[576] Für die Anwendung des § 295 II 1 AktG auf die Änderung durch Gesamtrechtsnachfolge: **W. Bayer**, ZGR 1993, 599, 608.

[577] **Emmerich/Habersack**, Aktienkonzernrecht, § 295 Rn 4; **Hüffer**, AktG, § 295 Rn 3; **Koppensteiner**, Köln.Komm., § 295 Rn 4; **Emmerich/Sonnenschein**, Konzernrecht, § 14 I 2; a.A: **W. Bayer**, ZGR 1993, 599, 608.

[578] Die hM misst dem Spruchstellenentscheid Gestaltungswirkung bei. Siehe dazu: **Hüffer**, AktG, § 306 Rn 19; **Emmerich/Habersack**, Aktienkonzernrecht, § 306 Rn 28; **Geßler** in Geßler /Hefermehl/Eckardt/Kropff, § 304 Rn; **Koppensteiner**, Köln.Komm., § 305 Rn; **H.P. Westermann**, AG 1976, 309; **Haase**, AG 1995, 7, 18ff; **Flume**, DB 1969, 1047; **Bodewig**, BB 1978, 1694; **Emmerich/Sonnenschein**, § 17a VI; **Hoffmann-Becking**, ZGR 1990, 482, 499f; **J. Schmidt**, Außenstehende Aktionäre, 95f; **BayObLG** AG 1996, 127, 130; **ders.**, AG 1996, 176, 180; **OLG Düsseldorf**, AG 1990, 397, 401f; **OLG Celle**, AG 1979, 230, 233; **LG Berlin**, AG 1979, 207; **LG Dortmund**, AG 1996, 278, 280.

(b) Einleitung eines Spruchstellenverfahrens ohne Annahme der Abfindung

Sachverhalt: Der Minderheitsaktionär hat ein Spruchstellenverfahren eingeleitet, ohne dem herrschenden Unternehmen seine Aktien anzubieten. Vor einer gerichtlichen Entscheidung wird das herrschende Unternehmen aufgespaltet.

(i) Abfindung in Aktien des herrschenden Unternehmens

Hier gelten die gleichen Überlegungen wie zu vorgenannter Variante. Der Minderheitsaktionär, der nach dem Spruchstellenentscheid zur Abfindung optiert, erhält Anteile an den übernehmenden Rechtsträgern, in dem im Spaltungsvertrag bzw. Spaltungsplan festgelegten Verhältnis.

(ii) Nicht verhältniswahrende Aufspaltung

Probleme ergeben sich, wenn vor der Entscheidung im Spruchstellenverfahren eine nicht verhältniswahrende Aufspaltung durchgeführt wird. Die Minderheitsaktionäre, die die Abfindung in Aktien des herrschenden Unternehmens vor der Aufspaltung noch nicht angenommen hatten, erhalten nach einer Entscheidung im Spruchstellenverfahren statt der Aktien der aufgespalteten Obergesellschaft nur noch Anteile an den übernehmenden Rechtsträgern.

Wenn die Anteilseigner des aufspaltenden Rechtsträgers einer nicht verhältniswahrenden Aufspaltung nach § 128 I 1 UmwG zugestimmt haben, erhält die Minderheit nach der Entscheidung im Spruchstellenverfahren für ihre Anteile am beherrschten Unternehmen nicht in dem Verhältnis Anteile an den übernehmenden Rechtsträgern, das ihren Abfindungsaktien am aufspaltenden Rechtsträger entspricht. Dies würde für die Minderheit einen Vermögensverlust bedeuten, da sie für ihre Anteile am beherrschten Unternehmen eine ungleichwertige Gegenleistung erhielten. Da sie im Zeitpunkt der Beschlussfassung der Hauptversammlung über die nicht verhältniswahrende Spaltung noch nicht Aktionäre des herrschenden Unternehmens waren, konnten sie diese auch nicht verhindern.

Denkbar wäre, eine nicht verhältniswahrende Spaltung so lange nicht zuzulassen, als noch kein rechtskräftiger Spruchstellenentscheid vorliegt. Dadurch erhielten die Minderheitsaktionäre, die nach dem Spruchstellenentscheid für die Abfindung optieren, die Möglichkeit, an der Abstimmung der Hauptversammlung über den Spaltungsbeschluss teilzunehmen.

Eine andere Möglichkeit bestünde darin, den von einer nicht verhältniswahrenden Aufspaltung nachteilig betroffenen Minderheitsaktionären eine Barabfindung in der Höhe der Differenz zwischen dem Wert der erlangten Anteile an den übernehmenden Rechtsträgern und ihren Anteilen am beherrschten Unternehmen zu gewähren.

Für letztere Möglichkeit spricht, dass die teilweise jahrelange Dauer der Spruchstellenverfahren eine Aufspaltung erheblich verzögern und das herrschende Unternehmen entgegen dem Willen all seiner Anteilseigner daran hindert, eine aus seiner Sicht unter Umständen dringend notwendige Umstrukturierung durchzuführen. Dies würde auch der Gefahr begegnen, dass die Minderheitsaktionäre des beherrschten Unternehmens das Spruchstellenverfahren nur deswegen weiterverfolgen, um so Druck auf das herrschende Unternehmen auszuüben und sich "auskaufen" zu lassen.

Auch ein formales Argument ließe sich für diese Lösung anführen. Nach § 128 I 1 UmwG müssen (nur) die Aktionäre einer nicht verhältniswahrenden Spaltung zustimmen, die im Zeitpunkt der Beschlussfassung über den Spaltungsbeschluss Aktionäre sind. Aktionäre, die Anteile an dem aufspaltenden Rechtsträger nach dem Hauptversammlungsbeschluss aber vor Wirksamwerden der Aufspaltung erwerben, können kein Mitspracherecht in Anspruch nehmen, sondern müssen die Entscheidung hinnehmen.

Es besteht jedoch ein wichtiger Unterschied zwischen den vorgenannten Anteilseignern und den Minderheitsaktionären des beherrschten Unternehmens. Erstere erwerben die Anteile freiwillig und in Kenntnis - bzw. mit der Möglichkeit der Kenntnisnahme - der nicht verhältniswahrenden Aufspaltung. Die Minderheitsaktionäre sind jedoch gezwungen, die Folgen des Beschlusses hinzunehmen, wenn sie aus dem beherrschten Unternehmen ausscheiden wollen. Die vom Bundesverfassungsgericht und dem Bundesgerichtshof immer wieder betonte echte Wahlmöglichkeit zwischen Ausgleich und Abfindung würde entscheidend geschwächt, wenn das Ausscheiden nur gegen eine nicht angemessene Abfindung möglich wäre.

Die Vermögensinteressen der ausscheidungswilligen würden am effektivsten dadurch gewahrt, dass ein Beschluss über eine nicht verhältniswahrende Aufspaltung so lange nicht gefasst werden darf, wie noch ein Spruchstellenverfahren nach § 306 AktG rechtshängig ist. Den Interessen der Minderheit steht das Interesse der Obergesellschaft an der Durchführung der Aufspaltung gegenüber. Letztendlich wird man letzterem den Vorrang einräumen müssen, da der Vermögensschutz und die Wahlfreiheit auch durch eine Kombination von Barabfindung und Gewährung von Aktien der übernehmenden Rechtsträger gewahrt werden. Die Abfindung in Aktien und die Barabfindung sind als gleichwertige Kompensation anzusehen.[579] Es ist daher gerechtfertigt, den Minderheitsaktionären, die von einer nicht verhältniswahrenden Aufspaltung nachteilig betroffen sind, einen vollwertigen Ausgleich durch die Zahlung einer (zusätzlichen) Barabfindung zu verschaffen.

(iii) Barabfindung

Hier gelten die gleichen Überlegungen wie bei vorgenannter Variante. Der Abfindungsergänzungsanspruch wird durch die Aufspaltung nicht berührt und richtet sich gegen alle an der Aufspaltung beteiligten Rechtsträger, § 133 I 1 UmwG. Die Haftung der Rechtsträger, denen der Organvertrag nicht zugewiesen wurde, bestimmt sich nach § 133 III UmwG.

---

[579] **Hüffer**, AktG, § 305 Rn 14.

(c) Abfindungsergänzungsanspruch der ausgeschiedenen Aktionäre

Sachverhalt: Der Minderheitseigner hat seine Aktien der Obergesellschaft angeboten und die Abfindung erhalten, ohne selbst die Durchführung eines Spruchstellenverfahrens beantragt zu haben.

(i) Abfindung in Aktien des herrschenden Unternehmens

Der Spruchstellenentscheid wirkt inter omnes, so dass auch diejenigen Minderheitsaktionäre, die selbst keine eigenen Anträge im Spruchstellenverfahren gestellt haben, in den Genuss des Abfindungsergänzungsanspruchs kommen. Die Minderheitsaktionäre können nach den soeben entwickelten Grundsätzen zusätzlich zu den bereits erhaltenen Aktien, Anteile an den übernehmenden Rechtsträgern in dem Verhältnis verlangen, das ihrer Beteiligung an dem herrschenden Unternehmen entsprechen würde.

(ii) Nicht verhältniswahrende Aufspaltung

Das Problem der Beeinträchtigung der Vermögensinteressen stellt sich hier nicht in der Schärfe wie in der vorangehenden Fallgestaltung. Da die Minderheitseigner vor der Aufspaltung ihre Aktien am beherrschten Unternehmen bereits in Anteile der Obergesellschaft getauscht haben, können sie an der Beschlussfassung über die Aufspaltung teilnehmen und gegebenenfalls ihre Zustimmung von einer entsprechenden Gegenleistung der durch die nicht verhältniswahrenden Aufspaltung begünstigten Anteilseigner abhängig machen.[580] Daher bedarf es für diese Aktionäre keiner zusätzlichen Barabfindung, wenn eine nicht verhältniswahrende Aufspaltung durchgeführt wird.

(iii) Barabfindung

Die Minderheitsaktionäre, die ihre Aktien gegen Zahlung der Abfindung bereits vor der Aufspaltung an die Obergesellschaft abgegeben haben, können nach einer Höherfestsetzung der Barabfindung im Spruchstellenverfahren den Abfindungsergänzungsanspruch geltend machen. Nach § 133 I 1 UmwG haften alle an der Aufspaltung beteiligten Unternehmen für die Zahlung des Ergänzungsanspruchs.

(d) Abfindungsergänzungsanspruch der verbliebenen Aktionäre

(i) Abfindung in Aktien des herrschenden Unternehmens

Hat ein außenstehender Aktionär dem herrschenden Unternehmen weder seine Aktien angeboten noch selbst ein Verfahren nach § 306 AktG eingeleitet, kann er aufgrund der Inter-omnes-Wirkung der Spruchstellenentscheidung nach Abschluss des Verfahrens dem herrschenden Unternehmen seine Anteile an der Untergesellschaft gegen Gewährung von Anteilen am herrschenden Unternehmen anbieten.

[580] Siehe zu den Ausgleichsleistungen der Gesellschafter untereinander: **Priester** in Lutter, UmwG, § 128 Rn 12.

Wird das herrschende Unternehmen vor Abschluss des Verfahrens aufgespaltet, richtet sich der Abfindungsanspruch nach § 133 I 1 UmwG grundsätzlich gegen alle übernehmenden Rechtsträger. Nach § 133 III 1 UmwG ist vorrangig der übernehmende Rechtsträger in Anspruch zu nehmen, dem der Organvertrag bzw. die daraus resultierenden Verbindlichkeiten zugewiesen wurden. Erfüllt der "Hauptschuldner"[581] die Abfindungsansprüche nicht, haften die an der Aufspaltung beteiligten Unternehmen gesamtschuldnerisch, wenn der Anspruch vor Ablauf von fünf Jahren gerichtlich geltend gemacht wird, § 133 III 1 UmwG.

(ii) Nicht verhältniswahrende Spaltung

Auch hier besteht das Problem, dass die Minderheitsaktionäre nach einer nicht verhältniswahrenden Aufspaltung Einbußen erleiden können, da sie im Zeitpunkt der Beschlussfassung über den Aufspaltungsbeschluss noch nicht Anteilseigner des herrschenden Unternehmens sind und daher ihre Zustimmung zum Beschluss nicht erforderlich ist.

Im Gegensatz zur vorigen Variante könnte man argumentieren, dass diese Aktionäre den Abfindungsergänzungsanspruch in Form einer baren Zuzahlung nicht verlangen können, da sie anscheinend weder ein Interesse am Tausch ihrer Aktien in Anteile des herrschenden Unternehmens hatten noch - mangels eigenen Antrags im Spruchstellenverfahren - die angebotene Abfindung für unangemessen hielten. Dies wäre jedoch unzutreffend. Allein aus der Tatsache, dass ein Minderheitsaktionär weder Anträge gestellt noch das Abfindungsangebot angenommen hat, lässt sich der Rückschluss ziehen, dass er dem Abfindungsangebot gleichgültig gegenüberstand und er auf eine Nachbesserung der Abfindung verzichten wollte. Insoweit kann nichts anderes gelten als die zum Abfindungsergänzungsanspruch entwickelten Grundsätze.[582] Den Minderheitsaktionären kann insbesondere nicht entgegengehalten werden, sie hätten zunächst ihre Anteile in solche des herrschenden Unternehmens tauschen können, um sich so die Möglichkeit der Abstimmung über die nicht verhältniswahrende Aufspaltung zu verschaffen. Da sie es unterlassen haben, über den Erwerb von Aktien des herrschenden

---

[581] **Hommelhoff** in Lutter, UmwG, § 133 Rn 19ff, unterscheidet zwischen dem Hauptschuldner und dem Mithafter. Hauptschuldner ist das Unternehmen, dem die konkrete Verbindlichkeit zugewiesen ist. Mithafter sind all die Rechtsträger, die nach § 133 III UmwG als Gesamtschuldner für die dem Hauptschuldner zugewiesene Verbindlichkeit für maximal fünf Jahre nach der Spaltung haften.

[582] Nach der hM kann jeder Minderheitsaktionär - unabhängig davon, ob er bis zu einer rechtskräftigen Entscheidung im Spruchstellenverfahren von seinem Abfindungsrecht Gebrauch gemacht hat oder nicht - die im Spruchstellenentscheid festgesetzte Abfindung verlangen, ohne dass die bis dahin bezogenen Ausgleichsleistungen anzurechnen wären. Aus der Nichtausübung der Abfindung und der Entgegennahme der Ausgleichszahlungen bis zum Ende des Verfahrens kann nicht der Schluss gezogen werden, der Minderheitsaktionär habe konkludent auf sein Abfindungsrecht verpflichtet. Siehe dazu: **Hüffer**, AktG, § 305 Rn 32; **Emmerich/Habersack**, Aktienkonzernrecht, § 305 Rn 66; **Emmerich/Sonnenschein**, Aktienrecht, § 17 III 9; **Geßler** BB 1975, 289, 291; **Geßler** in Geßler/Hefermehl/Eckardt/Kropff, § 305 Rn 74; **Würdinger**, Großkomm., § 305 Rn 21; **Beyerle**, AG 1980, 317, 323; **Haase**, AG 1995, 7, 12ff; **Tiling/Prasse**, AG 1969, 73f; **Bodewig**, BB 1978, 1694, 1695ff; **BayObLG**, AG 1996, 127, 130; **ders.**, AG 1996, 177, 180; **OLG Celle**, AG 1979, 230, 233; **OLG Düsseldorf**, AG 1990, 397, 401f; **LG Berlin**, AG 1979, 207.

Unternehmens die nicht verhältniswahrende Aufspaltung zu verhindern, müssten sie deren Auswirkungen auf die Abfindungsleistung hinnehmen.

Die vorgenannten Argumente stehen zum einen im Widerspruch zu dem verfassungsrechtlich verankerten Gebot der vollen Entschädigung des mit dem Organvertrag einhergehenden Verlusts an den Herrschafts- und Vermögensrechten der Minderheitsgesellschafter. Zum anderen kann der Grund der Nichtannahme des Abfindungsangebots vor Abschluss des Spruchstellenverfahrens darin liegen, dass die Minderheitsaktionäre auf eine Kündigung des Organvertrags durch das herrschende Unternehmen nach der Entscheidung gehofft haben. Dadurch wäre der Organvertrag entfallen und sie wären dann Aktionäre eines unabhängigen Unternehmens geblieben. Hätten sie vor der Aufspaltung ihre Anteile umgetauscht, wären diese auch nach einer Kündigung beim herrschenden Unternehmen verblieben und für die Minderheitsaktionäre unwiederbringlich verloren gewesen.

(iii) Barabfindung

Hier gelten die gleichen Überlegungen wie in der vorgenannten Variante. Die außenstehenden Aktionäre können nach der Aufspaltung in erster Linie von dem den Organvertrag übernehmenden Rechtsträger die Barabfindung und gegebenenfalls den Ergänzungsanspruch verlangen. Sämtliche an der Aufspaltung beteiligten Rechtsträger haften dem Aktionär unter den Voraussetzungen des § 133 III UmwG.

(2) Ergebnis

Die Abfindungsansprüche erlöschen mit der Aufspaltung der Obergesellschaft nicht. Die an der Aufspaltung beteiligten Rechtsträger haften gesamtschuldnerisch nach § 133 I 1 UmwG für die Erfüllung der Abfindungs- und Abfindungsergänzungsansprüche. Bei einer nicht verhältniswahrenden Aufspaltung erhalten die Minderheitsaktionäre, denen nach Abschluss des Spruchstellenverfahrens zusätzliche Aktien des herrschenden Unternehmens zu gewähren sind, einen Ausgleich in Form einer Barzahlung.

D. Erneute Abfindungsansprüche

Fraglich ist, ob die Minderheitseigner, die seinerzeit das Abfindungsangebot nicht angenommen haben und in der Untergesellschaft verblieben sind, nach der Aufspaltung erneut eine Abfindung verlangen können.

Hier greifen letztlich die gleichen Erwägungen wie beim Beitritt eines weiteren herrschenden Unternehmens zum Organvertrag.[583] Die Minderheitsaktionäre, die in der Untergesellschaft verblieben und sich für den Ausgleich statt die Abfindung entschieden hatten, trafen diese Entscheidung aufgrund der Situation im Zeitpunkt des Abschlusses des Organvertrags. Durch die Aufspaltung kann sich das Risikokalkül für die verbliebenen Außenseiter entscheidend ändern. Ihnen wäre daher grundsätzlich erneut

---

[583] Siehe Seite 126ff; **Geng**, NZG 1998, 715, 716.

die Gelegenheit zu geben, aus der Untergesellschaft gegen Gewährung einer angemessenen Abfindung auszuscheiden.[584]

Bei der Frage der erneuten Abfindung ist danach zu unterscheiden, ob sich die Aufspaltung als rein konzerninterner Vorgang darstellt bzw. danach, ob hieran Untenehmen beteiligt sind, die nicht zum Konzernkreis des aufspaltenden Rechtsträgers gehören.

(1) Aufspaltung als konzerninterner Vorgang

(a) Aufspaltung zur Neugründung

Um einen konzerninternen Vorgang handelt es sich bei der Aufspaltung zur Neugründung. Da den Anteilseignern des aufspaltenden Rechtsträgers in dem Verhältnis Anteile an den neugegründeten Rechtsträgern gewährt werden, das ihrer Beteiligung entspricht, sind nach der Umwandlung dieselben Anteilseignerverhältnisse gegeben wie davor. Eine Herrschaftsveränderung ist damit jedoch nicht verbunden, obwohl an die Stelle der früheren Obergesellschaft formal ein anderer Rechtsträger getreten ist.[585] Bei dem aus der Aufspaltung hervorgegangenen Rechtsträger handelt es sich jedoch im Grunde genommen um die Obergesellschaft in verkleinerter Form bei ansonsten identischer Anteilseignerstruktur.

Das Vertrauen der im beherrschten Unternehmen verbliebenen Minderheitseigner darauf, dass das herrschende Unternehmen nach Abschluss des Organvertrags als solches und auch im Hinblick auf das im Zeitpunkt des Wirksamwerdens des Organvertrags vorhandene Vermögen als Zuordnungssubjekt erhalten bleibt, wird durch §§ 304ff AktG jedoch nicht geschützt.

(b) Aufspaltung zur Aufnahme

Anders als bei der soeben erörterten Aufspaltung zur Neugründung muss bei der Aufspaltung zur Aufnahme von einer Herrschaftsveränderung ausgegangen werden und zwar auch dann, wenn es sich bei dem den Organvertrag übernehmenden Rechtsträger um ein Unternehmen handelt, das zum Konzernkreis der Obergesellschaft gehört. Die Frage, ob der Übernehmer als konzernzugehörig zu betrachten ist, beantwortet sich unter Anwendung der §§ 15ff AktG.

Entscheidend ist hier, dass im Gegensatz zur Aufspaltung zur Neugründung der Übernehmer nicht in verkleinerter Form „weiterlebt“ sondern dass ein bereits vor der Aufspaltung existentes Unternehmen in die Rolle des herrschenden Unternehmens schlüpft. In diesem Fall kommt es für die Untergesellschaft tatsächlich zu einer Herr-

---

[584] **W. Bayer**, ZGR 1993, 599, 606f.

[585] **W. Bayer**, ZGR 1993, 599, 604, verweist für die Auswechslung der Obergesellschaft durch eine übertragende Verschmelzung (§ 346 III 1 AktG a.F.) auf deren materiell satzungsändernde Wirkung. Dies hat nach seiner Auffassung eine Herrschaftsveränderung zur Folge. Dieser Fall ist jedoch nicht mit der Aufspaltung zur Neugründung vergleichbar, da es weder zu einer Veränderung der Anteilseignerquoten noch zu einer Abhängigkeit oder gar Konzernierung der neuen Obergesellschaft kommt.

schaftsänderung, so dass sich für die verbliebenen Minderheitsaktionäre die rechtliche Geschäftsgrundlage ändert.[586] Bei der Aufspaltung zur Aufnahme ist daher auch bei dem Übergang des Organvertrags auf ein konzernzugehöriges Unternehmen ein erneutes Abfindungsangebot an die Minderheit erforderlich. Wegen er Einzelheiten kann auf die nachfolgenden Ausführungen verwiesen werden.

(2) Aufspaltung unter Beteiligung konzernfremder Unternehmen

Wird eine Aufspaltung zur Aufnahme durchgeführt und ist das den Organvertrag übernehmende Unternehmen konzernfremd, ist eine Herrschaftsveränderung gegeben, die ein erneutes Abfindungsangebot erforderlich macht. Diese Variante ist vergleichbar mit der Auswechslung des herrschenden Unternehmens im Wege der Vertragsübernahme bzw. dem Beitritt eines weiteren herrschenden Unternehmens zu einem Organvertrag mit der Abrede, dass nur das beitretende Unternehmen die Weisungsbefugnis nach § 308 AktG soll ausüben können.[587]

Der *BGH* hat im Falle des Beitritts eines weiteren herrschenden Unternehmens zum Beherrschungsvertrag die Notwendigkeit eines erneuten Abfindungsangebots im Ergebnis verneint.[588] Der Entscheidung des BGH ist unter Berücksichtigung der Besonderheiten des entschiedenen Falles zu werten. Da in dem vom *BGH* entschiedenen Fall einige außenstehende Aktionäre wegen der im Beherrschungsvertrag vorgesehenen Abfindung ein Spruchstellenverfahren eingeleitet hatten und dort noch keine Entscheidung ergangen war, als ein weiteres Unternehmen dem Beherrschungsvertrag beitrat, konnten die Minderheitseigner auch noch im Zeitpunkt des Beitritts gegen Abfindung aus dem Unternehmen ausscheiden.[589] Der *BGH* hält jedoch in den Fällen eine erneute Abfindung für denkbar, in denen die Minderheitsaktionäre nach Abschluss des Vertrages in der beherrschten Gesellschaft verblieben waren und mit dem Verbleiben ganz bestimmte Erwartungen hinsichtlich der Entwicklung des beherrschten Unternehmens verknüpfen durften.[590] Da diese Risikoabschätzung durch den Beitritt eines weiteren Unternehmens im Kern gestört werde, müsse erwogen werden, der Minderheit erneut Gelegenheit zu geben, ihr Verbleiben im Unternehmen zu überprüfen.[591] Der Auffassung des *BGH* ist zuzustimmen. Wenn schon beim Beitritt eines weiteren herrschenden Unternehmens zum Organvertrag der Minderheit die Möglichkeit zu geben ist, aus dem beherrschten Unternehmen gegen Abfindung auszuscheiden, muss dies erst recht im Fall einer Änderung der Herrschaftsstrukturen durch Übergang des Vertrags auf den aufnehmenden Rechtsträger gelten. Da die Aufspaltung im Ergebnis der Auswechslung der Obergesellschaft gleichsteht, können die Minderheitsaktionäre - wie

[586] **W. Bayer**, ZGR 1993, 599, 606f, unter Hinweis auf: **Rehbinder**, ZGR 1977, 606f; **Priester**, ZIP 1992, 297f; **W.F. Bayer**, FS Ballerstedt, 178f.

[587] Diese Konstellation lag der Entscheidung des BGH im ASEA/BBC-Fall zu Grunde, siehe dazu: **BGHZ**, 119, 1 = NJW 1992, 2760ff.

[588] **BGH**, NZG 1998, 379, 380.

[589] **BGH**, NZG 1998, 379, 380.

[590] **BGH**, NZG 1998, 379, 380.

[591] **BGH**, NZG 1998, 379, 380.

beim Abschluss eines Organvertrags - nicht gegen ihren Willen und ohne angemessene Entschädigung in der beherrschten Gesellschaft festgehalten werden.

E. Ausgleichsansprüche

(1) Fester Ausgleich nach § 304 II 1 AktG

Erhalten die Minderheitsaktionäre einen festen Ausgleich im Sinne des § 304 II 1 AktG, richtet sich der Anspruch nach der Aufspaltung vorrangig gegen das Unternehmen, das den Organvertrag übernimmt. Daneben haften alle an der Aufspaltung beteiligten Rechtsträger nach § 133 I 1 UmwG als Gesamtschuldner. Aufgrund der Haftungsbeschränkung nach § 133 III 1 AktG endet die gesamtschuldnerische (Mit-)Haftung derjenigen Übernehmer, die den Organvertrag nicht übernommen haben, mit Ablauf von fünf Jahren nach der Aufspaltung, sofern sie nicht zuvor gerichtlich geltend gemacht worden sind.

Nach § 133 I 2 UmwG bleiben die §§ 125, 22 UmwG anwendbar. Danach können die Gläubiger der an der Verschmelzung beteiligten Rechtsträger die Leistung einer Sicherheit verlangen, wenn sie glaubhaft machen, dass durch die Aufspaltung die Erfüllung ihrer Forderungen gefährdet wird, § 22 I 2 1. HS UmwG. Der Anspruch auf Sicherheitsleistung ist jedoch nicht gegen alle an der Aufspaltung beteiligten Unternehmen sondern nur gegen den Rechtsträger gerichtet, der den Organvertrag übernimmt, § 133 I 2. HS UmwG.

Hinsichtlich der Anspruchsvoraussetzungen - insbesondere was die Glaubhaftmachung der Gefährdung anlangt - kann insoweit auf die bereits zum Verlustausgleichsanspruch gemachten Ausführungen verwiesen werden.[592] Wie beim Verlustausgleich nach § 302 AktG ist auch beim Ausgleich nach § 304 AktG zwischen dem jährlich wiederkehrenden, konkreten Zahlungsanspruch und dem diesem Anspruch zu Grunde liegenden Rechtsverhältnis zu unterscheiden.[593] Der jährlich wiederkehrende Anspruch auf Zahlung des Ausgleichs wird mit Ablauf des Geschäftsjahres der abhängigen Gesellschaft zur Zahlung fällig.[594] Da die Minderheitsaktionäre vor Ablauf des jeweiligen Geschäftsjahres vom übernehmenden Rechtsträger keine Befriedigung verlangen können, ist ihnen auf Verlangen für sämtliche bis zum Ende des Organvertrags[595] zu erwartenden Ausgleichsansprüche Sicherheit zu leisten.

---

[592] Siehe Seite 177ff.

[593] **Hüffer**, AktG, § 304 Rn 13.

[594] **Emmerich/Habersack**, Aktienkonzernrecht, § 304 Rn 39; a.A. **Hüffer**, AktG, § 304 Rn 13: Fälligkeit des Zahlungsanspruchs mit Feststellung des Jahresabschlusses; **Koppensteiner**, Köln.Komm., § 304 Rn 5; **Geßler** in Geßler/Hefermehl/Eckardt/Kropff, § 304 Rn 52.

[595] Dabei ist von der Restlaufzeit des Organvertrags auszugehen. Ist eine Restlaufzeit nicht zu ermitteln, weil der Vertrag auf unbestimmte Zeit geschlossen wurde, ist Sicherheit für die bis zum nächstmöglichen Beendigungszeitpunkt fällig werdende(n) Ausgleichsleistungen zu leisten. Die Sicherheitsleistung ist dann jeweils um den Zeitraum bis zur nächstmöglichen Beendigung zu verlängern.

(2) Variabler Ausgleich nach § 304 II 2 AktG

Ist im Organvertrag ein variabler Ausgleich nach § 304 II 2 AktG vorgesehen, ergeben sich bei der Aufspaltung des herrschenden Unternehmens erhebliche Probleme. Die Verknüpfung des Ausgleichs mit dem auf eine Aktie der Obergesellschaft entfallenden Gewinnanteil basierte auf den Verschmelzungswertrelationen der beiden Unternehmen im Zeitpunkt des Vertragsschlusses. Zum einen hat das Grundkapital der aufnehmenden Gesellschaft eine andere Höhe als das Grundkapital des aufspaltenden Rechtsträgers. Zum anderen wird sich auch der Ertragswert des übernehmenden Rechtsträgers erheblich von dem des aufgespalteten Rechtsträgers unterscheiden. Damit ändern sich nach der Aufspaltung sämtliche Bezugsgrößen des variablen Ausgleichs.

(3) Analoge Anwendung des § 216 III 1 AktG

Denkbar wäre eine entsprechende Anwendung des § 216 III 1 AktG. Nach dieser Vorschrift berührt eine Kapitalerhöhung nicht die vertraglichen Beziehungen zwischen der Gesellschaft und Dritten, die von der Gewinnausschüttung der Gesellschaft, dem Nennbetrag oder Wert der Aktien oder ihres Grundkapitals abhängen. Entscheidend für die Anwendbarkeit ist, dass die Beziehung rechtsgeschäftlicher und nicht mitgliedschaftlicher Natur ist.[596] Der Ausgleichsanspruch des Minderheitsaktionärs ist eine Entschädigungsleistung für die aufgrund des Organvertrags beeinträchtigten Gewinnerzielungsmöglichkeiten seiner Gesellschaft. Das Gewinnbezugsrecht selbst ist mitgliedschaftlicher Natur, an dessen Stelle der an der Ausschüttung der Obergesellschaft orientierte Ausgleich tritt. Der Ausgleichsanspruch wird nicht durch den Organvertrag begründet. Der Vertrag ist nur das auslösende Moment dieses Anspruchs.

Darüber hinaus regelt diese Vorschrift einen anderen Sachverhalt. Sie stellt sicher, dass Ansprüche Dritter durch eine Kapitalerhöhung aus Gesellschaftsmitteln unverändert bleiben, während es bei der Aufspaltung darum geht, dass sowohl das Grundkapital der Obergesellschaft verändert wird als auch deren Ertragsaussichten anders zu bewerten sind.

Die analoge Anwendung des § 216 III 1 AktG auf das vorliegende Problem begegnet daher dogmatischen Bedenken. In der Literatur wird die analoge Anwendung dieser Vorschrift vorgeschlagen, wenn sich die für die Berechnung des variablen Ausgleichs maßgeblichen Verhältnisse wesentlich ändern.[597]

Dieser Ansicht ist zuzugeben, dass der in § 216 III 1 AktG enthaltene Rechtsgedanke auch auf die vorliegende Fallgestaltung passt. Voraussetzung einer analogen Anwendung des § 216 III 1 AktG wäre zunächst eine Regelungslücke. Diese ist zweifelsohne gegeben. Unabhängig davon, ob der Gesetzgeber seinerzeit die Probleme bedacht hat, die sich aus einer nachträglichen Änderung der für die Ermittlung des variablen Ausgleichs erheblichen Verhältnisse ergeben können, begegnete es verfassungsrechtlichen Bedenken, eine Entwertung der Ausgleichsansprüche durch die Aufspaltung folgenlos

---

[596] **Lutter**, Köln.Komm., § 216 Rn 19; **Hüffer**, AktG, § 216 Rn 10.
[597] **Hüffer**, AktG, § 304 Rn 19; **Lutter**, Köln.Komm., § 216 Rn 27.

zuzulassen. Interpretiert man den verfassungsrechtlich gebotenen Eigentumsschutzes dahingehend, dass die Minderheitseigner nach der Aufspaltung so zu stellen sind, wie wenn die Aufspaltung nicht durchgeführt worden wäre, bedeutete dies, dass nach der Aufspaltung der Ausgleichsanspruch in dem Umfang erhalten werden müsste - insbesondere nicht niedriger ausfallen dürfte - als davor. Da der variable Ausgleich vor der Aufspaltung jedoch schwanken konnte und die Minderheitsaktionäre nicht auf eine bestimmte Höhe vertrauen konnten, wäre es verfehlt, den Ausgleich für die Zeit nach der Aufspaltung anhand der bisherigen Zahlungen zu ermitteln.

Vergleicht man die Wirkungen der Aufspaltung mit der Lage die sich ergäbe, wenn das herrschende Unternehmen Teile seines Vermögens einzeln veräußert und dadurch seine Ertragsaussichten geschmälert hätte, wird klar, dass die Minderheitsaktionäre, die sich für den variablen Ausgleich entschieden haben, das Risiko der wirtschaftlichen Entwicklung der Obergesellschaft mittragen wollten.[598] Das Problem reduziert sich dann auf die Frage, inwieweit die Außenstehenden darauf vertrauen durften, dass die Obergesellschaft den wirtschaftlichen Zuschnitt beibehalten würde, den sie im Zeitpunkt des Abschlusses des Organvertrags hatte. Daran schließt sich die Frage an, in welchem Umfang dieses Vertrauen (verfassungs-)rechtlich geschützt ist.

Krieger plädiert für die Anwendung der bei der Verschmelzung der Obergesellschaft entwickelten Grundsätze.[599] Seiner Auffassung nach hätte der Gesetzgeber bei der Novellierung des Umwandlungsrechts eine Neufestsetzung des variablen Ausgleichs vorschreiben sollen, wenn sich die für die Bemessung des variablen Ausgleichs erheblichen Umstände ändern.[600]

Rehbinder vertritt für den Fall einer nachträglichen Konzernierung der Obergesellschaft die Auffassung, der Minderheit sei eine am Ertrag der neuen Konzernspitze zu orientierender Ausgleich zu gewähren.[601] Auch die von ihm zitierte Ansicht *W.F.Bayers*[602] betrifft den Sachverhalt der nachträglichen Konzernierung einer zuvor unabhängigen Obergesellschaft.

Koppensteiner vertritt - für die Verschmelzung der Obergesellschaft - die Ansicht, den neuen Gegebenheiten sei im Wege der Vertragsanpassung Rechnung zu tragen.[603]

Nach der Auffassung von *Teichmann* kann gerade aufgrund der Auswirkungen auf die Ausgleichs- und Abfindungsansprüche der Organvertrag nicht auf den im Spaltungsvertrag bzw. -plan vorgesehenen Rechtsträger übergehen.[604] Für ihn stellt sich daher das Problem der Anpassung bzw. Neufestsetzung des variablen Ausgleichs gar nicht. Der Ansicht *Teichmanns* kann aus den bereits dargelegten Gründen nicht gefolgt wer-

---

[598] So auch die Argumentation **Rehbinders**, ZGR 1977, 581, 608.
[599] ZGR 1990, 517, 542.
[600] ZGR 1990, 517, 541.
[601] ZGR 1977, 581, 608f.
[602] FS Ballerstedt, 157, 176ff.
[603] Köln.Komm., § 304 Rn 55.
[604] **Teichmann** in Lutter, UmwG, § 132 Rn 32.

den.[605] Gerade am Beispiel des variablen Ausgleichs zeigt sich, dass die nachteiligen Wirkungen der Aufspaltung auf die Ausgleichsansprüche der Minderheit durch das Negieren der Rechtsnachfolge des aufnehmenden Rechtsträgers gerade nicht vermieden werden sondern das Erlöschen des Organvertrags den Verlust der Ausgleichsansprüche zur Folge hätte. Folgte man der Auffassung *Teichmanns* hieße das, die Obergesellschaft aufzufordern, sich der vielleicht lästig gewordenen Ausgleichsleistungen durch eine Aufspaltung zu entziehen und durch Verlagerung ihres Vermögens auf aufnehmende Rechtsträger dieses dem Zugriff der ausgleichsberechtigten Minderheit zu entziehen. Diese Missbrauchsgefahr würde im Ergebnis zu nicht tragbaren Manipulationsmöglichkeiten der Obergesellschaft führen.

Weitere Lösungsansätze werden im Zusammenhang mit der Aufspaltung nicht erörtert.

Da es der Gesetzgeber unterlassen hat, im Zuge der Novellierung des Umwandlungsrechts den vorliegenden Sachverhalt explizit zu regeln, kann eine Lösung nur durch verfassungskonforme Auslegung des § 304 AktG gefunden werden. Die entscheidende Frage lautet daher, wie der vom Bundesverfassungsgericht mehrfach postulierte Schutz der Rechtspositionen der Minderheitseigner bei der Aufspaltung zu berücksichtigen ist. Einerseits gebietet die Fortdauer des Organvertrags den Ausgleich ebenfalls beizubehalten, da auch nach der Aufspaltung die Ertragserwartungen der Anteilseigner des beherrschten Unternehmens durch den Organvertrag beeinträchtigt werden. Die Minderheitsaktionäre können jedoch nicht verlangen, nach der Aufspaltung so gestellt zu werden, wie wenn diese nicht stattgefunden hätte. Da sie sich auf das Risiko von Ertragsschwankungen bei der Obergesellschaft eingelassen und damit hingenommen haben, dass der an die Stelle der Dividende tretende Ausgleich durch Entwicklungen beeinträchtigt werden kann, die nicht von ihnen beeinflusst werden können, müssen sie auch eine Anpassung des variablen Ausgleichs an die Gewinnaussichten der neuen Obergesellschaft hinnehmen. Wie bereits ausgeführt, kann es keinen Unterschied machen, ob die Ertragsaussichten der Obergesellschaft zum Beispiel durch Veräußerung von Vermögensteilen beeinträchtigt werden oder ob durch die Aufspaltung ein Unternehmen zur Obergesellschaft wird, dessen Gewinnerwartungen und Ausschüttungen sich von denen der früheren Obergesellschaft unterscheiden. Der Eigentumsschutz des Art. 14 GG kann nicht so weit gehen, dass die Minderheitseigner hinsichtlich künftiger Gewinnerwartungen, die mit erheblicher Unsicherheit belastet sind, so gestellt werden, wie sich die Erträge in der Vergangenheit entwickelt haben.

Die Anpassung des variablen Ausgleichs macht es nach § 304 II 3 AktG notwendig, eine Bewertung der neuen Obergesellschaft für den Zeitpunkt der Herrschaftsveränderung vorzunehmen. Dabei kann auf die Ertragswertbestimmung zurückgegriffen werden, die anlässlich der Aufspaltung durchzuführen war, so dass insoweit kein zusätzlicher Aufwand entsteht. Bei der Berechnung des neuen Ausgleich ist vom Ertragswert der Untergesellschaft im Zeitpunkt des Abschlusses des Organvertrags und nicht auf den Zeitpunkt der Herrschaftsänderung abzustellen. Dadurch wird sichergestellt, dass eine organvertraglich bedingte Minderung des Ertragswerts nicht zu Lasten der Min-

---

[605] Siehe dazu Seite 151f.

derheit geht. Diese Privilegierung des variablen Ausgleichs gegenüber der Abfindung[606] lässt sich mit der Überlegung rechtfertigen, dass die in der Untergesellschaft nach der Aufspaltung verbleibenden Aktionäre das Risiko einer weiteren Minderung der Ertragskraft ihres Unternehmens tragen, während die ausscheidenden Anteilseigner sich für eine Liquidation ihres Investments entscheiden und dieses Risiko nicht weiter tragen wollen.

(4) Gesamtschuldnerische Haftung aller Übernehmer

Wie beim festen stellt sich auch beim variablen Ausgleich die Frage nach der Mithaftung der übrigen an der Aufspaltung beteiligten Rechtsträger.

Im Unterschied zum festen Ausgleich ist der variable Ausgleich davon abhängig, dass die Obergesellschaft Gewinne an ihre Aktionäre ausschüttet. Die Minderheitseigner der Untergesellschaft können beim variablen Ausgleich anders als beim festen Ausgleich nicht davon ausgehen, dass in jedem Jahr eine Zahlung erfolgt. Ihre Ertragserwartungen stehen daher immer unter dem Vorbehalt einer Gewinnerzielung bei der Obergesellschaft. Erwirtschaftet diese Verluste, gibt es gar keine Ausgleichszahlung der Minderheitseigner, die es durch die gesamtschuldnerische Haftung der übrigen an der Aufspaltung beteiligten Rechtsträger zu sichern gilt. Eine Mithaftung dieser Unternehmen ist daher anders als beim festen Ausgleich abzulehnen. Wollen sich die Minderheitseigner nicht auf den unsicheren variablen Ausgleich einlassen, steht ihnen die Möglichkeit zum Ausscheiden gegen Abfindung offen. Dies dürfte insbesondere in den Fällen relevant werden, in denen der übernehmende Rechtsträger in seinem wirtschaftlichen Zuschnitt keine Gewähr für nachhaltige Gewinne und Ausschüttungen bietet.

2. Abspaltung

A. Schicksal des Organvertrags

Bei der Abspaltung kann der übertragende Rechtsträger von seinem Vermögen einen Teil oder mehrere Teile in der Weise abspalten, dass er den oder die Teil(e) jeweils als Gesamtheit auf einen bestehenden oder mehrere bestehende Rechtsträger überträgt (Abspaltung zur Aufnahme), § 123 II Nr. 1 UmwG. Bei der Abspaltung zur Neugründung wird Vermögen auf einen oder mehrere Rechtsträger übertragen, die dadurch neu gegründet werden, § 123 II Nr. 2 UmwG.

Im Gegensatz zur Aufspaltung erlischt der übertragende Rechtsträger durch die Abspaltung nicht sondern besteht darüber hinaus fort.[607] Wie bereits bei der Aufspaltung

---

[606] Für die Berechnung der Abfindung ist dagegen auf den Zeitpunkt der Herrschaftsveränderung abzustellen, so dass eine Minderung der Ertragskraft zu Lasten der außenstehenden Aktionäre geht.

[607] **Teichmann** in Lutter, UmwG, § 123 Rn 14, geht davon aus, dass infolge des Fortbestehens des übertragenden Rechtsträgers in der Praxis die Abspaltung der Aufspaltung vorgezogen und eine größere wirtschaftliche Bedeutung erlangen wird.

dargelegt, kann der Organvertrag auf einen anderen Rechtsträger im Wege der partiellen Gesamtrechtsnachfolge übergehen.[608]

(1) Anwendbarkeit des § 295 I, II AktG

Fraglich ist, unter welchen Voraussetzungen der Organvertrag im Wege der Abspaltung auf ein anderes Unternehmen übertragen werden kann. Da hierdurch das herrschende Unternehmen ausgewechselt würde, käme dieser Vorgang im Ergebnis einer Vertragsübernahme durch ein anderes Unternehmen gleich.[609]

Bei der Vertragsübernahme ist anerkannt, dass der Übergang des Vertrags auf ein neues herrschendes Unternehmen wirksam nur mit Zustimmung der Hauptversammlung der Untergesellschaft erfolgen kann, § 295 I AktG.[610] Daneben ist ein Sonderbeschluss der Minderheitsaktionäre der Untergesellschaft nach § 295 II AktG erforderlich, wenn dadurch in bestehende Abfindungs- bzw. Ausgleichsansprüche eingegriffen wird.[611]

Gegen die Anwendung des § 295 AktG könnte angeführt werden, diese Vorschrift betreffe nur die Auswechslung der Obergesellschaft durch Rechtsgeschäft zwischen dem bisherigen und dem neuen herrschenden Unternehmen. Die Abspaltung sei dagegen etwas völlig anderes, nämlich die Gesamtrechtsnachfolge in den Vertrag.[612] Diese Argument wäre jedoch zu formalistisch. Anders als bei der Verschmelzung und bei der Aufspaltung besteht der übertragende Rechtsträger nach der Abspaltung fort. Zudem ist es bei der Abspaltung möglich, auch einzelne Vermögensgegenstände zu übertragen. Dies führt anders als bei der Verschmelzung und der Aufspaltung zu einer erhöhten Gefahr, die für die Einzelrechtsnachfolge geltenden Voraussetzungen durch eine Abspaltung zu umgehen.[613]

---

[608] Siehe dazu Seite 150ff; **Teichmann** in Lutter, UmwG, § 132 Rn 32 verneint die Möglichkeit der Rechtsnachfolge des übernehmenden Rechtsträgers in den Organvertrag und verlangt den Abschluss eines neuen Vertrags.

[609] **W. Bayer**, ZGR 1993, 599, 604ff; siehe auch **Teichmann** in Lutter, UmwG, § 132 Rn 32, der ebenfalls die Zustimmung der Untergesellschaft fordert, wenn im Spaltungsplan der Übergang des Organvertrags auf den übernehmenden Rechtsträger vorgesehen ist, ohne jedoch § 295 AktG explizit zu erwähnen.

[610] **Hüffer**, AktG, § 295 Rn 5; **Emmerich/Habersack**, Aktienkonzernrecht, § 295 Rn 11; **Koppensteiner** Köln.Komm., § 295 Rn 5; **Priester**, ZIP 1992, 293, 300; **BGH**, BGHZ 119, 1, 6ff; **ders.**, BGHZ 65, 49, 53; **OLG Karlsruhe**, AG 1997, 270, 271f; a.A. nur **Wilhelm**, Beendigung, 23.

[611] **Hüffer**, AktG, § 295 Rn 11; **Emmerich/Habersack**, Aktienkonzernrecht, § 295 Rn 11 u. 26; **W. Bayer**, ZGR 1993, 599, 608; **Priester**, ZIP 1992, 293, 296.

[612] Diese Argumentation wird gegen das Zustimmungserfordernis bei der Verschmelzung angeführt, wenn die Obergesellschaft als übertragender Rechtsträger fungiert. Siehe dazu: **Hüffer**, AktG, § 295 Rn 6; **Emmerich/Habersack**, Aktienkonzernrecht, § 295 Rn 14; **Krieger**, ZGR 1990, 517, 540; **Koppensteiner**, Köln.Komm., § 295 Rn 5; **Priester**, ZIP 1992, 293, 301; a.A: **W. Bayer**, ZGR 1993, 599, 603

[613] Im Gesetzgebungsverfahren wurde diskutiert, die Abspaltung dann nicht zuzulassen, wenn ein übernehmender Rechtsträger im wesentlichen nur einen Vermögensgegenstand übernehmen sollte. Dies sollte unter dem Gesichtspunkt des Gestaltungsmissbrauchs, d.h. der Umgehung der für die Einzelrechtsnachfolge geltenden Vorschriften ausgeschlossen werden. Diese Einschränkung wurde je-

(2) Konzernfremdes Unternehmen übernimmt den Organvertrag

Spaltet die Obergesellschaft den Organvertrag ab und wird dieser von einem Unternehmen übernommen, das nicht zum Konzern des abspaltenden Rechtsträger gehört, kommt es zu einem Herrschaftswechsel. Hätte statt einer Abspaltung eine Auswechslung der Obergesellschaft im Wege der Vertragsübernahme stattgefunden, wären nach richtiger Ansicht sowohl § 295 I als auch § 295 II AktG anzuwenden.[614]

Der Zweck des § 295 I AktG liegt darin, die Änderung des Organvertrags den gleichen Anforderungen zu unterwerfen wie den Neuabschluss des Vertrags.[615] Da die Hauptversammlung der Untergesellschaft dem Abschluss eines Organvertrags mit dem neuen herrschenden Unternehmens zustimmen müsste, kann eine Vertragsübernahme nicht ohne zustimmenden Hauptversammlungsbeschluss erfolgen.[616]

Daneben wäre ein zustimmender Sonderbeschluss der Minderheit des beherrschten Unternehmens erforderlich geworden, da die Auswechslung des Schuldners der Abfindungs- und Ausgleichsleistungen eine Änderung dieser Vertragsbestimmungen darstellt.[617]

Die Frage ist nunmehr, ob die Abspaltung gleich zu behandeln ist wie die Vertragsübernahme. Hierfür sprechen im Ergebnis die besseren Argumente. Anders als bei der Verschmelzung oder der Aufspaltung kann hier nicht mit der Überlegung argumentiert werden, § 295 AktG sei nur bei einer Auswechslung der Obergesellschaft durch Rechtsgeschäft nicht aber dann anzuwenden, wenn sich die Herrschaftsverhältnisse durch Gesamtrechtsnachfolge änderten.[618] Durch die Verschmelzung übernimmt der verschmolzene Rechtsträger uno actu das gesamte Vermögen und sämtliche Rechtspositionen des übertragenden Rechtsträgers.[619] Der Gesetzgeber hat bei der Verschmelzung bewusst auf die aus dem Erbrecht stammende Universalsukzession zurückgegriffen und an das Erlöschen des übertragenden Rechtsträgers dieselben Wirkungen = Gesamtrechtsnachfolge geknüpft, die beim Tod einer natürlichen Person eintreten.[620]

---

doch im Laufe des Gesetzgebungsverfahrens fallen gelassen. Siehe dazu: **Mayer**, GmbHR 1996, 403, 404f; **Zöllner**, ZGR 1993, 334, 337f.

[614] **Hüffer**, AktG, § 295 Rn 5; **Emmerich/Habersack**, Aktienkonzernrecht, § 295 Rn 11.

[615] **Hüffer**, AktG, § 295 Rn 1; **Emmerich/Habersack**, Aktienkonzernrecht, § 295 Rn 1; **Emmerich/Sonnenschein**, Konzernrecht, § 14 I 1.

[616] **BGH**, NJW 1979, 2103; **LG Mannheim**, AG 1991, 26, 27; **Emmerich/Sonnenschein**, Konzernrecht, § 14 I 2; **Emmerich/Habersack**, Aktienkonzernrecht, § 295 Rn 4; **Hüffer**, § 295 Rn 3f.

[617] **Hüffer**, AktG, § 295 Rn 11; **W. Bayer**, ZGR 1993, 599, 608.

[618] **LG Bonn**, GmbHR 1996, 774f; **Koppensteiner**, Köln.Komm., § 295 Rn 5; **Krieger**, ZGR 1990, 517, 540; **Hüffer**, AktG, § 295 Rn 6; **Emmerich/Habersack**, Aktienkonzernrecht, § 295 Rn 14, mit der Begründung die außenstehenden Aktionäre seien nicht in allen Fällen zu beteiligen, in denen ihre Abfindungs- und Ausgleichsansprüche berührt seien, sondern lediglich dann, wenn die besonderen Voraussetzungen der §§ 295 II, 296 II und 297 II vorlägen.

[619] Zu der Unterscheidung zwischen Vermögen und Rechtspositionen, s. Fn. 459.

[620] **Teichmann** in Lutter, UmwG, § 123 Rn 7 hält die Zustimmung der abhängigen Gesellschaft für den Übergang des Organvertrags auf den übernehmenden Rechtsträger für erforderlich; **K. Schmidt**, AcP 191, 495, 502ff.

Im Unterschied zur Universalsukzession bei der Verschmelzung wurde durch die Schaffung der partiellen Gesamtrechtsnachfolge es erstmals ermöglicht, einzelne Vermögensgegenstände statt durch Einzelübertragung durch eine auf diese Gegenstände beschränkte Rechtsnachfolge zu übertragen.[621] Die partielle Gesamtrechtsnachfolge steht daher gleichberechtigt neben der Einzelübertragung und ist mit dieser beliebig austauschbar.[622]

Teichmann weist darauf hin, dass durch die Schaffung der Sonderrechtsnachfolge, der Begriff der Gesamtrechtsnachfolge, so wie er aus der erbrechtlichen Dogmatik bekannt ist, insgesamt einen Bedeutungswandel erfahren hat. Während im Erbrecht durch die Universalsukzession ein Vorgang beschrieben werde, durch den das gesamte Vermögen eines Rechtsträgers als Folge seines Untergangs auf einen anderen Rechtsträger übergehe, bezeichne die Gesamtrechtsnachfolge bei der Spaltung eine rechtsgeschäftlich initiierte Übertragungsart für (regelmäßig) mehrere, allein durch den Parteiwillen zusammengefasste Vermögensgegenstände.[623] Man müsse sich daher von der Vorstellung lösen, die Gesamtrechtsnachfolge nach dem UmwG stehe in systematischer Nähe zum Erbvorgang.[624] Dieser Unterschied schlägt in letzter Konsequenz auf die Anwendung des § 132 UmwG durch. Nach dieser Vorschrift lassen allgemeine Vorschriften, die die Übertragbarkeit eines bestimmten Gegenstandes ausschließen oder an bestimmte Voraussetzungen knüpfen, die Wirkungen einer Eintragung nach § 131 UmwG unberührt.

Wie bereits bei der Spaltung ausgeführt, sind unter Gegenstand nur einzelne Sachen oder Rechte nicht aber Vertragsverhältnisse oder komplexe Rechtspositionen zu verstehen.[625] Die Vorschrift umfasst daher nicht Organverträge, da es sich dabei nicht um einen einzelnen Gegenstand sondern um ein komplexes Rechtsverhältnis handelt.[626]

Das Zustimmungserfordernis der Hauptversammlung der Untergesellschaft nach § 295 I AktG bzw. der nach § 295 II AktG vorgeschriebene Sonderbeschluss der Minderheit sind zwar allgemeine (gesetzliche) Vorschriften, die den Übergang des Organvertrags im Wege der Vertragsübernahme von der Zustimmung der Hauptversammlung und der außenstehenden Aktionäre abhängig machen. Mangels Anwendbarkeit des § 132 UmwG kann das Zustimmungserfordernis des § 295 AktG nicht aufgrund dieser Vorschrift begründet werden.

---

[621] **Teichmann** in Lutter, UmwG, § 123 Rn 7;

[622] **Teichmann** in Lutter, UmwG, § 123 Rn 8; **K. Schmidt**, ZGR 1990, 580, 595; **Ganske**, WM 1993, 1117, 1121; **Teichmann**, ZGR 1993, 396, 398f.

[623] **Teichmann** in Lutter, UmwG, § 123 Rn 9.

[624] **Teichmann** in Lutter, UmwG, § 123 Rn 9, unter Hinweis auf **Duvinage**, Spaltung, 174ff und **Hennrichs**, Formwechsel passim.

[625] **Mayer**, GmbHR 1996, 403, 407; a.A: **Teichmann** in Lutter, UmwG, § 132 Rn 4.

[626] **Mayer** in Widmann/Mayer, § 132 Rn 24f (34. Erg.-Lfg./September 96); **ders.**, GmbHR 1996, 403, 407; a.A. **Teichmann** in Lutter, UmwG, § 132 Rn 30ff, der Rechtspositionen aus Unternehmensverträgen in den Anwendungsbereich des § 132 UmwG einbezieht, und auch bei der Aufspaltung des herrschenden Unternehmens - ohne die Anwendung des § 295 AktG zu diskutieren - Zweifel am Übergang des Organvertrags äußert, da die Interessen der abhängigen Gesellschaft und ihrer Aktionäre entscheidend betroffen seien.

An der Vorschrift des § 132 UmwG wird seitens der Literatur massive Kritik geübt. *Teichmann* kritisiert die Vorschrift vor allem deswegen, da dadurch die Vorteile, die mit der partiellen Gesamtrechtsnachfolge verbunden werden sollten, aufgehoben würden.[627] Eine Anwendung dieser Vorschrift lasse die Abspaltung oder die Ausgliederung komplexerer Vermögenseinheiten - für die diese Rechtsinstitute gerade geschaffen worden seien - faktisch nicht zu. Des weiteren sei systematisch zu kritisieren, dass ein neu geschaffenes Rechtsinstitut - die partielle Gesamtrechtsnachfolge - eigene immanente Begrenzungen erforderlich mache und daher die Schranken nicht einem anderen Rechtsinstitut - der Einzelrechtsnachfolge - entlehnt werden dürften. *Teichmann* fordert, wolle man das Prinzip der partiellen Gesamtrechtsnachfolge retten, den Anwendungsbereich des § 132 UmwG teleologisch zu reduzieren. Erforderlich sei - so *Teichmann* - eine Abwägung der Interessen der am Spaltungsvorgang Beteiligten einerseits und des Rechtsverkehrs andererseits. Im Vordergrund müsse die Zielsetzung des UmwG stehen, die notwendige und nützliche Umstrukturierung von Unternehmen gegenüber der Einzelrechtsnachfolge zu erleichtern oder überhaupt erst zu ermöglichen.[628]

Der Kritik Teichmanns ist zuzustimmen. Will man die Spaltung - insbesondere die Abspaltung - nicht durch die misslungene Formulierung des § 132 UmwG konterkarieren und nimmt man die partielle Gesamtrechtsnachfolge als eigenständiges Rechtsinstitut ernst, kann es nicht angehen, die Übertragung von Vermögensteilen an denselben Voraussetzungen zu messen, die im Fall einer Einzelübertragung gelten würden. Nach Auffassung *Teichmanns* soll durch die Abspaltung vor allem der Transfer von Betrieben oder Betriebsteilen erleichtert werden.[629] Die mit einem bestimmten Betrieb oder Teilbetrieb zusammenhängenden Vermögensgegenstände müssen daher ohne die Einschränkung, die bei einer Einzelübertragung greifen würden, und ohne Mitwirkung Dritter allein aufgrund der Wirkungen der partiellen Gesamtrechtsnachfolge übergehen können. Der Organvertrag lässt sich jedoch in der Regel weder einem bestimmten Betrieb, Teilbetrieb oder einer anderen Vermögensgesamtheit zuordnen. Er steht neben und außerhalb der sonstigen Vermögensgegenstände.[630]

Soll der Organvertrag abgespalten werden und auf ein anderes herrschendes Unternehmen übergehen, ist die Nähe zur Einzelübertragung unübersehbar. Insoweit besteht

---

[627] **Teichmann** in Lutter, UmwG, § 132 Rn 12.

[628] **Teichmann** in Lutter, UmwG, § 132 Rn 13; **Schwedhelm/Streck/Mack**, GmbHR 1995, 7, 10; **Hennrichs**, ZIP 1995, 794, 798, der § 132 UmwG nur dann anwenden will, wenn bei einer Spaltung die Gefahr einer Umgehung von Übertragungshindernissen droht. Dies soll dann der Fall sein, wenn die Spaltung sich im wesentlichen nur auf einen Gegenstand bezieht, der im Wege der Einzelübertragung nicht frei übertragen werden kann. In die gleiche Richtung gehen die Argumente von **Schöne**, ZAP, Fach 15, 157, 162.

[629] **Teichmann** in Lutter, UmwG, § 132 Rn 13.

[630] Insofern ist der Auffassung von **Teichmann** in Lutter, UmwG, § 132 Rn 30 zuzustimmen, wonach Rechtspositionen und Statusrechte aus Unternehmensverträgen einer anderen Betrachtung bedürfen als etwa Ansprüche und Verbindlichkeiten aus Schuldrechtsverträgen.

die vom Gesetzgeber befürchtete Umgehungsgefahr.[631] Statt der Vertragsübernahme durch Rechtsgeschäft könnte die Abspaltung gewählt werden, um so insbesondere die Minderheit der Untergesellschaft von jeglicher Mitwirkung auszuschließen. Es ist daher gerechtfertigt, die Übertragung des Organvertrags im Wege der Abspaltung den gleichen Anforderungen zu unterwerfen wie dessen Übergang durch Rechtsgeschäft zwischen der Obergesellschaft und dem neuen herrschenden Unternehmen.[632]

(3) Konzernzugehöriges Unternehmen übernimmt den Organvertrag

Soll das herrschende Unternehmen durch ein konzernzugehöriges Unternehmen als Obergesellschaft ausgewechselt werden, gelten die soeben angeführten Überlegungen ebenfalls. Auch hier kommt es zu einer Auswechslung des herrschenden Unternehmens und damit zu einer Herrschaftsveränderung.

Aufgrund der Abspaltung kann ein mehrstufiges Konzernverhältnis entstehen, wenn der übernehmende Rechtsträger als Untergesellschaft organvertraglich mit dem übertragenden Unternehmen verbunden ist. Die Konzernspitze kann die Möglichkeit aber auch nach der Abspaltung behalten, über ihren Einfluss im übernehmenden Rechtsträger Leitungsmacht auf die Untergesellschaft auszuüben.[633]

Es wäre jedoch unzutreffend, in den Fällen konzerninterner Umstrukturierungen mit dem Hinweis auf die unverändert gebliebene Konzernlage die Anwendbarkeit des § 295 AktG zu verneinen.[634] Gegen den Ausschluss des § 295 AktG in den Fällen konzerninterner Umstrukturierungen sprechen zunächst der Wortlaut der Vorschrift und deren teleologische Auslegung. Es kann für die Anwendung des § 295 AktG keine Rolle spielen, dass das weisungsberechtigte Unternehmen seinerseits gegenüber der Obergesellschaft weisungsgebunden ist und letztendlich die Konzernspitze die Ausübung des beherrschenden Einflusses steuern kann. Allein entscheidend ist, dass sich der konkrete Vertragspartner ändert, auch wenn dieser unter dem beherrschenden Einfluss der früheren Obergesellschaft steht.

Daher sind auch bei der Abspaltung auf ein konzernzugehöriges Unternehmen die zustimmender Hauptversammlungsbeschluss der Untergesellschaft und ein Sonderbe-

---

[631] Zu den Motiven des Gesetzgebers, die Umgehungsgefahr durch Schaffung des § 132 UmwG zu beschränken, **Teichmann** in Lutter, UmwG, § 132 Rn 3.

[632] **Mertens**, AG 1994, 66, 72 forderte in der Diskussion um die Erarbeitung des UmwG 1995 Rechte und Vertragsverhältnisse, die nach den Regeln der Singularsukzession der Zustimmungspflicht Dritter unterlägen, müssten bei der umwandlungsrechtlichen (partiellen) Universalsukzession ohne eine derartige Zustimmung übergehen können. Dies sei schon aufgrund der Vereinfachungsfunktion der Universalsukzession erforderlich.

[633] Besonders deutlich wird dies am Beispiel einer 100%igen Tochtergesellschaft, die einen Beherrschungsvertrag mit der Obergesellschaft geschlossen hat und die den Organvertrag übernimmt. Vom Ergebnis her gesehen, macht es für das beherrschte Unternehmen keinen Unterschied, ob der beherrschende Einfluss direkt von der Obergesellschaft oder über den Umweg des beherrschenden Einflusses auf die Tochter ausgeübt wird.

[634] So jedoch: **Säcker**, DB 1988, 271, 274; a.A: **W. Bayer**, ZGR 1993, 599, 603f, der zutreffend auf den materiell satzungsändernden Eingriff auch bei der konzerninternen Umstrukturierung hinweist; **Ebenroth/Parche**, BB 1989, 637, 640f; **Emmerich/Habersack**, Aktienkonzernrecht, § 295 Rn 13.

schluss der Minderheitsaktionär erforderlich. Liegen die entsprechenden Beschlüsse nicht vor, ist mit *W. Bayer*[635] davon auszugehen, dass für den Übernehmer kein Weisungsrecht begründet wird, diesen jedoch die Rechtsfolgen aus §§ 302ff AktG in vollem Umfang treffen.

(4) Ergebnis

Bei der Abspaltung kann der Organvertrag einem der übernehmenden Rechtsträger zugewiesen werden. Im Gegensatz zur Verschmelzung und zur Aufspaltung bedarf die Auswechslung des herrschenden Unternehmens im Wege der Abspaltung des Organvertrags der Zustimmung der Hauptversammlung der Untergesellschaft.

B. Abfindungsansprüche

(1) Auswirkungen der Abspaltung auf den Bestand der Abfindungsansprüche

Anders als bei der Aufspaltung erlischt das herrschende Unternehmen nach der Abspaltung nicht. Nach § 133 I 1 UmwG haften für die Verbindlichkeiten des übertragenden Rechtsträgers, die vor dem Wirksamwerden der Spaltung begründet worden sind, die an der Spaltung beteiligten Rechtsträger gesamtschuldnerisch. Damit richten sich die Abfindungsansprüche grundsätzlich sowohl gegen das abspaltende Unternehmen als auch gegen sämtliche Rechtsträger, die Vermögensteile übernommen haben.

Nachfolgend sind die möglichen Fallgestaltungen daraufhin zu untersuchen, welche Auswirkungen im einzelnen die Abspaltung auf die Ansprüche haben kann und ob Modifikationen notwendig sind, um die Interessen der Minderheit zu wahren.

(a) Abfindung in Aktien des herrschenden Unternehmens

Ist im Organvertrag eine Abfindung in Aktien des herrschenden Unternehmens nach § 305 II Nr. 1 AktG vorgesehen und hat der Minderheitsaktionär die angebotene Abfindung angenommen und gleichzeitig ein Spruchstellenverfahren nach §§ 306ff AktG eingeleitet, stehen ihm nach einer Höherfestsetzung der Abfindung zusätzliche Aktien der Obergesellschaft zu. Die Gewährung zusätzlicher Aktien ist auch nach der Abspaltung des Organvertrags ohne weiteres möglich, da das herrschende Unternehmen nach der Abspaltung weiter besteht.

Da durch die Abspaltung von Teilen seines Vermögens der Unternehmenswert des abspaltenden Rechtsträgers in der Regel absinken dürfte,[636] ändern sich auch die Wertrelationen zwischen dem beherrschten Unternehmen und der Obergesellschaft. Ohne die Nachgewährung von Anteilen am/an den übernehmenden Rechtsträgern wäre die Er-

---

[635] ZGR 1993, 599, 606.

[636] Es kann jedoch auch vorkommen, dass durch die Abspaltung von verlustträchtigen Betriebsteilen oder Teilbetrieben sich der Ertragswert des abspaltenden Rechtsträgers erhöht. Auch in diesem Fall wird die für den Zeitpunkt des Abschlusses des Organvertrags vorzunehmende Unternehmensbewertung durch den Eintritt nachträglicher Umstände überholt.

gänzung der Abfindung lediglich in Form von Aktien der abspaltenden Obergesellschaft keine angemessene Kompensation.

Da die Gesellschafter des abspaltenden Rechtsträgers bei der verhältniswahrenden Abspaltung in dem Verhältnis Anteile an dem übernehmenden Rechtsträger erhalten, wie es ihrer Beteiligung am abspaltenden Rechtsträger entspricht, stünden den abfindungsergänzungsberechtigten Minderheitsaktionären neben den Anteilen am herrschenden Unternehmen Anteile am/an den übernehmenden Unternehmen zu, § 131 I Nr. 3 UmwG. Hätte die Obergesellschaft von Anfang eine angemessene Abfindung gewährt, hätte die Minderheit, die das Abfindungsangebot angenommen hat, die entsprechende Anzahl von Anteilen des herrschenden = abspaltenden Unternehmen und damit auch mehr Aktien am übernehmenden Rechtsträger erhalten. Der Abfindungsergänzungsanspruch würde sich daher auch auf die Nachgewährung von Anteilen an der neuen Obergesellschaft bzw. den weiteren übernehmenden Rechtsträgern erstrecken.

Nach § 15 I 1. HS UmwG[637] ist bei einer zu niedrigen Bemessung des Umtauschverhältnisses bzw. dann, wenn die Mitgliedschaft bei dem übernehmenden Rechtsträger keinen ausreichenden Gegenwert für die Mitgliedschaft oder den Anteil am übertragenden Rechtsträger darstellt, nicht die Nachgewährung von Anteilen sondern eine bare Zuzahlung vorgesehen. Durch die Zuzahlung wird die Differenz zwischen dem Wert der verlorenen und der erhaltenen Anteile ausgeglichen.[638] Die Gewährung weiterer Anteilsrechte an dem übernehmenden Rechtsträger ist dagegen nicht vorgesehen, da dies wegen der gesetzlichen Nennbeträge auf Schwierigkeiten stoßen könnte.[639]

Es ist jedoch fraglich, ob der in § 15 UmwG enthaltene Ausschluss der Gewährung weiterer Anteile auf die vorliegende Fallgestaltung überhaupt anzuwenden ist. Die Vorschrift ist nach ihrem Wortlaut anwendbar, wenn entweder das Umtauschverhältnis der Anteile zu niedrig bemessen oder die Mitgliedschaft im übernehmenden Rechtsträger nicht gleichwertig ist. Maßgeblich ist, ob die Aktionäre des abspaltenden Unternehmens für den Verlust der rechnerisch auf ihre Anteile entfallenden und durch die Abspaltung übergegangenen Vermögenswerte Anteile am/an den Übernehmern erhalten, die wertmäßig dem Vermögensverlust entsprechen.

Bei der vorliegenden Fallgestaltung geht es jedoch darum, dass ein Minderheitseigner nach der Abspaltung weitere Anteile am übertragenden Rechtsträger erhält, die er im Zeitpunkt der Eintragung nach § 131 I Nr. 3 UmwG noch nicht hatte. Wenn das Umtauschverhältnis richtig ermittelt und den Aktionären des abspaltenden Unternehmens die ausreichende Zahl von Anteilen im Spaltungsplan zugewiesen wurde, würden die abfindungsergänzungsberechtigen Minderheitsaktionäre benachteiligt und zwar nicht aufgrund eines unangemessenen Umtauschverhältnisses sondern aufgrund der Tatsache, dass zwischen dem Abschluss des Organvertrags und der Ergänzung der Abfin-

---

[637] Diese Vorschrift gilt über die Verweisung des § 125 S. 1 UmwG auch für die Abspaltung. Siehe dazu: **Teichmann** in Lutter, UmwG, § 125 Rn 8 u. Rn 6.

[638] **Bork** in Lutter, UmwG, § 16 Rn 5.

[639] **Bork** in Lutter, UmwG, § 16 Rn 5 unter Hinweis auf das frühere Recht. Siehe dazu: **Grunewald** in Geßler/Hefermehl/Eckardt/Kropff, § 352c Rn 20.

dung die Obergesellschaft Vermögensteile abspaltet. Es ist daher zwischen dem Abfindungsergänzungsanspruch und dem Anspruch auf bare Zuzahlung nach § 15 UmwG zu unterscheiden. Der Abfindungsergänzungsanspruch, der auf die zusätzliche Gewährung von Anteilen am übernehmenden Rechtsträger gerichtet ist, besteht auch dann, wenn das Umtauschverhältnis angemessen und die Anteile am übernehmenden Rechtsträger eine ausreichende Gegenleistung darstellten.[640]

Es geht hier also um die Frage, ob der in § 15 UmwG enthaltene Ausschluss der Nachgewährung von Aktien überhaupt auf den Fall des (konzernrechtlichen) Abfindungsergänzungsanspruchs anzuwenden ist, oder ob insoweit nicht den konzernrechtlichen als lex specialis Vorrang gegenüber § 15 UmwG zukommt.

Nach § 305 III 2 AktG, der auch für den Fall der Abfindung in Aktien des herrschenden Unternehmens gilt,[641] muss die angemessene Abfindung die Verhältnisse der herrschenden und der beherrschten Gesellschaft im Zeitpunkt der Beschlussfassung der Hauptversammlung der beherrschten Gesellschaft über den Vertrag berücksichtigen. Auf diesem Stichtagsprinzip[642] beruht die Überlegung, nach der Beschlussfassung eintretende Entwicklungen dürften nur dann bei der Berechnung der Abfindung berücksichtigt werden, soweit sie in den Verhältnissen am Stichtag bereits angelegt, "verwurzelt" seien.[643]

Sind sie dagegen im Zeitpunkt des Stichtags noch nicht in der Verhältnissen der beteiligten Gesellschaften angelegt, scheidet eine spätere Berücksichtigung - etwa im Rahmen eines Spruchstellenverfahrens - aus.

Aus diesem Befund könnte man die Schlussfolgerung ableiten, für die Berechnung der Abfindungshöhe dürfte die infolge der Abspaltung eintretende Verschiebung der Verschmelzungswertrelationen nicht berücksichtigt werden, es sei denn am Stichtag hätte sich eine Abspaltung bereits abgezeichnet. Dies würde bedeuten, dass der Unternehmenswert der Obergesellschaft allein aufgrund der zum Stichtag der Beschlussfassung gegebenen Verhältnisse, d.h. ohne die abspaltungsbedingte Wertminderung, zu ermitteln wäre. Die so ermittelten Wertrelationen und damit auch das Umtauschverhältnis wären dann auch nach der Abspaltung bindend. Dieses Ergebnis stünde jedoch nicht

[640] Für die Beurteilung, ob das Umtauschverhältnis angemessen ist bzw. die Anteile an der übernehmenden Gesellschaft einen ausreichenden Gegenwert darstellen, ist auf den Zeitpunkt der Beschlussfassung des übertragenden Rechtsträgers abzustellen. Siehe dazu: **Bork** in Lutter, UmwG, § 15 Rn 3.

[641] Ganz hM: **Koppensteiner**, Köln.Komm., § 305 Rn 28; **Emmerich/Sonnenschein**, Konzernrecht, § 17 III 7c; **Hüffer**, AktG, § 305 Rn 23 u. Rn 26; **Geßler** in Geßler/Hefermehl/Eckardt/Kropff, § 305 Rn 49;**Weiss**, FS Semler, 631, 635; **BayObLG**, AG 1995, 509f.

[642] So die gängige Bezeichnung für den Zeitpunkt der Bewertung; siehe dazu: **Hüffer**, AktG, § 305 Rn 23ff; **Emmerich/Sonnenschein**, Konzernrecht, § 17 III 7c; **Emmerich/Habersack**, Aktienkonzernrecht, § 305 Rn 41ff; **BGH**, NZG 1998, 379, 380; **OLG Karlsruhe**, AG 1998, 288, 289; **LG Frankfurt/Main**, AG 1996, 187, 188; **LG Dortmund**, AG 1998, 142, 143.

[643] **Hüffer**, AktG, § 305 Rn 24; **Emmerich/Habersack**, Aktienkonzernrecht, § 305 Rn 42; **Seetzen**, WM 1994, 45, 46; **BGH**, NZG 1998, 379, 380; **ders.**, NJW 1973, 509, 511; **OLG Celle**, AG 1979, 230, 231; **ders.**, AG 1981, 234; **OLG Düsseldorf**, AG 1977, 168, 170; **ders.**, ZIP 1984, 586; **OLG Zweibrücken**, AG 1995, 421, 422; **LG Frankfurt/Main**, AG 1996, 187, 189.

im Einklang mit dem Gebot einer angemessenen Abfindung. Hätte die Obergesellschaft von Anfang an eine angemessene Abfindung angeboten, hätten die Minderheitseigner die entsprechende Zahl von Anteilen am/an den Übernehmern erhalten. Die Außenseiter dürfen daher wegen der Abspaltung, die allein im Ermessen des herrschenden Unternehmens liegt, nicht benachteiligt werden.

Das Stichtagsprinzip kann nur auf solche Entwicklungen Anwendung finden, die nicht dem direkten Einfluss des herrschenden Unternehmens unterliegen. Die Abspaltung und damit die Minderung des Unternehmenswerts ist jedoch ein Umstand, der allein vom herrschenden Unternehmen beeinflusst werden kann. Es wäre rechtsmissbräuchlich, wenn das herrschende Unternehmen die Entschädigung der Minderheitsaktionäre durch Vorgänge beeinflussen könnte, deren Ursachen (= Abspaltungsbeschluss) ausschließlich aus ihrem Innenbereich stammen. Das Stichtagsprinzip steht daher der Berücksichtigung der Abspaltung im Spruchstellenverfahren nach § 306 AktG nicht entgegen. Die Berücksichtigung kann auf zweierlei Weise erfolgen. Entweder wird die Obergesellschaft verpflichtet, den Minderheitseignern neben den zusätzlich zu gewährenden eigenen Aktien Anteile an den Übernehmern zu verschaffen oder die Berechnung des Unternehmenswerts der Obergesellschaft hat unter Berücksichtigung der wertmindernden Abspaltung zu erfolgen.

Letzteres dürfte jedoch unmöglich sein. Da zwischen dem Abschluss des Unternehmensvertrags und der Abspaltung meistens längere Zeiträume liegen, wäre es äußerst schwierig wenn nicht sogar ausgeschlossen, den Ertragswert des herrschenden Unternehmens für den in § 305 III 2 AktG genannten Zeitpunkt zu berechnen und dabei gleichzeitig die spätere Abspaltung bestimmter Vermögensteile einzubeziehen.

Der ersten Alternative ist daher der Vorzug zu geben. Die Obergesellschaft muss die Außenseiteraktionäre so stellen, wie wenn sie mit der entsprechenden Anzahl von Aktien bereits vor der Abspaltung Anteilseigner der Obergesellschaft gewesen wären. Verfügt das herrschende Unternehmen nicht über diese Aktien, haften die Übernehmer nach § 133 I 1 UmwG für die Gewährung dieser Anteile.

(b) Barabfindung

Keine Schwierigkeiten ergeben sich, wenn im Organvertrag eine Barabfindung vorgesehen war. Da bei dieser Abfindungsart Veränderungen des Unternehmenswerts der Obergesellschaft ohne Auswirkungen auf die Abfindungshöhe sind, stellt sich das soeben diskutierte Problem der Verschiebung der Wertrelationen nicht.

(c) Einleitung eines Spruchstellenverfahrens ohne Annahme der Abfindung

(i) Abfindung in Aktien des herrschenden Unternehmens

Hier ergeben sich dieselben, bei der vorhergehenden Variante erörterten Probleme. Die Minderheitsaktionäre, die ein Spruchstellenverfahren einleiten, ohne der Obergesellschaft ihre Aktien anzubieten, können nach einer Entscheidung im Spruchstellenverfahren vom herrschenden Unternehmen neben deren Aktien auch Anteile der Übernehmer verlangen. Sie sind dabei so zu stellen, wie wenn sie vor der Abspaltung mit der im Spruchstellenverfahren ermittelten Anzahl der Aktien Anteilseigner des herrschenden = abspaltenden Unternehmens gewesen wären.

(ii) Nicht verhältniswahrende Abspaltung

Wird vor dem Abschluss des Spruchstellenverfahrens eine nicht verhältniswahrende Abspaltung durchgeführt, haben die Minderheitsaktionäre, die die Abfindung in Aktien des herrschenden Unternehmens vor der Abspaltung noch nicht angenommen hatten, nach einer Entscheidung im Spruchstellenverfahren Anspruch auf Anteile der übernehmenden Rechtsträger. Infolge der nicht verhältniswahrenden Abspaltung entsprechen die Anteile an den übernehmenden Rechtsträgern jedoch nicht ihrer Beteiligungsquote am herrschenden Unternehmen. Da diese Minderheitsaktionäre vor der Abspaltung noch nicht Anteilseigner des herrschenden = abspaltenden Unternehmens waren, konnten sie ihre Vermögensinteressen auch nicht über das Einstimmigkeitserfordernis des § 128 I 1 UmwG wahren, d.h. ihre Zustimmung von einer anderweitigen Kompensation abhängig machen. Dies würde für die Minderheit einen Vermögensverlust bedeuten, da sie für ihre Anteile am beherrschten Unternehmen eine ungleichwertige Gegenleistung erhielten.

Zur Lösung dieses Problems kann auf die zur nicht verhältniswahrenden Aufspaltung gemachten Ausführungen verwiesen werden. Es ist auch hier nicht angebracht, zur Wahrung der Vermögensinteressen der Minderheit eine Abspaltung solange nicht zuzulassen wie ein Spruchstellenverfahren noch nicht rechtskräftig abgeschlossen ist. Die Lösung besteht vielmehr darin, abfindungsergänzungsberechtigten Minderheitsaktionären bei einer nicht verhältniswahrenden Abspaltung eine Barabfindung neben den zu gewährenden Aktien der Obergesellschaft bzw. der Übernehmer zuzubilligen. Die Höhe der Barabfindung richtet sich nach der Differenz des Wertes zwischen den Anteilen an der Untergesellschaft und den Aktien am herrschenden Unternehmen zuzüglich der Anteile an den übernehmenden Rechtsträgern.[644]

(iii) Barabfindung

Ist im Organvertrag eine Barabfindung zugunsten der Minderheit vorgesehen und wird diese durch den Spruchstellenentscheid höher festgesetzt, können die Aktionäre den entsprechenden Abfindungsbetrag verlangen. Insoweit gelten die gleichen Überlegungen wie in der vorgenannten Variante.

(d) Abfindungsergänzungsanspruch der bereits ausgeschiedenen Aktionäre

Sachverhalt: Der Minderheitseigner hat seine Aktien der Obergesellschaft angeboten und die Abfindung erhalten, ohne selbst die Durchführung eines Spruchstellenverfahrens beantragt zu haben.

---

[644] Zu den Erwägungen im einzelnen siehe Seite 170ff.

(i) Abfindung in Aktien des herrschenden Unternehmens

Der Spruchstellenentscheid wirkt inter omnes, so dass auch diejenigen Minderheitsaktionäre, die selbst keine eigenen Anträge im Spruchstellenverfahren gestellt haben, in den Genuss des Abfindungsergänzungsanspruchs kommen.

(ii) Nicht verhältniswahrende Abspaltung

Da die Minderheitsaktionäre bereits ihre Anteile am beherrschten Unternehmen in Aktien der Obergesellschaft getauscht haben, sind sie im Zeitpunkt der Beschlussfassung der Hauptversammlung Aktionäre der Obergesellschaft und können eine nicht verhältniswahrende Abspaltung entweder verhindern oder ihre Zustimmung nach § 128 S. 1 UmwG von einer Kompensation abhängig machen.

(iii) Barabfindung

Die Minderheitsaktionäre, die ihre Aktien gegen Zahlung der Abfindung bereits vor der Abspaltung an die Obergesellschaft abgegeben haben, können nach einer Höherfestsetzung der Barabfindung im Spruchstellenverfahren den Abfindungsergänzungsanspruch geltend machen. Nach § 133 I 1 UmwG haften alle an der Abspaltung beteiligten Unternehmen für die Zahlung des Ergänzungsanspruchs.

(e) Abfindungsergänzungsanspruch der verbliebenen Aktionäre

Hat der außenstehende Aktionär dem herrschenden Unternehmen weder seine Aktien angeboten noch selbst ein Verfahren nach § 306 AktG eingeleitet, besteht auch hier die Gefahr, dass bei Durchführung einer nicht verhältniswahrenden Abspaltung die im Spruchstellenverfahren festgesetzte Abfindung zu einer unangemessenen Entschädigung führt. Wie schon bei der nicht verhältniswahrenden Aufspaltung gezeigt, wäre es falsch, damit zu argumentieren, diese Aktionäre könnten eine bare Zuzahlung deshalb nicht verlangen, da sie anscheinend weder ein Interesse am Tausch ihrer Aktien in Anteile des herrschenden Unternehmens hatten noch - mangels eigenen Antrags im Spruchstellenverfahren - die angebotene Abfindung für unangemessen hielten. Allein aus der Tatsache, dass ein Minderheitsaktionär weder Anträge gestellt noch das Abfindungsangebot angenommen hat, lässt sich nicht der Rückschluss ziehen, dass er dem Abfindungsangebot gleichgültig gegenüberstand und er auf eine Nachbesserung der Abfindung verzichten wollte. Insoweit kann nichts anderes gelten als die zum Abfindungsergänzungsanspruch entwickelten Grundsätze.[645] Insbesondere kann den Minderheitsaktionären nicht entgegengehalten werden, sie hätten zunächst ihre Anteile

[645] Nach der hM kann jeder Minderheitsaktionär - unabhängig davon, ob er bis zu einer rechtskräftigen Entscheidung im Spruchstellenverfahren von seinem Abfindungsrecht Gebrauch gemacht hat oder nicht - die im Spruchstellenentscheid festgesetzte Abfindung verlangen, ohne dass die bis dahin bezogenen Ausgleichsleistungen anzurechnen wären. Aus der Nichtausübung der Abfindung und der Entgegennahme der Ausgleichszahlungen bis zum Ende des Verfahrens kann nicht der Schluss gezogen werden, der Minderheitsaktionär habe konkludent auf sein Abfindungsrecht verpflichtet. Siehe dazu: **Hüffer**, AktG, § 305 Rn 32; **Emmerich/Habersack**, Aktienkonzernrecht, § 305 Rn 66; **Emmerich/Sonnenschein**, Konzernrecht, § 17 III 9; **Geßler** in Geßler/Hefermehl/Eckardt/Kropff, § 305 Rn 74; **Würdinger**, Großkomm., § 305 Rn 21; **Beyerle**, AG 1980, 317, 323; **Haase**, AG 1995, 7, 12ff;

derheitsaktionären nicht entgegengehalten werden, sie hätten zunächst ihre Anteile in solche des herrschenden Unternehmens tauschen können, um sich so die Möglichkeit der Abstimmung über die nicht verhältniswahrende Aufspaltung zu verschaffen. Dies stünde im Widerspruch zu dem verfassungsrechtlich verankerten Gebot der vollen Entschädigung des mit dem Organvertrag einhergehenden Verlusts an den Herrschafts- und Vermögensrechten der Minderheitsgesellschafter. Zum anderen kann der Grund der Nichtannahme des Abfindungsangebots vor Abschluss des Spruchstellenverfahrens darin liegen, dass die Minderheitsaktionäre auf eine Kündigung des Organvertrags durch das herrschende Unternehmen nach der Entscheidung gehofft haben. Dadurch wäre der Organvertrag entfallen und sie wären dann Aktionäre eines unabhängigen Unternehmens geblieben. Hätten sie vor der Aufspaltung ihre Anteile umgetauscht, wären diese auch nach einer Kündigung beim herrschenden Unternehmen verblieben und für die Minderheitsaktionäre unwiederbringlich verloren gewesen.

Wie schon bei der nicht verhältniswahrenden Aufspaltung ausgeführt, steht auch den nichtantragstellenden Aktionären nach einem Tausch ihrer Anteile am beherrschten Unternehmen eine bare Zuzahlung in Höhe der Differenz des Wertes zwischen den erhaltenen und den Anteilen an der Untergesellschaft zu.

(2) Ergebnis

Bei der Abspaltung haften neben dem übertragenden auch die übernehmenden Rechtsträger für die Erfüllung der Abfindungsverpflichtungen. Steht den Minderheitsaktionären ein Abfindungsergänzungsanspruch zu, können sie nach der Abspaltung - entgegen § 15 I 1. HS UmwG - weitere Anteile verlangen. Bei einer nicht verhältniswahrenden Abspaltung haben die Minderheitsaktionäre Anspruch auf eine Barentschädigung in Höhe der Differenz des Wertes zwischen den Anteilen an der Untergesellschaft und den Aktien am herrschenden Unternehmen bzw. den Anteilen an den übernehmenden Rechtsträgern.

C. Erneute Abfindungsansprüche aufgrund der Herrschaftsveränderung

Beim Übergang des Organvertrags auf ein konzernfremdes als auch auf ein konzernzugehöriges Unternehmen kommt es bei der Abspaltung zur Aufnahme zu einer Herrschaftsveränderung. Wie schon bei der Aufspaltung zur Aufnahme erörtert, muss den Minderheitsaktionären daher die Möglichkeit gegeben werden, erneut über ihren Verbleib in der Untergesellschaft zu entscheiden und aus dem beherrschten Unternehmen gegen Abfindung auszuscheiden.[646]

Tiling/Prasse, AG 1969, 73f; **Bodewig**, BB 1978, 1694, 1695ff; **BayObLG**, AG 1996, 127, 130; **ders.**, AG 1996, 177, 180; **OLG Celle**, AG 1979, 230, 233; **OLG Düsseldorf**, AG 1990, 397, 401f; **LG Berlin**, AG 1979, 207.

[646] Siehe die Ausführungen auf Seite 174ff.

D. Ausgleichsansprüche

(1) Fester Ausgleich, § 304 II 1 AktG

Erhalten die Minderheitsaktionäre einen festen Ausgleich im Sinne des § 304 II 1 AktG, richtet sich der Anspruch nach der Abspaltung - wie bei der Aufspaltung - vorrangig gegen das den Organvertrag übernehmende Unternehmen.[647] Daneben besteht eine gesamtschuldnerische Haftung aller an der Aufspaltung beteiligten Rechtsträger nach § 133 I 1 UmwG. Diese Mithaftung endet nach Ablauf von fünf Jahren nach der Abspaltung, sofern die Ansprüche nicht zuvor gerichtlich geltend gemacht worden sind.

Nach § 133 I 2 UmwG bleiben jedoch die §§ 125, 22 UmwG anwendbar. Danach können die Gläubiger der an der Verschmelzung beteiligten Rechtsträger die Leistung einer Sicherheit verlangen, wenn sie glaubhaft machen, dass durch die Abspaltung die Erfüllung ihrer Forderungen gefährdet wird, § 22 I 2 1. HS UmwG. Bei der Abspaltung richtet sich der Anspruch auf Sicherheitsleistung jedoch aufgrund des § 133 I 2 2. HS UmwG nur gegen den Rechtsträger, der den Organvertrag übernimmt.

Wie bereits im Zusammenhang mit der Aufspaltung ausgeführt, ist beim Ausgleich nach § 304 AktG zwischen dem jährlich wiederkehrenden, konkreten Zahlungsanspruch und dem diesem Anspruch zu Grunde liegenden Rechtsverhältnis zu unterscheiden.[648] Der jährlich wiederkehrende Anspruch auf Zahlung des Ausgleichs wird mit Ablauf des Geschäftsjahres der abhängigen Gesellschaft zur Zahlung fällig.[649] Da die Minderheitsaktionäre vor Ablauf des jeweiligen Geschäftsjahres vom übernehmenden Rechtsträger keine Befriedigung verlangen können, ist ihnen auf Verlangen für sämtliche bis zum Ende des Organvertrags[650] zu erwartenden Ausgleichsansprüche Sicherheit zu leisten.

(2) Variabler Ausgleich, § 304 II 2 AktG

Ist im Organvertrag ein variabler Ausgleich nach § 304 II 2 AktG vorgesehen, ergeben sich wie bei der Aufspaltung des herrschenden Unternehmens Probleme hinsichtlich der Anpassung des Ausgleichs an die veränderten Verhältnisse.

---

[647] Siehe dazu die Ausführungen bei der Aufspaltung auf Seite 177ff.

[648] **Hüffer**, AktG, § 304 Rn 13.

[649] **Emmerich/Habersack**, Aktienkonzernrecht, § 304 Rn 39; a.A. **Hüffer**, AktG, § 304 Rn 13: Fälligkeit des Zahlungsanspruchs mit Feststellung des Jahresabschlusses; **Koppensteiner**, Köln.Komm., § 304 Rn 5; **Geßler** in Geßler/Hefermehl/Eckardt/Kropff, § 304 Rn 52.

[650] Dabei ist von der Restlaufzeit des Organvertrags auszugehen. Ist eine Restlaufzeit nicht zu ermitteln, weil der Vertrag auf unbestimmte Zeit geschlossen wurde, ist Sicherheit für die bis zum nächstmöglichen Beendigungszeitpunkt fällig werdende(n) Ausgleichsleistungen zu leisten. Die Sicherheitsleistung ist dann jeweils um den Zeitraum bis zur nächstmöglichen Beendigung zu verlängern.

Die Verknüpfung des Ausgleichs mit dem auf eine Aktie der Obergesellschaft entfallenden Gewinnanteil[651] basierte auf den Verschmelzungswertrelationen des beherrschten und des abspaltenden = herrschenden Unternehmens im Zeitpunkt des Vertragsschlusses. Da das Grundkapital des den Organvertrag übernehmenden Unternehmens zum einen eine andere Höhe als das Grundkapital des abspaltenden Rechtsträgers haben kann und zum sich auch die Gewinnanteile je Aktie des übernehmenden Rechtsträgers erheblich von denen des aufspaltenden Rechtsträgers unterscheiden können, ändern sich mit der Abspaltung sämtliche Bezugsgrößen des variablen Ausgleichs.

(a) Analoge Anwendung des § 216 III 1 AktG

Denkbar wäre eine entsprechende Anwendung des § 216 III 1 AktG, wonach eine Kapitalerhöhung nicht die vertraglichen Beziehungen zwischen der Gesellschaft und Dritten, die von der Gewinnausschüttung der Gesellschaft, dem Nennbetrag oder Wert der Aktien oder ihres Grundkapitals abhängen, berührt.

Entscheidend für die Anwendbarkeit ist, dass die Beziehung rechtsgeschäftlicher und nicht mitgliedschaftlicher Natur ist.[652] Wie bereits bei der Aufspaltung ausgeführt, stellt der Ausgleichsanspruch des Minderheitsaktionärs eine Entschädigung für die aufgrund des Organvertrags beeinträchtigten Gewinnerzielungsmöglichkeiten seiner Gesellschaft dar.[653] Das Gewinnbezugsrecht selbst ist mitgliedschaftlicher Natur, an dessen Stelle der an der Ausschüttung der Obergesellschaft orientierte Ausgleich tritt.

Der Ausgleichsanspruch wird nicht durch den Organvertrag begründet. Der Vertrag ist nur das auslösende Moment dieses Anspruchs. Er besteht vielmehr in erster Linie kraft Gesetzes.

In der Literatur wird die analoge Anwendung dieser Vorschrift vorgeschlagen, wenn sich die für die Berechnung des variablen Ausgleichs maßgeblichen Verhältnisse wesentlich ändern.[654] Es wäre jedoch bedenklich, diese Vorschrift schon deshalb zur Lösung des vorliegenden Problems heranzuziehen, weil sowohl bei der Kapitalerhöhung als auch bei der Abspaltung sich das Grundkapital als Bezugsgröße ändert. Zwischen beiden Situationen bestehen erhebliche Unterschiede. Insbesondere ist die neue Obergesellschaft nicht mit dem abspaltenden Rechtsträger identisch, während § 216 III 1 AktG davon ausgeht, dass sich außer der Erhöhung des Grundkapitals nichts ändert.

Darüber hinaus wäre auch die Rechtsfolge des § 216 III 1 AktG nicht angemessen. Nach § 216 III 1 AktG wird der wirtschaftliche Inhalt vertraglicher Beziehung durch eine Kapitalerhöhung nicht berührt. Auf das vorliegende Problem übertragen, würde dies bedeuten, dass die Minderheitsaktionäre nach der Abspaltung wirtschaftlich so zu stellen wären, als ob diese nicht durchgeführt worden wäre. Sie hätten nach der Ab-

---

[651] Besteht das Grundkapital der Ober- bzw. der Untergesellschaft nicht aus Aktien mit einem bestimmten Nennbetrag sondern aus Stückaktien muss die Umrechnung des Gewinnanteils auf der Grundlage des auf eine Aktie der Untergesellschaft entfallenden Anteils am Grundkapital erfolgen.
[652] **Lutter**, Köln.Komm., § 216 Rn 19; **Hüffer**, AktG, § 216 Rn 10.
[653] Siehe Seite 178ff.
[654] **Hüffer**, AktG, § 304 Rn 19; **Lutter**, Köln.Komm., § 216 Rn 27.

spaltung Anspruch auf denselben Ausgleich wie davor. Dieses Ergebnis wäre jedoch, wie sich aus den nachfolgenden Überlegungen ergibt, nicht überzeugend.

(b) Anpassung des variablen Ausgleichs

Da der variable Ausgleich vor der Aufspaltung jedoch schwanken konnte und die Minderheitsaktionäre nicht auf eine bestimmte Höhe vertrauen konnten, wäre es verfehlt, den Ausgleich für die Zeit nach der Aufspaltung anhand der bisherigen Zahlungen zu ermitteln.

Vergleicht man die Wirkungen der Aufspaltung mit der Lage die sich ergäbe, wenn das herrschende Unternehmen Teile seines Vermögens einzeln veräußert und dadurch seine Ertragsaussichten geschmälert hätte, wird klar, dass die Minderheitsaktionäre, die sich für den variablen Ausgleich entschieden haben, das Risiko der wirtschaftlichen Entwicklung der Obergesellschaft mittragen wollten.[655] Das Problem reduziert sich dann auf die Frage, inwieweit die Außenstehenden darauf vertrauen durften, dass die Obergesellschaft den wirtschaftlichen Zuschnitt beibehalten würde, den sie im Zeitpunkt des Abschlusses des Organvertrags hatte. Daran schließt sich die Frage an, in welchem Umfang dieses Vertrauen (verfassungs-)rechtlich geschützt ist.

Krieger plädiert für die Anwendung der bei der Verschmelzung der Obergesellschaft entwickelten Grundsätze.[656] Seiner Auffassung nach hätte der Gesetzgeber bei der Novellierung des Umwandlungsrechts eine Neufestsetzung des variablen Ausgleichs vorschreiben sollen, wenn sich die für die Bemessung des variablen Ausgleichs erheblichen Umstände ändern.[657] Die von Krieger zitierte Ansicht Rehbinders betrifft jedoch einen anderen Sachverhalt. *Rehbinder* untersucht die Konsequenzen, die sich aus der Konzernierung des herrschenden Unternehmens für den (variablen) Ausgleich ergeben.[658] und gelangt zu dem Ergebnis, dass bei nachträglicher Konzernierung der Obergesellschaft der Minderheit eine am Ertrag der neuen Konzernspitze zu orientierender Ausgleich zu gewähren sei.[659]

Auch die von ihm zitierte Ansicht *W.F.Bayers*[660] betrifft den Sachverhalt der nachträglichen Konzernierung einer zuvor unabhängigen Obergesellschaft und ist mit der Aufspaltung nicht vergleichbar.

Koppensteiner vertritt - für die Verschmelzung der Obergesellschaft - die Ansicht, den neuen Gegebenheiten sei im Wege der Vertragsanpassung Rechnung zu tragen.[661]

Teichmann vertritt die Auffassung, gerade aufgrund der Auswirkungen auf die Ausgleichs- und Abfindungsansprüche könne der Organvertrag nicht auf den im Spal-

---

655 So auch die Argumentation **Rehbinders**, ZGR 1977, 581, 608.
656 ZGR 1990, 517, 542.
657 **Krieger**, ZGR 1990, 517, 541.
658 ZGR 1977, 581, 607ff.
659 **Rehbinder**, ZGR 1977, 581, 608f.
660 FS Ballerstedt, 157, 176ff.
661 Köln.Komm., § 304 Rn 55.

tungsvertrag bzw. -plan vorgesehenen Rechtsträger übergehen.[662] Für ihn stellt sich daher das Problem der Anpassung bzw. Neufestsetzung des variablen Ausgleichs gar nicht.

Der Ansicht *Teichmanns* kann nicht gefolgt werden.[663] Gerade am Beispiel des variablen Ausgleichs zeigt sich, dass die nachteiligen Wirkungen der Aufspaltung auf die Ausgleichsansprüche der Minderheit nicht durch das Negieren der Rechtsnachfolge des aufnehmenden Rechtsträgers gerade nicht vermieden werden. Folgte man der Auffassung *Teichmanns* hieße das, die Obergesellschaft aufzufordern, sich der vielleicht lästig gewordenen Ausgleichsleistungen durch eine Aufspaltung zu entziehen und durch Verlagerung ihres Vermögens auf aufnehmende Rechtsträger dieses dem Zugriff der ausgleichsberechtigten Minderheit zu entziehen. Diese Missbrauchsgefahr würde im Ergebnis zu nicht tragbaren Manipulationsmöglichkeiten der Obergesellschaft führen.

Weitere Lösungsansätze werden im Zusammenhang mit der Aufspaltung nicht erörtert.

Da es der Gesetzgeber unterlassen hat, im Zuge der Novellierung des Umwandlungsrechts den vorliegenden Sachverhalt explizit zu regeln, kann eine Lösung nur durch verfassungskonforme Auslegung des § 304 AktG gefunden werden. Die entscheidende Frage lautet daher, wie der vom Bundesverfassungsgericht mehrfach postulierte Schutz der Rechtspositionen der Minderheitseigner bei der Aufspaltung zu berücksichtigen ist. Einerseits gebietet die Fortdauer des Organvertrags den Ausgleich ebenfalls beizubehalten, da auch nach der Aufspaltung die Ertragserwartungen der Anteilseigner des beherrschten Unternehmens durch den Organvertrag beeinträchtigt werden. Die Minderheit kann jedoch nicht verlangen, nach der Aufspaltung so gestellt zu werden, wie wenn diese nicht stattgefunden hätte. Da sie sich auf das Risiko von Ertragsschwankungen bei der Obergesellschaft eingelassen und damit hingenommen haben, dass der an die Stelle der Dividende tretende Ausgleich durch Entwicklungen beeinträchtigt werden kann, die nicht von ihnen beeinflusst werden können, müssen sie auch eine Anpassung des variablen Ausgleichs an die Gewinnaussichten der neuen Obergesellschaft hinnehmen.

Wie bereits ausgeführt, kann es keinen Unterschied machen, ob die Ertragsaussichten der Obergesellschaft zum Beispiel durch Veräußerung von Vermögensteilen beeinträchtigt werden oder ob durch die Aufspaltung ein Unternehmen zur Obergesellschaft wird, dessen Gewinnerwartungen und Ausschüttungen dadurch absinken. Der Eigentumsschutz des Art. 14 GG kann nicht so weit gehen, dass die Minderheitseigner hinsichtlich künftiger Gewinnerwartungen, die mit erheblicher Unsicherheit belastet sind, so gestellt werden, wie sich die Erträge in der Vergangenheit entwickelt haben.

Die Anpassung des variablen Ausgleichs macht es nach § 304 II 3 AktG notwendig, eine Bewertung sowohl des beherrschten Unternehmens als auch der neuen Obergesellschaft für den Zeitpunkt des Wirksamwerdens der Aufspaltung durchzuführen. Der

---

[662] **Teichmann** in Lutter, UmwG, § 132 Rn 32.
[663] Siehe dazu Seite 151f.

Ertragswert der Untergesellschaft kann durch den Organvertrag erheblich beeinträchtigt worden sein, so dass der anzupassende Ausgleich durchaus auf Null sinken kann. Der alte Ausgleich basierte dagegen auf der Ertragssituation im Zeitpunkt des Inkrafttretens des Organvertrags. Wollen die Minderheitseigner für die Zeit nach der Aufspaltung das Risiko einer Verschlechterung nicht eingehen, steht ihnen das Ausscheiden aus dem beherrschten Unternehmen gegen Abfindung offen.

3. Ausgliederung

Die Ausgliederung ist dadurch gekennzeichnet, dass ein Rechtsträger einen Teil oder mehrere Teile seines Vermögens jeweils als Gesamtheit auf bereits bestehende oder von ihm dadurch neu gegründete Rechtsträger überträgt, § 123 III Nr. 1 u. 2 UmwG.

Anders als bei der Aufspaltung bzw. Abspaltung erhalten die Gesellschafter des ausgliedernden Rechtsträgers keine Anteile bzw. Mitgliedschaften an dem/den übernehmenden Rechtsträger(n). Diese stehen nach § 123 III UmwG vielmehr dem ausgliedernden Unternehmen selbst zu.

Die Anteilsgewährung an den ausgliedernden Rechtsträger kann daher zum Entstehen einer Unternehmensverbindung führen.[664] Bei der Ausgliederung zur Neugründung hält das ausgliedernde Unternehmen 100% der Anteile am aufnehmenden Rechtsträger. Liegt eine Ausgliederung zur Übernahme vor, entsteht eine Unternehmensverbindung im Sinne der §§ 15ff AktG dann, wenn dies zur Gewährung der Mehrheit der Anteile am aufnehmenden Rechtsträger führt.[665] Die Ausgliederung stellt dann eine besondere Form der Konzernierung dar.[666]

A. Schicksal des Organvertrags

Die Ausgliederung unterscheidet sich von der Abspaltung nur dadurch, dass statt der Aktionäre des übertragenden Rechtsträgers dieser selbst Aneile als Gegenleistung für die Vermögensübertragung erhält. Aus Sicht des übertragenden Rechtsträgers kommt es zu einer Vermögensumschichtung dadurch, dass an die Stelle von Sachwerten Anteile am aufnehmenden Rechtsträger treten.[667]

Wie bei der Abspaltung stellt sich auch bei der Ausgliederung die Frage, ob der Organvertrag als solcher - gegebenenfalls zusammen mit weiteren Vermögensgegenständen oder isoliert - ausgegliedert werden kann, d.h. ob die Möglichkeit besteht, den Organvertrag im Wege der (partiellen) Gesamtrechtsnachfolge auf ein anderes Unternehmen übergehen zu lassen.

---

[664] **Schwarz** in Widmann/Mayer, § 123 Rn 5.5 (34. Erg.-Lfg./September 96).
[665] **Schwarz** in Widmann/Mayer, § 123 Rn 5.5 (34. Erg.-Lfg./September 96).
[666] **Schwarz** in Widmann/Mayer, § 123 Rn 5.5 (34. Erg.-Lfg./September 96).
[667] **Teichmann** in Lutter, UmwG, § 123 Rn 15.

Teichmann vertritt im Hinblick auf die tangierten Interessen der Untergesellschaft bzw. den Interessen ihrer Anteilseigner die Auffassung, ein Übergang des Organvertrags komme nicht in Frage.[668]

Emmerich/Sonnenschein verneinen in allen Spaltungsfällen ebenfalls einen Übergang des Organvertrags, wenn das herrschende Unternehmen übertragender Rechtsträger ist.[669] Da bei der Ausgliederung die Obergesellschaft nicht erlösche, könne der Vertrag danach nur in ihrer Person fortbestehen.[670]

Eine andere Auffassung vertritt *Dehmer*[671], der die Übertragung auf einen anderen Rechtsträger grundsätzlich für möglich und zulässig hält.

Heidenhain. hält die Zuweisung des Organvertrags an einen der an der Ausgliederung beteiligten Rechtsträger nicht jedoch eine Spaltung des Vertrags selbst für denkbar.[672] Bei der Aufspaltung zur Übernahme erscheint ihm die Zuweisung des Vertrags an einen Rechtsträger jedoch als problematisch, wenn an dem aufnehmenden Rechtsträger Dritte beteiligt sind. Aber auch bei der Aufnahme zur Neugründung müsse man wohl von einer vollständigen Änderung des Inhalts des Organvertrags ausgehen, sodass auch hier ein Übergang ausscheide.[673] Im übrigen, so *Heidenhain*, seien auch die mit den Rechten außenstehender Aktionäre verbundenen Probleme völlig ungeklärt.[674]

Die Ansicht *Heidenhains* ist insgesamt etwas unklar bzw. erscheint in sich widersprüchlich. Ihm ist darin zuzustimmen, dass der Organvertrag als solcher einer "Spaltung" nicht zugänglich ist, d.h. eine Verteilung der organvertraglichen Rechte und Pflichten auf mehrere aufnehmende Rechtsträger ausscheidet. Es ist schlechterdings nicht denkbar, dass beispielsweise ein Unternehmen die Leitungsbefugnis nach § 308 AktG soll ausüben können, während ein anderes die Verlustausgleichspflicht zu tragen hat. Es wird aus den Ausführungen *Haidenhains* jedoch nicht klar, warum die von ihm angesprochenen Probleme (Interessen außenstehender Dritter bzw. die Rechte der Minderheitsaktionäre nur) bei der Aufspaltung nicht aber bei der Ausgliederung bzw.

---

[668] **Teichmann** in Lutter, UmwG, § 132 Rn 32.

[669] **Emmerich/Sonnenschein**, Konzernrecht, § 15 IV 6c verneint die Möglichkeit des Übergangs des Organvertrags unter Hinweis auf die Auffassung von **Teichmann** in Lutter, UmwG, § 132 Rn 32, wonach die Interessen der verpflichteten Gesellschaft und ihrer Aktionäre einem Übergang entgegenstehen soll.

[670] **Emmerich/Sonnenschein**, Konzernrecht, § 15 IV 6c.

[671] UmwG, § 131 Rn 65.

[672] NJW 1995, 2873, 2877; **Heidenhain** geht anscheinend davon aus, dass bei der Abspaltung und der Ausgliederung der Vertrag insgesamt auf einen der aufnehmenden Rechtsträger möglich ist, schränkt dies jedoch dahingehend ein, dass die "Spaltung" des Vertrags unzulässig ist. Mit dem Begriff "Spaltung" meint er anscheinend, die Übertragung einzelner Vertragsbestandteile auf verschiedene Rechtsträger, z.B. die Zuweisung der Leitungsbefugnis an ein Unternehmen und den Übergang der Verlustausgleichspflicht auf ein anderes. Die "Spaltung" des Organvertrags im Wege der Aufspaltung, der Abspaltung und der Ausgliederung ist dann nach seiner Ansicht nicht möglich.

[673] **Heidenhain**, NJW 1995, 2873, 2877, dort Fn 33; nicht klar wird jedoch, warum aus seiner Sicht nur die Aufspaltung die genannten Probleme mit sich bringt, nicht jedoch die Ausgliederung bzw. die Abspaltung.

[674] **Heidenhain**, NJW 1995, 2873, 2877, dort Fn 33.

Abspaltung auftreten sollen. Die von ihm und den oben genannten Autoren vertretene Ansicht, wonach der Minderheitenschutz bzw. die Interessen der am aufnehmenden Rechtsträger beteiligten außenstehenden Dritten einer Ausgliederung des Organvertrags entgegenstehen, scheint auf den ersten Blick durchaus plausibel. Bei näherem Hinsehen kann sie jedoch nicht überzeugen.

Wie bereits bei der Aufspaltung[675] erörtert, ist es grundsätzlich möglich, den Organvertrag auf einen aufnehmenden Rechtsträger im Wege der Einzelrechtsnachfolge übergehen zu lassen. Hiergegen sprechen auch bei der Ausgliederung weder die Interessen der Untergesellschaft noch die ihrer Anteilseigner bzw. der Minderheitsaktionäre.

Die von der Ausgliederung des Organvertrags tangierten Interessen lassen sich unterscheiden in solche der Untergesellschaft selbst, ihrer Anteilseigner und ihrer Minderheitsaktionäre hinsichtlich der Ausgleichs- und Abfindungsansprüche.

(1) Die durch die Ausgliederung tangierten Interessen der Untergesellschaft

Die Untergesellschaft ist nach der Ausgliederung der Weisungsgewalt eines neuen herrschenden Unternehmens unterworfen und erhält einen neuen Schuldner hinsichtlich der Verlustausgleichspflicht nach § 302 AktG.

(a) Leitungsmacht nach § 308 AktG

Der Übergang des Weisungsrechts kann zur Folge haben, dass der Übernehmer seine Leitungsgewalt anders als das früher herrschende Unternehmen ausübt und beispielsweise stärker in das beherrschte Unternehmen hineinregiert, dessen wirtschaftlichen Zuschnitt verändert oder Teilbereiche unternehmerischer Leitung zentralisiert oder auf andere Konzernmitglieder verlagert also insgesamt eine völlig andere Konzernpolitik verfolgt als die alte Obergesellschaft. Insoweit hat sich die Untergesellschaft bzw. deren Vorstand durchaus auf andere Rahmenbedingungen einzustellen. Sie hat jedoch kein rechtlich geschütztes Interesse daran, dass nach Abschluss eines Organvertrags die Ausübung der Leitungsmacht unverändert bleibt. Auch das früher herrschende Unternehmen hätte seine Unternehmenspolitik jederzeit ändern können, mit der Folge dass das beherrschte Unternehmen sich hierauf hätte einstellen müssen.

Eine andere Frage ist, ob die Untergesellschaft darauf vertrauen kann, dass die Leitungsmacht nach Abschluss des Organvertrags bis zu dessen Beendigung nur von der vertragsschließenden Obergesellschaft ausgeübt wird und nicht auf ein anderes Unternehmen - etwa durch Ausgliederung des Organvertrags - übergeht. Dies ist aber gerade das Problem der Wirkungen einer Gesamtrechtsnachfolge. Lediglich dann, wenn man wie *Würdinger*[676] die Übertragbarkeit des Organvertrags aufgrund seiner Eigenart bzw. Rechtsnatur generell verneint, wäre es zulässig, davon auszugehen, dass ein Übergang auf einen anderen Rechtsträger - sei es im Wege der Gesamt- oder der Einzelrechts-

---

[675] Siehe Seite 150ff.

[676] Großkomm., § 291 Anm. 11; **ders.**, DB 1958, 1447, 1451f.

nachfolge - ausgeschlossen ist und damit die Untergesellschaft auf die Ausübung der Leitungsmacht allein durch die vertragsschließende Obergesellschaft vertrauen darf.

Hält man richtigerweise die Rechtsnachfolge in einen Organvertrag für möglich (und zulässig), können die Wirkungen der Rechtsnachfolge - wie zum Beispiel der Übergang des Weisungsrechts oder der Verlustausgleichspflicht - nicht als Argument gegen deren Zulässigkeit selbst angeführt werden. Dies bedeutet aber nicht, dass die Interessen der Untergesellschaft oder deren Minderheitsaktionäre völlig unbeachtlich wären. Es geht lediglich darum, die Wirkungen der Gesamtrechtsnachfolge von den dadurch möglicherweise tangierten Interessen zu unterscheiden. Nur dann, wenn der Übergang des Organvertrags auf ein anderes Unternehmen und dessen künftige Stellung als herrschendes Unternehmen zu einer ungerechtfertigten Benachteiligung dieser Interessen führte, wäre die Zulässigkeit der Gesamtrechtsnachfolge zu verneinen.

(b) Verlustausgleichspflicht nach § 302 AktG

Hinsichtlich der Verlustausgleichspflicht nach § 302 AktG ist die Untergesellschaft in erster Linie durch §§ 133 I 1, III 1 UmwG geschützt. Sämtliche an der Ausgliederung beteiligten Rechtsträger haften danach gesamtschuldnerisch für den Verlustausgleich, sodass das Vermögen der früheren Obergesellschaft in vollem Umfang als Haftungsgrundlage zur Verfügung steht.[677]

Beim Anspruch auf Verlustausgleich ist zwischen der sich aufgrund des Organvertrags ergebenden generellen Verpflichtung der Obergesellschaft zum Ausgleich etwaig entstehender Verluste und dem konkreten, einmal jährlich mit Feststellung der Bilanz sich ergebenden, konkreten und bezifferbaren Anspruch auf Verlustübernahme zu unterscheiden.[678]

Die an der Ausgliederung beteiligten Rechtsträger, denen der Organvertrag nicht zugewiesen wurde, haften auch für die Verluste der Untergesellschaft, die in den nach der Ausgliederung liegenden Wirtschaftsjahren der Untergesellschaft entstehen, höchstens jedoch für einen Zeitraum von fünf Jahren, § 133 III 1 UmwG. Voraussetzung für die Mithaftung ist aber die gerichtliche Geltendmachung des Anspruchs vor Ablauf des in § 133 III 1 UmwG genannten Zeitraums, sodass die mithaftenden Rechtsträger neben dem übernehmenden Unternehmen längstens fünf Jahre lang für den Verlustausgleich in Anspruch genommen werden können.[679]

---

[677] **Hommelhoff** in Lutter, UmwG, § 133 Rn 14.

[678] Siehe zu dieser Unterscheidung Seite 163f.

[679] Der aus § 302 AktG sich ergebende und jährlich einmal fällig werdende konkrete Anspruch auf Übernahme des Jahresfehlbetrags gleicht insoweit den aus einem Dauerschuldverhältnis fließenden Ansprüchen. Bei Verbindlichkeiten, die ihren Rechtsgrund z.B. in einem Mietvertrag haben, tritt mit Ablauf von fünf Jahren nach der Spaltung eine Enthaftung der Rechtsträger ein, denen das Schuldverhältnis nicht zugewiesen wurde. Die Enthaftung nach § 133 III 1 UmwG stellt eine rechtsvernichtende nicht bloß eine rechtshemmende Einrede dar, siehe hierzu **Hommelhoff** in Lutter, UmwG, § 133 Rn 50f.

Wie bereits im Zusammenhang mit der Aufspaltung ausgeführt,[680] ist über § 133 I 2 UmwG ebenfalls § 22 I 1 u. 2 UmwG anwendbar, wonach die Untergesellschaft Sicherheitsleistung für solche Ansprüche verlangen kann, die noch nicht fällig sind.[681] Das Interesse der Untergesellschaft an der Erfüllung der Verlustausgleichspflicht wird also durch die Mithaftung aller an der Ausgliederung beteiligten Rechtsträger als auch durch einen eventuellen Anspruch auf Sicherheitsleistung hinreichend geschützt. Zudem stünde der Untergesellschaft noch die Möglichkeit einer fristlosen Kündigung des Organvertrags nach § 297 I 2 AktG zu, sollte es Zweifel an der Fähigkeit des herrschenden Unternehmens geben, seiner Verlustausgleichspflicht nach § 302 AktG nachzukommen.[682]

Mit der Zulässigkeit des Übergangs des Organvertrags auf einen anderen Rechtsträger im Wege der Ausgliederung sind auch für die Minderheitsaktionäre der Untergesellschaft keine unzumutbaren Konsequenzen verbunden, wie sich im weiteren Verlauf der Untersuchung zeigen wird.

Damit ist als Ergebnis festzuhalten, dass der Organvertrag im Wege der Ausgliederung auf einen übernehmenden Rechtsträger übertragen werden kann. Damit ist aber noch nicht beantwortet, ob die Ausgliederung des Organvertrags an bestimmte Voraussetzungen - wie etwa die Zustimmung der Untergesellschaft und ihrer Aktionäre - zu knüpfen ist.

Von der Ausgliederung des Organvertrags insgesamt ist die Frage zu unterscheiden, ob der Vertrag als solcher einer Ausgliederung zugänglich ist. Dies ist ausgeschlossen. Wie bei er Auf-/Abspaltung kann der Vertrag nur insgesamt einem Rechtsträger zugewiesen werden. Eine "Zerstückelung" etwa in der Weise, dass das Weisungsrecht auf einen übernehmenden Rechtsträger und die Verlustausgleichspflicht auf einen weiteren Rechtsträger übertragen wird, scheidet aus.[683]

(2) Anwendbarkeit des § 295 I u. II AktG

Wie bei der Verschmelzung und den übrigen Spaltungsvorgängen stellt sich auch bei der Ausgliederung aufgrund des § 132 UmwG die Frage nach der Anwendbarkeit des § 295 AktG.

Wie bereits eingangs ausgeführt, liegt der Unterschied zwischen der Ausgliederung und der Abspaltung darin, dass bei der Ausgliederung die Gegenleistung für die Übertragung von Vermögensteilen in der Gewährung von Anteilen an den ausgliedernden Rechtsträger besteht. Der Ausgliederungsvorgang unterscheidet sich insbesondere dann, wenn nur die Beteiligung am beherrschten Unternehmen und der Organvertrag ausgegliedert werden, nicht von einer Einzelübertragung. Wie bei der Abspaltung

---

680 Siehe zu den Voraussetzungen des Anspruchs auf Sicherheitsleistung für künftige Verlustausgleichsansprüche Seite 163f.

681 **Grunewald** in Lutter, UmwG, § 22 Rn 8.

682 **Hüffer**, AktG, § 297 Rn 4; **Emmerich/Habersack**, Aktienkonzernrecht, § 297 Rn 21; **Emmerich/Sonnenschein**, Konzernrecht, § 15 III 3c.

683 **Krieger**, ZGR 1990, 517, 542; **Heidenhain**, NJW 1995, 2873, 2877.

kommt es dann auch bei der Ausgliederung nicht zu einer Übertragung des gesamten Vermögens des ausgliedernden Rechtsträgers sondern nur zu einem Übergang von Vermögensteilen. Dies führt anders als bei der Verschmelzung und der Aufspaltung zu einer erhöhten Gefahr, die für die Einzelrechtsnachfolge geltenden Voraussetzungen durch eine Ausgliederung zu umgehen.[684]

Die Umgehung der Einzelübertragungsvorschriften des § 295 AktG kann für das herrschende Unternehmen beispielsweise deshalb von besonderem Interesse sein, wenn eine Ausgliederung zur Neugründung durchgeführt wird. Da hierdurch ein hundertprozentiges Mutter-Tochter-Verhältnis zwischen der Obergesellschaft und dem übernehmenden Rechtsträger entsteht, kann die Obergesellschaft nach der Ausgliederung die 100%-Beteiligung an der Tochtergesellschaft an ein drittes Unternehmen veräußern, das dadurch mittelbaren Zugriff auf das beherrschte Unternehmen erhält, ohne dass eine Zustimmung der Untergesellschaft bzw. der außenstehenden Aktionäre zu dem hierdurch ermöglichten Herrschaftswechsel notwendig würde.

Die durch die Möglichkeit der Übertragung von einzelnen Gegenständen eröffnete Missbrauchsgefahr macht daher - wie bei der Abspaltung - die Anwendung des § 295 AktG erforderlich.[685] Sowohl die Untergesellschaft als auch deren Minderheitsaktionäre müssen daher dem Übergang des Organvertrags auf den aufnehmenden Rechtsträger zustimmen.[686]

(3) Ergebnis

Der Organvertrag kann im Wege der Ausgliederung auf den übernehmenden Rechtsträger übergehen. Anders als bei der Verschmelzung und der Aufspaltung ist wegen der Gefahr der Umgehung der für die Einzelrechtsnachfolge in den Organvertrag geltenden Voraussetzungen von einer Anwendbarkeit des § 295 AktG auszugehen.

---

[684] Im Gesetzgebungsverfahren wurde diskutiert, die Abspaltung dann nicht zuzulassen, wenn ein übernehmender Rechtsträger im wesentlichen nur einen Vermögensgegenstand übernehmen sollte. Dies sollte unter dem Gesichtspunkt des Gestaltungsmissbrauchs, d.h. der Umgehung der für die Einzelrechtsnachfolge geltenden Vorschriften ausgeschlossen werden. Diese Einschränkung wurde jedoch im Laufe des Gesetzgebungsverfahrens fallen gelassen. Siehe dazu: **Mayer**, GmbHR 1996, 403, 404f.

[685] A.A. jedoch: **Emmerich/Sonnenschein**, Konzernrecht, § 14 I 2, der bei der Spaltung aufgrund der Gesamtrechtsnachfolge ausnahmslos von der Nicht-Anwendbarkeit des § 295 AktG ausgeht. Der Verweis von **Emmerich/Sonnenschein auf Lutter** in Lutter, UmwG, § 2 Rn 21, **Grunewald** in Lutter, UmwG, § 20 Rn 35 und **Teichmann** in Lutter, UmwG, § 123 Rn 7 kann nicht überzeugen. Lediglich bei der Verschmelzung geht **Grunewald** in Lutter, UmwG, von der Nicht-Anwendbarkeit des § 295 AktG aus. Für die Spaltung (s. § 123 Rn 7) ergibt sich aus der zitierten Fundstelle nur, dass die Gesamtrechtsnachfolge bei der Verschmelzung bzw. bei der Spaltung die gleiche Reichweite haben müssen. Emmerich/Sonnenschein übersehen jedoch die Vorschrift des § 132 UmwG, der hinsichtlich der Übertragung von Gegenständen auf die allgemeinen Vorschriften verweist. **Engelmeyer**, AG 1999, 263, 266 vertritt die Ansicht, Vertragsverhältnisse könnten ohne die Zustimmung des anderen Vertragspartners übertragen werden, wenn dies im Rahmen der Ausgliederung nach dem Umwandlungsgesetz erfolge. Diese Ansicht ist jedoch bedenklich.

[686] Siehe zu den Argumenten für die Anwendung des § 295 AktG bei der Abspaltung Seite 183ff.

B. Abfindungsansprüche

Die Ausgliederung des Organvertrags auf ein neues herrschendes Unternehmen ist ohne Einfluss auf ein laufendes Spruchstellenverfahren bzw. den Bestand der Abfindungsansprüche der Minderheitsaktionäre. Hier kann nichts anderes als bei der Verschmelzung bzw. der Aufspaltung der Obergesellschaft gelten.[687] Durch die Ausgliederung werden die mit dem Organvertrag eingetretenen Beeinträchtigungen der Herrschafts- und Vermögensrechte der Minderheit weder beseitigt noch rückgängig gemacht, auch wenn sie nach der Ausgliederung Aktionäre eines organvertraglich nicht gebundenen Unternehmens sind.

Wird der Organvertrag ausgegliedert, sind wie bei der Verschmelzung und der Auf- bzw. Abspaltung unterschiedliche Fallkonstellationen auseinanderzuhalten, die nachfolgend untersucht werden.

(1) Annahme der Abfindung und Einleitung eines Spruchstellenverfahrens

(a) Abfindung in Aktien der Obergesellschaft

Der außenstehende Aktionär hat seine Aktien dem herrschenden Unternehmen gegen die im Organvertrag festgesetzte Abfindung überlassen und ein Spruchstellenverfahren eingeleitet. Vor einer gerichtlichen Entscheidung wird der Organvertrag ausgegliedert.

(i) Schuldner der Abfindungsleistung

Mit der Ausgliederung des Vertrags ist ein Herrschaftswechsel verbunden. Mit dem Übergang des Organvertrags steht dem neuen herrschenden Unternehmen die Weisungsbefugnis nach § 308 AktG zu.

Die Abfindungsansprüche sind jedoch auch nach der Ausgliederung auf Anteile des früher herrschenden Unternehmens gerichtet. Fraglich ist, ob mit der Ausgliederung des Organvertrags auch die Abfindungsansprüche der Minderheitsaktionäre automatisch auf den aufnehmenden Rechtsträger übergehen, sodass Anspruchsgegner primär das neue herrschende Unternehmen ist. Auf den ersten Blick scheint dies selbstverständlich zu sein. Wird beispielsweise einem aufnehmenden Rechtsträger ein Miet- oder Kaufvertrag zugewiesen, gehen alle mit diesem Vertrag zusammenhängenden Ansprüche und Verpflichtungen auf den aufnehmenden Rechtsträger über. Parteien des Organvertrags sind das herrschende und das beherrschte Unternehmen, während der Abfindungsanspruch zwischen dem herrschenden Unternehmen und dem einzelnen Aktionär besteht. Entgegen der noch hM ist davon auszugehen, dass der Abfindungsanspruch nicht durch den Organvertrag begründet wird sondern gesetzlicher Natur ist.[688]Die Aufnahme eines Abfindungsangebots in den Organvertrag hat daher nur deklaratorischen Charakter, begründet diesen Anspruch jedoch nicht konstitutiv, wie dies etwa bei einem schuldrechtlichen Vertrag der Fall ist. Daher kann - anders als bei der

---

[687] Zum Schicksal des Abfindungsanspruchs bei der Verschmelzung der Obergesellschaft, siehe Seite 129 ff und für die Aufspaltung siehe Seite 167.
[688] Zur Rechtsnatur des Abfindungsanspruchs siehe Seite 26ff.

Ausgliederung von schuldrechtlichen Verträgen - nicht davon ausgegangen werden, dass bei einer Ausgliederung des Organvertrags die Abfindungsansprüche als Teil des Organvertrags mit diesem übergehen. Das den Organvertrag aufnehmende Unternehmen wird nur dann Schuldner der Abfindungsverpflichtung, wenn die Abfindungsansprüche diesem im Spaltungs- und Übernahmevertrag ausdrücklich zugewiesen werden.

(ii) Berücksichtigung etwaiger mit der Ausgliederung einhergehender Wertveränderungen

Grundlage für die Berechnung der Abfindungsleistung waren die Wertverhältnisse im Zeitpunkt des Vertragsschlusses.[689] Wird nur der Organvertrag ausgegliedert, ändert sich an diesen Wertverhältnissen nichts. Der Übergang des Organvertrags kann die Umtauschrelation schon deswegen nicht beeinflussen, da dieser bei der Unternehmensbewertung anlässlich des Abschlusses des Organvertrags nicht zu berücksichtigen war.

Werden dagegen neben dem Organvertrag noch andere Vermögensgegenstände ausgegliedert, kann dies mit einer Änderung des Unternehmenswerts der Obergesellschaft verbunden sein.[690]

Als Folge hiervon kann der in einer Aktie der Obergesellschaft verkörperte Anteil am Unternehmenswert absinken oder ansteigen. Dies würde dazu führen, dass der in einer Aktie der Obergesellschaft verkörperte Anteil an deren Vermögen im Zeitpunkt der Entscheidung im Spruchstellenverfahren anders ausfällt als im Zeitpunkt des Vertragsschlusses, der der Ermittlung der Verschmelzungswertrelation bzw. dem Abfindungsangebot zu Grunde zu legen war.

Wird in dem Spruchstellenverfahren eine höhere Abfindung als im Organvertrag vorgesehen festgesetzt, haben die Minderheitsaktionäre einen Abfindungsergänzungsanspruch. Da bei der Berechnung des Abfindungsanspruchs nach dem Stichtagsprinzip auf die Wertverhältnisse im Zeitpunkt des Vertragsschlusses abzustellen ist, bliebe die ausgliederungsbedingte Minderung des Unternehmenswerts der Obergesellschaft unberücksichtigt, mit der Folge, dass die Minderheitsaktionäre einen gegenüber den Wertverhältnissen bei Vertragsschluss geminderten Ergänzungsanspruch erhielten.

---

[689] Genauer: Zeitpunkt der Beschlussfassung der Hauptversammlung der Untergesellschaft über den Organvertrag, § 305 III 2 AktG.

[690] Die Obergesellschaft erhält zwar als Gegenleistung Anteile an dem übernehmenden Rechtsträger, sodass die Ausgliederung - anders als die Abspaltung - nicht einen völligen Vermögensverlust zur Folge hat. Dieser Tausch von Sach- in Anteilswerte kann jedoch dazu führen, dass die Anteile am übernehmenden Rechtsträger eine andere, d.h. niedrigere Bewertung des Unternehmenswerts des ausgliedernden Rechtsträgers notwendig machen. Siehe dazu: **Teichmann** in Lutter, UmwG, § 123 Rn 15. In Ausnahmefällen mag mit der Ausgliederung von Vermögen auch eine Erhöhung des Unternehmenswerts der Obergesellschaft verbunden sein, etwa wenn bislang verlustbringende Betriebsstätten übertragen werden.

Fraglich ist, ob eine Ausgliederung und die damit verbundene Änderung der Verschmelzungswertrelationen im laufenden Spruchstellenverfahren berücksichtigt werden dürfen oder ob die Bewertung ausschließlich bezogen auf den in § 305 III 2 AktG genannten Zeitpunkt zu erfolgen hat. Nach der hM sind nach dem Bewertungsstichtag eintretende Entwicklungen dann bei der Unternehmensbewertung zu berücksichtigen, soweit sie in den Verhältnissen am Bewertungsstichtag schon angelegt sind, sogenannte "Wurzeltheorie."[691]

Die Schwierigkeit in der Anwendung des Stichtagsprinzips liegt darin, zwischen den Entwicklungen zu trennen, deren Berücksichtigung mangels Verwurzelung in den Verhältnissen am Stichtag ausscheidet, und den Entwicklungen, die seinerzeit schon angelegt waren.[692]

Emmerich fordert daher ein Überdenken des Stichtagsprinzips und begründet dies mit der durch das herrschende Unternehmen nahezu beliebig manipulierbaren Dauer der Spruchstellenverfahren.[693]

Dieser Auffassung ist zuzustimmen. Die von *Emmerich* angesprochenen Manipulationsmöglichkeiten werden zusätzlich dadurch erweitert, dass es allein bei der Obergesellschaft liegt, Vermögen auf andere Unternehmen oder konzernzugehörige Unternehmen auszugliedern und durch den damit verbundenen Tausch von Sach- in Anteilswerte die Bewertung des eigenen Unternehmens zu beeinflussen.

Für die Lösung des vorliegenden Problems bedarf es somit einer Trennung der Ausgliederungen, die bereits zum Stichtag der Beschlussfassung Teil einer konkreten Unternehmensplanung waren,[694] von den Fällen, in denen die Obergesellschaft eine Ausgliederung erst nach diesem Zeitpunkt in Angriff nimmt. Hatte die Obergesellschaft bereits im Zeitpunkt der Beschlussfassung des abhängigen Unternehmens über den Organvertrag konkrete Planungen hinsichtlich einer Ausgliederung von Vermögen auf dritte Unternehmen, sind diese Planungen bei der Bewertung des herrschenden Unternehmens in jedem Fall zu berücksichtigen. Dies folgt schon daraus, dass eine Prognose

---

[691] **BGH**, NZG 1998, 379, 380; **OLG Karlsruhe**, AG 1998, 288, 289; **OLG Zweibrücken**, AG 1995, 421, 422; **BayObLG**, AG 1995, 509f; **LG Frankfurt/Main**, AG 1996, 187, 188; **LG Dortmund**, AG 1998, 142, 143; **LG München I**, AG 1990, 404, 405; **Hüffer**, AktG, § 305 Rn 23; **Koppensteiner**, Köln.Komm., § 305 Rn 28; **Geßler** in Geßler/Hefermehl/Eckardt/Kropff, § 305 Rn 49; kritisch zum Stichtagsprinzip: **Emmerich/Sonnenschein**, Konzernrecht, § 17a IV 4.; **Emmerich/Habersack**, Aktienkonzernrecht, § 305 Rn 43f.

[692] **Emmerich/Habersack**, Aktienkonzernrecht, § 305 Rn 43.

[693] **Emmerich/Sonnenschein**, Konzernrecht, § 17a IV 4; **Emmerich/Habersack**, Aktienkonzernrecht, § 305 Rn 43 verweist zudem auf die nahezu unüberwindlichen Schwierigkeiten bei der Abgrenzung der relevanten von den irrelevanten Entwicklungen, da diese angesichts der Interdependenz wirtschaftlicher Vorgänge oft nicht ohne Willkür möglich sei.

[694] Nach **Emmerich/Habersack**, Aktienkonzernrecht, § 305 Rn 45, sind zur Berechnung der Barabfindung konkrete Unternehmensplanungen der Untergesellschaft bei der Prognose der künftigen Erträge zu berücksichtigen. Dieses Kriterium muss auch für eine Bewertung der Obergesellschaft gelten, wenn eine Abfindung in Aktien der Obergesellschaft vorgesehen ist. Zur Geltung des in § 305 III 2 AktG verankerten Stichtagsprinzips auch bei der Abfindung in Aktien, siehe hierzu: **Hüffer**, AktG, § 305 Rn 23.

der künftigen Erträge nur unter Berücksichtigung der konkreten Unternehmensplanung erfolgen kann. In diesem Fall fließen die Auswirkungen einer Ausgliederung auf den Unternehmenswert der Obergesellschaft zwingend in die Bewertung ein.

Wird dagegen eine Ausgliederung erst nach dem vorgenannten Stichtag geplant und durchgeführt, scheidet nach der Wurzeltheorie eine Berücksichtigung dieser (späteren) Entwicklung grundsätzlich aus. Selbst wenn die Ausgliederung zu einer deutlichen Minderung des Unternehmenswerts des herrschenden Unternehmens führt und sich dadurch die Umtauschrelation zugunsten der Minderheitsaktionäre verschieben würde, haben die außenstehenden Aktionäre diese Entwicklung hinzunehmen. Im Ergebnis tragen sie - wie auch die anderen Aktionäre des herrschenden Unternehmens - das Risiko einer Schwankung des Unternehmenswerts ihrer Gesellschaft.

Die Ausgliederung unterscheidet sich auf den ersten Blick jedoch von den üblichen Entwicklungen - zum Beispiel dem Verlust von Marktanteilen, verschärfter Konkurrenz, Verfall der Absatzpreise, Fehlentscheidungen des Managements -, die Einfluss auf den Unternehmenswert der Obergesellschaft haben. Während die vorgenannten Faktoren nicht zur Disposition des Unternehmens stehen, ist die Ausgliederung selbst ein Faktor, der der Entscheidung der Obergesellschaft unterliegt und von dieser hinsichtlich des Zeitpunktes und der Konditionen beeinflusst werden kann. Dem herrschenden Unternehmen werden dadurch im Zeitraum zwischen Vertragsschluss und der Entscheidung im Spruchstellenverfahren Möglichkeiten eröffnet, ihren Unternehmenswert zu beeinflussen.

Diese Gefahr spräche daher grundsätzlich dafür, die Ausgliederung von Vermögensteilen im Spruchstellenverfahren auch dann berücksichtigt werden, wenn sie im Zeitpunkt der Beschlussfassung des beherrschten Unternehmens über den Organvertrag nicht absehbar bzw. geplant war. Ließe man die Berücksichtigung der Ausgliederung nicht zu, könnte die Obergesellschaft aus einer bewusst niedrig angesetzten Abfindung verbunden mit der langen Verfahrensdauer eines Spruchstellenverfahrens ungerechtfertigte Vorteile ziehen.

Gegen diese Argumente spricht jedoch folgende Überlegung: Hätte die Obergesellschaft bereits bei Vertragsschluss die angemessene Abfindung angeboten und hätten die Minderheitsaktionäre vor der Ausgliederung ihre Aktien am beherrschten Unternehmen in solche der Obergesellschaft getauscht, wären sie wie die übrigen Aktionäre der Obergesellschaft von einer ausgliederungsbedingten Wertveränderung betroffen worden. Dies wird anhand folgendes Beispiels klar: Beträgt die Verschmelzungswertrelation bei Vertragsschluss 1 : 1 (Obergesellschaft : beherrschtes Unternehmen) und sinkt das Umtauschverhältnis infolge der Ausgliederung auf 2 : 1, würden die Minderheitsaktionäre - bei Berücksichtigung der Ausgliederung - für jede ihrer Aktien letztendlich zwei Aktien des herrschenden Unternehmens erhalten.

Wird die Ausgliederung dagegen nicht berücksichtigt, haben die Aktionäre nur einen Anspruch auf eine Aktie der Obergesellschaft für jeden ihrer Anteile am beherrschten Unternehmen. Die Einbeziehung der Ausgliederung in die Ermittlung der Umtauschrelationen hätte zur Folge, dass die ausgliederungsbedingte Wertminderung durch eine erhöhte Anzahl von Abfindungsaktien ausgeglichen würde. Die Minderheitsaktionäre würden damit nicht an der Entwicklung des Unternehmenswerts im Zeitraum zwischen dem Vertragsschluss und der Ausgliederung partizipieren, sondern so gestellt werden, als sei der Unternehmenswert mit dem Vertragsschluss auf dem damals geltenden Niveau eingefroren worden. Dies ist jedoch nicht Sinn und Zweck des in § 305 III 2 AktG festgelegten Stichtagsprinzips. Diese Vorschrift soll sicherstellen, dass die Bewertung von Ober- und Untergesellschaft zu einem bestimmten Zeitpunkt und der in diesem Moment erkennbaren Verhältnisse erfolgt.[695] Es ist jedoch nicht die Absicht des Gesetzgebers gewesen, die Minderheitsaktionäre vor Schwankungen der Abfindungsaktien nach dem Vertragsschluss zu schützen.

Forderte man die Einbeziehung der Ausgliederung in die Berechnung des Umtauschverhältnisses, hätte dies eine ungerechtfertigte Besserstellung der Minderheitsaktionäre gegenüber den anderen Anteilseignern zur Folge.

Führt die Ausgliederung weiterer Vermögensteile zu einer Erhöhung des Unternehmenswerts der Obergesellschaft und damit aus Sicht der Minderheitsaktionäre zu einer Verschlechterung des Umtauschverhältnisses, steht das Stichtagsprinzip einer Berücksichtigung dieser Entwicklung zugunsten der Obergesellschaft ebenfalls entgegen, sofern diese Entwicklung nicht bereits zum Stichtag des § 305 III 2 AktG angelegt war.

(iii) Haftung der an der Ausgliederung beteiligten Rechtsträger

Verbleiben die Abfindungsansprüche nach der Ausgliederung beim übertragenden Rechtsträger, haften sämtliche an der Ausgliederung beteiligten Rechtsträger nach § 133 I 1 UmwG gesamtschuldnerische für die Erfüllung dieser Ansprüche. Die Mithaftung nach § 133 III 1 UmwG erstreckt sich auf solche Verbindlichkeiten des übertragenden Rechtsträgers die vor der Spaltung = Ausgliederung begründet worden sind. Diese Haftung ist nach § 133 III UmwG für die Rechtsträger auf fünf Jahre begrenzt, denen die Abfindungsansprüche nicht zugewiesen wurden, sofern der Anspruch vor Ablauf von fünf Jahren nach der Ausgliederung fällig und gerichtlich geltend gemacht wird. Danach tritt eine Enthaftung der mithaftenden Rechtsträger ein.[696] Die Fünf-Jahres-Frist beginnt nach § 133 IV 1 UmwG mit dem Tag, an dem die Eintragung der Ausgliederung in das Register des Sitzes des übertragenden Rechtsträgers als bekanntgemacht gilt.

Auch der Abfindungsergänzungsanspruch ist eine Verbindlichkeit, die vor der Ausgliederung begründet worden ist. Die Entscheidung im Spruchstellenverfahren über diesen Anspruch, die nach der Ausgliederung liegt, ist insoweit unerheblich. Entscheidend ist, dass dem Minderheitsaktionär mit Abschluss des Organvertrags ein Anspruch auf eine angemessene Abfindung zusteht. Der Anspruch auf eine angemessene Abfindung ist daher bereits vor der Ausgliederung entstanden, sodass sämtliche an der Aus-

---

[695] **Emmerich/Habersack**, Aktienkonzernrecht, § 305 Rn 41.

[696] Die Geltendmachung der Enthaftung ist eine rechtsvernichtende Einwendung und nicht eine bloß rechtshemmende Einrede, siehe hierzu: **Hommelhoff** in Lutter, UmwG, § 133 Rn 50.

gliederung beteiligten Unternehmen für die Erfüllung dieses Anspruchs einzustehen haben.

Werden die Abfindungsansprüche dem Rechtsträger, der den Organvertrag aufnimmt oder einem anderen Unternehmen zugewiesen, hat dieser als Hauptschuldner für deren Erfüllung einzustehen. Das früher herrschende Unternehmen rückt dann wie die übrigen an der Ausgliederung beteiligten Rechtsträger in die Stellung eines Mithafters nach § 133 III 1 UmwG.

(b) Barabfindung

Ist im Organvertrag eine Barabfindung nach § 305 II Nr. 3 AktG vorgesehen, stellen sich die bei der Abfindung in Aktien mit einer Ausgliederung weiteren Vermögens der Obergesellschaft zusammenhängenden Probleme nicht. Nach § 133 I 1 UmwG haften sämtliche an der Ausgliederung beteiligten Rechtsträger gesamtschuldnerisch für die Zahlung der Barabfindung und einen etwaigen Ergänzungsanspruch. Die Mithaftung der Rechtsträger, denen die Abfindungsansprüche nicht zugewiesen wurden, ist nach § 133 III 1UmwG auf fünf Jahre begrenzt, wenn die Barabfindung nicht vor Ablauf dieser Frist gerichtlich geltend gemacht wird. Im übrigen gelten die soeben für die Abfindung in Aktien gemachten Ausführungen entsprechend.

(2) Einleitung eines Spruchstellenverfahrens ohne Annahme der Abfindung

(a) Abfindung in Aktien des herrschenden Unternehmens

Sachverhalt: Der außenstehende Aktionär hat seine Aktien nicht dem herrschenden Unternehmen angeboten und hat ein Spruchstellenverfahren eingeleitet. Vor der Entscheidung im Spruchstellenverfahren wird der Organvertrag ausgegliedert.

(Haupt-)Schuldner des Abfindungsanspruchs ist entweder das Unternehmen, dem diese im Spaltungs- oder Übernahmevertrag zugewiesen wurden oder das bis zur Ausgliederung herrschende Unternehmen, wenn nur der Organvertrag nicht aber die Abfindungsansprüche übertragen werden. Wie bei der vorigen Alternative stellt sich hier ebenfalls die Frage, ob eine ausgliederungsbedingte Änderung der Umtauschrelationen in dem laufenden Spruchstellenverfahren zu berücksichtigen ist.

Dies ist hier aus den vorgenannten Gründen gleichfalls zu verneinen. Sinn und Zweck des § 305 III 2 AktG ist es, die Unternehmenswerte der Ober- bzw. Untergesellschaft und das sich hieraus ergebende Umtauschverhältnis aufgrund der zu einem bestimmten Stichtag erkennbaren Verhältnisse zu ermitteln. Es ist dagegen nicht Aufgabe des Abfindungsanspruchs, die Minderheitsaktionäre vor Schwankungen des in den Abfindungsaktien verkörperten Anteils am Vermögen der Obergesellschaft zu schützen. Ausgliederungsbedingte Änderungen des Umtauschverhältnisses dürfen daher im Spruchstellenverfahren deshalb keine Rolle spielen. Ansonsten wären die Minderheitsaktionäre anders als die übrigen Anteilseigner der Obergesellschaft von der Entwicklung des Unternehmenswerts des herrschenden Unternehmens ausgeschlossen und je nachdem ob, sich das Umtauschverhältnis zu ihren Gunsten oder Ungunsten verändert besser bzw. schlechter gestellt.

Auch hinsichtlich der Haftung der an der Ausgliederung beteiligten Rechtsträger gilt das zur vorigen Variante Gesagte entsprechend. Nach § 133 I 1 UmwG haften sämtliche an der Ausgliederung beteiligten Rechtsträger gesamtschuldnerisch für die Erfüllung der Abfindungsverpflichtung. Die Haftung der Rechtsträger, denen die Abfindungsansprüche nicht zugewiesen wurden, ist nach § 133 III 1 UmwG auf fünf Jahre begrenzt, sofern der Anspruch nicht vor Ablauf dieses Zeitraums gerichtlich geltend gemacht wird.

Im Zusammenhang mit der Haftung nach § 133 UmwG ist jedoch noch auf einen Unterschied im Vergleich zur vorigen Variante hinzuweisen. Die Enthaftung der Rechtsträger, denen die Abfindungsansprüche nicht zugewiesen wurden, hängt davon ab, dass die Abfindung nicht vor Ablauf von fünf Jahren fällig und gerichtlich geltend gemacht wurde, § 133 III 1 UmwG. Liegen zwischen der Ausgliederung und der Entscheidung im Spruchstellenverfahren mehr als fünf Jahre, könnte fraglich sein, ob die übrigen, an der Ausgliederung beteiligten Rechtsträger sich nicht bereits auf die Enthaftung berufen können.

Für die Frage der Fälligkeit einer Verbindlichkeit kommt es auf deren Rechtscharakter grundsätzlich nicht an.[697] Die hM unterscheidet beim Abfindungsanspruch zwischen der Abfindungsoption, die im Organvertrag enthalten ist und der durch die Ausübung der Option entstehenden Abfindungspflicht des herrschenden Unternehmens.[698] Legt man diese Unterscheidung zu Grunde, hätte dies zur Folge, dass die Fälligkeit des Abfindungsanspruchs erst mit Ausübung der Option eintritt[699], also erst dann, wenn der Minderheitsaktionär dem Schuldner seine Aktien anbietet. Weigert sich er Schuldner daraufhin die Abfindung zu leisten, könnte der Aktionär Leistungsklage erheben.[700]

Nach der hM verbleibt es bei der Fälligkeit des gesamten Abfindungsanspruchs mit der Ausübung der Abfindungsoption, auch wenn ein Spruchstellenverfahren rechtshängig ist und über die endgültige Höhe der Abfindung erst später entschieden wird und die Minderheitsaktionäre erst dann die Abfindungsergänzung verlangen.[701] Voraussetzung

---

[697] **Hommelhoff** in Lutter, UmwG, § 133 Rn 51; **Vossius** in Widmann/Mayer, § 133 Rn 20 und 22 (34. Erg.-Lfg./September 1996).

[698] **Hüffer**, AktG, § 305 Rn 3; **Emmerich/Habersack**, Aktienkonzernrecht, § 305 Rn 22; **Emmerich/Sonnenschein**, Konzernrecht, § 17a III 1a; **Haase**, AG 1995, 8, 10ff; **Koppensteiner**, Köln.Komm., § 305 Rn 4; **BGH**, BGHZ, 135, 374, 380; **BayObLG**, AG 1980, 76, 77; **OLG Celle**, AG 1974, 405; **LG Stuttgart**, AG 1998, 103.

[699] Genauer: mit Einlieferung der Aktienurkunden beim anderen Vertragsteil oder der mit der Abwicklung beauftragten Stelle; siehe hierzu: **Hüffer**, AktG, § 305 Rn 8; **Geßler** in Geßler/Hefermehl/Eckardt/Kropff, § 305 Rn 53; **Koppensteiner**, Köln.Komm., § 305 Rn 10; **Emmerich/Habersack**, Aktienkonzernrecht, § 305 Rn 26.

[700] **Hüffer**, AktG, § 305 Rn

[701] **Hüffer**, AktG, § 305 Rn 8; Emmerich/Habersack, Aktienkonzernrecht, § 305 Rn 26; **Koppensteiner**, Köln.Komm., § 305 Rn 10; **Geßler** in Geßler/Hefermehl/Eckardt/Kropff, § 305 Rn 53; **LG Stuttgart**, AG 1998, 103. Die hM verlagert also den Fälligkeitszeitpunkt des Abfindungsergänzungs-

für die Fälligkeit des Abfindungsanspruchs ist nach der hM Meinung jedoch die Ausübung der Abfindungsoption durch den Minderheitsaktionär. Die Minderheitsaktionäre, die erst den Ausgang des Spruchstellenverfahrens abwarten, um dann zu entscheiden, ob sie die Abfindung gegen Hingabe ihrer Aktien annehmen, laufen nach der hM Gefahr, dass bei einem Übergang der Abfindungsansprüche auf das aufnehmende Unternehmen die frühere Obergesellschaft und die übrigen an der Ausgliederung beteiligten Unternehmen bereits aus der Mithaftung nach § 133 III 1 UmwG entlassen sind, wenn sie die Abfindung verlangen.

Die praktische Relevanz einer derartigen Fallgestaltung dürfte äußerst gering sein. Das Risiko der Minderheitsaktionäre, dass für ihre Abfindungsansprüche nicht mehr alle an der Ausgliederung beteiligten Rechtsträger gesamtschuldnerisch haften, wird nur dann relevant, wenn das die Abfindungsansprüche übernehmende Unternehmen nicht in der Lage ist, diese zu befriedigen. Dieser Gefahr können die Minderheitsaktionäre jedoch dadurch wirksam vorbeugen, dass sie einer Ausgliederung der Abfindungsansprüche die nach § 295 II AktG erforderliche Zustimmung verweigern, sodass die Ansprüche beim ursprünglich herrschenden Unternehmen verbleiben.

(b) Barabfindung

Ist im Organvertrag eine Barabfindung nach § 305 II Nr. 3 AktG vorgesehen, stellen sich die bei der Abfindung in Aktien mit einer Ausgliederung weiteren Vermögens der Obergesellschaft zusammenhängenden Probleme nicht. Hinsichtlich der Haftung für die Erfüllung der Barabfindungspflicht gilt das soeben zur Abfindung in Aktien Gesagte entsprechend.

(3) Abfindungsergänzungsanspruch der ausgeschiedenen Aktionäre

Sachverhalt: Der Minderheitseigner hat seine Aktien der Obergesellschaft angeboten und die Abfindung erhalten, ohne selbst die Durchführung eines Spruchstellenverfahrens beantragt zu haben.

(a) Abfindung in Aktien der Obergesellschaft

Diese Fallgestaltung unterscheidet sich im Ergebnis nicht von der eingangs untersuchten Variante, in der der Außenseiteraktionär ebenfalls seine Aktien der Obergesellschaft jedoch selbst ein Spruchstellenverfahren eingeleitet hat. Aufgrund der Inter-omnes-Wirkung des Spruchstellenentscheids kommen auch diejenigen Minderheitsaktionäre, die selbst keine eigenen Anträge im Spruchstellenverfahren gestellt haben, in den Genuss des Abfindungsergänzungsanspruchs. Auch hier gilt, dass ausgliederungsbedingte Änderungen des Werts der Obergesellschaft nicht zu einer Korrektur des Umtauschverhältnisses führen kann. Zur Begründung dieses Ergebnisses ist auf die eingangs untersuchte Fallvariante und die dort diskutierten Argumente zu verweisen. Die

---

anspruchs auf den Zeitpunkt der Einlieferung der Aktien der Untergesellschaft beim herrschenden Unternehmen vor, obwohl die endgültige Höhe der Abfindung u.U. erst Jahre später gerichtlich festgestellt wird.

Haftung der an der Ausgliederung beteiligten Rechtsträger für die Abfindungsansprüche richtet sich nach § 133 I 1 bzw. 133 III 1 UmwG. Zu den Einzelheiten gelten die in der zuerst untersuchten Fallgestaltung gemachten Ausführungen.

(b) Barabfindung

Die Minderheitsaktionäre, die ihre Aktien gegen Zahlung der Abfindung bereits vor der Ausgliederung an die Obergesellschaft abgegeben haben, können nach einer Höherfestsetzung der Barabfindung im Spruchstellenverfahren aufgrund der Inter-omnes-Wirkung der gerichtlichen Entscheidung den Abfindungsergänzungsanspruch geltend machen.

Nach § 133 I 1 UmwG haften alle an der Ausgliederung beteiligten Unternehmen für die Zahlung des Ergänzungsanspruchs. Diese Mithaftung endet für die Rechtsträger, denen die Abfindungsansprüche nicht zugewiesen wurden, mit Ablauf von fünf Jahren ab der Ausgliederung, wenn der Anspruch nicht vor Ablauf dieser Frist gerichtlich geltend gemacht worden ist, § 133 III 1 UmwG.

(4) Abfindungsanspruch der verbliebenen Aktionäre ohne eigenen Antrag im Spruchstellenverfahren

Hat der außenstehende Aktionär dem herrschenden Unternehmen weder seine Aktien angeboten noch selbst ein Verfahren nach § 306 AktG eingeleitet, kann er wie bei der Verschmelzung, der Aufspaltung und der Abspaltung aufgrund der Inter-omnes-Wirkung des Spruchstellenverfahrens die gerichtlich festgesetzte Abfindung verlangen.

Insbesondere kann aus der Tatsache, dass ein Minderheitsaktionär, der weder seine Aktien der Obergesellschaft angeboten noch selbst einen eigenen Antrag im Spruchstellenverfahren gestellt hat, nicht geschlossen werden, er habe an der Abfindung kein Interesse gehabt und durch Entgegennahme der Ausgleichszahlungen auf diese konkludent verzichtet.[702]

(a) Abfindung in Aktien des herrschenden Unternehmens

Nach §133 I 1 UmwG haften die an der Ausgliederung beteiligten Rechtsträger gesamtschuldnerisch für sämtliche Verbindlichkeiten des übertragenden Rechtsträgers, die vor dem Wirksamwerden der Spaltung begründet worden sind. Nach § 133 III 1 UmwG ist die Mithaftung der Rechtsträger, denen die Verbindlichkeiten im Spaltungs- und Übernahmevertrag nicht zugewiesen wurden, auf fünf Jahre nach der Ausgliederung beschränkt, wenn die Ansprüche in diesem Zeitraum fällig und gerichtlich geltend gemacht werden.

Auch bei dieser Variante laufen die Minderheitsaktionäre Gefahr, dass im Zeitpunkt einer Entscheidung im Spruchstellenverfahren, die nach Ablauf des Fünf-Jahres-Zeitraums nach § 133 III 1 UmwG ergeht, bereits eine Enthaftung der Rechtsträger

---

[702] Siehe hierzu die Ausführungen auf Seite173f.

eingetreten ist, denen die Abfindungsansprüche nicht zugewiesen wurden, sodass nur noch der aufnehmende bzw. die ursprünglich herrschende Gesellschaft für die Erfüllung der Abfindungsverpflichtungen einzustehen haben.

Wie bereits bei der oben erörterten Fallgestaltung ausgeführt, dürfte das Risiko der Minderheitsaktionäre, dass er mit den Abfindungsansprüchen ausfällt, weil der übernehmende Rechtsträger seinen Verpflichtungen nicht nachkommen kann und sich die anderen and der Ausgliederung beteiligten Unternehmen auf die Enthaftung nach § 133 III 1 UmwG berufen, äußerst gering sein. Da die Außenseiteraktionäre einem Übergang der Abfindungsansprüche nach § 295 II AktG zustimmen müssen, können sie bei Zweifeln an der Fähigkeit des aufnehmenden Rechtsträgers, die Abfindungsansprüche zu befriedigen, einen Übergang dieser Ansprüche verhindern. Eines weitergehenden Schutzes der Minderheitsaktionäre bedarf es daher nicht.

(b) Barabfindung

Hinsichtlich der Barabfindung kann auf die Ausführungen zu der soeben erörterten Abfindung in Aktien verwiesen werden. Die Rechtsträger, denen die Abfindungsansprüche im Spaltungs- und Übernahmevertrag nicht zugewiesen wurden, haften höchstens fünf Jahre nach der Durchführung der Umwandlung. Das Risiko, dass der Rechtsträger, dem die Abfindungsansprüche zugewiesen wurden, diese nicht erfüllen kann dürfte vergleichsweise gering sein. Da den Minderheitsaktionären nach § 295 Ii AktG ein Mitspracherecht bei der Ausgliederung zusteht, können sie bei Zweifeln an der Fähigkeit zur Erfüllung der Ansprüche, einen Übergang der Ansprüche verhindern. Eines weitergehenden Schutzes bedarf es daher nicht.

(5) Ergebnis

Die Abfindungsansprüche gehen nicht automatisch auf den Rechtsträger über, dem der Organvertrag zugewiesen wurde. Hierzu bedarf es vielmehr einer ausdrücklichen Zuweisung, der die Minderheitsaktionäre nach § 295 Ii AktG zustimmen müssen. Die Haftung der an der Ausgliederung beteiligten Rechtsträger, denen die Abfindungsansprüche nicht zugewiesen wurden, ist auf fünf Jahre beschränkt.

C. Erneute Abfindungsansprüche

(1) Anwendung des § 295 II 1 AktG

Wird der Organvertrag ausgegliedert, führt dies zu einer Auswechslung des herrschenden Unternehmens. Die Hauptversammlung der Untergesellschaft muss daher dem Übergang des Organvertrags auf das aufnehmende Unternehmen zustimmen, da bei der Ausgliederung die für eine Übertragung des Organvertrags geltenden Vorschriften nach § 132 S. 1 UmwG zu beachten sind.[703]

---

[703] Siehe zur Anwendung des § 295 I AktG bei der Ausgliederung des Organvertrags Seite 202f.

Daneben stellt sich noch die Frage, ob ein zustimmender der Minderheitsaktionäre nach § 295 II 1 AktG erforderlich ist. Dies ist zu verneinen. Die Anwendung des § 295 II 1 AktG ist nur dann geboten, wenn in bestehende Abfindungsansprüche eingegriffen wird. Da es hier jedoch um die Frage einer erneuten Abfindung geht, scheidet die Anwendung dieser Vorschrift von vorneherein aus.[704]

(2) Erneute Abfindung aufgrund der Herrschaftsveränderung

Fraglich ist, ob die Minderheitsaktionäre aufgrund des Herrschaftswechsels erneut die Möglichkeit erhalten müssen, aus der Untergesellschaft gegen Abfindung auszuscheiden. Hintergrund des dann notwendigen Abfindungsanspruchs ist die Überlegung, dass die Aktionäre ihre Entscheidung, in der Untergesellschaft gegen Bezug des Ausgleichs zu verbleiben auf der Grundlage der bei Vertragsschluss vorgefundenen Situation getroffen haben. Diese hat sich durch den Herrschaftswechsel grundlegend geändert, sodass ihnen erneut die Gelegenheit gegeben werden muss, der geänderten Lage durch Ausscheiden aus dem beherrschten Unternehmen gegen Abfindung Rechnung zu tragen.

D. Ausgleichsansprüche

(1) Fester Ausgleich nach § 304 II 1 AktG

Der Ausgleich nach § 304 II 1 AktG muss mindestens die jährliche Zahlung des Betrags umfassen, der nach der Ertragslage der Untergesellschaft vor Abschluss des Organvertrags unter Berücksichtigung angemessener Abschreibungen etc voraussichtlich als durchschnittlicher Gewinnanteil auf die einzelne Aktie verteilt werden könnte.

Mit der Ausgliederung des Organvertrags auf einen neuen Rechtsträger gehen auch die Ausgleichsansprüche auf diesen über. Anders als bei den Abfindungsansprüchen kann beim Ausgleich nicht davon ausgegangen werden, dass Organvertrag und Ausgleich bei der Ausgliederung unterschiedlichen Rechtsträgern zugewiesen werden. Der entscheidende Unterschied zwischen Abfindung und Ausgleich liegt darin, dass es sich bei ersterem um eine einmalige Zahlung handelt, während der Ausgleich jährlich wiederkehrende Zahlungsansprüche zur Folge hat.

Auch die Funktion des Ausgleichs spricht gegen die Möglichkeit einer getrennten Zuweisung. Durch den Ausgleich erhalten die Minderheitsaktionäre eine Kompensation für die durch den Organvertrag beeinträchtigten Gewinnerzielungsmöglichkeiten ihrer Gesellschaft, die ebenfalls Auswirkungen auf ihr mitgliedschaftliches Gewinnbezugsrecht haben. Die Obergesellschaft, die aus dem Organvertrag einseitig Vorteile ziehen kann, muss die Minderheitsaktionäre, die hiervon nicht profitieren, so stellen, wie wenn ihre Gesellschaft weiterhin auf eigene Rechnung am Markt auftreten könnte.

Werden die Ausgleichsansprüche nicht dem den Organvertrag aufnehmenden Rechtsträger zugewiesen, ist Schuldner des Ausgleichs auch nach der Ausgliederung das bis

---

[704] Zutreffend: **W. Bayer**, ZGR 1993, 599, 608.

dahin herrschende Unternehmen. Die an der Ausgliederung beteiligten Unternehmen haften neben der früheren Obergesellschaft nach § 133 I 1 UmwG gesamtschuldnerisch für den Ausgleich. Die Haftung erstreckt sich auch auf solche Ausgleichsansprüche, die in nach der Ausgliederung liegenden Jahren fällig werden. Diese künftigen Ausgleichsansprüche sind als Altschulden im Sinne des § 133 I 1 UmwG anzusehen, da Auslöser dieser Ansprüche der vor der Ausgliederung geschlossene Organvertrag ist. Insoweit ähneln die Ausgleichsansprüche den Verbindlichkeiten aus einem Dauerschuldverhältnis.[705]

Diese (Mit-)Haftung ist jedoch nach § 133 III 1. HS UmwG auf fünf Jahre begrenzt. Weitere Voraussetzung für die Inanspruchnahme ist die Fälligkeit dieser Ansprüche und deren gerichtliche Geltendmachung vor Ablauf der Fünf-Jahres-Frist. Nach Ablauf der in § 133 III 1. HS UmwG genannten Frist tritt eine Enthaftung der nach § 133 I 1 UmwG gesamtschuldnerisch neben dem eigentlichen Schuldner haftenden Rechtsträger ein.[706]

Nach §§ 133 I 2, 125, 22 I 1 u. 2 UmwG ist den Gläubigern für die Ansprüche, deretwegen sie keine Befriedigung verlangen können, von den an der Ausgliederung beteiligten Rechtsträgern Sicherheit zu leisten, wenn die Gläubiger glaubhaft machen, dass durch die Ausgliederung die Erfüllung ihrer Ansprüche gefährdet ist. Eine Sicherheitsleistung kommt vor allem für die Ausgleichsansprüche in Betracht, die nach Ablauf des Fünf-Jahres-Zeitraums zur Zahlung fällig werden. Wie bereits erörtert, kommt für die Beurteilung der Frage, ob eine Gefährdung der Erfüllung der Ausgleichsansprüche anzunehmen ist, dem Spaltungs- und Übernahmevertrag entscheidende Bedeutung zu.[707]

Ein Anspruch auf Sicherheitsleistung wird in aller Regel dann anzunehmen sein, wenn nach den Angaben im Spaltungs- und Übernahmevertrag die nachhaltige Erfüllung der Ausgleichsansprüche als gefährdet erscheint, etwa weil der Schuldner nach der Ausgliederung nicht über die notwendige Ertragsstärke verfügt, um die Ausgleichszahlungen zu erwirtschaften.

(2) Variabler Ausgleich, § 304 II 2 AktG

Die Ausgliederung von Vermögen kann dazu führen, dass sich die Ertragslage der Obergesellschaft ändert.[708] Die Verknüpfung des Ausgleichs mit dem auf eine Aktie der Obergesellschaft entfallenden Gewinnanteil basierte auf den Verschmelzungswertrelationen der beiden Unternehmen im Zeitpunkt des Vertragsschlusses. Zum einen hat das Grundkapital der aufnehmenden Gesellschaft eine andere Höhe als das Grundkapital

705 Zu der Mithaftung für Ansprüche aus Dauerschuldverhältnissen, siehe **Hommelhoff** in Lutter, UmwG, § 133 Rn 29.

706 Die Enthaftung nach § 133 III 1. HS ist eine rechtsvernichtende Einwendung, keine bloß rechtshemmende Einrede, siehe hierzu: **Hommelhoff** in Lutter, UmwG, § 133 Rn 50.

707 Zu den Voraussetzungen des Anspruchs auf Sicherheitsleistung siehe im einzelnen Seite 177f.

708 Es ist zunächst unerheblich, ob auch der Organvertrag ausgegliedert wird. Entscheidend ist der Umstand, dass die Ausgliederung von Vermögen eine Veränderung der Ertragslage der Obergesellschaft zur Folge hat.

des ausgliedernden Rechtsträgers. Zum anderen wird sich auch der Ertragswert des übernehmenden Rechtsträgers erheblich von dem des ausgliedernden Rechtsträgers unterscheiden. Damit ändern sich mit der Ausgliederung sämtliche Bezugsgrößen des variablen Ausgleichs.

Denkbar wäre eine entsprechende Anwendung des § 216 III 1 AktG. Nach dieser Vorschrift berührt eine Kapitalerhöhung nicht die vertraglichen Beziehungen zwischen der Gesellschaft und Dritten, die von der Gewinnausschüttung der Gesellschaft, dem Nennbetrag oder Wert der Aktien oder ihres Grundkapitals abhängen. Entscheidend für die Anwendbarkeit ist, dass die Beziehung rechtsgeschäftlicher und nicht mitgliedschaftlicher Natur ist.[709] Der Ausgleichsanspruch des Minderheitsaktionärs ist eine Entschädigungsleistung für die aufgrund des Organvertrags beeinträchtigten Gewinnerzielungsmöglichkeiten seiner Gesellschaft. Das Gewinnbezugsrecht selbst ist mitgliedschaftlicher Natur, an dessen Stelle der an der Ausschüttung der Obergesellschaft orientierte Ausgleich tritt. Der Ausgleichsanspruch wird nicht durch den Organvertrag begründet. Der Vertrag ist nur das auslösende Moment dieses Anspruchs.

Darüber hinaus regelt diese Vorschrift einen anderen Sachverhalt. Sie stellt sicher, dass Ansprüche Dritter durch eine Kapitalerhöhung aus Gesellschaftsmitteln unverändert bleiben, während es bei der Ausgliederung darum geht, dass sich die Ertragsaussichten als Anknüpfungspunkt für den variablen Ausgleich ändern können.

Die analoge Anwendung des § 216 III 1 AktG auf das vorliegende Problem begegnet daher dogmatischen Bedenken. In der Literatur wird die analoge Anwendung dieser Vorschrift vorgeschlagen, wenn sich die für die Berechnung des variablen Ausgleichs maßgeblichen Verhältnisse wesentlich ändern.[710]

Dieser Ansicht ist zuzugeben, dass der in § 216 III 1 AktG enthaltene Rechtsgedanke auch auf die vorliegende Fallgestaltung passt. Voraussetzung einer analogen Anwendung des § 216 III 1 AktG wäre zunächst eine Regelungslücke. Diese ist zweifelsohne gegeben. Unabhängig davon, ob der Gesetzgeber seinerzeit die Probleme bedacht hat, die sich aus einer nachträglichen Änderung der für die Ermittlung des variablen Ausgleichs erheblichen Verhältnisse ergeben können, begegnete es Bedenken, eine Entwertung der Ausgleichsansprüche durch die Ausgliederung folgenlos zuzulassen. Interpretiert man den verfassungsrechtlich gebotenen Eigentumsschutzes dahingehend, dass die Minderheitseigner nach der Ausgliederung so zu stellen sind, wie wenn diese nicht durchgeführt worden wäre, bedeutete dies, dass nach der Ausgliederung der Ausgleichsanspruch in dem Umfang erhalten werden müsste - insbesondere nicht niedriger ausfallen dürfte - wie davor. Da der variable Ausgleich vor der Ausgliederung jedoch schwanken konnte und die Minderheitsaktionäre nicht auf eine bestimmte Höhe vertrauen konnten, wäre es verfehlt, den Ausgleich für die Zeit danach anhand der bisherigen Zahlungen zu ermitteln.

---

[709] **Lutter**, Köln.Komm., § 216 Rn 19; **Hüffer**, AktG, § 216 Rn 10.
[710] **Hüffer**, AktG, § 304 Rn 19; **Lutter**, Köln.Komm., § 216 Rn 27.

Vergleicht man die Wirkungen der Ausgliederung mit der Lage die sich ergäbe, wenn das herrschende Unternehmen Teile seines Vermögens einzeln veräußert und dadurch seine Ertragsaussichten geschmälert hätte, wird klar, dass die Minderheitsaktionäre, die sich für den variablen Ausgleich entschieden haben, das Risiko der wirtschaftlichen Entwicklung der Obergesellschaft mittragen wollten.[711] Das Problem reduziert sich dann auf die Frage, inwieweit die Außenstehenden darauf vertrauen durften, dass die Obergesellschaft den wirtschaftlichen Zuschnitt beibehalten würde, den sie im Zeitpunkt des Abschlusses des Organvertrags hatte. Daran schließt sich die Frage an, in welchem Umfang dieses Vertrauen (verfassungs-)rechtlich geschützt ist.

Krieger plädiert für die Anwendung der bei der Verschmelzung der Obergesellschaft entwickelten Grundsätze. Seiner Auffassung nach hätte der Gesetzgeber bei der Novellierung des Umwandlungsrechts eine Neufestsetzung des variablen Ausgleichs vorschreiben sollen, wenn sich die für die Bemessung des variablen Ausgleichs erheblichen Umstände ändern.[712]

Rehbinder vertritt für den Fall einer nachträglichen Konzernierung der Obergesellschaft die Auffassung, der Minderheit sei eine am Ertrag der neuen Konzernspitze zu orientierender Ausgleich zu gewähren.[713] Auch die von ihm zitierte Ansicht *W.F.Bayers*[714] betrifft den Sachverhalt der nachträglichen Konzernierung einer zuvor unabhängigen Obergesellschaft.

Koppensteiner vertritt - für die Verschmelzung der Obergesellschaft - die Ansicht, den neuen Gegebenheiten sei im Wege der Vertragsanpassung Rechnung zu tragen.[715]

Nach der Auffassung von T*eichmann* kann gerade aufgrund der Auswirkungen auf die Ausgleichs- und Abfindungsansprüche der Organvertrag nicht auf den im Spaltungsvertrag bzw. -plan vorgesehenen Rechtsträger übergehen.[716] Für ihn stellt sich daher das Problem der Anpassung bzw. Neufestsetzung des variablen Ausgleichs gar nicht. Der Ansicht *Teichmanns* kann aus den bereits dargelegten Gründen nicht gefolgt werden.[717] Gerade am Beispiel des variablen Ausgleichs zeigt sich, dass die nachteiligen Wirkungen der Aufspaltung auf die Ausgleichsansprüche der Minderheit durch das Negieren der Rechtsnachfolge des aufnehmenden Rechtsträgers gerade nicht vermieden werden sondern das Erlöschen des Organvertrags den Verlust der Ausgleichsansprüche zur Folge hätte. Folgte man der Auffassung *Teichmanns* hieße das, die Obergesellschaft aufzufordern, sich der vielleicht lästig gewordenen Ausgleichsleistungen durch eine Aufspaltung zu entziehen und durch Verlagerung ihres Vermögens auf aufnehmende Rechtsträger dieses dem Zugriff der ausgleichsberechtigten Minderheit zu

[711] So auch die Argumentation **Rehbinders**, ZGR 1977, 581, 608.
[712] ZGR 1990, 517, 541.
[713] ZGR 1977, 581, 608f.
[714] FS Ballerstedt, 157, 176ff.
[715] Köln.Komm., § 304 Rn 55.
[716] **Teichmann** in Lutter, UmwG, § 132 Rn 32.
[717] Siehe dazu Seite 151f.

entziehen. Diese Missbrauchsgefahr würde im Ergebnis zu nicht tragbaren Manipulationsmöglichkeiten der Obergesellschaft führen.

Weitere Lösungsansätze werden im Zusammenhang mit der Aufspaltung nicht erörtert.

Da es der Gesetzgeber unterlassen hat, im Zuge der Novellierung des Umwandlungsrechts den vorliegenden Sachverhalt explizit zu regeln, kann eine Lösung nur durch verfassungskonforme Auslegung des § 304 AktG gefunden werden. Die entscheidende Frage lautet daher, wie der vom Bundesverfassungsgericht mehrfach postulierte Schutz der Rechtspositionen der Minderheitseigner bei der Ausgliederung zu berücksichtigen ist. Einerseits gebietet die Fortdauer des Organvertrags den Ausgleich ebenfalls. Die Minderheitsaktionäre können jedoch nicht verlangen, nach der Ausgliederung so gestellt zu werden, wie wenn diese nicht stattgefunden hätte. Da sie sich auf das Risiko von Ertragsschwankungen bei der Obergesellschaft eingelassen und damit hingenommen haben, dass der an die Stelle der Dividende tretende Ausgleich durch Entwicklungen beeinträchtigt werden kann, die nicht von ihnen beeinflusst werden können, müssen sie auch eine Anpassung des variablen hinnehmen. Wie bereits ausgeführt, kann es keinen Unterschied machen, ob die Ertragsaussichten durch Veräußerung von Vermögensteilen beeinträchtigt werden oder ob durch die Ausgliederung die Gewinnerwartungen und damit die Ausschüttungen absinken. Der Eigentumsschutz des Art. 14 GG kann nicht so weit gehen, dass die Minderheitseigner hinsichtlich künftiger Gewinnerwartungen, die mit erheblicher Unsicherheit belastet sind, so gestellt werden, wie sich die Erträge in der Vergangenheit entwickelt haben.

Die Anpassung des variablen Ausgleichs macht es nach § 304 II 3 AktG notwendig, eine Bewertung der Obergesellschaft im Zeitpunkt der Ausgliederung vorzunehmen. Dabei kann auf die Ertragswertberechnung zurückgegriffen werden, die anlässlich der Ausgliederung durchzuführen ist, so dass insoweit kein zusätzlicher Aufwand entsteht. Bei der Berechnung des neuen Ausgleich ist vom Ertragswert der Untergesellschaft im Zeitpunkt des Abschlusses des Organvertrags und nicht auf den Zeitpunkt der Herrschaftsänderung abzustellen. Dadurch wird sichergestellt, dass eine organvertraglich bedingte Minderung des Ertragswerts nicht zu Lasten der Minderheit geht.

II. Spaltung der Untergesellschaft

1. Aufspaltung

A. Schicksal des Organvertrags

Die Aufspaltung des beherrschten Unternehmens unter Beteiligung konzernfremder Unternehmen als übernehmende Rechtsträger ist hinsichtlich der Aufwirkungen auf den Bestand des Organvertrags ungeklärt bzw. umstritten. Ein Teil der Literatur befürwortet das Erlöschen des Vertrags zumindest bei der Aufspaltung zur Aufnahme.

Bei der Aufspaltung zur Neugründung soll dagegen ein Übergang des Vertrags auf sämtliche übernehmende Rechtsträger möglich sein.[718]

Nach der Ansicht von *Teichmann* soll die Aufspaltung der Untergesellschaft in jedem Fall zu einer Beendigung des Organvertrags führen.[719] *Teichmann* begründet das Erlöschen des Vertrags damit, dass die aufnehmenden Rechtsträger, die vor der Aufspaltung bereits bestehen, in der Regel nicht zu abhängigen Gesellschaften werden wollten. Gegen einen Übergang des Organvertrags sprechen nach seiner Auffassung auch die Interessen der Obergesellschaft wie beispielsweise die Entscheidungskompetenz der Hauptversammlung,[720] die Verlustübernahmepflicht oder die Verantwortlichkeit der handelnden Organe.[721]

Eine in die gleiche Richtung gehende Begründung für das Erlöschen des Organvertrags bei der Aufspaltung zur Aufnahme findet sich bei *Emmerich/Sonnenschein.*[722]

Emmerich/Sonnenschein[723]und *Dehmer*[724] vertreten dagegen für den Fall der Aufspaltung zur Neugründung die Ansicht, der Organvertrag gehe auf sämtliche übernehmende Rechtsträger über.

Heidenhain hält die Zuweisung des Organvertrags an einen aufnehmenden Rechtsträger für problematisch, insbesondere dann, wenn an dem aufnehmenden Rechtsträger außenstehende Dritte beteiligt seien. Auch bei einer Aufspaltung zur Neugründung könne nicht von einem Übergang des Organvertrags ausgegangen werden, da der Inhalt des Vertrags möglicherweise vollständig geändert würde.[725]

Die vorgenannten Autoren sehen die Probleme nicht so sehr in der Frage, ob eine (partielle) Gesamtrechtsnachfolge in den Organvertrag aufgrund seine organisationsrechtlichen Charakters überhaupt denkbar ist,[726] sondern darin, dass durch die (eigentlich

---

[718] **Emmerich/Sonnenschein,** Konzernrecht, § 15 IV 6c.
[719] **Teichmann** in Lutter, UmwG, § 132 Rn 31.
[720] **Teichmann** in Lutter, UmwG, § 132 Rn 31, geht davon aus, dass die Erstreckung des Organvertrags auf den aufnehmenden Rechtsträger, der bereits vor der Aufspaltung bestanden hat, eine Umgehung des § 293 III 1 AktG darstellt. Würde die Obergesellschaft einen Organvertrag mit dem aufnehmenden Rechtsträger schließen, müsste deren Hauptversammlung nach § 293 III 1 AktG dem Vertragsschluss zustimmen. Bei der Aufspaltung zur Aufnahme wird dagegen der Organvertrag auf ein Unternehmen erstreckt, ohne dass die Hauptversammlung der Obergesellschaft ein Mitspracherecht hat.
[721] **Teichmann** in Lutter, UmwG, § 132 Rn 31.
[722] Konzernrecht, § 15 IV 6c.
[723] Konzernrecht, § 15 IV 6c; a.A. jedoch: **Emmerich/Habersack**, Aktienkonzernrecht, § 297 Rn 43, die in allen Fällen der Spaltung nach § 123ff UmwG von einem Erlöschen des Organvertrags ausgehen.
[724] UmwG, § 131 Rn 74.
[725] NJW 1995, 2873, 2877, dort Fn 33; nach seiner Auffassung sind die mit den Rechten außenstehender Aktionäre zusammenhängenden Probleme bislang nicht gelöst sonder völlig ungeklärt.
[726] Dies wird schon daran deutlich, dass **Teichmann** in Lutter, UmwG, § 132 Rn 31, und **Emmerich/Sonnenschein,** Konzernrecht, § 15 IV 6c, bei der Aufspaltung zur Neugründung aufgrund der andersartigen Interessen eine Gesamtrechtsnachfolge des neugegründeten Rechtsträgers für zulässig

mögliche) Rechtsnachfolge sowohl die Obergesellschaft als auch der aufnehmende Rechtsträger bzw. deren Anteilseigner unangemessen benachteiligt werden.

Diese Einwände gegen einen Übergang des Organvertrags können im Ergebnis nicht überzeugen. Die Ansicht *Teichmanns*, der aufnehmende Rechtsträger wolle nicht zu einer abhängigen Gesellschaft werden,[727] lässt außer acht, dass die Wirkungen der Gesamtrechtsnachfolge nicht von den Wünschen oder der Entscheidung des die Rechtsnachfolge antretenden Rechtsträgers abhängen können. Die Vorschriften der §§ 131 I Nr. 1 UmwG, 1922 BGB knüpfen an die Eintragung der Spaltung bzw. den Tod des Erblassers dieselben Rechtsfolge, nämlich den Übergang des Vermögens als Gesamtheit auf den Rechtsnachfolger. Beispielsweise können Erbe und Erblasser durch Erbvertrag nicht die Rechtsnachfolge bezüglich bestimmter Vermögensgegenstände ausschließen. Die Erbeinsetzung durch Erbvertrag kann nur hinsichtlich des gesamten Nachlasses erfolgen, ohne dass die Parteien die Wirkungen der Gesamtrechtsnachfolge modifizieren könnten.

Auch die Zuständigkeit der Hauptversammlung der Obergesellschaft für den Abschluss eines Organvertrags nach § 293 II 1 AktG spricht nicht gegen den Übergang auf den aufnehmenden Rechtsträger. Die Vorschrift des § 293 II 1 AktG greift nach ihrem Wortlaut dann ein, wenn es um den Abschluss eines Organvertrags geht. Die Aktionäre sollen wegen der durch den Vertrag begründeten weitgehenden Pflichten ihrer Gesellschaft nach §§ 302ff AktG ein Mitspracherecht erhalten.[728] Durch die Aufspaltung und den Übergang des Organvertrags erstrecken sich die Pflichten der Obergesellschaft auf den aufnehmenden Rechtsträger, ohne dass dieser Erweiterung der Abschluss eines entsprechenden Vertrags voranginge. Genauso wenig wie die Untergesellschaft der Verschmelzung des herrschenden Unternehmens nach § 295 I AktG zustimmen muss, kann verlangt werden, der Hauptversammlung der Obergesellschaft bei einer Umwandlung der Untergesellschaft ein Mitspracherecht einzuräumen. Es wäre inkonsequent, die Anwendbarkeit des § 295 AktG bei Umwandlungsvorgängen auf der Ebene der Obergesellschaft mit dem Hinweis zu verneinen, Änderungen durch Gesamtrechtsnachfolge würden davon nicht erfasst, während bei Umwandlungen der Untergesellschaft mit dem Hinweis auf die Konsequenzen der Rechtsnachfolge ein Mitspracherecht der Obergesellschaft gegeben sein soll.

Gegen die weiteren Einwände *Teichmanns*, der Übergang des Organvertrags sei aufgrund der Verlustausgleichspflicht nach § 302 bzw. der Organhaftung ausgeschlossen, ist anzuführen, dass es sich dabei um die zwingenden Konsequenzen der Gesamtrechtsnachfolge handelt, die nicht der Disposition der Parteien des Spaltungs- und Übernahmevertrags unterliegen.

---

erachten und nicht wie **Würdinger**, Großkomm., § 291 Anm. 11; **ders.**, DB 1958, 1447, 1451f) die Rechtsnachfolge in einen Organvertrag für grundsätzlich unmöglich erachten.

[727] **Teichmann** in Lutter, UmwG, § 132 Rn 31.

[728] **Hüffer**, AktG, § 293 Rn 17; **Emmerich/Habersack**, Aktienkonzernrecht, § 293 Rn 8; **Mülbert**, Aktiengesellschaft, 183ff.

Der Einwand *Teichmanns*, die aufnehmende Gesellschaft, die vor der Aufspaltung schon bestanden habe, wolle in aller Regel nicht zum abhängigen Unternehmen werden,[729] berücksichtigt nicht, dass die Zustimmung der Hauptversammlung zum Spaltungs- und Übernahmevertrag nach §§ 125 S. 1, 65 I 1 UmwG ebenso wie die Zustimmung zum Abschluss eines Organvertrags nach § 293 I 1 AktG jeweils einer Mehrheit von drei Vierteln des bei der Beschlussfassung vertretenen Grundkapitals bedarf. Die Konzernierung des aufnehmenden Rechtsträgers im Wege der Rechtsnachfolge in den Organvertrag unterliegt daher, was die Zustimmung ihrer Hauptversammlung angeht, keinen geringeren Anforderungen als der Abschluss eines solchen Vertrages. Will der aufnehmende Rechtsträger durch die Aufspaltung nicht zum abhängigen Unternehmen werden, liegt die Entscheidung hierüber bei ihrer Hauptversammlung, die ihre Zustimmung zum Spaltungs- und Übernahmevertrag verweigern kann. Der Einwand *Teichmanns*, man könne nicht davon ausgehen, dass der aufnehmende Rechtsträger konzerniert werden wolle, verliert hierdurch erheblich an Gewicht.

Teichmann sieht jedoch dann die Möglichkeit des Übergangs des Organvertrags auf den übernehmenden Rechtsträger, wenn dieser in den Vertrag eintritt.[730] Er hält es also für möglich, dass der übernehmende Rechtsträger, ohne dass es zu einem direkten Vertragschluss zwischen diesem und der Obergesellschaft kommt, Untergesellschaft des Organvertrags wird. Nicht klar wird, ob *Teichmann* den Beitritt der Zustimmung der Hauptversammlung der Obergesellschaft nach § 295 I 1 AktG unterwerfen will, was eigentlich erforderlich wäre. Nach hM stellt die Auswechslung eines Vertragspartners[731] bzw. der Beitritt zu einem Organvertrag immer eine Änderung dar, die der Zustimmungspflicht sowohl der Hauptversammlung der Untergesellschaft als auch des herrschenden Unternehmens bedarf.[732] Die Auswechslung der Untergesellschaft gegen ein anderes beherrschtes Unternehmen gleicht dem hier untersuchten Fall der Rechtsnachfolge des übernehmenden Rechtsträgers im Wege der Spaltung. In beiden Fällen scheidet das frühere beherrschte Unternehmen aus dem Organvertrag aus und ein anderes Unternehmen tritt an dessen Stelle. Der einzige Unterschied zwischen der Einzelrechtsnachfolge im Wege der Vertragsübernahme und der Gesamtrechtsnachfolge durch Spaltung liegt darin, dass die Hauptversammlung der Obergesellschaft von einer Mitwirkung nach § 295 I 1 AktG ausgeschlossen wäre.

---

[729] **Teichmann** in Lutter, UmwG, § 132 Rn 31.

[730] **Teichmann** § 132 Rn 31.

[731] D.h. entweder des herrschenden oder des beherrschten Unternehmens.

[732] **Hüffer**, AktG, § 295 Rn 5; **Koppensteiner**, Köln.Komm., § 295 Rn 5; **Krieger**, Münchener Hdb d. GesR, Bd. IV, § 70 Rn 134; **Emmerich/Habersack**, Aktienkonzernrecht, § 295 Rn 11; **Priester**, ZIP 1992, 293, 300; **BGH**, NJW 1992, 2760; **OLG Karlsruhe**, AG 1991, 144, 145; AG 1997, 270, 271f; **LG Mannheim**, AG 1991, 26, 27f; a.A. **Wilhelm** Beendigung, 23.

Die hM lehnt aber die Anwendung dieser Vorschrift ab, wenn das herrschende Unternehmen mit einem anderen Rechtsträger verschmolzen wird und begründet dies damit, dass bei Gesamtrechtsnachfolge keine Vertragsänderung vorliege.[733]

Folgt man der Auffassung der hM im vorliegenden Fall, wäre es verfehlt, den Übergang des Organvertrags mit dem Hinweis auf die fehlende Mitwirkung der Obergesellschaft nach § 295 I 1 AktG abzulehnen. Denn sonst wäre konsequenterweise auch bei einer Verschmelzung des herrschenden Unternehmens[734] die Zustimmung der Untergesellschaft zu der damit verbundenen Auswechslung des herrschenden Unternehmens zu fordern.

Die Argumente der oben genannten Autoren gegen den Übergang des Organvertrags, insbesondere im Hinblick auf die Entscheidungskompetenz der Hauptversammlung, können daher nicht überzeugen.

Emmerich hat zu Recht darauf hingewiesen, dass die Frage der Anwendung des § 295 AktG in den Fällen der Gesamtrechtsnachfolge von den übrigen dadurch aufgeworfenen Fragen, nämlich dem Schicksal des Organvertrags und der Ausgleichs- und Abfindungsansprüche der Minderheit zu trennen ist.[735] Dieser Auffassung ist zuzustimmen. Die Gesamtrechtsnachfolge des übernehmenden Rechtsträgers in den Organvertrag präjudiziert in keinem Fall die dadurch gegebenenfalls berührten Ansprüche oder Interessen der daran Beteiligten oder hiervon Betroffenen. Der Übergang des Organvertrags ist zunächst als Wirkung der Gesamtrechtsnachfolge hinzunehmen, um dann Möglichkeiten zu erarbeiten, durch die die Interessen insbesondere der Minderheitsaktionär gewahrt werden.

Die von *Emmerich/Sonnenschein* und *Dehmer* getroffene Differenzierung zwischen Aufspaltung zur Aufnahme und zur Neugründung[736] kann ebenfalls nicht überzeugen. Auch hier ist darauf hinzuweisen, dass die Gesamtrechtsnachfolge in die Rechtsstellung des übertragenden Unternehmens von der Frage der hiervon betroffenen Interessen zu trennen ist[737] und nicht davon abhängen kann, ob an dem aufnehmenden Rechtsträger andere Aktionäre als die des übertragenden Unternehmens beteiligt sind.

B. Nichterwähnung des Organvertrags im Spaltungs- und Übernahmevertrag

Bei der Frage des Übergangs des Organvertrags auf den aufnehmenden Rechtsträger geht es aber nicht nur um eine Umgehung des § 293 II 1 bzw. die Anwendung des §

---

[733] **Priester**, ZIP 1992, 293, 301; **Koppensteiner**, Köln.Komm., § 295 Rn 5; **Krieger**, ZGR 1990, 517, 540; **Hüffer**, AktG, § 295 Rn 6; **Emmerich/Habersack**, Aktienkonzernrecht, § 295 Rn 14; **LG Bonn**, GmbHR 1996, 774f.

[734] **W. Bayer**, ZGR 1993, 599, 603ff.

[735] **Emmerich/Habersack**, Aktienkonzernrecht, § 295 Rn 14. Daher kann auch den Bedenken von **Heidenhain**, NJW 1995, 2873, 2877 dort Fn 33 nicht gefolgt werden, der die Rechtsnachfolge in den Organvertrag wegen der damit verbundenen Probleme für die Minderheitseigner ablehnt.

[736] **Emmerich/Sonnenschein**, Konzernrecht, § 15 IV 6c; **Dehmer**, § 131 Rn 74.

[737] Auf diese notwendige Trennung weisen **Emmerich/Habersack**, Aktienkonzernrecht, § 295 Rn 14, selbst hin.

295 I 1 AktG sondern auch darum, ob der Vertrag, wenn er keinem der aufnehmenden Rechtsträger zugeteilt wird, untergeht, ob es also möglich ist, den Organvertrag durch bewusstes Nichterwähnen im Spaltungs- und Übernahmevertrag zum Erlöschen zu bringen.

Bei der Abspaltung bzw. der Ausgliederung verbleibt ein Gegenstand, der keinem der aufnehmenden Rechtsträger zugewiesen wurde, beim übertragenden Rechtsträger. Da dieser durch die Umwandlung nicht erlischt, ist in jedem Fall gesichert, dass der Vertrag auch danach fortbesteht. Bei der Aufspaltung führt die Eintragung nach § 131 I Nr. 2 UmwG jedoch zu einem Erlöschen des übertragenden Rechtsträgers, sodass der Organvertrag mit dem Untergang des aufgespalteten Unternehmens ersatzlos untergehen würde.

Die Vorschrift des § 131 III UmwG sieht vor, dass ein Gegenstand, der keinem der übernehmenden Rechtsträger zuteilt wurde, auf alle übernehmenden Rechtsträger in dem Verhältnis übergeht, das sich aus dem Vertrag für die Aufteilung des Überschusses der Aktivseite der Schlussbilanz über deren Passivseite ergibt, wenn sich die Zuteilung nicht durch Auslegung des Vertrags ermitteln lässt. Diese Regelung gilt wegen der in § 133 I 1 UmwG angeordneten gesamtschuldnerischen Haftung für Verbindlichkeiten des übertragenden Rechtsträgers in erster Linie für Gegenstände des Aktivvermögens.[738]

Auf den vergessenen bzw. absichtlich nicht erwähnten Organvertrag passt sie jedoch aufgrund der Rechtsfolge nur schwerlich. Es ist nicht vorstellbar, dass der Organvertrag in dem in § 131 III 1 UmwG genannten Verhältnis auf alle übernehmenden Rechtsträger übergehen kann. Damit käme als Lösung nur das Erlöschen des Vertrags in Betracht. Andererseits kann es nicht angehen, dass die Wirkungen der Gesamtrechtsnachfolge der aufnehmenden Rechtsträger in die Rechtsstellung des übertragenden Unternehmens dadurch umgangen werden, dass der Organvertrag keinem der Rechtsträger zugewiesen wird und infolgedessen der Vertrag untergeht. Es ist daher davon auszugehen, dass bei einer Nichterwähnung des Vertrags alle aufnehmenden Rechtsträger in die Stellung des beherrschten Unternehmens eintreten. Dieses Ergebnis ließe sich mit einer analogen Anwendung des § 133 I 1 UmwG begründen.

Diese Konsequenz aus der Nichterwähnung zwingt die an der Aufspaltung beteiligten Unternehmen, den Organvertrag im Spaltungs- und Übernahmevertrag einem der aufnehmenden Rechtsträger zuzuweisen, wollen sie nicht alle als Untergesellschaft aus der Aufspaltung hervorgehen. Wird die Aufspaltung gegen den Willen der Obergesellschaft vollzogen oder soll der Übergang des Organvertrags auf alle bzw. einen der aufnehmenden Rechtsträger vermieden werden, besteht die Möglichkeit der Kündigung des Vertrags.

---

[738] **Teichmann** in Lutter, UmwG, § 131 Rn 19.

C. Abfindungsansprüche

Mit der Eintragung der Aufspaltung in das Register des Sitzes des übertragenden Rechtsträgers werden die Anteilsinhaber des übertragenden Rechtsträgers entsprechend der im Spaltungs- und Übernahmevertrag vorgesehenen Aufteilung Anteilsinhaber der übertragenden Rechtsträger, § 131 I Nr. 1 S. 1UmwG.

Zunächst ist zwischen den Abfindungsansprüchen der Minderheitsaktionäre zu unterscheiden, die Anteilseigner des übertragenden Unternehmens (= Alt-Minderheitsaktionäre) waren und den Aktionären, die erst mit der Aufspaltung zu solchen werden (= Neu-Minderheitsaktionäre).

(1) Abfindungsansprüche der Alt-Minderheitsaktionäre

Der Übergang des Organvertrags auf den übernehmenden Rechtsträger bzw. alle übernehmenden Rechtsträger, wenn der Organvertrag keinem der übernehmenden Unternehmen zugewiesen wurde, berührt die bereits entstandenen Abfindungsansprüche nicht. Insoweit kann nichts anderes gelten als bei der Verschmelzung der Untergesellschaft mit einem unabhängigen Unternehmen.

Auswirkungen der Aufspaltung auf die Abfindungsansprüche können sich jedoch insoweit ergeben, als diese noch nicht erledigt sind. Das ist dann der Fall, wenn eine im Organvertrag gesetzte Frist zur Ausübung der Abfindung noch nicht abgelaufen ist oder wenn ein Spruchstellenverfahren über die Angemessenheit der Abfindung rechtshängig ist.

(a) Annahme der Abfindung und Einleitung eines Spruchstellenverfahrens

(i) Abfindung in Aktien des herrschenden Unternehmens

Die Minderheitsaktionäre, die vor der Aufspaltung ihre Anteile an der Untergesellschaft bereits dem herrschenden Unternehmen angeboten und dafür dessen Aktien erhalten haben, können nach Beendigung des Spruchstellenverfahrens einen Abfindungsergänzungsanspruch gegen das herrschende Unternehmen haben, wenn das Gericht eine höhere Abfindung als im Organvertrag vorgesehen festsetzt.

Ergeht eine Entscheidung im Spruchstellenverfahren erst nach Eintragung der Spaltung, können die Minderheitsaktionäre dem herrschenden Unternehmen nicht mehr die Aktien des aufgespalteten Unternehmens sondern die Anteile an den übernehmenden Rechtsträgern anbieten, § 131 I Nr. 3 S. 1 UmwG.

Die Abfindungspflicht des herrschenden Unternehmens bezog sich jedoch auf Anteile des nicht aufgespalteten Rechtsträgers. Nach der Aufspaltung wäre die Obergesellschaft verpflichtet, auch Anteile an den übernehmenden Rechtsträgern zu erwerben, denen der Organvertrag nicht zugewiesen wurde, die also vom herrschenden Unternehmen unabhängig sind.

Das *OLG Karlsruhe* hat in anderem Zusammenhang die Ansicht vertreten, das herrschende Unternehmen sei nicht verpflichtet, Aktien einer dritten Gesellschaft, die nicht beherrschtes Unternehmen ist, zu erwerben.[739] Der Anspruch aus § 305 AktG - so das *OLG Karlsruhe* - beruhe auf dem Gedanken, dass es dem außenstehenden Aktionär nicht zugemutet werden solle, in einer Gesellschaft zu verbleiben, die durch eine andere Gesellschaft beherrscht werde und an diese ihre Gewinne abzuführen habe. Erlösche der Organvertrag durch Verschmelzung der Untergesellschaft mit einem dritten, unabhängigen Unternehmen, sei für die Abfindung kein Raum mehr.[740] Das *OLG Karlsruhe* beruft sich zur Begründung seiner Auffassung vor allem auf Hengeler, der bei der Verschmelzung zwischen Ober- und Untergesellschaft davon ausgeht, dass eine gerichtliche Höherfestsetzung der Abfindung nicht zu einer Ergänzung der Abfindung führen könne, wenn der Minderheitsaktionär seine Aktien am beherrschten Unternehmen bereits in solche der Obergesellschaft getauscht habe.[741] Als Begründung führt er an, durch die Verschmelzung hätten die Minderheitsaktionäre ihre Anteile am beherrschten Unternehmen verloren, da dieses untergegangen sei. Für die erloschenen Anteile am beherrschten Unternehmen hätten sie durch die Verschmelzung Aktien der Obergesellschaft erhalten, sodass ihr Verlangen nach einem Tausch der Anteile an der Untergesellschaft in solche des herrschenden Unternehmens gegenstandslos geworden sei.[742]

Abgesehen davon, dass der vom *OLG Karlsruhe* zu entscheidende Sachverhalt nicht die Verschmelzung der Ober- mit der Untergesellschaft betraf sondern die Verschmelzung des beherrschten Unternehmens mit einer dritten Gesellschaft,[743] kann die von *Hengeler* vertretene Auffassung vor allem nach der Entscheidung des Bundesverfassungsgerichts[744] nicht mehr überzeugen.

Das *Bundesverfassungsgericht* hat in seiner Entscheidung unmissverständlich darauf hingewiesen, dass die Erwägung des *OLG Karlsruhe*, es existierten keine Aktien der abhängigen Gesellschaft mehr, welche das herrschende Unternehmen erwerben könne, keine Rolle spiele, da mit Abschluss des Organvertrags der Abfindungsanspruch entstehe und unabhängig vom weiteren Schicksal des Organvertrags bzw. der Anteile am beherrschten Unternehmen eine angemessene Abfindung aus Gründen des Eigentumsschutzes verfassungsrechtlich geboten sei.[745] Auch der Hinweis des *OLG Karlsruhe*, die Minderheitsaktionäre könnten das Umtauschverhältnis, das bei der Verschmelzung zu ermitteln sei, gerichtlich überprüfen lassen,[746] wird vom *Bundesverfassungsgericht* mit dem Hinweis auf die unterschiedlichen Stichtage für die Ermittlung des Unterneh-

---

[739] DB 1994, 1917.
[740] DB 1994, 1917.
[741] FS Möhring, 197, 202; **Meyer-Landrut/Miller**, DB 1969, 1391ff; **Hüchting**, Abfindung und Ausgleich, 86ff, 155; **Hohner**, DB 1972, 1487, 1492 Fn 36 u. 1493; **Veith**, DB 1969, 1737ff;
[742] **Hohner**, FS Möhring, 197, 199f.
[743] Die vom OLG Karlsruhe zitierte Aussage **Hengelers**, nach dem Wirksamwerden der Verschmelzung könnten die außenstehenden Aktionäre Rechte nur noch geltend machen, soweit die Vorschriften des Verschmelzungsrechts sie ihnen gewährten (s. DB 1994, 1917, 1918) bezieht sich auf einen anders gelagerten Sachverhalt. Zu der vom OLG Karlsruhe zu entscheidenden Frage hat Hengeler keine Aussagen getroffen.
[744] ZIP 1999, 532ff; AG 1999, 217.
[745] ZIP 1999, 532, 533f.
[746] DB 1994, 1917, 1918.

menswerts verworfen, wenn der Verschmelzung ein Organvertrag vorausgegangen ist..[747]

Die Erwägungen des *Bundesverfassungsgerichts* lassen sich auf die vorliegende Fallgestaltung übertragen. Die Außenseiter haben mit Abschluss des Organvertrags aufgrund der für sie bestehenden Gefahr einer Auszehrung ihrer Mitgliedschaftsrechte und insbesondere ihrer Vermögensbeteiligung[748] Anspruch auf eine angemessene Abfindung. Es ist daher unerheblich, ob die Minderheitsaktionäre nach einer Höherfestsetzung der Abfindung noch über die Aktien am ursprünglichen, beherrschten Unternehmen verfügen oder ob infolge der Aufspaltung an deren Stelle Anteile an einem anderen Rechtsträger getreten sind.

Selbst wenn sich die Aufspaltung ausnahmsweise gegen den Willen des herrschenden Unternehmens vollzieht, etwa wenn es nicht über die Stimmenmehrheit bzw. eine Sperrminorität in der Hauptversammlung des beherrschten Unternehmens verfügt,[749] ist dies das Ergebnis der durch den Organvertrag nicht einschränkbaren Befugnis der Hauptversammlung des beherrschten Unternehmens, eine Umwandlung = Spaltung zu beschließen und durchzuführen. Wenn die Untergesellschaft bzw. deren Minderheitsaktionäre bei einer Umwandlung auf der Ebene der Obergesellschaft die Rechtsnachfolge des umgewandelten Unternehmens in den Organvertrag aufgrund der Nicht-Anwendbarkeit des § 295 AktG hinnehmen müssen, muss das gleiche bei einer Aufspaltung des beherrschten Unternehmens gelten. Es wäre daher verfehlt, dem herrschenden Unternehmen weitergehende Rechte zuzubilligen als der Untergesellschaft bzw. deren Aktionäre.

(ii) Recht zur fristlosen Kündigung durch die Obergesellschaft

Nach §§ 305 V 4, 304 V AktG kann die Obergesellschaft bei einer Höherfestsetzung der Abfindung im Spruchstellenverfahren, den Organvertrag fristlos kündigen. Dies ändert jedoch nichts an der Abfindungsverpflichtung des herrschenden Unternehmens gegenüber den Minderheitsaktionären, die nach Durchführung des Spruchstellenverfahrens zur Abfindung optieren.[750]

Neben dem Kündigungsrecht aus §§ 305 V 4, 304 V AktG steht der Obergesellschaft das Recht zur außerordentlichen fristlosen Kündigung des Vertrags zu, wenn die Auf-

---

[747] ZIP 1999, 532, 534. In dem vom **BVerfG** zu entscheidenden Fall lag der für die Verschmelzung maßgebliche Bewertungsstichtag vor dem In-Kraft-Treten des Organvertrags. Das **BVerfG** (ebenda Seite 534) sah daher - ausnahmsweise - keine Gefahr, dass sich durch einen dem Bewertungsstichtag der Verschmelzung vorangegangenen Organvertrag der Unternehmenswert des beherrschten Unternehmens und damit der Wert der Aktien der Beschwerdeführerin verringert haben konnten. Aus den Ausführungen wird jedoch klar, dass bei einem der Verschmelzung vorangegangenen Organvertrag eine andere Bewertung angezeigt ist.

[748] **BVerfG**, ZIP 1999, 532, 533.

[749] Dieser Fall dürfte praktisch jedoch kaum relevant sein. In der Regel wird die Obergesellschaft bereits vor Abschluss des Organvertrags über die Stimmenmehrheit wenn nicht sogar über eine Dreiviertel-Mehrheit verfügen.

[750] Zur fristlosen Kündigung nach Durchführung des Spruchstellenverfahrens, siehe Seite 44ff.

spaltung gegen ihren Willen durchgeführt wird. Dies setzt voraus, dass sie mangels einer Sperrminorität in der Hauptversammlung der Untergesellschaft diese Maßnahme nicht verhindern kann.

Da mit der Aufspaltung und dem Übergang des Organvertrags auf den aufnehmenden Rechtsträger ein ganz anderes Unternehmen Vertragspartner wird, stellt dies für das herrschende Unternehmen eine völlig neue Situation dar, die bei Abschluss des Organvertrags noch nicht vorhersehbar war. Der Obergesellschaft kann daher nach der Aufspaltung ein Festhalten am Vertrag nicht zugemutet werden. Den Parteien des Organvertrags bleibt es zudem unbenommen, die Umwandlung der Untergesellschaft als Grund zur außerordentlichen fristlosen Kündigung im Vertrag festzulegen.[751] Doch auch diese Kündigung kann die Abfindungsansprüche der Minderheitsaktionäre des aufspaltenden Rechtsträgers nicht beseitigen. Die Obergesellschaft kann dadurch jedoch verhindern, dass der Organvertrag auf den im Spaltungs- und Übernahmevertrag bestimmten Rechtsträger übergeht.

(iii) Nichtverhältniswahrende Aufspaltung

Bei einer nichtverhältniswahrenden Aufspaltung erhalten die Anteilseigner des übertragenden Unternehmens nicht in dem Verhältnis Anteile der übernehmenden Rechtsträger, das ihrer Beteiligung am übertragenden Unternehmen entspricht, § 128 UmwG. Bei der Aufspaltung zur Aufnahme liegt immer dann eine nichtverhältniswahrende Aufspaltung vor, wenn die wertmäßige Beteiligung des Aktionärs am übertragenden Rechtsträger vor dem Spaltungsvorgang und am übernehmenden Rechtsträger nach der Spaltung differiert.[752]

Da das herrschende Unternehmen verpflichtet ist, statt der Aktien des beherrschten Unternehmens auch die Surrogatsaktien zu übernehmen, würde dies dazu führen, dass die Gegenleistung wertmäßig hinter den eigenen Aktien zurückbliebe. Diese Gefahr besteht allerdings nur dann, wenn die Obergesellschaft überhaupt nicht Aktionärin des beherrschten Unternehmens ist. Hält sie nur eine Aktie an der Untergesellschaft kann sie, da die nichtverhältniswahrende Spaltung nach § 128 UmwG die Zustimmung aller Anteilseigner voraussetzt, die Aufspaltung verhindern. Da dies in der Praxis wohl überhaupt nicht vorkommen dürfte,[753] soll die Frage hier deshalb nicht weiter vertieft

---

751 Für die Zulässigkeit der Definition eines wichtigen Grundes im Sinne des § 297 I 1 AktG: **Geßler** in Geßler/Hefermehl/Eckardt/Kropff, § 297 Rn 8; **Windbichler**, Unternehmensverträge, 81; **Timm**, FS Kellermann, 461, 466ff; **Hüffer**, AktG, § 297 Rn 8; **Schwarz**, DNotZ 1996, 68, 82f; einschränkend **Emmerich/Habersack**, Aktienkonzernrecht, § 297 Rn 17; **BGH**, NJW 1993, 1976; dagegen: **Koppensteiner**, Köln.Komm., § 297 Rn 10; **Emmerich/Sonnenschein**, Konzernrecht, § 15 III 3e; **Hirte**, ZGR 1994, 644, 651ff; **LG Ingolstadt**, AG 1991, 24, 25.

752 **Mayer** in Widmann/Mayer, § 128 Rn 39 (34. Erg.-Lfg./September 1996).

753 Die Obergesellschaft wird spätestens dann Aktionärin des beherrschten Unternehmens, wenn ein außenstehender Anteilseigner nach Abschluss des Organvertrags die Anteile am beherrschten Unternehmen anbietet. Es dürfte nahezu unmöglich sein, dass der Abschluss des Organvertrags und die Aufspaltung zeitlich so nahe beieinander liegen, dass der Spaltungsbeschluss gefasst wird, bevor die Obergesellschaft die Möglichkeit hatte, auch nur eine Aktie zu erwerben - sei es von einem Minderheitsaktionär oder auf anderem Wege.

werden. Im Ergebnis müsste man dem herrschenden Unternehmen das Recht zubilligen, eine Neuberechnung der Abfindung auf der Basis des Werts der Surrogatsaktien bzw. eine Anpassung der Abfindung zu verlangen.

(iv) Barabfindung

Ist im Organvertrag eine Barabfindung vorgesehen und wird im Spruchstellenverfahren eine höhere Abfindung festgesetzt, haben die Minderheitsaktionäre einen Abfindungsergänzungsanspruch gegen die Obergesellschaft.

Für den soeben erörterten Fall der nichtverhältniswahrenden Aufspaltung kann die Obergesellschaft eine Anpassung der Barabfindung an die geänderten Wertverhältnisse verlangen.

(b) Einleitung eines Spruchstellenverfahrens ohne Annahme der Abfindung

(i) Abfindung in Aktien des herrschenden Unternehmens

Wird im Spruchstellenverfahren eine über dem im Organvertrag liegende Abfindung festgesetzt, können die Minderheitsaktionäre, die bis dahin ihre Aktien noch nicht der Obergesellschaft angeboten haben, binnen der in § 305 IV 3 AktG genannten Frist die Abfindung verlangen.

Die Aufspaltung des beherrschten Unternehmens und der Übergang des Organvertrags auf den aufnehmenden Rechtsträger wirkt sich auf die Abfindungsansprüche nicht aus. Dies folgt schon daraus, dass für die Minderheitsaktionäre mit Abschluss des Organvertrags die Gefahr einer Auszehrung ihrer Mitgliedschaftsrechte und insbesondere ihrer Vermögensbeteiligung einhergeht,[754] die nicht reversibel ist.

An diesem Ergebnis ändert sich auch dadurch nichts, dass die Aktionäre im Zuge der Aufspaltung zum Teil Aktien an organvertraglich nicht gebundenen Rechtsträgern erhalten. Die Surrogatsmitgliedschaft in den übernehmenden und unabhängigen Rechtsträgern wäre nur dann eine angemessene Kompensation für die durch den Organvertrag erlittenen Rechts- und Vermögenseinbußen, wenn wertmäßig kein Unterschied zwischen der Beteiligung am aufgespalteten Rechtsträger und der Surrogatsbeteiligung bestünde.

Aufgrund des der Aufspaltung vorgelagerten Organvertrags und der unterschiedlichen Stichtage für die Ermittlung der Unternehmenswerte der Untergesellschaft[755] ist mit dem *Bundesverfassungsgericht* davon auszugehen, dass der für die Aufspaltung ermittelte Unternehmenswert durch den vorangegangenen Organvertrag beeinflusst worden sein kann.[756] Die Auffassung des *OLG Karlsruhe*, wonach der Untergang der Anteile

---

[754] ZIP 1999, 532, 533.

[755] Für die Bewertung im Zusammenhang mit dem Abfindungsanspruch nach § 305 AktG ist der Tag der Beschlussfassung der Hauptversammlung der Untergesellschaft über den Organvertrag, § 305 III 2 AktG. Bei der Aufspaltung ist der Stichtag gesetzlich nicht vorgegeben sondern steht in der Disposition der Parteien, siehe: **Lutter** in Lutter, UmwG, § 5 Rn 21.

[756] ZIP 1999, 532, 535.

am beherrschten Unternehmen und der Wechsel in eine unabhängige Gesellschaft den Abfindungsanspruch erlöschen lässt, ist daher abzulehnen.[757]

(ii) Nichtverhältniswahrende Aufspaltung

Wird eine nichtverhältniswahrende Aufspaltung durchgeführt und kann die Obergesellschaft mangels Beteiligung am beherrschten Unternehmen diese nicht verhindern, besteht für sie das Risiko, eine Abfindung gewähren zu müssen, deren Gegenwert in Form von Aktien der übernehmenden Rechtsträgern unter dem Wert der Anteile am beherrschten Unternehmen liegt. Hier wird man - wie bereits oben ausgeführt[758] - dem herrschenden Unternehmen das Recht zubilligen müssen eine Anpassung der Abfindung zu verlangen.

(iii) Barabfindung

Hinsichtlich einer im Spruchstellenverfahren erfolgten Höherfestsetzung der Abfindung gelten die soeben gemachten Ausführungen entsprechend. Auch hier können die Minderheitseigner vom herrschenden Unternehmen nach der Aufspaltung die angemessene Abfindung gegen Hingabe ihrer Anteile an den übernehmenden Rechtsträgern verlangen. Für den Fall einer nichtverhältniswahrenden Aufspaltung gelten die soeben zur Abfindung in Aktien gemachten Ausführungen entsprechend.

(c) Keine Annahme der Abfindung und kein Antrag im Spruchstellenverfahren

Aus der Tatsache, dass ein Minderheitseigner bis zum Abschluss des Verfahrens seine Aktien nicht der Obergesellschaft angeboten bzw. im Spruchstellenverfahren nicht selbst aktiv geworden ist und stattdessen die Ausgleichsleistungen bezogen hat, kann nicht geschlossen werden, dass er an der Abfindung kein Interesse hatte. Der Ausgleichsanspruch ist insbesondere kein verrenteter Abfindungsanspruch, so dass eine Anrechnung der Ausgleichsleistungen auf die Abfindung nicht zulässig ist. [759] Der Minderheitsaktionär, der sich nicht am Spruchstellenverfahren mit eigenen Anträgen beteiligt hat, kann daher wie die übrigen Minderheitsaktionäre bis zum Ablauf der in § 305 IV 2 AktG genannten Frist seinen Abfindungsanspruch geltend machen.

D. Ausgleichsansprüche der Alt-Minderheitsaktionäre

(1) Fester Ausgleich, § 304 II 1 AktG

Das aufgespaltete Unternehmen und der den Organvertrag übernehmende Rechtsträger unterscheiden sich hinsichtlich des wirtschaftlichen Zuschnitts und ihrer Ertragslage. Der im Organvertrag festgesetzte Ausgleich beruhte auf der Ertragslage des aufgespalteten Rechtsträgers im Zeitpunkt des Vertragsschlusses.

---

[757] DB 1994, 1917. Das **OLG Karlsruhe** nahm dies für den Fall der Verschmelzung der Untergesellschaft mit einem dritten Unternehmen an.

[758] Siehe dazu die Ausführungen auf Seite 220.

[759] **Lutter/Drygala**, AG 1995, 49 54.

Das herrschende Unternehmen hat die Rechtsnachfolge des übernehmenden Rechtsträgers in den Organvertrag hinzunehmen. Dies hat aber nicht automatisch zur Folge, dass die Ausgleichsansprüche nach der Aufspaltung unverändert bleiben. Die Funktion des Ausgleichs liegt darin, den Minderheitsaktionären eine Kompensation für die durch den Organvertrag beeinträchtigte Fähigkeit ihrer Gesellschaft, Gewinne zu erwirtschaften und an ihre Anteilseigner zu verteilen, zu verschaffen. Die Aktionäre sollen nach Abschluss des Organvertrags hinsichtlich der Dividenden so gestellt werden, wie wenn ihr Unternehmen noch unabhängig wäre und im Interesse aller Anteilseigner geführt würde.[760]

Die Minderheitseigner werden durch die Aufspaltung zu Aktionären eines oder mehrerer unabhängiger Unternehmen,[761] deren Fähigkeit Gewinne zu erwirtschaften und zu verteilen nicht durch einen Organvertrag beeinträchtigt ist. Es wäre daher verfehlt, die Obergesellschaft nach der Aufspaltung zur unveränderten Fortzahlung des im Organvertrag bzw. durch Spruchstellenentscheid festgesetzten Ausgleichs zu verpflichten.

An diesem Ergebnis ändert auch die Überlegung nichts, dass durch den der Aufspaltung vorangegangenen Organvertrag die Minderheitsaktionäre nur in dem Umfang Anteile an den übernehmenden und unabhängigen Unternehmen erhalten, wie es dem Wert ihrer Beteiligung an der konzernierten Untergesellschaft entspricht. Dieser Wert kann infolge des Organvertrags erheblich gesunken sein im Vergleich zum Wert im Zeitpunkt des Abschlusses des Vertrags. Da sie anlässlich des Abschlusses des Organvertrags gegen Abfindung aus dem beherrschten Unternehmen ausscheiden konnten, sind sie das Risiko einer wertmäßigen Minderung ihrer Beteiligung eingegangen, das sich durch den Tausch in Anteile an den übernehmenden Rechtsträgern realisiert.[762]

(2) Anspruch des herrschenden Unternehmens auf Abänderung des Ausgleichs

Das herrschende Unternehmen hat nach der Aufspaltung einen Anspruch gegen das den Organvertrag übernehmende Unternehmen auf Abänderung des Ausgleichs. Die Vorschrift des § 295 II 1 AktG ist dagegen nicht anzuwenden, obwohl durch eine solche Vereinbarung die Bestimmungen des Vertrags bezüglich des Ausgleichs geändert werden sollen. Ein derartiges Mitspracherecht hätten die Minderheitsaktionäre des beherrschten Unternehmens auch nicht bei Abschluss eines Organvertrags. Der Eintritt des übernehmenden Rechtsträgers in den Vertrag ist insoweit nicht anders zu behandeln als ein Neuabschluss.

[760] **Hüffer**, AktG, § 304 Rn 1; **Emmerich/Habersack**, Aktienkonzernrecht, § 304 Rn 7.

[761] Sind an der Aufspaltung zwei Rechtsträger als Übernehmer beteiligt und wird einem von ihnen der Organvertrag zugewiesen, werden die Aktionäre zu Anteilseignern eines abhängigen und eines unabhängigen Unternehmens. Sind an der Aufspaltung mehr als zwei Übernehmer beteiligt, erhalten die Aktionäre Anteile an weiteren unabhängigen Unternehmen.

[762] Ausführlich zu dieser Überlegung siehe im Zusammenhang mit der Verschmelzung zwischen Ober- und Untergesellschaft, Seite 54f.

Ist der veränderte Ausgleich aus Sicht der Minderheitsaktionäre unangemessen, muss ihnen in analoger Anwendung des § 306 AktG die Möglichkeit eines erneuten Spruchstellenverfahrens zur Überprüfung des geänderten Ausgleichs gegeben sein.[763]

Da die Obergesellschaft unter Umständen nicht über die notwendige Dreiviertel-Mehrheit in der Hauptversammlung des Übernehmers verfügt, kann eine Abänderung an der fehlenden Zustimmung der Anteilseigner des neuen beherrschten Unternehmens scheitern. Um diesen Anpassungsanspruch durchzusetzen, kann die Obergesellschaft jedoch keine Abänderungsklage erheben, sondern man muss ihr in diesem Fall ein Leistungsverweigerungsrecht hinsichtlich der jährlich wiederkehrenden Ausgleichsansprüche bis zur Abänderung zubilligen.

(3) Variabler Ausgleich, § 304 II 2 AktG

Die vorgenannten Überlegungen sind auch auf den Fall anwendbar, dass im Organvertrag ein variabler Ausgleich vorgesehen ist. Der Erwerb von Anteilen an einem oder mehreren übernehmenden Rechtsträgern, die unabhängig sind und ohne den Einfluss eines Organvertrags im Interesse aller Aktionäre geführt werden, rechtfertigt es auch hier, den Ausgleich für den Zeitpunkt der Beschlussfassung des beherrschten Unternehmens über die Spaltung neu zu berechnen und den geänderten Verhältnissen anzupassen. Auch hier sind die Minderheitsaktionäre von einer Mitwirkung an der Abänderung des Organvertrags nach § 295 II 1 AktG ausgeschlossen.

(4) Abfindungsansprüche der Neu-Minderheitsaktionäre

Durch den Eintritt des übernehmenden Rechtsträgers in den Organvertrag werden die Aktionäre, die bereits zuvor Anteilseigner dieser Gesellschaft waren, Aktionäre eines vertraglich konzernierten Unternehmen. Da die Gesamtrechtsnachfolge für sie die gleichen Auswirkungen hat wie der direkte Abschluss eines Organvertrags mit der Obergesellschaft, muss ihnen die Möglichkeit des Ausscheidens gegen Abfindung eröffnet werden.

(a) Abfindung in Aktien des herrschenden Unternehmens

Wie bei der Verschmelzung eines unabhängigen Unternehmens mit der Untergesellschaft eines Organvertrags ist auch bei der Aufspaltung davon auszugehen, dass den Minderheitseignern des übernehmenden Rechtsträgers ein eigenständiges Abfindungsangebot zu unterbreiten ist und nicht die im Organvertrag festgesetzte Abfindung angeboten werden kann. Dies folgt schon daraus, dass dieses Abfindungsangebot aufgrund der Unternehmenswerte der Vertragsparteien im Zeitpunkt des Vertragsschlusses ermittelt wurde. Da sich der Unternehmenswert des übernehmenden Rechtsträgers

---

[763] Antragsberechtigt im Spruchstellenverfahren sind jedoch nur die Minderheitsaktionäre des übernehmenden Rechtsträgers, die im Zuge der Aufspaltung Anteile an diesem Unternehmen erworben haben. Die Rechtskraft eines Spruchstellenentscheids wirkt ebenfalls nur zugunsten dieses Teils der Minderheitsgesellschafter. Die Aktionäre, die vor der Spaltung bereits Aktien des übernehmenden Rechtsträgers gehalten haben, sind weder antragsberechtigt noch können sie den Ausgleich verlangen.

von dem des beherrschten Unternehmens unterscheidet und sich auch der Wert der Obergesellschaft seit Vertragsschluss verändert haben kann, ist eine Neuberechnung auf der Grundlage der aktuellen Werte erforderlich.

Das eigenständige Abfindungsangebot lässt sich nur aufgrund konzernrechtlicher Überlegungen begründen. Bei der Novellierung des Umwandlungsrecht hat der Gesetzgeber davon abgesehen, diese Materie innerhalb des Umwandlungsgesetzes zu regeln. Die mit dem Organvertrag zusammenhängenden Fragen des Minderheitenschutzes wurde als speziell konzernrechtliches Problem gesehen und der Lösung durch die weitere Entwicklung in Rechtsprechung und Literatur überlassen.[764]

Die Neu-Minderheitsaktionäre können daher vom herrschenden Unternehmen in analoger Anwendung des § 305 AktG eine angemessene Abfindung verlangen, die in einem Spruchstellenverfahren nach § 306ff AktG überprüf- bzw. durchsetzbar ist. Unterbreitet die Obergesellschaft kein Angebot, kann das Gericht zunächst auf die im Organvertrag den Alt-Minderheitsaktionären angebotene Abfindungsart zurückgreifen. Sollte diese infolge zwischenzeitlich erfolgter Veränderungen nicht mehr zulässig sein, hat das Gericht nach Maßgabe des § 305 II Nr. 1 bis 3 AktG die zulässige Abfindungsart zu bestimmen. Wegen der Einzelheiten zur Umsetzung des Abfindungsverlangens kann auf die bereits im Zusammenhang mit der Verschmelzung gemachten Ausführungen verwiesen werden.[765]

(b) Barabfindung

Hinsichtlich des Anspruchs der Neu-Minderheitsaktionäre auf Barabfindung gelten die soeben zur Abfindung in Aktien angeführten Erwägungen entsprechend. Auch die hinzugekommenen Außenseiter-Aktionäre können die Zahlung eines angemessenen Geldbetrages gegen Überlassung ihrer Aktien am übernehmenden Rechtsträger verlangen, sofern dies nach § 305 II Nr. 3 AktG die allein zulässige Abfindungsart ist.

(5) Wegfall des Abfindungsanspruchs nach Kündigung des Organvertrags durch die Obergesellschaft

Die Aufspaltung der Untergesellschaft und der damit verbundene Übergang des Organvertrags auf den übernehmenden Rechtsträger stellt aus Sicht des herrschenden Unternehmens eine grundstürzende Veränderung der Grundlagen des seinerzeit geschlossenen Vertrags dar. Für den Fall, dass das herrschende Unternehmen weder über die Stimmenmehrheit noch über eine Sperrminorität in der Hauptversammlung des beherrschten = übertragenden Unternehmens verfügt, muss diesem aufgrund der Aufspaltung das Recht zur außerordentlichen und fristlosen Kündigung des Vertrags zugebilligt werden.

---

[764] **Begründung des Gesetzentwurfs zum UmwG**, Bundesratsdrucksache 75/94 vom 04.02.1994, abgedruckt in Widmann/Mayer, Band 1 unter "Begründung zum UmwG 1995", Ziff. IV (28. Erg.-Lfg./Mai 95).

[765] Insbesondere zur Frage der Abfindungsart und des Beginns der Frist nach § 305 IV 2 AktG, siehe Seite 111f.

Die Kündigung des Organvertrags beseitigt regelmäßig nicht die aufgrund des Vertragsschlusses entstandenen Abfindungsansprüche der Minderheitsaktionäre.[766] Wie oben bei der Verschmelzung des herrschenden mit dem beherrschten Unternehmen bereits ausgeführt, kommt es auch nicht darauf an, ob die Obergesellschaft konkreten Nutzen aus dem Organvertrag gezogen oder das ihr nach § 308 AktG zustehende Weisungsrecht ausgeübt hat. Das Bundesverfassungsgericht weist in seiner jüngsten Entscheidung[767] auf diesen Punkt ausdrücklich hin.

Nach den vorgenannten Überlegungen wäre die Obergesellschaft daher auch den Neu-Minderheitsaktionären zur Abfindung verpflichtet, obwohl sie den Organvertrag wegen der Aufspaltung gekündigt hat. Für die hier diskutierte besondere Fallgestaltung ist jedoch eine Ausnahme von den oben entwickelten Grundsätzen zu machen. Wenn das herrschende Unternehmen den Organvertrag unverzüglich nach Eintragung der Aufspaltung in das Register der Untergesellschaft kündigt, entfällt die Verpflichtung, den Neu-Minderheitsaktionären eine Abfindung zu leisten. Da in diesem Fall ausgeschlossen ist, dass das herrschende Unternehmen den übernehmenden Rechtsträger seinen Interessen dienstbar machen konnte, besteht für die Aktionäre auch nicht die Gefahr einer Auszehrung ihrer Mitgliedschafts- und Vermögensrechte. Des weiteren kann es aufgrund des zwischen dem Wirksamwerden der Aufspaltung und dem Zugang der Kündigung auch nicht zu einer Beeinträchtigung des Unternehmenswerts des übernehmenden Rechtsträgers kommen, die über den Zeitpunkt der Beendigung hinaus andauern würde.

(6) Ausgleichsansprüche der Neu-Minderheitsaktionäre

Die Neu-Minderheitsaktionäre haben aufgrund der Konzernierung des übernehmenden Rechtsträgers Anspruch auf einen angemessenen Ausgleich gegen die Obergesellschaft. Das herrschende Unternehmen und der übernehmende Rechtsträger sind verpflichtet, den Organvertrag durch eine entsprechende Ausgleichsregelung zu ergänzen. Kommt keine Änderung zustande, macht das Fehlen eines Ausgleichs den Organvertrag nicht unwirksam, da es um die Anpassung eines bestehenden Vertrags und nicht um einen Neuabschluss geht. Können sich Ober- und Untergesellschaft nicht auf eine Änderung einigen, haben die Minderheitsaktionäre die Möglichkeit, über ein Spruchstellenverfahren nach § 306 AktG einen Ausgleich zu erreichen. Das Gericht kann dann einen angemessenen Ausgleich nach § 304 II 1 AktG bzw. einen variablen Ausgleich nach § 304 II 2 AktG festsetzen. Hinsichtlich der Art des Ausgleichs (fest oder variabel) ist das Gericht an die im Organvertrag zugunsten der Alt-Minderheitsaktionäre getroffenen Ausgleichsregelung gebunden. Dies ergibt sich aus dem Gebot der Gleichbehandlung aller Aktionäre in entsprechender Anwendung des §

[766] Siehe dazu Seite 26ff.

[767] ZIP 1999, 532, 533. Das BVerfG geht davon aus, mit dem Abschluss eines Beherrschungs- und Gewinnabführungsvertrags gehe für die außenstehenden Aktionäre die Gefahr einer Auszehrung ihrer Mitgliedschaftsrechte einher. Ob sich diese Gefahr tatsächlich realisiert ist dagegen unerheblich.

53a AktG.[768] Es wäre daher unzulässig, dass ein Teil der Minderheitsaktionäre einen festen Ausgleich und der andere Teil einen variablen Ausgleich erhält, obwohl die Voraussetzungen dieselben sind.

2. Abspaltung

Bei der Abspaltung überträgt ein Rechtsträger einen Teil oder mehrere Teile seines Vermögens jeweils als Gesamtheit auf einen bzw. mehrere bestehende Rechtsträger oder auf einen oder mehrere von ihm dadurch gegründete(n) neue(n) Rechtsträger, § 123 II UmwG. Im Gegensatz zur Aufspaltung erlischt der übertragende Rechtsträger bei der Abspaltung nicht sondern besteht darüber hinaus fort.

A. Schicksal des Organvertrags

Da das übertragende Unternehmen nach der Abspaltung fortbesteht, geht der Organvertrag nur dann auf den übernehmenden Rechtsträger über, wenn er diesem im Spaltungs- und Übernahmevertrag bzw. im Spaltungsvertrag (bei der Abspaltung zur Neugründung) zugewiesen wird. Die Zuweisung führt wie bei der Aufspaltung zur Rechtsnachfolge des übernehmenden Rechtsträgers in den Organvertrag.

Wie bereits dort im einzelnen ausgeführt, ist zwischen den Wirkungen der Gesamtrechtsnachfolge und den davon betroffenen Interessen insbesondere der Minderheitseigner aber auch der Ober- bzw. der Untergesellschaft zu unterscheiden.[769] *Emmerich* weist zu Recht darauf hin, dass die Wirkungen einer Rechtsnachfolge in den Vertrag von den davon betroffenen Interessen zu trennen sind und eine Bejahung der Rechtsnachfolge zunächst nichts über die Rechtstellung der Betroffenen sagt.[770]

Gegen die von *Teichmann*[771] vorgebrachten Argumente, die übernehmenden Rechtsträger wollten in aller Regel nicht zu abhängigen Unternehmen werden und ein Übergang des Vertrags widerspreche den Interessen der Obergesellschaft bzw. greife unzulässigerweise in die Entscheidungskompetenz ihrer Hauptversammlung ein, können im Ergebnis nicht überzeugen. Wie bereits im Zusammenhang mit der Aufspaltung ausgeführt, hängen die Wirkungen der Rechtsnachfolge als solcher nicht vom Willen der Handelnden ab.[772] Beispielsweise können die Parteien eines Erbvertrags oder der testamentarisch verfügende Erblasser die Wirkungen der Rechtsnachfolge im Todesfall nicht modifizieren. Das gleiche gilt für die Gesamtrechtsnachfolge bei der Ab- bzw. der Aufspaltung. Deren Wirkungen treten unabhängig davon ein, ob sie im Einzelfall gewünscht sind oder nicht.

---

[768] Normadressat und damit Schuldner der Pflicht zur Gleichbehandlung ist nach § 53a AktG grundsätzlich die AG, in der die Mitgliedschaft besteht, siehe: **Hüffer**, AktG, § 53a Rn 4. Der Ausgleichsanspruch richtet sich in letzter Konsequenz gegen die Obergesellschaft, sodass eine Ungleichbehandlung durch einen Dritten vorläge. § 53a AktG ist jedoch auch auf diesen Fall anzuwenden.

[769] Siehe Seite 220ff.

[770] **Emmerich/Habersack**, Aktienkonzernrecht, § 295 Rn 14.

[771] **Teichmann** in Lutter, UmwG, § 132 Rn 31.

[772] Siehe Seite 220ff.

Bei der Abspaltung stellt sich dieses Problem jedoch nicht in der Schärfe wie bei der Aufspaltung oder der Verschmelzung. Ist der Eintritt des übernehmenden Rechtsträgers in den Organvertrag nicht gewollt, kann dieser beim übertragenden Rechtsträger verbleiben. Bei der Aufspaltung und der Verschmelzung muss der Organvertrag dagegen übergehen, da der übertragenden Rechtsträger mit der Umwandlung erlischt.

Bei der Abspaltung wird die Unterscheidung zwischen den Wirkungen der Gesamtrechtsnachfolge und dem Willen der an der Umwandlung beteiligten Unternehmen, den Vertrag übergehen zu lassen, besonders deutlich. Nur dann, wenn die Vertragschließenden, bzw. die abspaltende Gesellschaft bei der Abspaltung zur Neugründung, ausdrücklich einen Übergang des Vertrags wünschen, geht dieser auf den übernehmenden Rechtsträger über. Bei der Verschmelzung steht der Übergang des Vertrags dagegen überhaupt nicht zur Disposition und bei der Aufspaltung kann der übernehmende Rechtsträger lediglich ausgewählt werden. Aber auch hier können die Wirkungen der Gesamtrechtsnachfolge nicht dadurch umgangen werden, dass der Vertrag keinem der aufnehmenden Rechtsträger zugewiesen wird.

Krieger hält ohne nähere Begründung die Abspaltung des Organvertrags weder bei der Ober- noch der Untergesellschaft für möglich.[773] Seiner Ansicht nach lässt eine Abspaltung bei der Untergesellschaft den Vertrag unberührt, da sich der Rechtsträger als solcher nicht ändert.[774] Letzterem ist zuzustimmen. Wird der Vertrag im Spaltungs- und Übernahmevertrag keinem der aufnehmenden Rechtsträger zugewiesen, bleibt die Untergesellschaft auch nach der Abspaltung Partei des Vertrags. Dies folgt aber schon ohne weiteres daraus, dass das abspaltende Unternehmen nur Teile seines Vermögens überträgt und durch die Abspaltung nicht erlischt. Das Kernproblem, nämlich die Möglichkeit der Abspaltung des Vertrags gegebenenfalls zusammen mit weiteren Vermögensteilen wird dadurch aber nicht gelöst.

Vossius lehnt die Gesamtrechtsnachfolge mit dem Hinweis auf den körperschaftlichen Charakter des Organvertrags ab.[775]

Emmerich/Sonnenschein unterscheiden zwischen der Abspaltung zur Aufnahme und der Abspaltung zur Neugründung und gehen bei letzterer davon aus, dass sich der Organvertrag neben dem abspaltenden Unternehmen auch auf die aufnehmenden Rechtsträger erstreckt.[776] Bei der Abspaltung zur Aufnahme halten sie einen Übergang des Vertrags auf den übernehmenden Rechtsträger dagegen für ausgeschlossen.

---

[773] ZGR 1990, 517, 542.

[774] **Krieger**, ZGR 1990, 517, 542.

[775] **Vossius** in Widmann/Mayer, § 131 Rn 157, unter Verweisung auf die für die Verschmelzung geltenden Überlegungen (34. Erg.-Lfg./September 96).

[776] Konzernrecht, § 15 IV 6c. Eine wohl andere Auffassung vertreten **Emmerich/Habersack**, Konzernrecht, § 297 Rn 43. Danach soll bei der Spaltung des herrschenden als auch des beherrschten Unternehmens der Vertrag ausnahmslos erlöschen. Eine Unterscheidung zwischen den einzelnen Formen der Spaltung bzw. danach ob die Spaltung zur Aufnahme bzw. zur Neugründung erfolgt, wird hier nicht gemacht.

Dehmer vertritt ebenfalls die Ansicht, nur bei der Abspaltung zur Neugründung könne der Vertrag auf die aufnehmenden Rechtsträger übergehen.[777]

Den beiden zuletzt genannten Autoren kann nicht zugestimmt werden. Die Unterscheidung zwischen der Abspaltung zur Aufnahme bzw. zur Neugründung beruht auf der Überlegung, dass der Übergang auf bereits vor der Abspaltung existierende Rechtsträger wegen der damit verbundenen nachteiligen Auswirkungen auf die Obergesellschaft bzw. die Anteilseigner der aufnehmenden Rechtsträger zu verneinen ist. Diese Begründung ist, wie bereits eingangs dargelegt nicht zutreffend. Nicht überzeugen kann das Ergebnis bei der Abspaltung zur Neugründung. Der Übergang des Organvertrags auf sämtliche aufnehmenden Rechtsträger lässt sich mit der Gesamtrechtsnachfolge nicht begründen. Nach §§ 123 II, 131 I Nr. 1 S. 1 UmwG geht der abgespaltene Teile des Vermögens einschließlich der Verbindlichkeiten entsprechend der im Spaltungs- und Übernahmevertrag vorgesehenen Aufteilung jeweils als Gesamtheit auf den übernehmenden Rechtsträger über. Wird der Vertrag keinem der übernehmenden Unternehmen zugewiesen, verbleibt er bei er abspaltenden Untergesellschaft. Wird er einem der aufnehmenden Rechtsträger zugewiesen, geht er im Wege der Gesamtrechtsnachfolge auf diesen über. Die abspaltende Untergesellschaft ist danach nicht mehr Partei des Vertrags.

Eine Zuweisung an alle neugegründeten Übernehmer und der gleichzeitige Verbleib beim beherrschten Unternehmen sind daher nicht möglich. Der Organvertrag folgt den abgespaltenen Vermögensteilen nicht etwa automatisch sondern bedarf zu seinem Übergang der Zuweisung im Spaltungsvertrag.

B. Anwendbarkeit der §§ 295 I 1, 293 II AktG

Nach § 132 S. 1 UmwG bleiben allgemeine Vorschriften, welche die Übertragbarkeit eines bestimmten Gegenstandes ausschließen oder an bestimmte Voraussetzungen knüpfen durch die Wirkungen der Eintragung nach § 131 UmwG unberührt.

Über die Auslegung dieser Vorschrift herrscht Streit. Bei wörtlicher Anwendung würden die mit der in § 131 I Nr. 1 UmwG verbundenen Vorteile der Gesamtrechtsnachfolge (Übergang des abgespaltenen Vermögensteils als Gesamtes) größtenteils konterkariert.[778] Hintergrund für die Schaffung dieser Regelung dürfte die mit der Abspaltung verbundene Umgehungsgefahr gewesen sein. So könnte für bestimmte Gegenstände die partielle Gesamtrechtsnachfolge als Übertragungsweg gewählt werden, wenn die Einzelübertragung gar nicht oder nur mit der Zustimmung Dritter möglich wäre.[779]

In der Literatur werden verschiedene Ansätze vorgeschlagen, um einerseits die Spaltung nicht an Voraussetzungen scheitern zu lassen, die für die Einzelübertragung gelten und andererseits dem Bedürfnis des Gesetzgebers, Missbrauch zu verhindern, gerecht zu werden.

---

[777] UmwG, § 131 Rn 67.
[778] **Teichmann** in Lutter, UmwG, § 132 Rn 11.
[779] **Teichmann** in Lutter, UmwG, § 132 Rn 3.

Teichmann will den Anwendungsbereich des § 132 UmwG dadurch einschränken, dass die Interessen Dritter bei Übertragung von Betrieben oder Betriebsteilen eher zurückstehen müssen als bei der Übertragung einzelner Vermögensgegenstände.[780] Er untersucht anhand einzelner Fallgruppen die Interessen der an der Spaltung beteiligten Rechtsträger und die außenstehender Dritter, etwa der Gläubiger, um so zu einer fallweisen Einschränkung des § 132 UmwG zu gelangen.[781] Für die Unternehmensverträge gelangt *Teichmann* zu der Auffassung, bei der Spaltung der Untergesellschaft könne nur im Fall der Spaltung zur Neugründung von einem Übergang des Organvertrags auf die übernehmenden Rechtsträger ausgegangen werden. Die Interessenabwägung[782] gebiete es bei der Spaltung zur Aufnahme, die Abhängigkeit erlöschen zu lassen.[783]

Teichmann geht jedoch nicht auf die Frage ein, ob im Fall einer Abspaltung die Abspaltung des Organvertrags an die Zustimmung der Hauptversammlung des herrschenden Unternehmens zu knüpfen ist und ob die §§ 295 I 1, 293 II AktG als Vorschriften, welche die Übertragbarkeit eines bestimmten Gegenstandes ausschließen oder an bestimmte Voraussetzungen knüpfen[784], zu sehen sind. Subsumiert man die §§ 295 I 1, 293 II AktG unter § 132 S. UmwG bedarf es der von *Teichmann* vorgeschlagenen Interessenabwägung nicht mehr. Wenn die Hauptversammlung des herrschenden Unternehmens der Abspaltung des Organvertrags zustimmen muss, sind die gegen die Gesamtrechtsnachfolge angeführten Bedenken wie etwa die Organkompetenz oder die Verpflichtung zur Verlustübernahme nicht mehr stichhaltig. Die Hauptversammlung des herrschenden Unternehmens kann dann darüber entscheiden, ob es gegenüber dem aufnehmenden Rechtsträger in die Stellung als Obergesellschaft eintreten will.

Anders als bei der Aufspaltung und der Verschmelzung besteht bei der Abspaltung des Unternehmensvertrags die Gefahr, dass die partielle Gesamtrechtsnachfolge dazu missbraucht wird, die Vorschriften des AktG über den Abschluss und die Änderung des Organvertrags zu umgehen. Im Ergebnis kann bei der Abspaltung des Organvertrags durch das beherrschte Unternehmen nichts anderes gelten als im Fall der Abspaltung durch die Obergesellschaft.[785] Die Abspaltung des Vertrags bedarf daher eines zustimmenden Beschlusses der Hauptversammlung des herrschenden Unternehmens mit der nach § 293 I 2 AktG vorgesehenen Mehrheit von drei Vierteln.

Hinsichtlich der Bedenken, durch die Abspaltung des Organvertrags und den Übergang auf den Übernehmer seien dessen Interessen nachteilig berührt, ist darauf hinzuweisen, dass die Hauptversammlung des Übernehmers dem Spaltungs- und Übernahmevertrag

[780] **Teichmann** in Lutter, UmwG, § 132 Rn 13.
[781] **Teichmann** in Lutter, UmwG, § 132 Rn 15ff.
[782] **Teichmann** in Lutter, UmwG, § 132 Rn 31, bezieht in die Abwägung die Interessen der übernehmenden Rechtsträger und die des herrschenden Unternehmens ein. Erstere wollten in der Regel nicht zu abhängigen Unternehmen werden. Bei letzteren sprächen die Entscheidungskompetenz der Hauptversammlung, die Verpflichtung zur Verlustübernahme und die Verantwortlichkeit handelnder Organe gegen die Möglichkeit der Gesamtrechtsnachfolge.
[783] **Teichmann** in Lutter, UmwG, § 132 Rn 31.
[784] So der Wortlaut des § 132 S. 1 UmwG.
[785] Siehe dazu im einzelnen Seite 182ff.

ebenfalls mit einer Mehrheit von drei Vierteln zustimmen muss. Die gleiche Mehrheit ist nach § 293 I 2 AktG auch für den zustimmenden Beschluss zum Abschluss eines Organvertrags vorgeschrieben. Die Abspaltung unterliegt daher hinsichtlich der erforderlichen Mehrheit keinen geringeren Anforderungen als der Abschluss eines Organvertrags.

C. Abfindungsansprüche der Alt-Minderheitsaktionäre

(1) Abfindung in Aktien des herrschenden Unternehmens

Wird der Vertrag dem übernehmenden Rechtsträger zugewiesen, endet mit der Abspaltung die organvertragliche Bindung des beherrschten Unternehmens. Die Beendigung lässt die aufgrund des Vertrags entstandenen Abfindungsansprüche unberührt.

Die Aktionäre der Untergesellschaft erhalten nach § 131 I Nr. Nr. 3 1. HS UmwG Anteile am übernehmenden und neuen beherrschten Rechtsträger. Daneben werden sie Anteilseigner des/der weiteren Übernehmer(s), soweit mehr als ein Unternehmen bei der Abspaltung als Übernehmer beteiligt ist. Je nachdem ob der/die weitere(n) Übernehmer vor der Abspaltung beherrschte oder unabhängige Unternehmens waren, sind die Aneile an diesen Unternehmen mit einem Organvertrag belastet oder nicht.

Die Gewährung von Aktien an den Übernehmern richtet sich nach den im Spaltungs- und Übernahmevertrag bzw. dem Spaltungsplan getroffenen Festlegungen, die sich an der Relationen der Unternehmenswerte für einen bestimmten Bewertungsstichtag zu orientieren haben. Dieser Stichtag ist im UmwG nicht vorgegeben. Die Parteien können diesen grundsätzlich frei wählen.[786] Wie sich jedoch aus § 30 I 1 UmwG ergibt, ist für den Stichtag eine möglichst nahe am Zeitpunkt der Entscheidung der Hauptversammlung über den Verschmelzungsbeschluss liegende Bewertung vorzunehmen.[787] Diese zeitnahe Bewertung wird dem Schutz der Anteilsinhaber am ehesten gerecht, die über die Verschmelzung aufgrund möglichst aktueller Unternehmenswerte zu entscheiden haben.

Zwischen dem Bewertungsstichtag der Abspaltung und der Bewertung anlässlich des Abschlusses des Organvertrags haben sich in den meisten Fällen erhebliche Veränderungen der Unternehmenswerte des beherrschten und des herrschenden Unternehmens ergeben. Aufgrund der Wertunterschiede kann der Erwerb von Anteilen an den übernehmenden Rechtsträgern nicht zum Erlöschen der Abfindungsansprüche führen. Die Minderheitsaktionäre können daher auch nach der Aufspaltung ihres Unternehmens von der Obergesellschaft eine im Sinne des § 305 III 1 AktG angemessene Abfindung verlangen.

---

[786] **Lutter** in Lutter, UmwG, § 5 Rn 21; **OLG Düsseldorf**, WM 1984, 732, 734; **OLG Hamm**, WM 1992, 946, 947.

[787] So zutreffend: **Mayer** in Widmann/Mayer, § 5 Rn 131 (32. Erg.-Lfg./Mai 96).

(a) Überlassung der Aktien und Einleitung eines Spruchstellenverfahrens

Hat der Minderheitseigner seine Anteile am beherrschten Unternehmen der Obergesellschaft gegen Gewährung der Abfindungsaktien überlassen und ein Spruchstellenverfahren zur Überprüfung der Angemessenheit der Abfindung eingeleitet, kann er nach einer Höherfestsetzung weitere Anteile der Obergesellschaft verlangen (Abfindungsergänzungsanspruch). Des weiteren erhält das herrschende Unternehmen im Zuge der Abspaltung Aktien des/der Übernehmer.

(b) Einleitung eines Spruchstellenverfahrens ohne Annahme der Abfindung

Anders als in der vorigen Variante ist der Minderheitsaktionär an der Abspaltung beteiligt. Er kann jedoch anders als bei der Aufspaltung auch nach Abspaltung der Obergesellschaft seine Anteile am beherrschten Unternehmen gegen Gewährung der Abfindung anbieten.

Infolge der Abspaltung kann sich jedoch der Unternehmenswert der Untergesellschaft und damit auch der Wert seiner Anteile verändern.[788] Die Obergesellschaft würde bei einer Verringerung des Anteilswertes weniger für ihre Aktien erhalten als nach dem Organvertrag bzw. der gerichtlichen Entscheidung vorgesehen.

Zur Lösung des Problems sind zwei Möglichkeiten denkbar. Die Minderheitsaktionäre könnten verpflichtet sein, dem herrschenden Unternehmen neben den Aktien des übertragenden Rechtsträgers zusätzlich die bei der Abspaltung erlangten Anteile der Übernehmer anzubieten. Denkbar wäre auch, dass sich die Anzahl der von der Obergesellschaft zu gewährenden, eigenen Aktien entsprechend verringert.

Die Obergesellschaft wäre bei ersterem verpflichtet, Anteile des neuen beherrschten Rechtsträgers bzw. Aktien des/der Übernehmer zu akzeptieren, mit denen kein Organvertrag besteht. Da für den Übergang des Organvertrags die Zustimmung der Obergesellschaft erforderlich ist, kann diese den Eintritt eines anderen Unternehmens in den Vertrag verhindern. Die Abspaltung als solche und damit die Verringerung des Unternehmenswerts der Untergesellschaft kann sie nur dann beeinflussen bzw. verhindern, wenn sie über die Stimmenmehrheit bzw. eine Sperrminorität in der Hauptversammlung des beherrschten Unternehmens verfügt.

Man könnte daher mit dem *OLG Karlsruhe* die Auffassung vertreten, dass die Obergesellschaft nicht zur Übernahme von Aktien solcher Unternehmen verpflichtet ist, mit denen kein Organvertrag besteht.[789] Die erstgenannte Möglichkeit (Übernahme der Anteile an den übernehmenden Rechtsträgern) wäre dann abzulehnen.

---

[788] Die Abspaltung hat nicht notwendigerweise eine Verringerung des Unternehmenswerts des abspaltenden Unternehmens zur Folge. Es kann durchaus der Fall eintreten, dass durch die Abspaltung verlustbringende Teile des Unternehmens abgestoßen werden und sich dadurch der Wert des verbleibenden Unternehmens und damit auch der Aktien erhöht.

[789] ZIP 1994, 1529, 1531; in dem vom OLG Karlsruhe entschiedenen Fall wurde das beherrschte Unternehmen mit einem Unternehmen verschmolzen, das nicht durch einen Organvertrag mit dem herrschenden Unternehmen verbunden war. Die hier untersuchte Aufspaltung und die Verschmelzung haben aus Sicht der Obergesellschaft dieselben Konsequenzen.

Dieser Ansatz wäre jedoch verfehlt. Die Minderheitsaktionäre sind vor einer rechtskräftigen Entscheidung im Spruchstellenverfahren nicht verpflichtet, der Obergesellschaft ihre Aktien am beherrschten Unternehmen zu überlassen. Sie müssen vielmehr die Gelegenheit erhalten, ihre Entscheidung zwischen Ausgleich und Abfindung auf der Grundlage der gerichtlich überprüften Angemessenheit zu treffen.[790] Dies folgt schon daraus, dass der Gesetzgeber in § 305 IV 3 AktG das Ende der im Organvertrag vorgesehenen Frist zur Ausübung der Abfindung frühestens zwei Monate nach der Entscheidung im Spruchstellenverfahren enden lässt, um so dem Aktionär die Möglichkeit zu geben, Abfindung und Ausgleich gegeneinander abzuwägen.

Die Obergesellschaft kann die Minderheitsaktionäre aus den vorgenannten Gründen daher nicht darauf verweisen, sie hätten ihre Aktien bereits vor der Abspaltung anbieten müssen. Der Erwerb der Anteile an den übernehmenden Rechtsträgern bedeutet zudem keine Schlechterstellung der Obergesellschaft. Dies hat das *OLG Karlsruhe* bei seiner Entscheidung übersehen, wenn es davon ausgeht, das herrschende Unternehmen sei nicht verpflichtet, Anteile des verschmolzenen Rechtsträgers statt des beherrschten Unternehmens entgegenzunehmen. Hätten die Minderheitsaktionäre in dem vom *OLG Karlsruhe* entschiedenen Fall ihre Anteile vor der Verschmelzung an die Obergesellschaft abgegeben, hätte diese infolge der Verschmelzung Anteile an dem verschmolzenen Rechtsträger erhalten. Es macht daher keinen Unterschied, ob das herrschende Unternehmen zuerst die Anteile am beherrschten Unternehmen erhält und dann im Zuge der Verschmelzung die Surrogatsanteile oder ob sie diese direkt von den Minderheitseignern erhält. In beiden Fällen wird sie Anteilseignerin der übernehmenden Rechtsträger. Es spielt daher entgegen der Auffassung des *OLG Karlsruhe* auch keine Rolle, ob der Beherrschungsvertrag infolge der Verschmelzung erlischt oder nicht.[791] Selbst bei einem Erlöschen des Organvertrags ändert sich nichts an der Verpflichtung des herrschenden Unternehmens, die Surrogatsanteile zu übernehmen.

Bei der Abspaltung ist das Ergebnis dasselbe. Das herrschende Unternehmen erhält Anteile an den Übernehmern, unabhängig davon, ob dies durch den abspaltungsbedingten Anteilstausch oder im Zuge der Abfindungsgewährung erfolgt.

Die Minderheitsaktionäre können daher auch nach der Abspaltung die im Spruchstellenentscheid festgesetzte Abfindung verlangen. Sie sind jedoch verpflichtet, neben den Aktien der Untergesellschaft auch die Anteile an den Übernehmern an die Obergesellschaft auszukehren.

(c) Annahme der Abfindung ohne Antrag im Spruchstellenverfahren

Da dem Spruchstellenentscheid Inter-omnes-Wirkung zukommt, hat auch der außenstehende Aktionär, der keinen eigenen Antrag im Spruchstellenverfahren gestellt hat, nach der gerichtlichen Entscheidung einen Abfindungsergänzungsanspruch.[792]

---

[790] **Emmerich/Habersack**, Konzernrecht, § 305 Rn 23.

[791] ZIP 1994, 1529, 1531.

[792] So die ganz hM: **Emmerich/Habersack**, Aktienkonzernrecht, § 305 Rn 66; **Geßler** in Geßler/Hefermehl/Eckardt/Kropff, § 305 Rn 74; **v. Godin/Wilhelmi**, § 305 Rn 12; **Würdinger**, Groß-

(d) Kein Antrag im Spruchstellenverfahren und keine Überlassung der Aktien an die Obergesellschaft

Der Minderheitsaktionär, der weder die Abfindung angenommen noch einen eigenen Antrag im Spruchstellenverfahren gestellt hat, kann nach dessen Beendigung aufgrund der Inter-omnes-Wirkung der Entscheidung vom herrschenden Unternehmen die gerichtlich festgesetzte Abfindung verlangen. Dies ist nicht dadurch ausgeschlossen, dass er bis zur Ausübung der Abfindungsoption den Ausgleich bezogen hat. Der Ausgleich stellt weder eine verrentete Abfindung dar[793] noch kann in der Entgegennahme des Ausgleichs ein stillschweigender Verzicht auf die spätere Geltendmachung der Abfindung gesehen werden.[794] Auch hier gilt, dass vom außenstehenden Aktionär erst dann eine Entscheidung für den Ausgleich oder die Abfindung verlangt werden kann, wenn eine Spruchstellenentscheidung ergangen ist.

(2) Barabfindung

Ist statt einer Abfindung in Aktien eine Barabfindung vorgesehen, ergeben sich bei den soeben untersuchten Fallgestaltungen keine Besonderheiten. Die Minderheitseigner haben unabhängig vom Zeitpunkt der Ausübung der Abfindungsoption Anspruch auf eine gegebenenfalls gerichtlich überprüfte und angemessene Abfindung. Es ist auch unerheblich, ob sie einen eigenen Antrag im Spruchstellenverfahren gestellt haben, da die Entscheidung aufgrund ihrer Inter-omnes-Wirkung auch für die nicht direkt verfahrensbeteiligten Aktionäre gilt.

(3) Kündigung des Organvertrags nach §§ 305 V 4, 304 V AktG

Die Obergesellschaft kann nach §§ 305 V 4, 304 V AktG den Organvertrag binnen einer Frist von zwei Monaten nach Rechtskraft der Entscheidung ohne Einhaltung einer Frist kündigen, wenn das Gericht die Abfindung bestimmt hat.

Wie bei der Verschmelzung zwischen Ober- und Untergesellschaft ausgeführt, werden durch die Kündigung des herrschenden Unternehmens die Abfindungsansprüche nicht beseitigt.[795] Der Abschluss des Organvertrags war für die Minderheitsaktionäre mit einer Beeinträchtigung ihrer Mitgliedschafts- und Vermögensrechte verbunden. Für diesen Eingriff sind sie angemessen zu entschädigen. Da die Minderheitsaktionäre erst nach Abschluss des Spruchstellenverfahrens wissen können, wie hoch Abfindung und

---

komm., § 305 Rn 21; **Hüffer**, AktG, § 305 Rn 32; **Beyerle**, AG 1980, 317, 323; **Bodewig**, BB 1978, 1694, 1695ff; **Tiling/Prasse**, AG 1969, 73f; **Haase**, AG 1995, 12ff; **Emmerich/Sonnenschein**, Konzernrecht, § 17a VI; **OLG Celle**, AG 1979, 230, 233; **OLG Düsseldorf**, AG 1990, 397, 401; **BayObLG**, AG 1996, 177, 180; **BayObLG**, AG 1996, 127, 130; **LG Berlin**, AG 1979, 207.; a.A. **Koppensteiner**, Köln.Komm., § 305 Rn 56; **ders.**, BB 1978, 769; **Hüchting**, Abfindung, 85ff.

[793] **Lutter/Drygala**, AG 1995, 49 54.

[794] **BGH**, AG 1998, 286, 287; **Emmerich/Sonnenschein**, Konzernrecht, § 17a III 1c; **Hüffer**, AktG, § 305 Rn 4; **Koppensteiner**, Köln.Komm., § 305 Rn 6; a.A. **Lehmann-Tolkmitt**, WM 1972, 990, 992, der bei Entgegennahme der Ausgleichszahlungen ein Erlöschen des Barabfindungsanspruchs bejaht. Er lässt das Ergebnis jedoch für den Fall einer Abfindung in Aktien ausdrücklich unerörtert.

[795] Siehe Seite 44ff.

Ausgleich sind, besteht die Gefahr, dass ihre Abfindungsansprüche durch die fristlose Kündigung des Vertrags hinfällig würden. Anders als beim Ausgleich, der die Ansprüche nur für die Zukunft entfallen lässt, hätte die Kündigung bei der Abfindung rückwirkende Kraft.

Die fristlose Kündigung würde daher zu einer Benachteiligung der Aktionäre führen, die erst das Ende des Verfahrens abwarten wollen, um dann auf der Grundlage der gerichtlich überprüften Unternehmenswerte ihre Entscheidung zwischen Ausgleich und Abfindung zu treffen. Im Gegensatz zu dieser Aktionärsgruppe hätten die Minderheitseigner, die kurz vor dem Abschluss des Spruchstellenverfahrens zur Abfindung optieren, einen auch durch die Kündigung nicht mehr vernichtbaren Abfindungsergänzungsanspruch. Diese Ungleichbehandlung wäre durch keine vernünftigen Erwägungen zu rechtfertigen.

D. Ausgleichsansprüche der Alt-Minderheitsaktionäre

Wie bei der Aufspaltung der Untergesellschaft stellt sich auch hier die Frage, ob der Ausgleich an die veränderte Situation anzupassen ist. Da sich durch die Abspaltung von Vermögensteilen der wirtschaftliche Zuschnitt des beherrschten Unternehmens und damit auch die Grundlage für den bei Vertragsschluss ermittelten Ausgleich ändert, muss eine Korrektur der Ausgleichsleistungen erfolgen.

(1) Fester Ausgleich

Die Vereinbarung eines festen Ausgleichs im Organvertrag soll den Minderheitsaktionären einen Ersatz für die von der Obergesellschaft entzogenen Gewinne ihres Unternehmens und damit für den Verlust ihrer Dividendenansprüche gewähren. Der Ausgleich hat sich an der Ertragslage der Untergesellschaft im Zeitpunkt der Konzernierung zu orientieren, so dass man die Auffassung vertreten könnte, nachträglich eintretende Veränderungen der Ertragskraft dürften nicht zu einer Anpassung des festen Ausgleichs führen.

Wie bereits bei der Aufspaltung der Untergesellschaft ausgeführt, ist zu berücksichtigen, dass die Minderheitsaktionäre durch die Abspaltung Anteile an Unternehmen erhalten, deren Ertragsaussichten nicht durch einen Organvertrag beeinträchtigt werden. Sie würden daher bei einem unveränderten festen Ausgleich einen ungerechtfertigten Vorteil erzielen. Der Obergesellschaft ist deswegen das Recht zuzubilligen, eine Anpassung des Ausgleichs an die durch die Abspaltung veränderte Situation zu verlangen.[796]

(2) Variabler Ausgleich

Auch hier kann auf die Ausführungen zur Anpassung des variablen Ausgleichs bei der Aufspaltung der Untergesellschaft verwiesen werden.[797] Wie beim soeben erörterten

---

[796] Wegen der Einzelheiten siehe Seite 229ff.

[797] Siehe Seite 231.

festen Ausgleich hat eine Neuberechnung der Ausgleichsleistungen für den Zeitpunkt der Abspaltung stattzufinden.

E. Abfindung der Neu-Minderheitsaktionäre

Den Minderheitsaktionären des Unternehmens, das durch den Übergang des Organvertrags konzerniert wird, ist ein Ausgleich zu gewähren, der sich an der Ertragslage ihres Unternehmens - bzw. der Obergesellschaft beim variablen Ausgleich - im Zeitpunkt der Abspaltung orientiert. Wegen der Einzelheiten kann auf die Ausführungen zur Abspaltung verwiesen werden.[798]

F. Ausgleichsansprüche der Neu-Minderheitsaktionäre

Die Minderheitsaktionäre des den Organvertrag aufnehmenden Rechtsträgers können nach der Umwandlung in analoger Anwendung der §§ 304, 305 AktG einen angemessenen Ausgleich verlangen. Maßgebend für die Ermittlung der Angemessenheit des Ausgleichs sind die Verhältnisse im Zeitpunkt der Abspaltung.

3. Ausgliederung

A. Schicksal des Organvertrags

(1) Ausgliederung des Vertrags

Bei der Ausgliederung überträgt ein Rechtsträger einen Teil oder mehrere Teile seines Vermögens jeweils als Gesamtheit auf bereits bestehende oder von ihm dadurch neu gegründete Rechtsträger, § 123 III Nr. 1 u. 2 UmwG.

Anders als bei der Aufspaltung bzw. Abspaltung erhalten die Gesellschafter des ausgliedernden Rechtsträgers keine Anteile bzw. Mitgliedschaften an dem/den übernehmenden Rechtsträger(n). Diese stehen nach § 123 III UmwG vielmehr dem ausgliedernden Unternehmen selbst zu.

Fraglich ist, ob das beherrschte Unternehmen den Organvertrag im Wege der Ausgliederung auf ein anderes Unternehmen übergehen kann. Bei der Ausgliederung bleibt der übertragende Rechtsträger anders als bei der Verschmelzung und der Aufspaltung bestehen. Werden Teile des Vermögens auf ein anderes Unternehmen übertragen, lässt dies den Organvertrag unberührt.[799] Hiervon zu unterscheiden ist, ob der Vertrag - gegebenenfalls mit weiterem Vermögen - als solcher auf den Übernehmer im Wege der (partiellen) Gesamtrechtsnachfolge übergehen kann.

Dies wird in der Literatur einhellig abgelehnt. *Emmerich/Sonnenschein* gehen für den Fall der Ausgliederung zur Neugründung davon aus, dass sich der Organvertrag auch auf den/die übernehmenden Rechtsträger erstreckt und das beherrschte Unternehmen

[798] Siehe Seite 233.
[799] **Emmerich/Sonnenschein**, Konzernrecht, § 15 IV 6c.

organvertraglich gebunden bleibt. Ein Übergang kommt ihrer Ansicht nach dagegen nicht in Betracht.

Bei der Ausgliederung zur Aufnahme soll der Vertrag dagegen ersatzlos untergehen.[800]

Die Erstreckung des Organvertrags im Falle der Ausgliederung zur Neugründung auf alle übernehmenden Rechtsträger und nicht nur den Rechtsträger, dem der Vertrag im Spaltungsplan zugewiesen wird, kann nicht überzeugen. *Emmerich/Sonnenschein* begründen dieses Ergebnis nicht näher. Sie gehen anscheinend davon aus, dass bei der Ausgliederung zur Neugründung das übertragene Vermögen automatisch dem Zugriff der Obergesellschaft unterliegen muss.

Teichmann vertritt dieselbe Auffassung. Auch er geht davon aus, dass sich der Organvertrag nur nach einer Ausgliederung zur Neugründung auf die übernehmenden Rechtsträger erstreckt und verweist zur Begründung seiner Auffassung auf die von *Grunewald* zur Verschmelzung gemachten Ausführungen.[801]

Grunewald geht für den Fall der Verschmelzung des beherrschten mit einem dritten Unternehmen davon aus, dass der Organvertrag mit Eintragung der Verschmelzung erlischt. Ihrer Ansicht nach wäre sonst eine Verschmelzung kaum durchführbar, da das herrschende Unternehmen einer Vertragsaufhebung nicht zustimmen würde und eine Beschränkung des Vertrags auf den nicht mehr bestehenden übertragenden Rechtsträger nicht möglich sei.[802] Das von *Grunewald* gegen den Fortbestand des Organvertrags angeführte Argument, das herrschende Unternehmen würde einer Vertragsaufhebung nicht zustimmen, berücksichtigt nicht, dass die Obergesellschaft in aller Regel bereits vor Abschluss des Organvertrags über eine Mehrheit von drei Vierteln der Stimmrechte in der Hauptversammlung des abhängigen Unternehmens verfügen dürfte und daher der Verschmelzungsbeschluss nur mit Zustimmung des herrschenden Unternehmens gefasst werden kann. Das von *Grunewald* angeführte Argument würde nur in den Fällen relevant werden, in denen das herrschende Unternehmen über weniger als ein Viertel der Stimmrechte in der Untergesellschaft verfügt und daher die Verschmelzung nicht verhindern kann. In der Praxis dürfte eine derartige Fallgestaltung überaus selten sein.

Den vorgenannten Ansichten kann nicht gefolgt werden. Die organvertragliche Bindung aller im Zuge der Aufgliederung neugegründeten Rechtsträger lässt sich mit den Wirkungen der Gesamtrechtsnachfolge jedenfalls nicht begründen. Die neugegründeten und übernehmenden Rechtsträger könnten nur dann zum beherrschten Unternehmen werden, wenn entweder der Organvertrag im Wege der Rechtsnachfolge auf sie erstreckt oder wenn sie einen Vertrag mit dem herrschenden Unternehmen schließen. Beides ist im Fall der Ausgliederung nicht gegeben.

Auch *Dehmer* verneint die Möglichkeit der Ausgliederung des Organvertrags.[803]

---

[800] **Emmerich/Sonnenschein**, Konzernrecht, § 15 IV 6c.
[801] **Teichmann** in Lutter, UmwG, § 132 Rn 31.
[802] **Grunewald** in Lutter, UmwG, § 20 Rn 34.
[803] **Dehmer**, UmwG, § 131 Rn 74.

Die Auffassung *Heidenhains* geht in die gleiche Richtung. Er hält zwar die Zuweisung des Vertrags an den an der Ausgliederung beteiligten Rechtsträger für möglich, sieht jedoch Probleme dann, wenn an dem Übernehmer Dritte beteiligt sind. Dies gilt nach seiner Ansicht auch für den Fall der Ausgliederung zur Neugründung.[804]

Dieser Ansicht kann ebenfalls nicht gefolgt werden. Die Beteiligung Dritter an den übernehmenden Rechtsträgern steht einem Übergang des Vertrags schon deswegen nicht entgegen, da die Interessen der am übernehmenden Rechtsträger beteiligten Aktionäre auf andere Weise zu berücksichtigen sind.[805] Es wäre daher bedenklich, die Zulässigkeit der Gesamtrechtsnachfolge des aufnehmenden Rechtsträgers von den Interessen Dritter abhängig zu machen.

(2) Zustimmung der Obergesellschaft

Die Ausgliederung vollzieht sich unter Beteiligung des übertragenden und des/der übernehmenden Rechtsträger. Die Hauptversammlungen der beteiligten Gesellschaften müssen dem Spaltungs- und Übernahmevertrag mit einer Mehrheit von drei Vierteln des bei Beschlussfassung vertretenen Grundkapitals zustimmen, §§ 125 S. 1, 13 I, 65 I 1 UmwG. Bei der Ausgliederung zur Neugründung ist nur die qualifizierte Mehrheit der Hauptversammlung des ausgliedernden Rechtsträgers erforderlich, um den Organvertrag auf den Übernehmer übergehen zu lassen, §§ 125 S. 1, 13 I, 73, 65 I 1 UmwG.

Die Obergesellschaft ist am Zustandekommen des Ausgliederungsbeschlusses als Aktionärin beteiligt, wenn sie Anteile an dem ausgliedernden Rechtsträger innehat. Die Stimmrechte werden bei der Beschlussfassung über die Ausgliederung vom Vorstand des herrschenden Unternehmens ausgeübt.

Nach § 132 S. 1 UmwG bleiben allgemeine Vorschriften, welche die Übertragbarkeit eines bestimmten Gegenstandes ausschließen oder an bestimmte Voraussetzungen knüpfen von den Wirkungen der Eintragung nach § 131 UmwG unberührt. Das Verhältnis der Gesamtrechtsnachfolge zu den Einzelübertragungsvorschriften ist bislang nicht abschließend geklärt.[806] Eine wörtliche Anwendung des § 132 S. 1 UmwG hätte zur Folge, dass in all den Fällen, in denen bei der Einzelübertragung einer Rechtsposition die Zustimmung des Gläubigers oder Schuldners erforderlich wäre, die Ausgliederung scheitern müsste, wenn diese nicht erteilt wird. Auf den Organvertrag angewandt, würde dies bedeuten, dass für den Übergang des Vertrags die für die Einzelübertragung geltenden Regelungen der §§ 295 I 1 u. 2, 295 II 1 AktG zu beachten sind. Danach ist ein mit einer Mehrheit von drei Vierteln gefasster Beschluss der Hauptversammlung des herrschenden Unternehmens erforderlich, da die Auswechslung der Untergesellschaft eine Vertragsänderung darstellt.[807]

Bei der Verschmelzung der Obergesellschaft wird von der herrschenden Meinung in der Literatur und der Rechtsprechung die Anwendbarkeit des § 295 I 1 AktG mit der

---

[804] **Heidenhain**, NJW 1995, 2873, 2877.
[805] Siehe hierzu die Ausführungen Seite 200ff.
[806] Zum Meinungsstand siehe: **Teichmann** in Lutter, UmwG, § 132 Rn 4ff.
[807] **Hüffer**, AktG, § 295 Rn 5; **Emmerich/Habersack**, Aktienkonzernrecht, § 295 Rn 11.

Begründung verneint, diese Vorschrift gelte nur bei der Einzelrechts- nicht jedoch bei der Gesamtrechtsnachfolge.[808] Die Verschmelzung der Obergesellschaft führt nach dieser Auffassung nicht zu einem Erlöschen des Vertrags sondern zur Rechtsnachfolge des verschmolzenen Rechtsträgers in den Organvertrag.

Bei der Aufspaltung des herrschenden Unternehmens wird der Fortbestand des Organvertrags von einigen Vertretern in der Literatur bejaht.[809] Auch hier wird die Anwendbarkeit des § 295 I 1 AktG bei der Frage der Zustimmung der Hauptversammlung der Untergesellschaft verneint bzw. überhaupt nicht als problematisch angesehen.

Bei der Verschmelzung und der Aufspaltung erlischt der übertragende Rechtsträger mit der Eintragung in das Register und das gesamte Vermögen geht auf die Übernehmer über. Bei der Abspaltung und der Ausgliederung bleibt das übertragende Unternehmen dagegen bestehen. Dieser Unterschied und der Umstand, dass bei der Ausgliederung auch einzelne Vermögensgegenstände übertragen werden können[810] rechtfertigt es auch hier - wie bei der Abspaltung - die Anwendbarkeit des § 295 I 1 AktG zu bejahen.

Wenn bei der Ausgliederung nur der Organvertrag einem Übernehmer zugewiesen wird, unterscheidet sich dieser Vorgang nicht von der Auswechslung der Untergesellschaft durch Vertrag.[811] Der vom Gesetzgeber befürchtete Missbrauch des Instituts der Gesamtrechtsnachfolge zur Umgehung der Einzelübertragungsvorschriften[812] hat daher bei der Ausgliederung seine Berechtigung. Dies gilt trotz der Tatsache, dass die Gesamtrechtsnachfolge bei der Verschmelzung und die (partielle) Gesamtrechtsnachfolge bei der Spaltung systematisch gleichartige Vorgänge sind.[813]

(3) Sonderbeschluss der Minderheitsaktionäre nach § 296 II 1 AktG

Nach § 296 II 1 AktG bedarf die Aufhebung eines Vertrags, der die Obergesellschaft zur Leistung eines Ausgleichs oder zum Erwerb ihrer Aktien verpflichtet, eines Sonderbeschlusses der Minderheitsgesellschafter. Durch das Zustimmungserfordernis der Minderheit soll sichergestellt werden, dass der Einfluss des herrschenden Unterneh-

---

[808] **Hüffer**, AktG, § 295 Rn 6; **Emmerich/Habersack**, Aktienkonzernrecht, § 295 Rn 14; **Emmerich/Sonnenschein**, Konzernrecht, § 14 I 2; **Koppensteiner**, Köln.Komm, § 295 Rn 5; **Priester**, ZIP 1992, 293, 301; **OLG Karlsruhe**, AG 1995, 139; **LG Mannheim**, AG 1991, 26, 27.

[809] **Krieger**, ZGR 1990, 517, 542; **Vossius** in Widmann/Mayer, § 131 Rn 157 (34. Erg.-Lfg./September 96).

[810] Die im Gesetzgebungsverfahren diskutierte Einschränkung der Spaltungsfreiheit dahingehend, dass diese nur bei Übertragung einer Mindestvermögensmasse zulässig sein sollte, wurde im Laufe der Beratungen fallengelassen. Siehe dazu **Teichmann**, ZGR 1993, 396, 402ff.

[811] Die Vertragsübernahme vollzieht sich dann durch Rechtsgeschäft zwischen dem beherrschten Unternehmen und dem Übernehmer, dem die Hauptversammlung der Obergesellschaft zustimmen muss, §§ 295 I 1, 293 I 1 AktG.

[812] **Teichmann** in Lutter, UmwG, § 132 Rn 3.

[813] Nach **Heidenhain**, ZIP 1995, 801, 803, ist die Formulierung des § 132 UmwG misslungen, da die allgemeinen Vorschriften des Zivilrechts einer Gesamtrechtsnachfolge nicht entgegenstehen können. Seiner Auffassung nach liegt der Sinn und Zweck der Gesamt- bzw. Sonderrechtsnachfolge gerade in der Durchbrechung dieser allgemeinen Vorschriften; siehe auch **Teichmann** in Lutter, UmwG, § 132 Rn 3.

mens auf die Willensbildung des Vorstands der Untergesellschaft nicht dazu missbraucht werden kann, die Ausgleichs- und Abfindungsansprüche der Minderheit zu beseitigen.[814] Diese Vorschrift erfasst nach der hM ausschließlich eine rechtsgeschäftliche Vereinbarung zwischen dem beherrschten Unternehmen und der Obergesellschaft, die auf die Beendigung des Vertrags gerichtet ist.[815] Der Anwendungsbereich dieser Vorschrift kann dadurch umgangen werden, dass der Vertrag durch das herrschende Unternehmen gekündigt wird. Der durch § 296 AktG beabsichtigte Schutz der außenstehenden Aktionäre läuft damit ins Leere, weshalb diese Vorschrift in der Praxis so gut wie keine Rolle spielt.[816]

Auf den Fall der Ausgliederung des Organvertrags übertragen, ist davon auszugehen, dass die Vorschrift des § 296 II 1 AktG nicht zur Anwendung gelangen kann. Dies scheitert daran, dass der Ausgliederungsbeschluss eine Entscheidung der Hauptversammlung des ausgliedernden Rechtsträgers ist und der Vorstand des beherrschten Unternehmens insoweit nicht dem Einfluss des herrschenden Unternehmens unterliegt. Der Anwendungsbereich des § 296 II 1 AktG ist damit schon gar nicht eröffnet.

(4) Sonderbeschluss der Minderheitsaktionäre nach § 295 II 1, 293 I 2 AktG

Nach §§ 295 II 1, 293 I 2 AktG bedarf die Änderung der Bestimmungen des Organvertrags, die die Obergesellschaft zur Leistung eines Ausgleichs oder zum Erwerb der Aktien verpflichtet, eines zustimmenden, mit einer Mehrheit von drei Vierteln gefassten Beschlusses der Minderheitsaktionäre.

Durch das Erfordernis eines Sonderbeschlusses soll verhindert werden, dass die Obergesellschaft über ihre Stimmen- bzw. Anteilsmehrheit in der Hauptversammlung der Untergesellschaft über den Weg einer Vertragsänderung den Minderheitsaktionäre deren Abfindungs- und Ausgleichsansprüche wieder entziehen kann.[817]

Die Ausgliederung des Organvertrags auf den übernehmenden Rechtsträger kommt im Ergebnis einer Vertragsbeendigung nicht aber einer Vertragsänderung gleich, so dass der Anwendungsbereich der o.g. Vorschriften gar nicht einschlägig zu sein scheint. Eine Vertragsänderung liegt begrifflich dann vor, wenn der Vertrag im Bezug auf die Ausgleichs- und Abfindungsregelungen inhaltliche Änderungen erfährt, die noch während der Laufzeit des Organvertrags wirksam werden sollen.[818] Die Ausgliederung des Vertrags stellt eine Auswechslung des Vertragspartners dar, die grundsätzlich unter den Anwendungsbereich des § 295 AktG fällt.[819]

---

[814] **Hüffer**, AktG, § 296 Rn 1.

[815] **Emmerich/Habersack**, Aktienkonzernrecht, § 296 Rn 4.

[816] **Emmerich/Habersack**, Aktienkonzernrecht, § 296 Rn 3.

[817] **Hüffer**, AktG, § 295 Rn 2.

[818] **Emmerich/Habersack**, Aktienkonzernrecht, § 295 Rn 1.

[819] **Emmerich/Habersack**, Aktienkonzernrecht, § 295 Rn 11, der den Parteiwechsel auf einer oder beiden Seiten stets als Änderung i.S. des § 295 AktG ansieht; **Hüffer**, AktG, § 295 Rn 5; **Koppensteiner**, Köln.Komm., § 295 Rn 5; **Priester**, ZIP 1992, 293, 300; siehe auch: **BGH**, BGHZ 119, 1,

Während bei der Aufspaltung die Untergesellschaft mit der Registereintragung erlischt, besteht sie nach der Ausgliederung fort. Anders als bei der Aufspaltung ist daher bei der Ausgliederung davon auszugehen, dass der Übergang des Organvertrags eines zustimmenden Sonderbeschlusses der Minderheitsaktionäre bedarf.

Die partielle Gesamtrechtsnachfolge des übernehmenden Rechtsträgers in den Vertrag kann hieran letztlich nichts ändern. Es mag zwar zutreffen, dass der Anwendungsbereich des § 295 AktG nur dann eröffnet ist, wenn der Organvertrag durch Rechtsgeschäft und damit im Wege der Einzelrechtsnachfolge übergeht.[820] Zu beachten ist jedoch, dass die Spaltungsfreiheit hier einer Korrektur bedarf. Hielte man den Ausgliederungsbeschluss der Hauptversammlung der Untergesellschaft für ausreichend, bestünde die Gefahr, dass die Vorschriften, die die Beendigung des Organvertrags durch die Untergesellschaft regeln, umgangen werden. Namentlich wären dies die § 297 II 1 AktG, wonach die ordentliche Kündigung des Organvertrags durch den Vorstand eines Sonderbeschlusses der Minderheitsaktionäre bedarf. Dem steht auch nicht entgegen, dass eine Kündigung ohne wichtigen Grund ohne Mitwirkung der Minderheitsaktionäre wirksam ist. Vom Vorliegen eines wichtigen Grundes und damit dem Recht zur außerordentlichen und gegebenenfalls fristlosen Kündigung kann nur dann ausgegangen werden, wenn der Kündigungsgrund vom herrschenden Unternehmen zu vertreten ist und dem kündigenden Vertragspartner die Fortsetzung des Vertrag nicht mehr zuzumuten ist..[821] Da die Ausgliederung des Vertrags von der Untergesellschaft selbst herbeigeführt wird, kann dieser Umstand in keinem Fall zu einer Vertragskündigung durch diese führen.[822]

Im Ergebnis ist festzuhalten, dass die Ausgliederung des Organvertrags durch die Untergesellschaft zu einer Umgehung des § 297 II 1 AktG führen kann und aus diesem Grund ein Sonderbeschluss der Minderheitsaktionäre erforderlich ist.

B. Abfindungsansprüche

(1) Ausgliederung ohne Übergang des Organvertrags

Gliedert das beherrschte Unternehmen Vermögensteile aus, ohne dass der Organvertrag auf einen der aufnehmenden Rechtsträger übergeht, ändern sich die Herrschaftsverhältnisse nicht. Das ausgliedernde Unternehmen bleibt auch nach der Umwandlung

---

6ff; **BGH**, BGHZ 65, 49, 53; **BGH**, BGHZ 72, 394, 398f; **OLG Karlsruhe**, AG 1991, 144; **OLG Karlsruhe**, AG 1997, 270, 271f.

[820] **Emmerich/Habersack**, Aktienkonzernrecht, § 295 Rn 14; **Hüffer**, AktG, § 295 Rn 6; **Koppensteiner**, Köln.Komm., § 295 Rn 5; **Krieger**, ZGR 1990, 517, 540; **Priester**, ZIP 1992, 293, 301; **LG Bonn**, GmbHR 1996, 774f; a.A. **W. Bayer**, ZGR 1993, 599, 603ff.

[821] **Emmerich/Habersack**, Aktienkonzernrecht, § 297 Rn 19 unter Hinweis auf die vergleichbaren Fälle in §§ 553, 554a, 626, 723 I 2 BGB, 133, 140 HGB.

[822] Dies ergibt sich schon aus allgemeinen Überlegungen, wonach sich der Kündigende nicht auf solche Umstände berufen kann, die er selbst herbeigeführt hat. Siehe zu dem vergleichbaren Fall der Veräußerung der Beteiligung durch die Obergesellschaft und der Frage nach einer fristlosen Kündigung des Organvertrags, **Emmerich/Habersack**, Aktienkonzernrecht, § 297 Rn 24.

organvertraglich gebunden. Fraglich ist, ob die Ausgliederung von Vermögensteilen zu einer Korrektur noch laufender Abfindungsansprüche führt.

(a) Annahme der Abfindung und Einleitung eines Spruchstellenverfahrens

(i) Abfindung in Aktien des herrschenden Unternehmens

Gliedert die Untergesellschaft während eines noch laufenden Spruchstellenverfahrens Teile ihres Vermögens aus, berührt dies den Organvertrag nicht. Daher stellt sich hier die Frage nach einem Erlöschen der Abfindungsansprüche nicht.

Da die Ausgliederung eine Veränderung des Unternehmenswerts des beherrschten Unternehmens und damit der Umtauschrelation nach § 305 III 1 AktG zur Folge haben kann,[823] stellt sich die Frage, ob diese Wertänderungen im Spruchstellenverfahren zu berücksichtigen sind. Dies ist zu verneinen. Dagegen spricht zunächst das Stichtagsprinzip, wonach für die Ermittlung der Unternehmenswerte auf den Tag der Beschlussfassung der Hauptversammlung des beherrschten Unternehmens abzustellen ist, § 305 III 2 AktG. Entwicklungen, die sich nach diesem Zeitpunkt ergeben, sind nur dann bei der Ermittlung des Werts der Untergesellschaft zu berücksichtigen, wenn sie bereits zu diesem Stichtag angelegt sind.[824] War die Ausgliederung im Zeitpunkt des Abschlusses des Organvertrags weder geplant noch vorhersehbar, ist diese Entwicklung bei der Bemessung der Abfindung nicht zu berücksichtigen.

(ii) Barabfindung

Ist im Organvertrag eine Barabfindung vorgesehen, gilt bei der Ausgliederung nicht anderes als bei der Abfindung in Aktien der Obergesellschaft. Auch hier können die Minderheitsaktionäre nach einer Entscheidung im Spruchstellenverfahren die Ergänzung ihrer Barabfindung verlangen, wenn das Gericht eine höhere als die im Vertrag vorgesehene Abfindung festsetzt.

(b) Einleitung eines Spruchstellenverfahrens ohne Annahme der Abfindung

(i) Abfindung in Aktien der Obergesellschaft

Bei dieser Variante gilt das zu voriger Fallgestaltung Gesagte entsprechend. Auch hier erlöschen weder die Abfindungsansprüche noch ist die Ausgliederung bei der Berechnung der Abfindungshöhe zu berücksichtigen, es sei denn diese war bei Abschluss des

---

[823] Nach § 123 III UmwG erhalten nicht die Anteilseigner des ausgliedernden Rechtsträgers sondern dieser selbst Anteile an den Übernehmern. Es kommt daher zu einem Tausch von Sach- in Anteilswerte. Die Anteile an den übernehmenden Rechtsträgern können durchaus einen anderen Wert als die hingegebenen Vermögensteile haben. Zu diesem Problem siehe Seite 205.

[824] **BGH**, NJW 1973, 509, 511; **OLG Celle**, AG 1979, 230, 231; **ders.**, AG 1981, 234; **ders.**, NZG 1998, 987, 988; **OLG Düsseldorf**, AG 1977, 168, 170; **ders.**, AG 1984, 216; **ders.**, AG 1999, 89, 91; **OLG Zweibrücken**, AG 1995, 421, 422; **LG Frankfurt/Main**, AG 1996, 187, 189; **Hüffer**, AktG, § 305 Rn 23; **Emmerich/Habersack**, Aktienkonzernrecht, § 305 Rn 43; **Koppensteiner**, Köln.Komm., § 305 Rn 31.

Organvertrags bereits vorhersehbar und damit zu dem in § 305 III 2 AktG genannten Stichtag in den Verhältnissen der Untergesellschaft angelegt.

(ii) Barabfindung

Ist im Organvertrag eine Barabfindung vorgesehen, wird dieser durch die Ausgliederung nicht berührt, es sei denn sie war zu dem in § 305 III 2 AktG genannten Stichtag bereits in den Verhältnissen der Untergesellschaft angelegt.

(c) Keine Annahme der Abfindung und kein Antrag im Spruchstellenverfahren

(i) Abfindung in Aktien des herrschenden Unternehmens

Es ist mittlerweile unstreitig, dass auch die Minderheitsaktionäre, die weder die Abfindung angenommen noch sich mit einem eigenen Antrag am Spruchstellenverfahren beteiligt haben, aufgrund der Inter-omnes-Wirkung der Spruchstellenentscheidung die gerichtlich festgesetzte Abfindung verlangen können.[825] Auch hier ist die Ausgliederung nur dann bei der Berechnung der Abfindung zu berücksichtigen, wenn sie im Zeitpunkt des Vertragsschlusses bereits vorhersehbar war.

(ii) Barabfindung

Das soeben zur Abfindung in Aktien Gesagte gilt auch für die Barabfindung. Auch die Minderheitseigner, die keinen eigenen Antrag im Spruchstellenverfahren gestellt haben, können die gerichtlich festgesetzte Abfindung von der Obergesellschaft verlangen.

(d) Ausgleichsansprüche

(i) Fester Ausgleich, § 304 II 1 AktG

Ist im Organvertrag ein fester Ausgleich vorgesehen, so muss dieser mindestens die jährliche Zahlung des Betrags zusichern, der nach der bisherigen Ertragslage der Gesellschaft und ihren künftigen Ertragsaussichten unter Berücksichtigung angemessener Abschreibungen und Wertberichtigungen voraussichtlich als durchschnittlicher Gewinnanteil auf die einzelne Aktie verteilt werden könnte, § 304 II 1 AktG.

Maßgebend für die Berechnung des Ausgleichs sind danach die Verhältnisse im Zeitpunkt des Abschlusses des Organvertrags. Nachträgliche Änderungen, d.h. solche

---

[825] So die ganz hM: **Emmerich/Habersack**, Aktienkonzernrecht, § 305 Rn 66; **Geßler** in Geßler/Hefermehl/Eckardt/Kropff, § 305 Rn 74; **v. Godin/Wilhelmi**, § 305 Rn 12; **Würdinger**, Großkomm., § 305 Rn 21; **Hüffer**, AktG, § 305 Rn 32; **Beyerle**, AG 1980, 317, 323; **Bodewig**, BB 1978, 1694, 1695ff; **Tiling/Prasse**, AG 1969, 73f; **Haase**, AG 1995, 12ff; **Emmerich/Sonnenschein**, Konzernrecht, § 17a VI; **OLG Celle**, AG 1979, 230, 233; **OLG Düsseldorf**, AG 1990, 397, 401; **BayObLG**, AG 1996, 177, 180; **BayObLG**, AG 1996, 127, 130; **LG Berlin**, AG 1979, 207.; a.A: **Koppensteiner**, Köln.Komm., § 305 Rn 56; **ders.**, BB 1978, 769; **Hüchting**, Abfindung, 85ff.

Entwicklungen, die erst nach dem Stichtag eintreten, führen grundsätzlich nicht zu einer Veränderung des Ausgleichs.[826]

Während bei der Aufspaltung und der Abspaltung die Überlegung im Vordergrund stand, dass die Anteilseigner des übertragenden Rechtsträgers Anteile an einem oder mehreren unabhängigen Unternehmen erhalten, die in ihrer Ertragslage nicht durch einen Organvertrag beeinträchtigt werden, stellt sich die Situation beim ausgliedernden Rechtsträger unter Umständen anders dar. Gliedert die Untergesellschaft nur Vermögen nicht aber den Organvertrag selbst aus, bleibt der Obergesellschaft nach der Ausgliederung der organvertraglich abgesicherte Zugriff auf die Untergesellschaft und damit auch auf die Anteile an den übernehmenden Rechtsträgern erhalten. In diesem Fall muss eine Anpassung sowohl des festen als auch des variablen Ausgleichs unterbleiben.

Geht dagegen neben Vermögensteilen auch der Organvertrag auf den Übernehmer über, werden die Minderheitseigner der ausgliedernden Untergesellschaft zu Anteilseignern einer unabhängigen Gesellschaft, die in ihrer Ertragslage und der Fähigkeit, Gewinne zu erwirtschaften und an ihre Aktionäre auszuschütten, nicht weiter beeinträchtigt wird. Das bei der Auf- bzw. Abspaltung bestehende Problem, dass die Aktionäre nach der Umwandlung Aktionäre sowohl einer unabhängigen als auch einer konzernierten Gesellschaft sind, besteht hier dann nicht. In diesem Fall erlischt der Anspruch auf Ausgleich mit der Ausgliederung.

(ii) Variabler Ausgleich, § 304 II 2 AktG

Ist in dem Organvertrag ein variabler Ausgleich vorgesehen, erhalten die Minderheitsaktionäre eine Ausschüttung, die unter Berücksichtigung der Verschmelzungswertrelationen der Vertragsparteien auf eine Aktie des herrschenden Unternehmens jeweils als Gewinnausschüttung entfällt, § 304 II 2 u. 3. AktG.

Beim variablen Ausgleich ist eine Anpassung abzulehnen. Auch hier steht das Stichtagsprinzip einer Anpassung und Neuberechnung für die Zeit nach der Ausgliederung entgegen. Der Ausgleich entfällt zudem vollständig, wenn die Minderheitseigner nach der Ausgliederung des Organvertrags zu Anteilseignern einer unabhängigen Gesellschaft werden.

(e) Abfindungsansprüche der Neu-Minderheitsaktionäre

Der Übergang des Organvertrags auf den übernehmenden Rechtsträger unterscheidet sich hinsichtlich seiner Wirkungen und Voraussetzungen nicht von einem direkten Vertragsschluss zwischen ihm und der Obergesellschaft.

---

[826] **Hüffer**, AktG, § 304 Rn 19; differenzierend: **Emmerich/Habersack**, Aktienkonzernrecht, § 304 Rn 63ff. Nach der Auffassung von Emmerich bei einer anderen als vom herrschenden Unternehmen erwarteten Entwicklung davon auszugehen, dass eine Anpassung des Ausgleichs ausscheidet. Anders dagegen müsse bei grundstürzenden, völlig unvorherschbaren Veränderungen, die sich zum Nachteil der außenstehenden Aktionäre auswirkten, eine Anpassung zugelassen werden.

Sind an dem übernehmenden Rechtsträger Dritte beteiligt, werden diese zu Minderheitseignern und haben damit Anspruch auf einen angemessenen Ausgleich bzw. eine angemessene Abfindung. Hier ergeben sich dieselben Fragen wie bei der Verschmelzung des beherrschten Unternehmens mit einem weiteren Unternehmen.[827]

(i) Abfindungsansprüche aus der im Organvertrag enthaltenen Abfindungsregelung

Eine Abfindung nach der im übergegangenen Organvertrag enthaltenen Regelung scheidet schon deswegen aus, weil diese auf der Grundlage der Unternehmenswerte des ausgliedernden Unternehmens und der Obergesellschaft zu dem in § 305 III 2 AktG genannten Zeitpunkt berechnet wurde. Eine angemessene Abfindung der Neu-Minderheitsaktionäre muss jedoch die Wertverhältnisse im Zeitpunkt der Konzernierung des übernehmenden Rechtsträgers berücksichtigen. Dies ist nicht der Tag der Registereintragung sondern der Tag der Beschlussfassung der Hauptversammlung des übernehmenden Rechtsträgers über den Spaltungs- und Übernahmevertrag.[828]

Da die Ausgliederung ebenfalls eine Bewertung des übernehmenden Rechtsträgers voraussetzt, kann der im Rahmen der Ausgliederung ermittelte Unternehmenswert auch für die Ermittlung des Abfindungsangebots herangezogen werden. Die Beteiligten ersparen sich somit den Aufwand einer doppelten Bewertung der Untergesellschaft. Dies hat vor allem im Fall einer Barabfindung den Vorteil, dass kein zusätzlicher Aufwand für die Ermittlung einer angemessenen Abfindung entsteht.[829]

(ii) Art der Abfindung

Die Abfindungsart ergibt sich unmittelbar aus § 305 II AktG. Wenn das herrschende Unternehmen eine nicht abhängige bzw. nicht in Mehrheitsbesitz stehende Gesellschaft ist, sind als Abfindung Aktien dieses Unternehmens anzubieten, § 305 II Nr. 1 AktG.

Handelt es sich dagegen um eine abhängige oder in Mehrheitsbesitz stehende Gesellschaft, haben die Minderheitsaktionäre Anspruch auf Aktien der Konzernspitze oder auf eine Barabfindung, § 305 II Nr. 2 AktG. Nach hM können in diesem Fall die Vertragsparteien des Organvertrags die Abfindungsart bestimmen.[830] In allen anderen Fällen ist eine Barabfindung vorgesehen, § 305 II Nr. 3 AktG.

---

[827] Siehe dazu die Ausführungen auf Seite 129ff.

[828] Grundlage für den maßgeblichen Zeitpunkt ist auch hier § 305 III 2 AktG, der analog anzuwenden ist. Wie beim Vertragsschluss kommt es nicht auf den Tag der Registereintragung des Organvertrags sondern auf den Tag der Beschlussfassung der Hauptversammlung an.

[829] Bei der Barabfindung ist - anders als bei der Abfindung in Aktien - keine Bewertung des herrschenden Unternehmens erforderlich, da hier ein Umtauschverhältnis nicht zu ermitteln ist.

[830] **Geßler** in Geßler/Hefermehl/Eckardt/Kropff, § 305 Rn 22; **Koppensteiner**, Köln.Komm., § 305 Rn 23; **Exner**, Beherrschungsvertrag, 238ff; **Hüffer**, AktG, § 305 Rn 15; a.A. **Hüchting**, Abfindung, 18ff; **Mestmäcker**, FG Kronstein, 129, 138; **Pentz**, Rechtsstellung, 96; kritisch zur hM: **Emmerich/Habersack**, Aktienkonzernrecht, § 305 Rn 14, unter Berufung auf **Hüchting**, Abfindung, 18ff, der das Wahlrecht den Minderheitsaktionären zubilligen möchte.

Das an die Minderheitsaktionäre des übernehmenden Rechtsträgers gerichtete Abfindungsangebot könnte wie bei der Verschmelzung des beherrschten Unternehmens mit einer unabhängigen Gesellschaft als einseitiges Angebot oder aber im Wege einer Ergänzung des Organvertrags ausgestaltet werden. Letztere Lösung hat den Vorteil, dass die Hauptversammlung der Obergesellschaft bei der Ausgliederung dem Übergang des Organvertrags auf den übernehmenden Rechtsträger zustimmen muss, so dass es sich anbietet, anlässlich dieser Beschlussfassung auch über das Abfindungsangebot abzustimmen. Das Abfindungsangebot könnte dann der Hauptversammlung des übernehmenden Rechtsträgers zusammen mit dem Spaltungs- und Übernahmevertrag zur Abstimmung vorgelegt werden. Die Hauptversammlung der übertragenden Gesellschaft bzw. deren Minderheitsaktionäre sind hieran nicht zu beteiligen, da es insoweit ausschließlich um Angelegenheiten des übernehmenden Rechtsträgers und deren Aktionäre geht.

(f) Ausgleichsansprüche der Neu-Minderheitsaktionäre

Wie bei der Aufspaltung und der Abspaltung haben die Minderheitsaktionäre des den Organvertrag übernehmenden Rechtsträgers Anspruch auf einen angemessenen Ausgleich, der für den Zeitpunkt der Ausgliederung zu berechnen ist. Wegen der Einzelheiten kann auf die bereits gemachten Ausführungen verwiesen werden.[831]

---

[831] Siehe Seite 233.

Zusammenfassende Thesen

1. Verschmelzung

1.1. Verschmelzung von Ober- und Untergesellschaft

Bei einer Verschmelzung zwischen Ober- und Untergesellschaft erlischt der Organvertrag. Die Abfindungsansprüche der Minderheitsaktionäre werden hiervon jedoch nicht tangiert, sodass diese auch nach der Verschmelzung ihren Anspruch auf eine volle wirtschaftliche Entschädigung geltend machen können, wenn nach der Umwandlung eine Entscheidung im Spruchstellenverfahren nach § 306 AktG ergeht. Das in §§ 305 V 4, 304 V AktG verankerte Kündigungsrecht des herrschenden Unternehmens nach einer Höherfestsetzung der Abfindung ist verfassungskonform dahingehend einzuschränken, dass es nur dann zu einer Vernichtung der Abfindungsansprüche führt, wenn das herrschende Unternehmen während der Dauer des Organvertrags keinerlei Einfluss auf die Untergesellschaft genommen hat. Die Beweislast für das Vorliegen dieser Voraussetzung trägt das herrschende Unternehmen.

Mit der Verschmelzung erlöschen die Ausgleichsansprüche. Wird den Minderheitsaktionären in einem Spruchstellenverfahren ein höherer Ausgleich zugesprochen, können diese für den Zeitraum zwischen dem Abschluss des Organvertrags und der Verschmelzung die Differenz zwischen der im Vertrag festgesetzten und dem gerichtlich festgesetzten Ausgleich verlangen.

1.2. Verschmelzung der Untergesellschaft im Wege der Aufnahme

Wird das beherrschte Unternehmen im Wege der Aufnahme mit einem weiteren Unternehmen verschmolzen, besteht der Organvertrag nach der Verschmelzung fort. Der Hauptversammlung der Obergesellschaft steht weder nach §§ 293, 295 AktG noch aufgrund ungeschriebener Organzuständigkeit eine Mitspracherecht hinsichtlich des Übergangs des Organvertrags zu.

Die Minderheitsaktionäre des beherrschten Unternehmens können auch nach der Verschmelzung ihren Abfindungsanspruch gegen das herrschende Unternehmen geltend machen. Der im Organvertrag vorgesehene Ausgleich ist nach der Verschmelzung weiter zu zahlen.

Die Minderheit des aufnehmenden und vor der Verschmelzung unabhängigen Rechtsträgers kann aufgrund der Verschmelzung vom herrschenden Unternehmen sowohl einen angemessene Abfindung als auch Ausgleichszahlungen beanspruchen. Beide Ansprüche sind für den Zeitpunkt der Verschmelzung zu berechnen.

1.3. Aufnahme eines organvertraglich nicht gebundenen Unternehmens durch die Untergesellschaft

Nimmt das beherrschte Unternehmen eine organvertraglich nicht gebundene Gesellschaft auf, berührt dies den zwischen ihr und der Obergesellschaft bestehenden Organvertrag nicht.

Die Minderheitsaktionäre des übertragenden Rechtsträgers haben in analoger Anwendung der §§ 304, 305 AktG Anspruch auf eine angemessene Abfindung, die anhand des Unternehmenswerts ihrer Gesellschaft im Zeitpunkt der Verschmelzung zu ermitteln ist. Das gleiche gilt für den Anspruch auf Ausgleich. Nicht zulässig wäre es, die Minderheitsaktionäre auf den im Organvertrag vorgesehenen Ausgleich zu verweisen.

1.4. Aufnahme eines organvertraglich gebundenen Unternehmens durch die Untergesellschaft

Nimmt das beherrschte Unternehmen eine organvertraglich gebundene Gesellschaft auf, bestehen beide Organverträge nach der Verschmelzung fort. Dies gilt sowohl im Fall einer konzerninternen Verschmelzung als auch im Fall der Beteiligung eines konzernfremden Unternehmens. Der verschmolzene Rechtsträger ist nach den Grundsätzen der Mehrmütterherrschaft zu behandeln, wenn es mehrfach organvertraglich gebunden ist. Können sich die Mütter nicht auf eine Koordination der Leitungsmacht einigen, ist das Weisungsrecht aller herrschenden Unternehmen suspendiert.

Den Minderheitsaktionären beider Unternehmen ist anlässlich der Verschmelzung erneut die Möglichkeit des Ausscheidens gegen Abfindung zu geben. Der Ausgleich ist nach der Verschmelzung weiterhin zu gewähren.

1.5. Aufnahme des herrschenden Unternehmens durch eine organvertraglich gebundene Gesellschaft

Der Organvertrag wird durch die Verschmelzung nicht tangiert. Den Minderheitsaktionären ist aufgrund der Konzernierung der Obergesellschaft die Möglichkeit zu geben aus dem beherrschten Unternehmen gegen Abfindung auszuscheiden. Ein im Organvertrag vorgesehener variabler Ausgleich ist den veränderten Verhältnissen abzupassen.

1.6. Verschmelzung des herrschenden Unternehmens mit einer unabhängigen Gesellschaft

Die Verschmelzung der Obergesellschaft mit einem organvertraglich nicht gebundenen Unternehmen berührt den Organvertrag nicht.

Die Minderheitsaktionäre der Untergesellschaft können nach der Verschmelzung ihren Anspruch auf Abfindung gegen das fusionierte Unternehmen geltend machen. Ein im Organvertrag vorgesehener variabler Ausgleich ist nicht anzupassen, da die Minderheit schon vor der Verschmelzung das Risiko der Veränderung der Ertragskraft der Obergesellschaft und damit des an deren Dividende orientierten Ausgleichs getragen hat.

2. Spaltung

2.1. Aufspaltung des herrschenden Unternehmens

Bei der Aufspaltung des herrschenden Unternehmens geht der Organvertrag auf den aufnehmenden Rechtsträger über, dem er im Spaltungsvertrag bzw. Spaltungsplan zugewiesen wurde. Eine Zustimmung der Hauptversammlung der Untergesellschaft oder deren Minderheitsaktionäre ist nicht erforderlich.

Die an der Aufspaltung beteiligten Rechtsträger haften gesamtschuldnerisch nach § 133 I 1 UmwG für die Erfüllung der Abfindungs- und Abfindungsergänzungsansprüche. Bei einer nicht verhältniswahrenden Aufspaltung erhalten die Minderheitsaktionäre, denen nach Abschluss des Spruchstellenverfahrens zusätzliche Aktien des herrschenden Unternehmens zu gewähren sind, einen Ausgleich in Form einer Barzahlung. Den Minderheitsaktionären ist nach der Aufspaltung erneut Gelegenheit zu geben, aus der Untergesellschaft gegen Abfindung auszuscheiden.

Ein fester Ausgleich ist nach der Aufspaltung weiter zu zahlen. Ist im Organvertrag ein variabler Ausgleich vorgesehen, muss dieser den veränderten Verhältnissen angepasst werden.

2.2. Abspaltung durch das herrschende Unternehmen

Der Organvertrag kann im Wege der Abspaltung auf ein neues herrschendes Unternehmen übergehen. Anders als bei der Verschmelzung und der Aufspaltung ist die Vorschrift des § 295 I, II AktG anwendbar.

Bei der Abspaltung haften neben dem übertragenden auch die übernehmenden Rechtsträger für die Erfüllung der Abfindungsverpflichtungen. Steht den Minderheitsaktionären ein Abfindungsergänzungsanspruch zu, können sie nach der Abspaltung - entgegen § 15 I 1. HS UmwG - weitere Anteile verlangen. Bei einer nicht verhältniswahrenden Abspaltung haben die Minderheitsaktionäre Anspruch auf eine Barentschädigung in Höhe der Differenz des Wertes zwischen den Anteilen an der Untergesellschaft und den Aktien am herrschenden Unternehmen bzw. den Anteilen an den übernehmenden Rechtsträgern. Den Minderheitsaktionären ist aufgrund der Auswechslung des herrschenden Unternehmens erneut die Möglichkeit des Ausscheidens aus der Untergesellschaft gegen Abfindung zu ermöglichen.

Ein fester Ausgleich ist nach der Abspaltung weiter zu zahlen. Ist im Organvertrag ein variabler Ausgleich vorgesehen, müssen die Minderheitsaktionäre eine Anpassung der Ausgleichsleistungen an die veränderte Ertragslage der neuen Obergesellschaft hinnehmen.

2.3. Ausgliederung durch das herrschende Unternehmen

Der Organvertrag kann im Wege der Ausgliederung auf den übernehmenden Rechtsträger übergehen. Anders als bei der Verschmelzung und der Aufspaltung ist wegen der Gefahr der Umgehung der für die Einzelrechtsnachfolge geltenden Voraussetzungen von einer Anwendbarkeit des § 295 AktG auszugehen.

Die Abfindungsansprüche gehen nicht automatisch auf den Rechtsträger über, dem der Organvertrag zugewiesen wurde. Hierzu bedarf es vielmehr einer ausdrücklichen Zuweisung, der die Minderheitsaktionäre nach § 295 Ii AktG zustimmen müssen. Die Haftung der an der Ausgliederung beteiligten Rechtsträger, denen die Abfindungsansprüche nicht zugewiesen wurden, ist auf fünf Jahre beschränkt.

Die Minderheitsaktionäre haben auch nach der Ausgliederung Anspruch auf den im Organvertrag festgelegten Ausgleich. Der variable Ausgleich ist den veränderten Verhältnissen anzupassen.

2.4. Aufspaltung der Untergesellschaft

Bei der Aufspaltung des beherrschten Unternehmens geht der Organvertrag auf den aufnehmenden Rechtsträger über, dem er im Spaltungsvertrag bzw. Spaltungsplan zugewiesen wurde. Eine Mitwirkung der Hauptversammlung der Obergesellschaft ist für den Übergang des Vertrags nicht erforderlich. Das herrschende Unternehmen kann den Vertrag fristlos kündigen, wenn die Auswechslung des beherrschten Unternehmens seinen Interessen zuwiderläuft.

Die Minderheitsaktionäre können auch nach der Aufspaltung die ihnen aufgrund des Abschlusses des Organvertrags zustehende Abfindung geltend machen. Die Minderheitsaktionäre des den Organvertrag aufnehmenden Rechtsträgers haben die Möglichkeit aus dem beherrschten Unternehmen gegen Abfindung auszuscheiden, wenn die Obergesellschaft den Vertrag nicht kündigt.

Sowohl der feste als auch der variable Ausgleich sind nach der Aufspaltung anzupassen, da die Minderheitsaktionäre durch die Umwandlung zu Anteilseignern eines oder mehrerer organvertraglich nicht gebundener Unternehmen werden. Die Minderheitsaktionäre des den Organvertrag aufnehmenden Rechtsträgers haben Anspruch auf einen angemessenen Ausgleich, da sie durch die Aufspaltung zu Anteilseignern eines beherrschten Unternehmens werden.

2.5. Abspaltung durch die Untergesellschaft

Der Organvertrag kann im Wege der Abspaltung auf ein anderes Unternehmen übergehen, das dadurch zur Untergesellschaft des Organvertrags wird. Der Hauptversammlung der Obergesellschaft ins nach §§ 293, 295 AktG ein Mitspracherecht zuzubilligen, da bei der Abspaltung - anders als bei der Verschmelzung und der Aufspaltung - die Gefahr der Umgehung dieser Vorschriften besteht.

Die Minderheitsaktionäre der abspaltenden Untergesellschaft können auch nach der Umwandlung die ihnen aufgrund des Organvertrags zustehende angemessene Abfindung verlangen. Die Minderheitseigner des aufnehmenden Rechtsträgers haben ebenfalls Anspruch auf eine angemessene Abfindung.

Die Minderheitsaktionäre des abspaltenden Rechtsträgers müssen eine Anpassung des Ausgleichs an die durch die Abspaltung veränderten Verhältnisse hinnehmen. Die Minderheitsaktionäre des aufnehmenden Unternehmens haben Anspruch auf einen angemessenen Ausgleich, für dessen Berechnung auf den Zeitpunkt der Abspaltung abzustellen ist.

2.6. Ausgliederung durch die Untergesellschaft

Der Organvertrag kann im Wege der Ausgliederung auf das aufnehmende Unternehmen übergehen, das dadurch zur Untergesellschaft des Organvertrags wird. Die Hauptversammlung der Obergesellschaft muss dem Übergang des Vertrags zustimmen.

Die Abfindungsansprüche der Minderheitsaktionäre der Untergesellschaft bleiben durch die Ausgliederung unberührt. Da durch den Übergang des Organvertrags der aufnehmende Rechtsträger zur Untergesellschaft wird, haben deren Minderheitseigner einen Anspruch auf eine angemessene Abfindung. Maßgebend für die Berechnung des Abfindungsanspruchs sind die Wertverhältnisse im Zeitpunkt der Ausgliederung.

Die Minderheitsaktionäre der Untergesellschaft verlieren ihren Anspruch auf Ausgleich, wenn der Organvertrag im Wege der Ausgliederung auf den aufnehmenden Rechtsträger übergeht. Werden lediglich Vermögensteile ausgegliedert und verbleibt der Vertrag bei der Untergesellschaft ist eine Anpassung des Ausgleichs abzulehnen, da die Obergesellschaft nach der Ausgliederung weiterhin den vollständigen Zugriff auf die Untergesellschaft hat.

Die Minderheitsaktionäre des den Organvertrag aufnehmenden Rechtsträgers haben Anspruch auf einen angemessenen Ausgleich, der sich nach den Verhältnissen im Zeitpunkt der Ausgliederung berechnet.

Literaturverzeichnis

BVerfG, Urteil vom 07.02.1962 - 1 BvL 16/60
BVerfGE 14, 263

BVerfG, Beschluss vom 27.01.1999 - 1 BvR 1638/94
AG 1999, 217

BVerfG, Beschluss vom 27.01.1999 - 1 BvR 1805/94
ZIP 1999, 532

BVerfG, Beschluss von. 27.04.1999 - 1 BvR 1613/94
JZ 1999, 942

RG, Urteil vom 13.05.1907 - Rep I. 35/06
RGZ 66, 134

BGH, Urteil vom 08.10.1952 - II ZR 315/52
BGHZ 7, 263

BGH, Urteil vom 24.01.1957 - II ZR 208/55
BGHZ 23, 150

BGH, Urteil vom 17.01.1973 - IV ZR 142/70
NJW 1973, 509

BGH, Urteil vom 02.07.1975 - VIII ZR 223/73
BGHZ 65, 49

BGH, Urteil vom 03.11.1975 - II ZR 67/73
BGHZ 65, 230

BGH, Urteil vom 29.11.1978 - VIII ZR 263/77
BGHZ 72, 394 = MDR 1979, 306
= DB 1979, 254 = NJW 1979, 369

BGH, Urteil vom 07.05.1979 - II ZR 139/78
AG 1979, 289

BGH, Urteil vom 25.02.1982 - II ZR 174/80
BGHZ 83, 122 = WM 1982, 388
= DB 1982, 795 = BB 1982, 827
= ZIP 1982, 568 = NJW 1982, 1703

BGH, Urteil vom 14.12.1987 - II ZR 170/87
NJW 1988, 1326 = BGHZ 103, 1
= AG 1988, 133 = ZIP 1988, 229

BGH, Urteil vom 01.02.1988 - II ZR 75/87
BGHZ 103 184

BGH, Beschluss vom 24.10.1988 - II ZB 7/88
BGHZ 105, 324 = NJW 1989, 295
= ZIP 1989, 29 = AG 1989, 91
= BB 1989, 95 = DB 1988, 2623

BGH, Urteil vom 20.02.1989 - II ZR 167/88
NJW 1989, 1800 = BGHZ 107, 7

BGH, Urteil vom 22.05.1989 - II ZR 206/88
NJW 1989, 2689 = BGHZ 107, 296
= WM 1989, 1128 = ZIP 1989, 980

BGH, Urteil vom 18.12.1989 - II ZR 254/88
AG 1990, 259 = ZIP 1990, 168

BGH, Urteil vom 29.10.1990 - II ZR 226/89
NJW 1991, 566

BGH, Urteil vom 11.11.1991 - II ZR 287/90
BGHZ 116, 37, 43 = NJW 1992, 505
= AG 1992, 83 = WM 1991, 2137
= ZIP 1992, 29 = DB 1992, 29

BGH, Beschluss vom 30.01.1992 - II ZB 15/91
AG 1992, 192 = NJW 1992, 1452
= WM 1992, 524 = ZIP 1992, 395
= DB 1992, 828

BGH, Beschluss vom 15.06.1992, - II ZR 18/91
NJW 1992, 2760 = BGHZ 119, 1
= WM 1992, 1479 = ZIP 1992, 1227
= DB 1992, 1873

BGH, Urteil vom 16.06.1992 - II ZR 18/91
NJW 1992, 2761

BGH, Urteil vom 05.04.1993 - II ZR 238/91
BGHZ 122, 211 = NJW 1993, 1976
= ZIP 1993, 751 = AG 1993, 422
= WM 1993, 1087 = DB 1993, 1074

BGH, Urteil vom 28.10.1993 - IX ZR 21/93
BGHZ 124, 27 = ZIP 1993, 1886
= AG 1994, 81 = WM 1994, 33
= NJW 1994, 323

BGH, Urteil vom 20.03.1995 - II ZR 205/94
BGHZ 119, 136

BGH, Urteil vom 18.03.1996 - II ZR 299/94
AG 1996, 321 = ZIP 1996, 705
= WM 1996, 816 = DB 1996, 930
= NJW 1996, 1539

BGH, Beschluss vom 20.05.1997 - II ZB 9/96
WiB 1997, 1143 = DB 1997, 1397
= ZIP 1997, 1193 = NJW 1997, 2242
=BGHZ 135, 374 = WM 1997, 1288

BGH, Beschluss vom 04.03.1998 - II ZB 5/97
NZG 1998, 379 = NJW 1998, 1866
= ZIP 1998, 690 = WM 1998, 867
= DB 1998, 872

BFH, Urteil vom 16.02.1979 - III R 37/77
AG 1980, 309 = BFHE 127, 56

BayObLG, Beschluss vom 18.07.1978 - BReg 3 / 148/76
AG 1980, 76

BayObLG, Vorlagebeschluss vom 16.06.1988 - BReg 3 Z 62/88
BayObLGZ 1988, 201 = AG 1988, 379
= NJW 1989, 128 = WM 1988, 1229

BayObLG, 23.05.1990 - BReg 3 Z 41/90
BayObLGZ 1990, 133 = DB 1990, 1605
= AG 1991, 19

BayObLG, Beschluss vom 10.12.1992 - 3 Z BR 130/92
AG 1993, 177 = BayObLGZ 1992, 367
= ZIP 1993, 263 = DB 1993, 789

BayObLG, Beschluss vom 31.05.1995 - 3 Z BR 67/89
AG 1995, 509

BayObLG, Beschluss vom 19.10.1995 - 3 Z BR 17/90
AG 1996, 127 = DB 1995, 2590
= WM 1996, 526 = BB 1996, 259

BayObLG, Beschluss vom 11.12.1995 - 3 Z BR 36/91
AG 1996, 176 = BB 1996, 687
= NJW-RR 1996, 1125

BayObLG, Beschluss vom 29.09.1998 - 3 Z BR 159/94
AG 1999, 43

Kammergericht, Beschluss vom 15.12.1970 - 1 W 2982/69
DB 1971, 613

OLG Celle, Beschluss vom 10.05.1973 - 9 Wx 1/73
DB 1973, 1118

OLG Celle, Urteil vom 30.01.1974 - 9 U 73/73
AG 1974, 83

OLG Celle, Beschluss vom 04.04.1979 - 9 W 2/77
AG 1979, 230

OLG Celle, Beschluss vom 01.07.1980 - 9 Wx 9/79
AG 1981, 234

OLG Celle, Urteil vom 02.11.1988 - 9 U 54/88
BB 1989, 868 = OLGZ 1989, 216
= NJW-RR 1989, 1119 = GmbHR 1989, 373

OLG Celle, Beschluss vom 31.07.1998 - 9 W 128/97
DB 1998, 2006 = NZG 1998, 987
= AG 1999, 128

OLG Düsseldorf, Beschluss vom 08.06.1973 - 19 W 21/72
AG 1973, 282

OLG Düsseldorf, Beschluss vom 29.10.1976 - 19 W 6/73
AG 1977, 168

OLG Düsseldorf, Beschluss vom 26.01.1978 - 19 W 5/77
AG 1978, 238

OLG Düsseldorf, Beschluss vom 17.02.1984 - 19 W 1/81
ZIP 1984, 586 = DB 1984, 817
= BB 1984, 742 = WM 1984, 732

OLG Düsseldorf, Beschluss vom 03.05.1989 - 19 W 5/89
AG 1990, 396

OLG Düsseldorf, Beschluss vom 11.01.1990 - 19 W 6/86
AG 1990, 397 = DB 1990, 370
= WM 1990, 1282 = EWiR 1990, 849

OLG Düsseldorf, Beschluss vom 07.06.1990 - 19 W 13/86
AG 1990, 490 = DB 1990, 1394
= EWiR 1990, 951

OLG Düsseldorf, Beschluss vom 04.09.1991 - 3 Wx 66/91
AG 1992, 60 = BB 1991, 2105
= GmbHR 1991, 526 = DB 1991, 2381

OLG Düsseldorf, Beschluss vom 17.09.1991 - 19 W 4/91
AG 1993, 39

OLG Düsseldorf, Beschluss vom 12.02.1992 - 19 W 3/91
AG 1992, 200 = DB 1992, 1034
= WM 1992, 986

OLG Düsseldorf, Beschluss vom 02.08.1994 - 19 W 1/93 AktE
AG 1995, 85 = DB 1994, 1770
= EWiR 1994, 1053

OLG Düsseldorf, Beschluss vom 19.08.1994 - 3 Wx 178/94
DNotZ 1995, 239 = AG 1995, 137
= ZIP 1994, 1602 = DB 1994, 2125

OLG Düsseldorf, Vorlagebeschluss vom 28.06.1996 - 19 W 3/93 AktE
AG 1996, 475 = ZIP 1996, 1610
= DB 1996, 1614

OLG Düsseldorf, Beschluss vom 07.10.1997 - 19 W 1/97
AG 1998, 39 = DB 1997, 2477
= NZG 1998, 75 = NJW-RR 1998, 1649

OLG Düsseldorf, Beschluss vom 02.04.1998 - 19 W 3/93 AktE
AG 1999, 89 = DB 1998, 1454
= WM 1998, 2058

OLG Frankfurt/Main, Beschluss vom 16.09.1971 - 13 W 182/70
NJW 1972, 641

OLG Frankfurt/Main, Urteil vom 23.03.1988 - 9 U 80/84
AG 1988, 267

OLG Frankfurt/Main, Beschluss vom 13.12.1989 - 20 W 478/89
OLGZ 1990, 23

Hans OLG Hamburg, Beschluss vom 24.10.1975 - 11 W 55 und 59/75
DB 1975, 2269

OLG Hamm, Urteil vom 20.06.1988 - 8 U 329/87
AG 1989, 31 = WM 1988, 1164
= ZIP 1988, 1058 = DB 1988, 1842

OLG Karlsruhe, Beschluss vom 30.06.1989 - 15 U 76/88
ZIP 1989, 988

OLG Karlsruhe, Urteil vom 07.12.1990 - 15 U 256/89
AG 1991, 144 = ZIP 1991, 101
= DB 1991, 86 = NJW-RR 1991, 553

OLG Karlsruhe, Beschluss vom 29.08.1994 - 15 W 19/94
AG 1995, 139

OLG Karlsruhe, Beschluss vom 12.10.1993 - 11 Wx 48/93
AG 1994, 283

OLG Karlsruhe, Beschluss vom 29.08.1994 - 15 W 19/94
DB 1994, 1917 = ZIP 1994, 1529
= AG 1995, 139 = WiB 1995, 206

OLG Karlsruhe, Vorlagebeschluss vom 28.02.1997 - 15 W 35/95
AG 1997, 270

OLG Karlsruhe, Beschluss vom 04.02.1998 - 15 W 25/97
AG 1998, 288

OLG Koblenz, Urteil vom 30.11.1990 - 2 U 317/89
AG 1991, 142 = DB 1991, 155
= ZIP 1991, 308= WM 1991, 227

OLG München, Urteil vom 14.06.1991 - 23 U 4638/90
AG 1991, 358

OLG München, 12.11.1997 - 7 U 4229/97
AG 1998, 239 = DB 1998, 123
= BB 1998, 69

OLG Zweibrücken, Beschluss vom 02.08.1994 - 3 W 76/94
AG 1994, 563

OLG Zweibrücken, Beschluss vom 09.03.1995 - 3 W 133 u. 145/92
AG 1995, 421

LG Berlin, Beschluss vom 20.10.1978 - 91 O (AktE) 193/72
AG 1979, 207

LG Bochum, Teilurteil vom 01.07.1986 - 12 O 67/86 -
GmbHR 1987, 24

LG Bonn, Beschluss vom 30.01.1996 - 11 T 1/96
GmbHR 1996, 774 = WIB 1997, 193

LG Darmstadt, Beschluss vom 10.11.1970 - 14 AR 1/70
AG 1971, 57

LG Dortmund, Beschluss vom 31.10.1980 - 18 AktE 2/79
AG 1981, 236

LG Dortmund, Beschluss vom 16.11.1981 - 18 Akt E 1/78
AG 1982, 257

LG Dortmund, Beschluss vom 06.08.1993 - 18 AktE 1/97 -
AG 1994, 85

LG Dortmund, Beschluss vom 14.02.1996 - 20 AktE 3/94
AG 1996, 278

LG Dortmund, Beschluss vom 10.06.1997 - 20 AktE 1/94
AG 1998, 142 = DB 1997, 1915
= BB 1997, 1942 = EWiR 1997, 679

LG Duisburg, Beschluss vom 18.10.1993 - 16 T 2/93
AG 1994, 379

LG Frankenthal, Urteil vom 04.08.1988 - 2 (HK) O 178/87
AG 1989, 253

LG Frankfurt/Main, Beschluss vom 16.05.1984 - 3/3 AktE 144/80
AG 1985, 310

LG Frankfurt/Main, Beschluss vom 01.10.1986 - 3/3 O 145/83
AG 1987, 315

LG Frankfurt/Main, Beschluss vom 19.12.1995 - 3-03 O 162/88
AG 1996, 187

LG Ingolstadt, Urteil vom 12.06.1990 - HKO 763 und 853/89
AG 1991, 24

LG Köln, Beschluss vom 01.07.1998 - 91 O 135/96
AG 1998, 538

LG Konstanz, Beschluss vom 26.11.1992 - 3 HT 1/92
AG 1993, 237 = GmbHR 1993, 169
= WM 1993, 953 = ZIP 1992, 1736

LG Mannheim, Urteil vom 23.10.1989 - 24 O 84/88
AG 1991, 26 = ZIP 1990, 379
= EWIR 1990, 323

LG Mannheim, Beschluss vom 30.05.1994 - 23 AktE 1/90
DB 1994, 1463 = AG 1995, 89 = ZIP 1994, 1024

LG München I, Beschluss vom 25.01.1990 - 17 HK O 17002/82
AG 1990, 404

LG Stuttgart, Urteil vom 13.05.1997 - 25 O 703/96
AG 1998, 103 = EWiR 1997, 1015

van Aerssen, Rick
Die Antragsbefugnis im Spruchstellenverfahren des Aktiengesetzes und im Spruchverfahren des Umwandlungsgesetzes
AG 1999, 249

Aha, Christof
Aktuelle Aspekte der Unternehmensbewertung im Spruchstellenverfahren
AG 1997, 26

Albach, Horst
Probleme der Ausgleichszahlung und der Abfindung bei Gewinnabführungsverträgen nach dem Aktiengesetz 1965
AG 1966, 180

Bachelin, Herwig
Der konzernrechtliche Minderheitenschutz
Dissertation Köln, 1965

Bälz, Udo
Einheit und Vielheit im Konzern
in FS für Ludwig Raiser zum 70. Geburtstag, 278
Hrsg. von Fritz Baur, Josef Esser u.a.
Mohr, Tübingen, 1974

Bälz, Ulrich
Verbundene Unternehmen
AG 1992, 277

Ballerstedt, Kurt
Kapital, Gewinn und Ausschüttungen bei Kapitalgesellschaften
Eine gesellschaftsrechtliche Betrachtung
Mohr, Tübingen, 1949

Ballerstedt, Kurt
Handels- und gesellschaftsrechtliche Probleme der Organschaft
DB 1956, 813

Baumbach, Adolf/Hueck, Alfred
Aktiengesetz
Beck, München, 13. Auflage 1968

Bayer, Walter
Der grenzüberschreitende Beherrschungsvertrag
Ein Beitrag zur Dogmatik des deutschen internationalen Konzernrechts
Müller, Heidelberg, 1988
zugleich: Dissertation Mannheim 1987/88

Bayer, Walter
Verschmelzung und Minderheitenschutz
- Besprechung der Entscheidung des OLG Hamm WM 1988, 1164 -
WM 1989, 121

Bayer, Walter
Besprechung der Entscheidung des OLG Düsseldorf - 19 W 3/91 -
WuB II A. § 304 AktG 1.92

Bayer, Walter
Herrschaftsveränderungen im Vertragskonzern
ZGR 1993, 599

Bayer, Walter
1000 Tage neues Umwandlungsrecht - eine Zwischenbilanz
ZIP 1997, 1613

Bayer, Walter
Kapitalerhöhung mit Bezugsrechtsausschluss und Vermögensschutz der Aktionäre nach § 255 Abs. 2 AktG
- Kritische Betrachtung der lex lata und Überlegungen de lege ferenda -
ZHR 1999, 505

Bayer, Wilhelm F.
Mehrstufige Unternehmensverträge
in FS für Kurt Ballerstedt, 157
Hrsg. von Werner Flume, Peter Raisch und Ernst Steindorff
Duncker + Humblot, Berlin, 1975

Bernwald, Arno
Mehrstufige Unternehmensverbindungen aus Sicht des Aktiengesetzes
Dissertation Heidelberg 1974

Beuthien, Volker
Art und Grenzen der aktienrechtlichen Haftung herrschender Unternehmen für Leitungsmachtmissbrauch
DB 1969, 1781

Beuthien, Volker
Unternehmenskonzentration und Kleinaktionärsschutz
JuS 1970, 53

Beyerle, Konrad
Zur Regelabfindung im Konzernrecht gemäß § 305 Abs. 2 Nr. 1 AktG
AG 1980,317

Beyerle, Konrad
Notwendige Änderungen im Verfahren der Freiwilligen Gerichtsbarkeit nach § 306 AktG
BB 1978, 784

Beyerle, Konrad
Erfahrungen mit dem Spruchstellenverfahren nach § 306 AktG
ZGR 1977, 651

Bodewig, Thomas
Zur Sicherung der Minderheitsrechte außenstehender Aktionäre durch die Vorschriften der §§ 304, 305, 306 Aktiengesetz
Dissertation Köln 1974

Bodewig, Thomas
Abfindungsergänzungsanspruch bereits abgefundener Aktionäre aufgrund einer Gerichtsentscheidung nach § 305 Abs. 5 Satz 2 AktG
BB 1978, 1694

Brandes, Helmut
Grundsätze der Kapitalerhaltung im Vertragskonzern
in FS für Alfred Kellermann zum 70. Geburtstag, 25
Hrsg. von Reinhard Goerdeler
Zeitschrift für Unternehmens- und Gesellschaftsrecht, Sonderheft 10
De Gruyter, Berlin New York, 1991

Busch, Torsten
Der Zinsanspruch des Aktionärs bei unangemessenen Bar-Kompensationsansprüchen gem. §§ 304 Abs. 3 S. 3, 305 Abs. 5 S. 2 AktG
AG 1993, 1

Dehmer, Hans
Umwandlungsgesetz - Umwandlungssteuerrecht
Beck, München, 2. Aufl. 1996

Drüke, Heiner
Die Haftung der Muttergesellschaft für Schulden der Tochtergesellschaft: eine Untersuchung nach deutschem und US-amerikanischem Recht
Heymanns, Köln, 1990
zugleich: Dissertation Bonn 1989

Drukarczyk, Jochen
Zum Problem der angemessenen Barabfindung bei zwangsweise ausscheidenden Anteilseignern
AG 1973, 357

Duvinage, Peter
Die Spaltung von Personengesellschaften
Heymanns, Köln, 1984
zugleich: Dissertation Kiel 1983

Ebenroth, Carsten-Thomas
Die verdeckten Vermögenszuwendungen im transnationalen Unternehmen
- Ein Beitrag zum Schutz von Fiskal-, Aktionärs-, Gläubiger- und Arbeitnehmerinteressen im Transnationalen Unternehmen
Gieseking, Bielefeld, 1979

Ebenroth, Carsten Thomas/Parche, Ulrich
Konzernrechtliche Beschränkungen der Umstrukturierung des Vertragskonzerns
BB 1989, 637

Elkart, Wolfgang/Schmusch, Matthias
Stock Options und Shareholder Value vor dem Hintergrund der Reform der §§ 192, 193 AktG durch das KonTraG
in: Reform des Aktienrechts, der Rechnungslegung und Prüfung: KonTraG - KapAEG - EuroEG - StückAG, hrsg. von Dörner/Menold/Pfitzer (Handelsblatt-Reihe)
Schäffer-Poeschel, Stuttgart, 1999

Emmerich, Volker
Fortsetzung eines Spruchstellenverfahrens trotz Beendigung des Unternehmensvertrags ("Guano")
Besprechung des Beschlusses des BGH vom 20.5.1997 - II ZB 9/96
JuS 1997, 1045.

Emmerich, Volker/Habersack, Mathias
Aktienkonzernrecht: Kommentar zu den §§ 15 - 22 und 291 - 328 AktG
Beck, München, 1998

Emmerich, Volker/Sonnenschein, Jürgen
Konzernrecht
Beck, München, 6. Aufl. 1997

Engelmeyer, Cäcilie
Ausgliederung durch partielle Gesamtrechtsnachfolge und Einzelrechtsnachfolge - ein Vergleich
AG 1999, 263

Eschenbruch
Konzernhaftung
Haftung der Unternehmen und der Manager
Werner, Düsseldorf, 1996

Exner, Werner
Beherrschungsvertrag und Vertragsfreiheit
Ein Beitrag zur Gestaltung des aktienrechtlichen Beherrschungsvertrags
Europäische Hochschulschriften: Reihe 2, Rechtswissenschaft; Bd. 388
Lang, Frankfurt/Main, 1984

Fabian, Susanne
Inhalt und Auswirkungen des Beherrschungsvertrags
- Eine Untersuchung zur Gestaltung des Beherrschungsvertrags im Aktien-, GmbH- und Personengesellschaftskonzern -
Europäische Hochschulschriften Reihe II Rechtswissenschaft, Bd. 2192
Lang, Frankfurt/Main, 1997
zugleich: Dissertation Kiel, 1997

Fleischer, Holger
Die Barabfindung außenstehender Aktionäre nach den §§ 305 und 320b AktG: Stand-alone-Prinzip oder Verbundberücksichtigungsprinzip
ZGR 1997, 368

Flume, Werner
Abfindung der sog. außenstehenden Aktionäre bei Abschluss eines Beherrschungsvertrages
DB 1969,1047

Flume, Werner
Die Organschaft im Körperschaftsteuerrecht
Zivilrechtlich-handelsrechtliche und steuerrechtliche Betrachtung der Rechtsprechung des Bundesfinanzhofs
DB 1956, 455

Flume, Werner
Das Gutachten des BFH zur Besteuerung der Dividendengarantie bei Organschaftsverhältnissen (Stellungnahme)
DB 1957, 438

Forst, Holger
Zur Bemessung der Sicherung außenstehender Aktionäre gemäß §§ 304, 305 AktG unter besonderer Berücksichtigung von Reinvestitionsrate und angemessener Abschreibung
AG 1994, 321

Forster, Karl-Heinz
Zur angemessenen Barabfindung (§ 305 AktG)
in FS für Carsten Peter Claussen
Heymanns, Köln, 1997

Forster, Karl-Heinz
Zur Ermittlung der angemessenen Abfindung nach § 305 AktG
AG 1980, 45

Fuhrmann, Lambertus/Simon, Stefan
Praktische Probleme der umwandlungsrechtlichen Ausgliederung
Erfahrungen mit einem neuen Rechtsinstitut
AG 2000, 49

Ganske, Joachim
Reform des Umwandlungsrechts - Ein Bericht -
WM 1993, 1117

Gansweid, Wolfgang
Zur gerichtlichen Überprüfung der angemessenen Barabfindung nach § 305 AktG
AG 1977, 324

Geng, Norbert
Erneute Ausgleichs- und Abfindungsansprüche beim Beitritt zu einem Beherrschungsvertrag
NZG 1998, 715

Gerth, Axel
Anmerkung zum Beschluss des OLG Karlsruhe vom 29.8.1994 - 15 W 19/94,
WuB II A. § 304 AktG 1.95, 287

Gerth, Axel
Die Beendigung des Gewinnabführungs- und Beherrschungsvertrages
BB 1978, 1497

Geßler, Jörg H.
Kommentar zum Aktiengesetz mit dem Dritten Buch des HGB (§§ 238 - 335 HGB), Umwandlungsgesetz, Europäische Betriebsräte-Gesetz, RechKredV, RechVersV, Vermögensgesetz, Vermögenszuordnungsgesetz u.a.
Loseblattkommentar, Luchterhand 16. Erg.Lfg. - Dezember 1998 und zur Fortsetzung

Geßler, Ernst/Hefermehl, Wolfgang/Eckard, Ulrich/Kropff, Bruno
Kommentar zum Aktiengesetz, Band VI
§§ 291 -318 (1976)
§§ 319 - 358a (1991)
§§ 359 - 395 (1993)
§§ 396 - 410 (1994)
Vahlen, München

Geßler, Ernst
Zur Stellung des gemeinsamen Vertreters in Verfahren nach §§ 304ff. AktG, §§ 30f UmwG
BB 1975, 289

Geßler, Ernst
Bestandsschutz der beherrschten Gesellschaft im Vertragskonzern
ZHR 1976, 433

Geßler, Ernst
Atypische Beherrschungsverträge
in FS für Günther Beizke zum 65. Geburtstag
Hrsg. von Robert Fischer und Wolfgang Habermehl
De Gruyter, Berlin New York, 1979

Geßler, Ernst
Einberufung und ungeschriebene Hauptversammlungszuständigkeiten
in FS für Walter Stimpel zum 68. Geburtstag, 771
Hrsg. von Marcus Lutter, Kai Mertens und Peter Ulmer
De Gruyter, Berlin New York, 1985

Frhr. von Godin/Wilhelmi, Hans
Kommentar zum Aktiengesetz
Band II (§§ 179 - 410)
De Gruyter, Berlin New York, 1971

Götz, Heinrich
Die Sicherung der Rechte der Aktionäre der Konzernobergesellschaft bei Konzernbildung und Konzernleitung
-zugleich eine Besprechung der "Holzmüller"- Entscheidung des Bundesgerichtshofs-
AG 1984, 85

Götz, Norbert
Entschädigung von Aktionären abseits der Kapitalmarktbewertung
DB 1996, 259

Goutier, Klaus/Knopf, Rüdiger/Tulloch, Anthony
Kommentar zum Umwandlungsrecht, Umwandlungsgesetz - Umwandlungssteuergesetz
bearb. von Bermel, Goutier, Knopf u.a.
Recht und Wirtschaft, Heidelberg, 1996

Großkommentar zum Aktiengesetz
Bearb. von: Barz, Klug, Meyer-Landrut, Wiedemann u.a.
Vierter Band, §§ 291 - 410, Einführungsgesetz zum Aktiengesetz
De Gruyter, Berlin New York, 3. Auflage 1975

Gross, Wolfgang
Zuständigkeit der Hauptversammlung bei Erwerb und Veräußerung von Unternehmensbeteiligungen
AG 1994, 266

Haase, Karsten
Das Recht des aktienrechtlichen Abfindungsergänzungsanspruchs als notwendiger Bestandteil der §§ 305, 306 AktG
AG 1995, 7

Hachenburg, Max
Kommentar zum Gesetz betreffend die Gesellschaften mit beschränkter Haftung
Großkommentare der Praxis
De Gruyter, Berlin New York, 8. Auflage 1989ff

Hamburger, Georg M.
Schuldenhaftung für Konzerngesellschaften
Bensheimer, Mannheim Berlin Leipzig, 1932

Haussmann, Fritz
Grundlegung des Rechts der Unternehmenszusammenfassung
Bensheimer, Mannheim Berlin Leipzig, 1926

Hecker, Renate/Wenger, Ekkehard
Der Schutz von Minderheiten im Vertragskonzern
-Ein Betriebsunfall des Aktienrechts -
ZBB 1995, 321

Heckschen, Heribert
Verschmelzung von Kapitalgesellschaften unter Berücksichtigung des Entwurfs zum Umwandlungsgesetz
MittRhNotK, 1989, 101

Heidenhain, Martin
Sonderrechtsnachfolge bei der Spaltung
ZIP 1995, 801

Heidenhain, Martin
Spaltungsvertrag und Spaltungsplan
NJW 1995, 2873

Heinsius, Theodor
Abfindung außenstehender Aktionäre und Übernahmeangebote im deutschen Aktien- und Konzernrecht
in: Übernahmeangebote im Aktienrecht, 35
Hrsg. von Clive M. Schmitthoff, Francois Goré und Theodor Heinsius
Metzner, Frankfurt, 1976

Heisterkamp, Friedrich Frank
Die Beendigung des GmbH-Vertragskonzern
AnwBl 1994, 487

Heiss, Manuela
Die Spaltung von Unternehmen im deutschen Gesellschaftsrecht
Duncker & Humblot, Berlin, 1995
zugleich: Dissertation Köln, 1994

Hengeler, Hans
Probleme der Verschmelzung beim Bestehen eines Organvertrags
in FS für Philipp Möhring, 197
Hrsg. von Wolfgang Hefermehl, Rudolf Nirk und Harry Westermann
Beck, München, 1975

Henn, Günter
Handbuch des Aktienrechts
Müller, Heidelberg, 6. Aufl. 1998

Hennrichs, Joachim
Formwechsel und Gesamtrechtsnachfolge bei Umwandlungen einschließlich Verschmelzung und Spaltung
Schriften zum Wirtschaftsrecht Band 87
Duncker & Humblot, Berlin, 1995
zugleich: Dissertation Mainz, 1994

Hennrichs, Joachim
Zum Formwechsel und zur Spaltung nach dem neuen Umwandlungsgesetz
ZIP 1995, 794

Henze, Hartwig
Die "zweistufige" Konzernverschmelzung
AG 1993, 341

Hirte, Heribert
Bezugsrechtsausschluss und Konzernbildung
Minderheitenschutz bei Eingriffen in die Beteiligungsstruktur der Aktiengesellschaft
Heymanns, Köln, 1986

Hirte, Heribert
Grenzen der Vertragsfreiheit bei aktienrechtlichen Unternehmensverträgen
- Besprechung der Entscheidung BGHZ 122, 211 -
ZGR 1994, 644

Hoffmann-Becking, Michael
Der materielle Gesellschafterschutz: Abfindung und Spruchverfahren
ZGR 1990, 482

Hohner, Georg
Beherrschungsvertrag und Verschmelzung
DB 1973, 1487

Hommelhoff, Peter
Die Konzernleitungspflicht
Zentrale Aspekte eines Konzernverfassungsrechts
Heymanns, Köln, 1982

Hommelhoff, Peter
Der Verlustausgleich im Mehrmüttervertragskonzern
in FS für Reinhard Goerdeler zum 65. Geburtstag, 221
Hrsg. von Hans Havermann
IDW-Verlag, Düsseldorf, 1987

Hommelhoff, Peter
Der Beitritt zum Beherrschungsvertrag und seine Auswirkungen auf die Sicherung außenstehender Aktionäre
in FS für Carsten Peter Claussen, 129
Heymanns, Köln, 1997

Hüchting, Hans-Jochen
Abfindung und Ausgleich im aktienrechtlichen Beherrschungsvertrag
Dissertation Bochum, 1972

Hüffer, Uwe
Zur Darlegungs- und Beweislast bei der aktienrechtlichen Anfechtungsklage
in FS für Hans-Joachim Fleck, 151
ZGR Sonderheft 7
Hrsg. von Reinhard Goerdeler, Peter Hommelhoff, Marcus Lutter und Herbert Wiedemann
De Gruyter, Berlin New York, 1988

Hüffer, Uwe
Kurzkommentar zum Beschluss des BGH vom 20.5.1997 - II ZB 9/96
EWiR § 305 AktG 3/97, 769

Hügel, Hanns F.
Verschmelzung und Einbringung
Unternehmensübertragung auf verbandsrechtlicher Grundlage im österreichischen und deutschen Gesellschafts-, Bilanz- und Ertragssteuerrecht der Kapitalgesellschaften
Manz, Wien, 1993
zugleich: Habilitationsschrift Wien 1991

Jäger, Axel
Anmerkung zum Beschluss des OLG Karlsruhe vom29.8.1994 - 15 W 19/94
WiB 1995, 206

Jaeger, Carsten
Sicherheitsleistung für Ansprüche aus Dauerschuldverhältnissen bei Kapitalherabsetzung, Verschmelzung und Beendigung eines Unternehmensvertrags
- Zugleich Besprechung des Urteils BGH vom 18.3.1996 - II ZR 299/94, DB 1996, 930
DB 1996, 1069

Joost, Detlev
„Holzmüller 2000" vor dem Hintergrund des Umwandlungsgesetzes
ZHR 1999, 164

Kallmeyer, Harald
Beendigung von Beherrschungs- und Gewinnabführungsverträgen
GmbHR 1995, 578

Kallmeyer, Harald
Ausschluss von Minderheitsaktionären
AG 2000, 59

Kallmeyer, Harald
Spaltung: Wie man mit § 132 UmwG 1995 leben kann
GmbHR 1996, 242

Kamprad, Balduin
Ausgleichszahlungen nach § 304 AktG in einem mehrstufigen Konzern
AG 1986, 321

Kantzas Ioannis
Das Weisungsrecht im Vertragskonzern
Europäische Hochschulschriften: Reihe 2, Rechtswissenschaft; Bd. 727
Lang, Frankfurt/Main, 1988
zugleich: Dissertation München, 1987

Kley, Karl-Ludwig
Die Rechtstellung der außenstehenden Aktionäre bei der vorzeitigen Beendigung von Unternehmensverträgen
Rechtswissenschaftliche Forschung und Entwicklung, Bd 81
zugleich: Dissertation München 1985

Kölner Kommentar zum Aktiengesetz
§§ 291 - 328 AktG
Heymanns, Köln, 2. Auflage 1986ff

Koppensteiner, Hans-Georg
Abfindungsergänzungsansprüche bereits abgefundener Aktionäre aufgrund einer gerichtlichen Entscheidung gemäß § 305 Abs. 5 Satz 2 AktG?
BB 1978, 769

Koppensteiner, Hans-Georg
Über die Verlustausgleichspflicht im qualifizierten AG-Konzern
in Symposion zum 80. Geburtstag von Wolfgang Schilling, 87
Hrsg. von Peter Ulmer
Beihefte der Zeitschrift für das gesamte Handelsrecht und Wirtschaftsrecht, Heft 62

Kort, Michael
Ausgleichs- und Abfindungsrechte (§§ 304, 305 AktG) beim Beitritt eines herrschenden Unternehmens zu einem Beherrschungsvertrag
- Besprechung der Entscheidung BGH NJW 1998, 1866 -
ZGR 1999, 402

Krieger, Gerd
Der Konzern in Fusion und Umwandlung
ZGR 1990, 517

Kronstein, Heinrich
Die abhängige juristische Person
Schweitzer Verlag (Arthur Sellier) 1931

Kronstein, Heinrich
Die Anwendbarkeit der §§ 311 ff AktG über die Verantwortlichkeit im „faktischen Konzern“ bei mehrstufigen Unternehmensverbindungen
BB 1967, 637

Kropff, Bruno
Das Konzernrecht des Aktiengesetzes 1965
BB 1965, 1281

Kropff, Bruno
Textausgabe des Aktiengesetzes vom 6.9.1965 und des Einführungsgesetzes zum Aktiengesetz vom 6.9.1965 mit Begründung des Regierungsentwurfs, Bericht des Rechtsausschusses des Deutschen Bundestags, Verweisungen und Sachverzeichnis
Verlagsbuchhandlung des Instituts für Wirtschaftsprüfer GmbH, Düsseldorf, 1965

Kübler, Friedrich
Haftungstrennung und Gläubigerschutz im Recht der Kapitalgesellschaften
- Zur Kritik der "Autokran"-Doktrin des Bundesgerichtshofes -
in FS für Theodor Heinsius zum 65. Geburtstag am 25. September 1991, 397
Hrsg. von Friedrich Kübler, Hans-Joachim Mertens und Winfried Werner
De Gruyter, Berlin New York, 1991

Kusterer, Stefan
Passivierung von Drohverlustrückstellungen bei Gewinnabführungsverträgen
DStR 1996, 114

Lehmann-Tolkmitt, Sigurd
Das Verhältnis von Ausgleichsleistung und Abfindung im Aktienrecht
WM 1972, 990

Liebscher, Thomas
Einschränkung der Verzinslichkeit des Abfindungsanspruchs dissentierender Gesellschafter gemäß §§ 30 Abs. 1 S. 2, 208 UmwG; § 305 Abs. 3 S. 3, 1. Hs. AktG
AG 1996, 455

Limmer, Peter
Die Haftungsverfassung des faktischen GmbH-Konzerns
Haftungsrechtliche Konsequenzen von Konzernleitung und -organisation
Schmidt, Köln, 1992
zugleich: Dissertation Bochum 1991

Limmer, Peter
Umwandlungsrecht
Verlag für die Rechts- und Anwaltspraxis, Herne Berlin, 1995

Limmer, Peter
Anteilsgewährung und Kapitalschutz bei Verschmelzung und Spaltung nach neuem Umwandlungsrecht
in FS für Helmut Schippel zum 65. Geburtstag, 415
Hrsg. von der Bundesnotarkammer
Beck, München, 1996

Lüke, Wolfgang/Blenske, Holger
Die Beendigung des Unternehmensvertrags während des laufenden Spruchstellenverfahrens
EWiR, § 304 AktG 1/98, 581

Lüttge, Jörg W.
Das neue Umwandlungs- und Umwandlungssteuerrecht
NJW 1995, 417

Lutter, Marcus
Zur Binnenstruktur des Konzerns
in FS für Harry Westermann zum 65. Geburtstag, 347
Hrsg. von Wolfgang Habermehl
Müller, Karlsruhe, 1974

Lutter, Marcus (Hrsg.)
Umwandlungsgesetz - Kommentar
bearbeitet von: W. Bayer, Bork, Decher, Grunewald u.a.
Schmidt, Köln, 1996

Lutter, Marcus
Organzuständigkeiten im Konzern
in FS für Walter Stimpel zum 68. Geburtstag, 825
Hrsg. von Marcus Lutter, Kai Mertens und Peter Ulmer
De Gruyter, Berlin New York, 1985

Lutter, Marcus
Zur Vorbereitung und Durchführung von Grundlagenbeschlüssen in Aktiengesellschaften
in FS für Hans-Joachim Fleck zum 70. Geburtstag, 169
Zeitschrift für Unternehmens- und Gesellschaftsrecht, Sonderheft 7
Hrsg. von Reinhard Goerdeler
De Gruyter, Berlin New York, 1988

Lutter, Marcus/Drygala Tim
Grenzen der Personalverflechtung und Haftung im Gleichordnungskonzern
ZGR 1995, 557

Lutter, Marcus/Drygala, Tim
Wie fest ist der feste Ausgleich nach § 304 AktG?
AG 1995, 49

Luttermann, Claus
Anmerkung zum Beschluss des BGH vom 20.5.1997 - II ZB 9/96 -
JZ 1997, 1181

Luttermann, Claus
Zum Börsenkurs als gesellschaftsrechtliche Bewertungsgrundlage
- Die Maßgeblichkeit des Marktpreises im Zivil- und Steuerrecht -
ZIP 1999, 45

Lwowski, Hans-Jürgen/Groeschke, Peer
Die Konzernhaftung der §§ 302, 303 AktG als atypische Sicherheit?
WM 1994, 613

Martens, Klaus-Peter
Kontinuität und Diskontinuität im Verschmelzungsrecht der Aktiengesellschaft
AG 1986, 57

Maser, Harald
Betriebspacht- und Betriebsüberlassungsverhältnisse im Konzern
Reihe: Steuer, Wirtschaft und Recht Band 13
Hrsg. von Johannes Georg Bischoff und Alfred Kellermann
Eul, Bergisch Gladbach Köln, 1985

Mayer, Dieter
Spaltungsbremse? Ein Vorschlag zur sachgerechten Auslegung des § 132 UmwG
GmbHR 1996, 403

Mecke, Thomas
Konzernstruktur und Aktionärsentscheid
Nomos, Baden-Baden, 1992
zugleich: Dissertation Bielefeld, 1991

Meilicke Heinz/Meilicke Wienand
Die Rechtstellung der nichtantragstellenden Aktionäre im Verfahren nach §§ 306 AktG, 30 UmwG
ZGR 1974, 296

Meilicke, Wienand
Die Berechnung der Ausgleichszahlung nach § 304 II 1 AktG
DB 1974, 417

Meilicke, Wienand
Beendigung des Spruchstellenverfahrens durch Beendigung des Unternehmensvertrages?
AG 1995, 181

Meilicke, Wienand
Zum Verhältnis von Ausgleichs- und Abfindungsansprüchen nach §§ 304, 305 AktG
AG 1999, 103

Meilicke Wienand
Die Berechnung der Ausgleichszahlung nach § 304 II 1 AktG
DB 1974, 417

Meister, Norbert
Übergang von Unternehmensverträgen bei der Spaltung der herrschenden Gesellschaft
DStR 1999, 1741

Mertens, Kai
Umwandlung und Universalsukzession
Die Reform von Verschmelzung, Spaltung, Vermögensübertragung und Formwechsel.
Rechtsdogmatische Betrachtung zum Referentenentwurf eines Gesetzes zur Bereinigung des Umwandlungsrechts
Müller, Heidelberg, 1993
zugleich: Dissertation Kiel 1992

Mertens, Kai
Zur Universalsukzession in einem neuen Umwandlungsrecht
AG 1994, 66

Mestmäcker, Ernst-Joachim
Verwaltung, Konzerngewalt und Rechte der Aktionäre
Eine rechtsvergleichende Untersuchung nach deutschem Aktienrecht und dem Recht der Corporations in den Vereinigten Staaten
Müller, Karlsruhe, 1958

Mestmäcker, Ernst-Joachim
Zur Systematik des Rechts der verbundenen Unternehmen im neuen Aktiengesetz
in FS für Heinrich Kronstein zum 70. Geburtstag, 129
Hrsg. von Kurt H. Biedenkopf
Müller, Karlsruhe, 1967

Mertens, Hans-Joachim
Zur Geltung des Stand-alone-Prinzips für die Unternehmensbewertung bei der Zusammenführung von Unternehmen
AG 1992, 321

Messer, Herbert
Die Kausalität von Mängeln des Verschmelzungsberichts als Voraussetzung für die Anfechtbarkeit des Verschmelzungsbeschlusses
in FS für Karlheinz Quack zum 65. Geburtstag, 321
Hrsg. von Harm Peter Westermann
De Gruyter, Berlin New York, 1991

Meyer-Landrut, Joachim/Miller, Fritz-Georg
Wie lange bleibt man "Außenstehender Aktionär"?
DB 1969, 1391

Mülbert, Peter O.
Aktiengesellschaft, Unternehmensgruppe und Kapitalmarkt
- Die Aktionärsrechte bei Bildung und Umbildung einer Unternehmensgruppe zwischen Verbands- und Anlegerschutz -
Beck, München, 2. Auflage 1996

Müller, Okko
Die Rechtsnatur von Beherrschungsvertrag und Gewinnabführungsvertrag im Regierungsentwurf zu einem Aktiengesetz
AG 1965, 133

Müller, Welf
Ist nach dem TBB-Urteil des Bundesgerichtshofs eine Verlustübernahmeverpflichtung im qualifiziert faktischen Konzern noch begründbar?
in FS für Heinz Rowedder zum 75. Geburtstag, 277
Hrsg. von Gerd Pfeiffer, Günther Wiese und Klaus Zimmermann
Beck, München, 1994

Münchner Handbuch des Gesellschaftsrechts
Band 4: Aktiengesellschaft
Beck, München, 1988

Münchner Kommentar zum Bürgerlichen Gesetzbuch
Beck, München, 3. Auflage 1992ff

Naraschewski, Alexander
Verschmelzung im Konzern: Ausgleichs- und Abfindungsansprüche außenstehender Aktionäre bei Erlöschen eines Unternehmensvertrages
DB 1998, 1653

Neye, Hans-Werner/Limmer, Peter/Frenz, Norbert/Harnacke, Ulrich M.
Handbuch der Unternehmensumwandlung
Verlag für die Rechts- und Anwaltspraxis, Herne Berlin, 1996

Otto, Hans-Jochen
Buy-out-Gestaltungen bei Konzern-spin-offs mittels „umgekehrtem Kombinationsmodell
AG 1999, 173

Paschke, Marian
Rechtsfragen der Durchgriffsproblematik im mehrstufigen Unternehmensverbund
AG 1988, 196

Pentz, Andreas
Die Rechtstellung der Enkel-AG in einer mehrstufigen Unternehmensverbindung
Europäische Hochschulschriften Reihe II Rechtswissenschaft Band 1593
Lang, Frankfurt/Main, 1994

Petzel, Albrecht
Ansprüche der Minderheitsaktionäre bei Unternehmensverbindung und Umwandlung
Dissertation Göttingen, 1967

Picot, Gerhard
Kauf und Restrukturierung von Unternehmen
Handbuch zum Wirtschaftsrecht
bearb. von Eilers, Heubeck u.a.
Beck, München, 1995

Pieroth, Johannes
Schutz von Minderheitsgesellschaftern bei nicht-verhältniswahrenden Spaltungen von Kapitalgesellschaften
Lang, Frankfurt/Main, 1994
zugleich: Dissertation Mainz, 1993

Prael, Christoph
Eingliederung und Beherrschungsvertrag als körperschaftliche Rechtsgeschäfte
Schriften zum Wirtschaftsrecht Band 28
Duncker & Humblot, Berlin1978
zugleich: Dissertation München 1976

Priester, Hans-Joachim
Herrschaftswechsel beim Unternehmensvertrag
ZIP 1992, 293

Priester, Hans-Joachim
Spaltung
in: Verschmelzung-Spaltung-Formwechsel nach neuem Umwandlungsrecht und Umwandlungssteuerrecht, 111ff
Hrsg. von Marcus Lutter und Reinhard Bork
Kölner Umwandlungsrechtstage 1995
Schmidt, Köln, 1995

Raiser, Thomas
Recht der Kapitalgesellschaften
Vahlen, München, 2., neubearb. und wesentlich erw. Auflage 1992

Rehbinder, Eckard
Konzernaußenrecht und allgemeines Privatrecht
Eine rechtsvergleichende Untersuchung nach deutschem und amerikanischen Recht
Gehlen, Bad Homburg, 1969

Rehbinder, Eckard,
Ausgründung und Erwerb von Tochtergesellschaften und Rechte der Aktionäre
in FS für Helmut Coing zum 70. Geburtstag, 423
Klostermann, Frankfurt/Main, 1982

Rehbinder, Eckard,
Zum konzernrechtlichen Schutz der Aktionäre einer Obergesellschaft
- Besprechung der Entscheidung BGHZ 83, 122 "Holzmüller" -
ZGR 1983, 92

Rehbinder, Eckard
Gesellschaftsrechtliche Probleme mehrstufiger Unternehmensverbindungen
ZGR 1977, 581

Reul, Jürgen
Die Pflicht zur Gleichbehandlung der Aktionäre bei privaten Kontrolltransaktionen: eine juristische und ökonomische Analyse
Tübinger rechtswissenschaftliche Abhandlungen; Bd. 70
J.C.B. Mohr (Paul Siebeck), Tübingen, 1991

Richter, W.
Anmerkung zum Urteil des BGH vom 30.3.1998 - II ZR 12/97 -
NZG 1999, 260

Röhrich, Martina
Gleichbehandlungspflicht bei Kontrollakquisitionen: Eine Analyse der dreizehnten EG-Richtlinie aus ökonomischer Sicht
RIW 1993, 93

Röhricht, Volker
Die Rechtsstellung der außenstehenden Aktionäre beim Beitritt zum Beherrschungsvertrag
ZHR 162 (1998), 249

Rosener, Wolfgang
Parallele Aufspaltung von Gesellschaften
in FS für Johannes Semler zum 70. Geburtstag, 593
Hrsg. von Bierich/Hommelhoff/Kropff
De Gruyter, Berlin New York, 1993

Rowedder, Heinz
Der gemeinsame Vertreter gemäß § 306 Abs. 4 AktG
- Rechtsstellung, Vertretungsmacht und Aufgabe -
in FS für Fritz Rittner zum 70. Geburtstag, 509
Beiträge zum Handels- und Wirtschaftsrecht
Hrsg. von Löwisch/Schmidt-Leithoff/Schmiedel
Beck, München, 1991

Säcker, Franz- Jürgen
Die Rechte der Aktionäre bei konzerninternen Umstrukturierungen gemäß § 304 AktG
DB 1988, 271

Sapper, Helmut
Die rechtssystematische Stellung der Unternehmensverträge
Dissertation Tübingen, 1963

Schiessl, Maximilian
Ist das deutsche Aktienrecht kapitalmarkttauglich?
AG 1999, 442

Schindler, Hendrik
Das Austrittsrecht in Kapitalgesellschaften: eine rechtsvergleichende Untersuchung zum Austrittsrecht als Mittel des Individual- und Minderheitenschutzes im deutschen und französischen Kapitalgesellschaftsrecht
Schriften des Instituts für Arbeits- und Wirtschaftsrecht der Universität zu Köln; Band 81
C.H. Beck, München 1999

Schlögell, Christian
Die Beendigung von Unternehmensverträgen im GmbH-Konzern
GmbHR 1995, 401

Schmidt, Jochen
Das Verfahren gemäß § 306 AktG bei Überprüfungsanträgen außenstehender Aktionäre
Dissertation Bochum, 1977

Schmidt, Karsten
Die konzernrechtliche Verlustübernahmepflicht als gesetzliches Dauerschuldverhältnis
- Eine rechtsdogmatische Problemskizze zu § 302 AktG -
ZGR 1983, 513

Schmidt, Karsten
Universalsukzession kraft Rechtsgeschäfts
Bewährungsproben eines zivilrechtsdogmatischen Rechtsinstituts im Unternehmensrecht
AcP 191 (1991), 495

Schmidt, Karsten
Gläubigerschutz bei Umstrukturierungen
- Zum Referentenentwurf eines Umwandlungsgesetzes -
ZGR 1993, 366

Schmidt, Karsten
Gesellschaftsrecht
Heymanns, Köln München, 3., völlig neu bearb. und erw. Auflage 1997

Schneider, Uwe H.
Antragsberechtigung des außenstehenden Aktionärs nach den §§ 304, 305 AktG
NJW 1971, 1109

Schneider, Uwe H.
Die Personengesellschaft als herrschendes Unternehmen im Konzern
Ein Beitrag zum Konzernrecht der Personengesellschaften
ZHR 1979, 485

Schneider, Uwe H.
Die Fortentwicklung des Handelsregisters zum Konzernregister
WM 1986, 181

Schöne, Torsten
Auf- und Abspaltung nach den §§ 123ff UmwG
Ein Überblick unter Berücksichtigung der Rechtslage für die GmbH
ZAP, Fach 15, 157

Schöne Torsten
Das Aktienrecht als „Maß aller Dinge" im neuen Umwandlungsrecht?
GmbHR 1995, 325

Scholz, Franz
Kommentar zum GmbH-Gesetz
Mit Nebengesetzen und den Anhängen Konzernrecht sowie Umwandlung und Verschmelzung
bearb. von Crezelius, Emmerich, Priester u.a.
Schmidt, Köln, 8. Auflage 1993/95

Schwarz, Oliver
Anmerkung zum Beschluss des OLG Düsseldorf vom 19.8.1994 - 3 Wx 178/94
DNotZ 1995, 243

Schwarz, Oliver
Beendigung von Organschaftsverträgen anlässlich der Veräußerung der Beteiligung an der hauptverpflichtenden GmbH
DNotZ 1996, 68

Schwedhelm, Rolf/Streck, Michael/Mack, Alexandra
Die Spaltung der GmbH nach neuem Umwandlungsrecht
GmbHR 1995, 7

Schwenn, Dirk
Der Ausgleichs- und Abfindungsanspruch der außenstehenden Aktionäre im Unternehmensvertrag bei Eintritt neuer Umstände
Europäische Hochschulschriften, Reihe II Rechtswissenschaft, Bd. 2477
Lang, Frankfurt/Main, 1998
zugleich: Dissertation Bonn, 1998

Seetzen, Uwe
Die Bestimmung des Verschmelzungswertverhältnisses im Spruchstellenverfahren
WM 1994, 45

Seetzen, Uwe
Spruchverfahren und Unternehmensbewertung im Wandel
WM 1999, 565

Sieben, Günter
Der Anspruch auf angemessene Abfindung nach § 12 UmwG
(Höchstrichterliche Entscheidungen in betriebswirtschaftlicher Sicht)
AG 1966, 6

Soergel, Thomas
Kommentar zum BGB
Kohlhammer, Stuttgart, 12. Auflage 1988ff

Sonnenberg, Thomas
Dic Änderung des Gesellschaftszwecks
Frankfurt/Bern/New York/Paris
1990

Sonnenschein, Jürgen
Organschaft und Konzerngesellschaftsrecht: unter Berücksichtigung des Wettbewerbsrechts und des Mitbestimmungsrechts
Nomos, Baden Baden, 1976

Sonnenschein, Jürgen
Der aktienrechtliche Vertragskonzern im Unternehmensrecht
ZGR 1981, 429

Stehle, Heinz
Abhängigkeitsbericht oder Beherrschungsvertrag
AG 1966, 233

Steinhauer, Carsten
Der Börsenpreis als Bewertungsgrundlage für den Abfindungsanspruch von Aktionären
AG 1999, 299

Steinmeyer, Roland
Der Abfindungsanspruch des Aktionärs bei Beendigung des Unternehmensvertrags
WiB 1997, 1140

Stimpel, Walter
„Durchgriffshaftung" bei der GmbH
Tatbestände, Verlustausgleich, Ausfallshaftung
in FS für Reinhard Goerdeler zum 65. Geburtstag, 221
Hrsg. von Hans Havermann
IDW-Verlag, Düsseldorf, 1987

Stimpel, Walter
Haftung im qualifizierten faktischen GmbH-Konzern - Besprechung der Entscheidung BGHZ 107, 7ff -
ZGR 1991, 144

Stimpel, Walter
Zum Verhältnis von Ausgleichs- und Barabfindungsansprüchen nach §§ 304,305 AktG
AG 1998, 259

Ströhmann, Martin
Haftungsfalle §§ 302, 303 AktG? - Kein Ende mit der Endloshaftung?
Kreuzende Beendigungstatbestände und die Pflicht zur Sicherheitsleistung
NZG 1999, 1030

Teichmann, Arndt
Die Spaltung von Rechtsträgern als Akt der Vermögensübertragung
ZGR 1993, 396

Teubner, Günther
Die "Politik des Gesetzes" im Recht der Konzernhaftung
- Plädoyer für einen sektoralen Konzerndurchgriff -
in FS für Ernst Steindorff zum 70. Geburtstag, 261
Hrsg. von Jürgen F. Baur, Klaus J. Hopt, K. Peter Mailänder u.a.
De Gruyter, Berlin New York, 1990

Tiling, Johann/Prasse, Rainer
Wirkt eine Entscheidung nach § 305 Abs. 5 Satz 2 AktG auch zugunsten bereits abgefundener Aktionäre?
AG 1969, 63

Timm, Wolfram
Die Aktiengesellschaft als Konzernspitze
Die Zuständigkeitsordnung bei der Konzernbildung und Konzernumbildung
Heymanns, Köln, 1980
zugleich: Dissertation Bochum 1979

Timm, Wolfram
Geklärte und offene Fragen im Vertragskonzernrecht der GmbH
-Anmerkungen zum Urteil des LG Bochum vom 1.7.1986 -
GmbHR 1987, 8

Timm, Wolfram
Rechtsfragen der Änderung und Beendigung von Unternehmensverträgen
in FS für Alfred Kellermann zum 70. Geburtstag, 461
Hrsg. von Goerdeler/Kellermann
Zeitschrift für Unternehmens- und Gesellschaftsrecht, Sonderheft 10
De Gruyter, Berlin New York, 1991

Timm, Wolfram
Die Auswirkungen einer Realteilung des herrschenden Unternehmens auf Beherrschungs- und Gewinnabführungsverträge
DB 1993, 569

Timm, Wolfram/Geuting, Markus
Gesellschafterbeteiligung bei der Aufhebung von Beherrschungs- und Gewinnabführungsverträgen im "einheitlichen" GmbH-Konzern
GmbHR 1996, 229

Ulmer, Peter
Verlustübernahmepflicht des herrschenden Unternehmens als konzernspezifischer Kapitalerhaltungsschutz - Zur analogen Anwendung der §§ 302, 303 AktG im qualifizierten faktischen GmbH-Konzern
AG 1986, 123

Veith Hans-Joachim/Veith, Günther
Die Wirkung der gerichtlichen Entscheidung über die angemessene Abfindung ausscheidender Aktionäre (Gesellschafter, Gewerken) nach § 35 Umwandlungsgesetz 1969
DB 1969, 1737

Weiss, Karl Heinz
Die Berücksichtigung des nicht betriebsnotwendigen Vermögens bei der Bestimmung von Abfindung und Ausgleich im aktienrechtlichen Spruchstellenverfahren
in FS für Johannes Semler, 631
Hrsg. von Bierich/Hommelhoff/Kropff
De Gruyter, Berlin New York, 1993

Werner, Winfried
Die Behandlung von Verbundeffekten bei Abfindungen nach den §§ 305 und 320 AktG
in FS für Ernst Steindorff
De Gruyter, Berlin New York, 1990

Westermann, Harm Peter
Zum Verhalten des Großaktionärs bei Umtauschangeboten gemäß § 305 AktG
-Anmerkung zu BGH, II Z R 61/74 v. 16.2.1976-
AG 1976, 309

Westermann, Harm Peter
Organzuständigkeit bei Bildung, Erweiterung und Umorganisation des Konzerns
ZGR 1984, 352

Westermann, Harry
Die Folgen von Verschmelzung und Umwandlung nach § 15 Umwandlungsgesetz von Aktiengesellschaften für Beherrschungsverträge
in FS für Wolfgang Schilling zum 65. Geburtstag, 271
Hrsg. von Robert Fischer und Wolfgang Hefermehl
De Gruyter, Berlin New York, 1973

Widmann, Siegfried/Mayer, Dieter (Hrsg.)
Umwandlungsrecht - Loseblattkommentar
Stollfuß, Bonn Berlin, 1970 und zur Fortsetzung

Wiedemann, Herbert
Das Abfindungsrecht - ein gesellschaftsrechtlicher Interessenausgleich
ZGR 1978, 477

Wiedemann, Herbert
Gedanken aus Anlass der Magna Media-Entscheidung BayObLG ZIP 1998, 2002
ZGR 1999, 857

Wiedemann, Herbert/Hirte, Heribert
Die Konkretisierung der Pflichten des herrschenden Unternehmens
- Besprechung der Heumann-Ogilvy-Entscheidung BGHZ 89, 162 -
ZGR 1986, 163

Wilhelm, Herrmann
Die Beendigung des Beherrschungs- und Gewinnabführungsvertrags
Abhandlungen zum deutschen und europäischen Handels- und Wirtschaftsrecht, Bd. 14
Heymanns, Köln, 1976
zugleich: Dissertation Bochum 1975

Windbichler, Christine
Unternehmensverträge und Zusammenschlusskontrolle
Aktienrechtliche Probleme der Auflösung eines Beherrschungs- und Gewinnabführungsvertrags im Rahmen der wettbewerbsrechtlichen Zusammenschlusskontrolle
Heymanns, Köln, 1977
zugleich: Dissertation München 1975/76

Wochinger, Peter
Realteilung (Spaltung) von Kapitalgesellschaften
DB 1992, 163

Würdinger, Hans
Betrachtungen zur Regelung der Konzernverfassung im Entwurf eines Aktiengesetzes
DB 1958, 1447

Würdinger, Hans
Eingliederung nach Abschluss eines Beherrschungsvertrags
AG 1972, 13

Zöllner, Wolfgang
Bemerkungen zu allgemeinen Fragen des Referentenentwurfs eines Umwandlungsgesetzes
ZGR 1993, 334

Kolibri 360 GmbH
Ferdinand-Jühlke-Straße 7
99095 Erfurt, Deutschland
produktsicherheit@kolibri360.de

Druck:
CPI Druckdienstleistungen GmbH
im Auftrag der
Kolibri 360 GmbH
Ferdinand-Jühlke-Str. 7
99095 Erfurt